司法社会工作概论（第二版）

Introduction to Justice Social Work

何明升　主　编
井世洁　副主编

图书在版编目(CIP)数据

司法社会工作概论/何明升主编.—2 版.—北京：北京大学出版社，2020.9

21 世纪社会学规划教材. 社会学系列

ISBN 978-7-301-31505-7

Ⅰ.①司… Ⅱ.①何… Ⅲ.①司法—社会工作—中国—高等学校—教材 Ⅳ.①D926

中国版本图书馆 CIP 数据核字(2020)第 140824 号

书　　　名	司法社会工作概论(第二版) SIFA SHEHUI GONGZUO GAILUN(DI-ER BAN)
著作责任者	何明升　主编
责 任 编 辑	董郑芳
标 准 书 号	ISBN 978-7-301-31505-7
出 版 发 行	北京大学出版社
地　　　址	北京市海淀区成府路 205 号　100871
网　　　址	http://www.pup.cn
新 浪 微 博	@北京大学出版社　　@未名社科-北大图书
微信公众号	北京大学出版社　北大出版社社科图书
电 子 邮 箱	编辑部 ss@pup.cn　　总编室 zpup@pup.cn
电　　　话	邮购部 010-62752015　　发行部 010-62750672 编辑部 010-62753121
印　刷　者	北京圣夫亚美印刷有限公司
经　销　者	新华书店 730 毫米×980 毫米　16 开本　21 印张　352 千字 2014 年 10 月第 1 版 2020 年 9 月第 2 版　2024 年 8 月第 7 次印刷
定　　　价	55.00 元

未经许可，不得以任何方式复制或抄袭本书之部分或全部内容。

版权所有，侵权必究

举报电话：010-62752024　电子信箱：fd@pup.pku.edu.cn

图书如有印装质量问题，请与出版部联系，电话：010-62756370

目 录

总 论

第一章 司法社会工作是什么 …… 3

 第一节 司法社会工作概念 …… 3

 第二节 司法社会工作职业 …… 12

 第三节 司法社会工作专业 …… 20

第二章 司法、司法模式与司法社会工作 …… 25

 第一节 怎样理解司法概念 …… 25

 第二节 司法相关概念与司法社会工作领域 …… 29

 第三节 司法模式与社会工作的关系状态 …… 36

 第四节 司法模式与社会工作的动态演进 …… 43

第三章 司法社会工作的理论基础 …… 48

 第一节 司法社会工作的理论渊源 …… 48

 第二节 司法社会工作的主要议题 …… 60

 第三节 司法社会工作的理论冲突及其纾解 …… 67

第四章 司法社会工作者的工作场域与专业技能 …… 71

 第一节 司法社会工作者的工作场域 …… 71

 第二节 司法社会工作者的专业技能 …… 80

第五章　司法社会工作的专业伦理 89

第一节　司法社会工作的价值与伦理 89

第二节　司法社会工作伦理的主要议题 94

第三节　司法社会工作伦理的抉择模式 104

第六章　域外司法社会工作的历史与经验 113

第一节　美国的司法社会工作 113

第二节　英国的司法社会工作 122

第三节　意大利司法社会工作的发展 129

各　论

第七章　犯罪预防社工方案与服务 135

第一节　犯罪预防社会工作概述 135

第二节　犯罪预防社会工作的理论基础 142

第三节　犯罪预防社会工作的方案与服务 146

第八章　犯罪矫正社工方案与服务 157

第一节　如何理解犯罪矫正社会工作 157

第二节　犯罪矫正社会工作的方案与服务 166

第九章　被害人社工方案与服务 175

第一节　被害人社会工作的理念与现实基础 175

第二节　国外的被害人社会工作实务 180

第三节　中国的被害人社会工作实践 190

第十章　少年司法社工方案与服务 194

第一节　社会工作与少年司法概述 194

第二节　少年司法中社会工作的服务内容与方法 200

第三节　少年司法社会工作的全球化与本土化 …………… 207

第十一章　调解领域的社工方案与服务 ………………… 213
　　第一节　调解社会工作的基本概念 ……………………… 213
　　第二节　调解社会工作的实务内涵 ……………………… 220
　　第三节　调解社会工作的新探索：家事调解社会工作 …… 227

第十二章　禁毒领域的社工方案与服务 ………………… 234
　　第一节　怎样理解禁毒社会工作 ………………………… 234
　　第二节　禁毒社会工作的理论基础 ……………………… 242
　　第三节　禁毒社会工作的方案与服务 …………………… 247

第十三章　信访领域的社工方案与服务 ………………… 254
　　第一节　信访与信访社会工作 …………………………… 254
　　第二节　信访社会工作的目标与内容 …………………… 264
　　第三节　信访社会工作原则与服务技巧 ………………… 270
　　第四节　信访社会工作中的风险规避 …………………… 277

第十四章　儿童司法社工服务 …………………………… 280
　　第一节　司法领域的儿童保护与儿童问题 ……………… 280
　　第二节　儿童司法社会工作概论 ………………………… 285
　　第三节　儿童司法社会工作服务 ………………………… 292

第十五章　精神障碍者的司法社工服务 ………………… 303
　　第一节　精神障碍者司法社会工作概述 ………………… 303
　　第二节　精神障碍者司法社会工作的理论基础 ………… 309
　　第三节　精神障碍者司法社会工作的方案与服务 ……… 314

第一版后记 ………………………………………………… 327

第二版后记 ………………………………………………… 329

总 论

第一章

司法社会工作是什么

司法社会工作是我国目前最具活力的专业领域之一,但"司法社会工作是什么"的问题却没有一个确切的规范性回答。事实上,"司法社会工作"不仅是一个学术概念,它还是一个职业领域,因而需要按照专业标准、秉持专业理念、运用专业方法培养人才,以提供规范化的专业服务。

第一节 司法社会工作概念

近年来,我国的司法社会工作相当活跃,在一些主要领域取得了令人瞩目的实践成果。但是,司法社会工作的概念却仍然混沌不清,这反映了司法社会工作在不同实践领域的分立状态,也折射出司法社会工作理论研究的滞后。

一、司法社会工作的概念缺位问题

(一)发端于司法体制改革的司法社会工作

报应性司法一般以"有罪必罚、罚当其罪"为基本准则。这种司法体制对中国而言是舶来品,却经过几十年的不断强化而成为我国法律制度的基本形态。我国的司法体制改革始于20世纪80年代末,大致是沿着强化当事人的举证责任→改革庭审方式→改革审判方式→完善审判制度→改革诉讼制度→改革司法制度的轨迹递次推进。① 所取得的主要成效是：第一，通过加强对司法权的监督制约，一些影响司法公正的突出问题得到有效解决；第二，通过完善刑事司法制度，在尊重和保障人权方面取得新进展；第三，通过改革和完善工作机制，司法效率进一步提高；第四，通过加大司法救助和法律援助力度，诉讼难、执行难问题得到有效缓解；第五，通过改革和完善干部管理体制和经费保证机制，司法公正得到更充分保障。② 与此相伴随，中国的刑事司法实践也在经历由报应性司法体制向恢复性司法体制的转变。

按照托尼·马歇尔（Tony Marshall）的定义：恢复性司法是指，与某一特定的犯罪行为有利害关系的各方聚集在一起，共同处理犯罪后果及其未来影响的过程。③ 它强调如何解决被害人、犯罪者与社区之间的冲突，侧重于对犯罪行为造成的损害进行补救和恢复正常。近一二十年来，西方国家在对传统刑事司法模式提出质疑和批判的基础上掀起了恢复性司法运动。20世纪90年代末，全世界出现了1000多个恢复性司法计划。这一历史性的司法模式转型，给中国的司法体制改革提供了有益的借鉴和理论指导，也给社会工作介入司法领域提供了一个良好的契机。2003年7月10日，最高人民法院、最高人民检察院、公安部、司法部联合发布了《关于开展社区矫正试点工作的通知》，稍后的9月2日，全国社区矫正试点工作会议在北京召开。至此，社会工作者开始介入社区矫正等司法领域，司法社会工作实务得以发端。

（二）分支概念的清晰与总和概念的混沌

司法社会工作在我国得到了出乎意料的发展，在一些地区呈现出燎原之势。但是，如果要问"司法社会工作是什么"这样一个最原初的问题，或许还没有一个确切的规范性回答。耐人寻味的是，互联网上流传着一个影响广泛的定义：司法社会工作是指司法社会工作者在社会工作价值观指导下，综合运用社会工作专业知识、方法、技巧，为社区矫正对象、安置帮教对象及边缘青少年等群体提供

---

① 景汉朝、卢子娟：《经济审判方式改革若干问题研究》，《法学研究》1997年第5期。
② 参见中央司法体制改革领导小组办公室：《坚持和完善中国特色社会主义司法制度的成功实践——党的十六大以来司法体制机制改革取得明显成效》，《长安》2007年第10期。
③ Tony F. Marshall, "Restorative Justice: An Overview," in Gerry Johnstone, ed., *A Restorative Justice Reader*, William Publishing, 1998, p. 28.

戒毒康复、心理疏导、职业技能培训、就业安置等社会工作服务,以提升其自我机能、恢复和发展社会功能,最终达到预防犯罪、稳定社会秩序的专业服务过程。①但读后仍不能使人形成一个很清晰的概念。事实上,我国的司法社会工作是"预防和减少犯罪工作体系"的产物,虽然内涵不清但工作领域是确定的,比如在司法社会工作发达的上海主要指青少年、禁毒和社区矫正等领域中的社会工作介入。

青少年社会工作具有确定的概念和明晰的边界,它也是司法社会工作得以产生的重要缘起之一。从广义上说,它指社会工作者在专业价值观指导下,根据青少年的身心特点、动机需求、兴趣爱好,运用专业的理论、方法和技巧,帮助青少年解决问题、克服困难、恢复功能和获得全面发展的一种服务活动和服务过程;从狭义上看,则是组建具有相关专业知识和专业技能的工作者队伍,以罪错未成年人为工作对象,采取综合措施,有效预防青少年违法犯罪,促进青少年健康发展的过程。因此在狭义上,青少年社会工作常被归入以罪错未成年人为服务对象的司法社会工作。正因为如此,无论是国内还是国外,司法社会工作与青少年越轨都有一种必然的联系,是司法社会工作实务的首要介入领域。"随着青少年犯罪事件的频频曝光,国家相关部门也愈加注重司法社会工作介入对青少年犯罪预防与矫正的积极作用。"②

同样,戒毒社会工作也是因服务对象而得名的,指"在社会工作的专业理念支持下,依靠专业社会工作者,借助于社会工作专业方法对吸毒人员进行干预,从而促使他们戒毒成功,并且回归社会"③。最近一百多年来,人类的疾病谱与死因谱发生了重大变化,逐渐由过去以因生物因素引起的传染性疾病为主转变为以非生物因素为主的慢性非传染性疾病。与此同时,医学科学的方法论也在发展和进步,其对健康与疾病的认识,开始由传统的单因单果向多因单果以及多因多果深入。在整体与整合的观念下,人们开始从生物、心理与社会因素相结合的视角来认识疾病与健康,逐渐承认社会与心理因素在人的健康长寿方面、在疾

---

① 该定义已无从溯源。在2018年以前曾被大量用于新闻报道和人事招聘信息,如《2018 天津仁怀社会工作服务中心司法社工招聘启事》,人事招考网,2018年10月29日,http://www.rszkw.com/shengfen/tj/2018-10-29/6105.html,2019年8月9日访问。
② 苗苗:《司法社会工作介入青少年犯罪的研究》,《法制博览》2018年第11期。
③ 王瑞鸿:《戒毒社会工作:理念、原则及其方法》,《华东理工大学学报(社会科学版)》2006年第4期。

病的发生发展方面能起决定性的作用。这就要求临床医师在了解病人疾病和病史的同时,从病人的社会背景和心理变化出发,对病人所患疾病进行全面的分析及诊断,从而制订有效的综合治疗方案;要求医疗工作者提高对影响到病人的心理社会因素的观察和分析能力,提高治疗效果。① 这种生物—心理—社会医学模式在更全面客观地观察和解决现代健康和疾病问题的同时,也为司法社会工作介入其间打开了一扇大门。

相比之下,社区矫正社会工作并不是因服务对象而得名的,它与人类司法实践的变迁密切相关。早在18世纪后半叶,英国进步的监狱改革家约翰·霍华德就提出反对监狱非人道化刑罚的监狱改革理论,促进了对罪犯的人道化待遇。第二次世界大战以后,欧洲大陆国家出现了强调保护社会免受犯罪侵害,主张对犯罪人进行再社会化并实行人道的刑事司法处遇的社会防卫学派。与此同时,受医疗模式、标签理论以及中间刑法制裁措施等因素的启发和影响,美国社区矫正制度也日趋完善。到2000年,许多发达国家和地区纳入社区矫正的非监禁人数已大大超过监狱中的监禁人数,完成了由以监禁刑为主向以非监禁刑为主的历史性转化。可见,社区矫正社会工作在世界范围内是人类社会司法模式转型的一个逻辑结果。在我国,矫正社会工作的诞生与发展既是"预防和减少犯罪工作体系"的直接结果,也是"司法制度改革、社会治理创新及社会工作本土化相互作用的产物"②。

当我们分述司法社会工作的三大领域时,会感到它们都具有确定的概念和明晰的边界。但作为总和概念的司法社会工作自身,却仍然是混沌不清的。这种分支概念清晰与总和概念混沌并存的状态,反映了司法社会工作在不同实践领域的分立状态。它虽不至于影响青少年、禁毒和社区矫正这三项主体工作的进行,但却对司法社会工作的学科建设尤其是总体推进造成不利影响。2010年,有关部门试图把司法社会工作的领域拓展至目前的三大领域之外,认为"现代司法社会工作,主要是指与法律普及与援助、青少年过激与犯罪行为预防、社

---

① 王波、孙艳:《论医学模式的演变与医务社会工作概念的发展》,《华东理工大学学报(社会科学版)》2006年第4期。

② 阙跃平:《多元主体及其互动性:我国社区矫正社会工作的实践与研究》,《社会政策研究》2018年第1期。

会不良心理和行为矫正、劳教人员生活技能培训、刑满释放人员就业指导等服务活动有关的社会劳动"[①]。但这个定义仍属举例法，虽然扩大了司法社会工作的活动领域，却依然没能改变概念本身的混沌状态。

（三）补足司法社会工作概念的必要性

司法社会工作是我国最先发展起来也是最具活力的社会工作领域之一。相对于活跃的社会实践，理论的滞后尤其是概念的缺失需要予以重视和尽快弥补。

首先，补足司法社会工作概念有利于学科建设。如果我国高校社会工作专业毕业生较直接的就业点之一就是司法社会工作领域，那么反思高校的社会工作教育就会得出加强司法社会工作学科建设的逻辑结果。而加强司法社会工作学科建设，其逻辑起点显然是厘清司法社会工作的概念。因此我们说，补足司法社会工作概念有利于高校社会工作专业的建设，这也是社会工作学术研究的应然职责。

其次，补足司法社会工作概念有利于实务拓展。随着我国司法体制改革的深入，司法社会工作不仅要在传统的社区矫正、青少年、禁毒领域继续开展，还要向法律普及与援助、信访、人民调解等新兴领域拓展。那么，司法社会工作实务拓展有无边界，边界在哪里？这显然都要以厘清司法社会工作概念为前提。

最后，司法社会工作概念的补足也是一项历史性的任务。司法社会工作作为一门职业正在兴起，因此，当前概念的缺失或许是一种必然。司法社会工作作为一门学问，其滞后于实践发展并存在概念缺失也是一个历史阶段的常态。当司法社会工作发展到一定规模的时候，在高校社会工作教育达到一定水平的时候，司法社会工作概念的补足就变成了一项应该完成的历史性任务。

二、考察司法社会工作概念的两个视点

司法社会工作是司法与社会工作的结合，但从不同的角度看会有不尽相同的认识和观点。由此便形成了考察司法社会工作概念的两个视点，分别是社会工作本位和司法本位，其基本观点多有差异。

[①] 中国民主促进会北京市委员会：《加快司法社会工作改革 促进首都和谐社会建设》，中国政协新闻网，http://cppcc.people.com.cn/GB/34955/10858376.html，2019年5月9日访问。

(一) 社会工作本位及其基本观点

所谓社会工作本位,就是站在社会工作的立场来看待司法社会工作,并形成与之相应的价值理念。一般认为,"社会工作是一个以'助人自助'为核心价值取向的工作,从基本助人思想体现出的平等思想,到实务操作中的尊重案主,为案主谋取更多权益的思想无时无刻不说明着价值观对于社会工作的重要性"①。以此为基点,就产生了用以指导司法社会工作实务的一些基本原则。

第一,司法社会工作秉承"助人自助"(help them help themselves)的基本理念。几乎所有的社会工作教科书都会出现"助人自助",这反映了其利他主义的核心价值观。作为社会工作的一个实务领域,司法社会工作也以"助人自助"为基本理念。具体来说,司法社会工作就是要帮助罪错者、受害人以及相关利益人中的受助者解决他们自己的问题,并在工作过程中实现自身的专业价值。司法社会工作者认为每个人都有自身的潜能,并特别强调个体发展的能力,其工作过程也就是激发受助者内在潜能、引导其逐渐走出困境的过程。这种"助人自助"的工作路径,就是古人所谓的"与其授人以鱼,不如授人以渔",它可以帮助服务对象解决自我发展问题。

第二,司法社会工作遵守"案主自决"的实务原则。司法社会工作强调以人为本的平等思想,这主要来源于基督教文化、启蒙思想和人本主义理论。基督教文化中的平等思想,强调上帝面前人人平等;启蒙思想强调人的基本权利,主张人生而平等;而人本主义则是一种以人为中心或以人为本位的价值理念,强调生命的价值。在此基础上,社会工作形成了三个基本理念:一是对人的尊重,二是相信人有独特的个性,三是坚信人有自我改变、成长和不断进步的能力。② 以此为指导,司法社会工作所遵循的一个基本原则就是"案主自决"。这要求司法社会工作者尊重服务对象(受助者)自主选择和自主决定的权利,并且在工作中体现出尊重人、相信人、平等待人的人文精神和以人为本的专业特点。

第三,司法社会工作怀有"个体差异"的服务意识。司法社会工作坚持个别化、接纳和服务的理念,正视每个生命体的差异性和独特性,反对用同一种思维、

---

① 张子曦:《探索新颖的研究视角:基于社会工作本土化的文献综述》,《社会工作》2010年第2期。

② Z. T. Butrym, *The Nature of Social Work*, Chapter 3, London: Macmillan, 1976.

同一种方法对待不同的人。在具体的司法社会工作实务中,每个服务对象都是一个独特的人,他所遭遇的问题都有其特殊的原因,因此解决问题的方式也应是高度个别化的。在这种个别化地解决问题的过程中,服务意识又是司法社会工作的基本特征,它要求社会工作者不把自己看作强者,也不把服务对象视为弱者,而是把自己视为与服务对象平等的协作者。当然,司法社会工作的服务与助人并非单纯提供物质帮助,而是致力于服务对象自信心的逐渐恢复,使他们重新走上社会正轨,回归社会主流。

(二)司法本位及其基本观点

所谓司法本位,就是站在司法的立场来看待司法社会工作,并形成与之相应的价值理念。其中最显著的差别,就在于对社区矫正等非监禁刑的理解和定位。社会工作本位认为,社区矫正应该是非刑罚惩罚方式,它以社区为主导,由社会来矫治违法与罪错者,促使其顺利回归社会。但司法本位认为,社区矫正是与监禁矫正相对应的行刑方式,是不用监禁、不必限制人身自由的一种刑罚执行方法。换言之,社区矫正只是在社区中执行刑罚,矫正的主体是国家建立的专门矫正机构,具体的矫正活动由专门的矫正官员负责。社区只是相对于监狱的不同服刑场所,社区矫正的行刑权力不能由社区自主,只能由专门的机构来行使。[①]站在这个立场上,司法社会工作机构应该是刑事司法系统的一个辅助部门,司法社会工作实务不过是行刑过程中一种人性化的补充。

以此为基点,司法社会工作应恪守某些颇为重要的边界。比如,尊重基本人权和尊重犯罪人基本人权有所不同。行刑制度的人道主义和人文关怀体现在行刑的谦抑与宽和,但尊重基本人权和尊重犯罪人基本人权并不是同一概念。剥夺犯罪人的人权是以其侵犯他人基本权利为前提的,因此犯罪人必须付出他的犯罪成本,接受丧失某些基本人权的惩罚。再比如,社区矫正强调帮助罪犯重新回归社会,但这是在明确一个前提——社区矫正首先是对犯罪人的一种刑事制裁——的基础之上的。尽管社区矫正的目的和手段都突出强调以人道化的方法矫正罪犯的犯罪心理和行为恶习,从而促进其顺利回归社会,但它仍然是与监禁矫正相对的行刑方式,是刑罚执行活动。社区矫正是在确认个人实施了犯罪之

---

① 参见刘强:《社区矫正定位及社区矫正工作者的基本素质要求》,《法治论丛》2003年第3期。

后,由审判机关和国家其他机关判处和采取的一种刑事制裁措施,是个人实施犯罪行为的一种法律后果。①

三、司法社会工作的基本含义

自亚伯拉罕·弗莱克斯纳(Abraham Flexner)以《社会工作是一个专业吗?》(Is Social Work a Profession?)为题质疑社会工作的专业性开始,人们就在进行有关社会工作及其各实务领域的专业化反思,对司法社会工作概念的补足就是这种反思的组成部分。在这方面,张昱、罗玲、郭伟和等学者进行了较深入的探讨。张昱和罗玲认为:"司法社会是人类社会的一个重要子系统,也是社会存在的一种方式。司法社会产生的中和性问题提出了各类司法社会主体社会权利的保护和维护问题,司法社会工作则是司法社会中保护和维护司法社会主体社会权利的基础的中和性制度安排。"②郭伟和认为:"如果司法社会工作作为一个司法限定的特殊类型的社会工作,应该是局限在司法领域,专门为司法体系服务的社会工作,这是一种比较狭隘的司法社会工作。而作为广义的司法社会工作,其实是两个独立的专业围绕着特定人群的特殊问题而开展的协同干预工作。"③在我们看来,司法社会工作是一个由特定价值理念与实践逻辑决定的复合系统,社会工作机构及其从业人员与司法机构在其中相互依托,面向罪错者、受害人以及相关利益人中的受助者,通过充分发展其全部潜能而推动社会变革、改善人际关系和促进问题解决。

(一) 司法社会工作是一个由特定价值理念与实践逻辑决定的复合系统

作为一个实务领域,司法社会工作首先是一个按一定规则运转的复合性工作系统,但其具体形态在不同的社会背景中是大不相同的。其中,起决定作用的关键因素应该是由特定价值理念决定的功能定位,它可能是司法本位的,也可能是社会工作本位的,还可能是混合形态的。在此基础上,该系统会呈现出相应的实践逻辑,它表现为实务领域的宽窄以及工作对象的多寡。

---

① 陈和华、叶利芳:《国外社区矫正的经验和问题》,《犯罪研究》2006年第1期。
② 张昱、罗玲:《司法社会工作的内源性根据及其实践指向》,《甘肃政法学院学报》2017年第5期。
③ 郭伟和:《走在社会恢复和治理技术之间——中国司法社会工作的实践策略述评》,《社会建设》2015年第7期。

（二）社会工作机构及其从业人员与司法机构是相互依托的合作伙伴

无论司法社会工作的价值理念、功能定位以及实践逻辑为何，社会工作机构及其从业人员与司法机构都是相互依托的合作伙伴。比如在西方发达国家常见的社会工作本位系统中，社会工作机构及其从业人员呈现出相对独立的行业特征，但仍然要依托司法机构来开展工作；而在我国现阶段的司法本位系统中，司法社会工作的主导权掌握在司法机构一方，而具体工作的开展则要依托社会工作机构及其从业人员。

（三）司法社会工作的对象是罪错者、受害人以及相关利益人中的受助者

理论上，司法社会工作面向的是所有罪错者、受害人以及相关利益人，但在工作实践中要受到多方面的约束。这主要来自三个方面：其一是体制上的，即司法社会工作的不同定位所带来的工作对象的不同划界；其二是专业上的，即不同社会工作机构之间的专业划分；其三是对象上的，即罪错者、受害人以及相关利益人中不同人的不同意愿。因此在实践中，司法社会工作的对象只能是罪错者、受害人以及相关利益人中的实际受助者。

（四）司法社会工作以充分发展受助者的全部潜能为指导原则

司法社会工作秉承社会工作行业"助人自助"的基本理念，致力于帮助罪错者、受害人以及相关利益人中的受助者解决他们自己的问题。虽然许多受助人（尤其是罪错者）被认为具有缺陷，但在司法社会工作实务中社会工作者仍然大多采用所谓"优势视角"，即关注服务对象的优势，开发他们的潜能。简言之，就是以优势为核心来开展司法社会工作，最终做到"授人以渔"。

（五）司法社会工作的宗旨是推动社会变革、改善人际关系和促进问题解决

司法社会工作最直接的目标就是"解决问题"，无论是罪错者、受害人以及相关利益人，都会有一些特定的问题需要解决。其实，这只是司法社会工作的微观使命，它通过"解决问题"来协助受助者满足其基本人性需求并增强自身的力量。司法社会工作的宏观使命是推动社会变革，在增进受助者能力和权利的动态过程中追求社会正义。在微观与宏观之间，司法社会工作的中观使命则是改善人际关系，将解决问题、社会变革与人类关系有机地联结起来。

第二节　司法社会工作职业

各国的司法社会工作都是依赖其国家体制和福利制度而存在的一种特殊职业，其实务形态也建立在各自的实践逻辑之上。因此，要理解一国一地的司法社会工作职业，首先要考察其具体的实务领域和实践路径。

一、司法社会工作的实务领域与实践逻辑

（一）我国司法社会工作的实践路径

在我国的司法社会工作实践中，被认为最具专业性和典型性的就是所谓"上海模式"。2003年以来，上海针对"人力物力财力投入连年加大，而失学失业青少年、滥用药物人员和两劳释放人员三个高危群体犯罪率居高不下"的具体情况，提出了司法社会工作是"构建预防和减少犯罪工作体系"不可或缺的组成部分的工作思路。在上海市政法委统一领导下，针对三个高危群体分别成立了三家社会工作机构。其中，上海市新航社区服务总站从事社区矫正和安置帮教方面的社会工作；上海市自强社会服务总社从事禁毒方面的社会工作；上海市阳光社区青少年事务中心从事"三失"青少年方面的社会工作。在区级政府层面则分别由各区政法委综治办内的禁毒办、各区司法局内的矫正办和各区团委主管。在乡镇政府（或街道）方面，分别由各乡镇（或街道）综治办、各乡镇政府（或街道）司法科（所）和各乡镇政府（或街道）团工委主管。三个办公室负责协调和管理各自相应的社会服务工作，并代表政府为三个高危群体购买由三家社会工作机构提供的专业服务，而司法社会工作共同的目的就是预防和减少犯罪。不难看出，我国现阶段司法社会工作的组织逻辑有三个特点：一是体制内，二是司法转型，三是替代和补充。

首先，我国司法社会工作实务是在体制内运作的。就实际应用状况看，目前的司法社会工作实务以"北京模式"最为普遍，该模式的突出特点就是把司法社会工作纳入司法管理体系，使其成为"体制内"的一部分。即便是被认为最具专业性并代表未来发展方向的"上海模式"，也如马良所言：是在党和政府的"强力"推动下产生的，三大民间组织仍然有很强的政府行政色彩。表面上看，政府

第一章 司法社会工作是什么

向三大组织"购买"社区矫治的服务,但实际上这种购买还是单向的。①

其次,我国司法社会工作实务是伴随司法体制转型发展的。在一定意义上说,我国的司法社会工作是以社区矫正试点开始推进的,而社区矫正试点则是司法体制转型的必然产物。时至今日,我国司法社会工作实务仍然具有伴随司法体制转型发展的时代特点。2009年9月2日,最高人民法院、最高人民检察院、公安部、司法部联合下发了《关于在全国试行社区矫正工作的意见》,其对"社区矫正工作是司法体制和工作机制改革的重要组成部分"的定位,再一次重申了我国司法社会工作实务与司法体制转型的密切关联。

最后,我国司法社会工作实务是传统司法执行模式的替代和补充。由于司法社会工作与司法体制改革的特殊关联,我国更加强调其作为刑罚措施的根本性质,认为它是传统司法执行模式的替代和补充。在这一理念下,我国的司法社会工作既涉及有犯罪记录者的社区矫治,也涉及对犯罪边缘者(主要是青少年)的社区矫治,但并没有把所有利益相关人都列为服务对象。可以说,我国的司法社会工作实务既是传统司法执行模式的替代,也是预防犯罪体系的补充。

(二)域外司法社会工作的实务领域

与中国司法社会工作实务相对集中于社区矫正领域不同,域外司法社会工作的服务领域较为宽泛。这不仅是因为司法社会工作源于西方因而其历史较久,还因为域外司法社会工作的理解较深入。从可见的资料看,域外司法社会工作至少在以下实践领域取得了令世人瞩目的进展。

一是青少年刑事司法服务。域外司法社会工作实务中有关青少年刑事司法服务的内容是较为丰富的,几乎涉及具体司法事务的所有环节。从实践上看,只要存在司法社会工作,就一定与青少年刑事司法服务相关联,这在很大程度上反映了人类关爱下一代的普遍主张和司法社会工作的青少年情结。

二是警察与社区警政的社会工作服务。在美国,早期女警中的相当一部分人都具有社会工作训练背景,因此有人认为司法社会工作与女警有着必然的联系。事实上,对于一些特殊的尤其是具有敏感性的事件及当事人,比如家庭暴

---

① 马良:《青少年社区矫治的本土模式和社会工作的介入空间》,《华东理工大学学报(社会科学版)》2006年第2期。

力、性侵害、老年犯罪、儿童虐待等,女警尤其是其中的司法社会工作者具有明显的优势。一般情况下,司法社会工作者与执法警察是分工协作的,前者提供持续的社会工作服务,后者发挥执法功能。20世纪70年代,伊利诺伊大学社会工作学院提出了"警察—社会工作小组"(the police-social work team)的概念,开辟了面向社区警政的社会工作服务。毫无疑问,这应该是司法社会工作中具有无限发展前景的一个服务领域。

三是缓刑与假释机构的社会工作服务。目前,世界范围内的法院及行刑机构都遇到了人满为患的共同难题,一个必然的出路就是增加缓刑与假释。国外有人预言,"缓刑人口群"(probation crowding)给刑事司法体系造成的问题,会比监狱人口群带来的问题严重许多。① 在此种背景下,国外如美国的缓刑与假释机构(Probation and Parole Agency)招募了大批具有社会工作教育背景的员工,以应付日益增大且背景多样化的缓刑人口群。近年来,缓刑与假释机构中的司法社会工作服务已逐渐打消社会公众和缓刑人口群的疑虑,受到了越来越多的肯定。因为他们不再仅限于以处遇者、咨询者的身份关注缓刑人口群的心理和个人问题,还提供包括监护、资源提供、导师甚至家人等多功能的专业服务。

四是监狱与犯罪矫治社会工作。从世界范围看,罪犯越来越多以及行刑制度趋于人性化,使犯罪矫治工作逐渐成为一个职业群,而司法社会工作则是其中一个基本而重要的实务领域。

五是被害人社会工作方案与服务。1984年美国通过了联邦犯罪被害人法案(VOCA),相应的,联邦政府和各州政府都设立了专门的VOCA基金,用于面向犯罪被害人的社会工作方案与服务。在实践中,有关被害人的服务或危机干预方案通常附设在警察局、缓刑机构、医院,以及专门的司法社会工作机构,其主要目的是在犯罪事件发生后的24小时之内,通过机动反应小组为被害人提供包括早期与即时干预、犯罪现场危机干预、医院或庇护所、补偿申请等全方位的社会工作服务。此外,美国等发达国家还大多设有被害人/证人协助方案,其主要目标是鼓励证人合作起诉罪犯、协助证人克服出庭作证时的焦虑、医治证人的心

---

① J. M. Byrne, *Probation*, Washington, D. C.: U.S. Department of Justice, 1988.

第一章　司法社会工作是什么

理创伤、为证人提供便利性服务等。

（三）司法社会工作是一个源于实践逻辑的实务领域

从各国实践看,构建社会工作的力量有三种:一种力量能够创建并控制社会工作,使之成为一种职业;一种力量让人们成为案主,主动寻求社会工作者的帮助,或被派送到社会工作机构;第三种力量编制了社会背景脉络,让社会工作在特定范围内得以实践。这就是埃文斯和卡尼描述的社会工作者、案主和机构之间的中心三角关系。以此为基础,目前的社会工作理论主要是一种源于实践逻辑的实务性理论,它是在案主、社会工作者和机构之间的关系场中被建构而成的。[①] 在这里,实践的重要性正如孙立平所言,就在于很多社会现象都具有结构不可见性,我们必须把研究的目光由静态的结构转向动态的实践的过程,以激活实践,真正实现对实践逻辑的把握。[②]

事实上,自加芬克尔对日常生活实践的独特性进行了开创性探讨之后,"实践"以及"实践理论"就成为社会学的重要主题,其中以布迪厄的观点最为著名。布迪厄把行为的标准化状态称为"惯习"(habitus),它是一种集体习惯或者说是对应于特定位置的行为者性情倾向(dispositions),它可以通过一种结构形塑机制(structuring mechanism),把一系列历史关系"积淀"在个人身体里。他认为,实践其实是在性情倾向原则下进行的策略性"即席创作",它可以不断产生出新的结构。在现代社会学领域,布迪厄的实践理论是与吉登斯的结构化理论并行发展的一个重要分支,它关注具体的实践和社会生活本身,而不是简单的理论建构,他认为传统社会学的问题在于将理论的逻辑强加于实践,造成了对实践的逻辑熟视无睹的"唯智主义"倾向。[③] 当然,这种实务性理论并不排斥批判性反思和应然性研究,它主要表现为一种面向应用、源于实践逻辑的研究取向和工作态度。从这个意义上说,司法社会工作就是一个源于实践逻辑的实务领域。

---

① 〔英〕马尔科姆·派恩:《现代社会工作理论》(冯亚丽、叶鹏飞译),中国人民大学出版社2008年版,第20页。
② 孙立平:《迈向实践的社会学》,《江海学刊》2002年第3期。
③ 对布迪厄实践理论的评介可参见李猛:《皮埃尔·布迪厄》,载杨善华、谢立中主编:《当代西方社会学理论(下卷)》,北京大学出版社2006年版。

二、社会管理格局中的司法社会工作

（一）司法社会工作的国家依赖性

在社会管理实践中，社会工作大都是一种依赖国家的职业。比如在英国，"社会工作基本上是一种国家活动。它的基金主要来源于中央政府，另一些特殊的开支是由地方政府支付的。社会服务委员会负责监督支出预算以及部门的政策执行情况。社会工作者及其管理者的工作领域是由当地议员来设立的，尽管机构的机制也同时影响他们的抉择"①。以此为基础，实务工作者对社会工作定义的影响是非常有限的，"地方政府在司法权保障下拥有社会服务机构里的设备，……它们不再是国家向弱势群体提供服务的机构"②。

在我国的社会管理格局中，"由于在资源控制与分配、制度供给与规则制定等方面，政府的权力及影响依然占据着绝对的优势和地位"，司法社会工作机构普遍缺乏自主选择和开辟自己的生存与发展空间的能力，其"活动范围很大程度上还取决于政府职能转变所遗留空间的大小，以及政府认可与支持的力度，也即社工机构只有依托现有的行政管理体制和资源网络优势才能获得一种嵌入性发展"。司法社会工作机构是"在政府的直接推动下、自上而下地快速组建起来的，走的是一种'体制内生成路径'"。③

在具体实践中，这种司法社会工作对国家的依赖性又以一种"政府购买服务"的形式被加强和机制化了。有研究表明，政府与司法社会工作的关系实际上表现为"强政府体制下的行动逻辑"：一方面，政府仍然掌握司法社会工作最主要的资源，并通过"购买服务"的形式以各种正式和非正式的方式"嵌入"社会工作，把司法社会工作这种所谓的社会化的组织牢牢掌控在自己的手里；另一方面，司法社会工作在某种意义上也承担了政府有关部门和其他社会中介组织本来应该具有的职能。就是说，政府需要的是司法社会工作的专业服务，而司法社

---

① 〔英〕丽娜·多米内利：《社会工作社会学》（刘梦等译），中国人民大学出版社2008年版，第77页。
② 同上书，第77—78页。
③ 唐斌：《社会工作机构与政府组织的相互嵌入及其影响》，《社会工作》2010年第14期。

会工作的生存空间实际上也在于它是否能提供专业工作。①

（二）司法社会工作与福利制度的相互依存性

李友梅认为："'社会'可以具体化为保障人们的基本生存机会、条件和权利的领域，或者更直白地说，就是公共产品配置领域。由此而论，社会体制就是围绕公共产品配置的一系列制度安排。"因此，"从理想的状态看，社会体制就是实现社会的理想目标的一种制度方式，其结构和运行逻辑就是与社会的理想目标相适应的运行逻辑。进而言之，理想的社会体制应该是围绕公共产品的公平正义分配而构建的不同利益主体之间的交往和协商制度，通过这样一种协商制度的推进，公共产品能够得到较为公平的分配，不同的社会主体在协商中能够得到基本的利益满足"。② 从这个角度看，在一定的社会体制下，司法社会工作就是"司法福利"这种公共产品的分配方式和实现机制。

其实，无论是从司法社会工作的早期起源（如少年刑事司法服务），还是从司法社会工作的典型领域（如社区矫正），都可以看到福利制度的身影。进一步说，司法社会工作与福利制度是相互依存的。有专家认为，社会工作与福利制度有着天生的不解之缘。具体而言，"社会福利制度是社会工作的理想和灵魂，是社会工作之所以具有社会吸引力和专业地位的合法性源泉；而社会工作则是社会福利制度理念、项目和服务的发送体系，是社会福利制度的有机组成部分。只有通过社会工作这个代理实体，社会福利制度的理念、价值、项目和多种服务才得以落实"③。近年来，发达国家关于社会福利私营化等的新福利理念及实践收到了较好效果，其主要趋向是社会福利实务操作的专业化以及非营利民间组织在社会管理格局中的功能发挥。在我国，社会工作正在填补因政府的社会职能转移而出现的社会福利真空，因此西方国家的经验不仅对我国的社会管理创新具有借鉴意义，而且为我国司法社会工作的发展提供了新思路。

---

① 仇立平、高叶：《路径依赖：强政府体制下的上海司法社工实践——以 J 区 G 社工点为例》，《江苏行政学院学报》2008 年第 3 期。
② 李友梅：《关于社会体制基本问题的若干思考》，《探索与争鸣》2008 年第 8 期。
③ 夏学銮：《社会工作的三维性质》，《北京大学学报（哲学社会科学版）》2000 年第 1 期。

(三) 司法社会工作对政府—市民关系的调节作用

在社会管理创新过程中,社会工作自身同样需要转型。"它不能将自己仅仅视为社会福利的运作者,而应该把自己看作带来社会变革的行动者。社会工作视野中的社会变革着重体现在社会工作者在助人自助的过程中,将服务群体培育成为具有公民权责意识、能够志愿行动的积极公民。这类积极公民可以在日常生活中,围绕自己的权益、信仰或者社会质量的提升开展多样化的公民行动。"①对司法社会工作而言,它"可以化解社会矛盾,缓和社会紧张,进而推动社会往公平正义的方向改变,甚至推动政府创新,形成社会有效参与的新的治理格局"②。简言之,司法社会工作可以发挥对政府—市民关系的调节作用。

中国香港特别行政区较为成熟的社会政策及社区工作经验,对内地处理城市发展中的各种问题具有重要的借鉴价值。周湘斌以香港一项新房屋政策的出台为背景,描述了香港社会工作者在帮助特区政府回应利益受损群体的过程中的积极做法,并进行了有建设意义的理论思考:在社会工作者与服务对象之间,社会工作者不再以专业权威身份建立通常的助人关系,而是与服务对象共同构建一种互为主体的同行者关系;在社会工作者与政府部门之间,社会工作者不是挑战者,而是借助地位平等和沟通渠道畅通这两个基本条件去寻求某种共识。"在这个过程中,社区工作者关心的是社会公义与公益,而不是专业化;是解决社区问题,而不是与强势群体展开针锋相对的斗争或与政府对质;社会工作者帮助弱势人群,为他们争取权益,以社会公平正义为宗旨,这实在是后现代主义视野下社区工作的重要关怀和建设性价值观。"③通过这个颇具司法社会工作意义的典型案例,可以体察到司法社会工作如何发挥对政府—市民关系的调节作用,进而思考我国社会管理创新过程中的许多理论与实践问题。

---

① 朱健刚:《转型时代的社会工作转型:一种理论视角》,《思想战线》2011 年第 4 期。
② 同上。
③ 关于这个案例的详细叙述见周湘斌:《政府与市民关系的社会工作介入——一个香港社区工作案例的后现代主义观察》,《北京科技大学学报(社会科学版)》2007 年第 2 期。

（四）司法社会工作的职业化道路

社会工作的本质属性是助人和服务，它是一种社会公益事业而不是产业。①作为一种社会公益事业，目前的社会工作比之其他专业有更多的就业机会。社会服务及其提供正成为我们快速生活方式的绝对必要的部分。社会对高素质人才的需求正在加大，如果你正在寻找做人的工作的挑战以改善人们的个人和社会困难，你就应当认真地考虑在社会工作中的就业。在美国，从1960年到1994年，社会工作者就业的数量增加了近5倍——从95000人到557000人。劳工统计局认为，社会工作者的就业将比所有其他职业的平均值增加得更快。老人数量将快速增加，他们可能更需要社会服务。此外，犯罪和青少年越轨数量的增加，精神疾病和智力发育迟缓者的增加，艾滋病人、危机中的个人和家庭数量的增加等所导致的对相关服务的需求将刺激对社会工作者的需求。②

所谓社会工作职业化，一般是指在满足人类特定需要基础上的社会工作活动，被社会认定为是一种专门的职业领域并获得专业化发展的过程。③ 在中国，社会工作特别是司法社会工作仍处在这一过程中。罗大文的综述表明，我国的司法社会工作已经呈现出司法社会工作实务与司法体制改革同步推进、专业性社会工作与非专业性社会工作结合的态势，部分地区建立起了司法社会工作者队伍，初步形成了一定的保障机制，建立了社会工作的专业服务机构。从发展趋势看，司法社会工作职业的重要性和地位有逐步提升的趋势，其主要动力机制是司法行政部门的制度与政策作用、高校社会工作教育机构的人才培养和新兴民间社会力量的社会参与。但是，无论从岗位设置、专业素质方面来看，还是从司法社会工作的法律程序完善性，以及司法社会工作者的相关制度保障和激励机制来看，都还存在大量需要不断探索、完善和改进的问题。④ 李菁凤认为，我国司法社会工作分散在各个领域，没有单独形成一个系统，社会工作政策、法律体系、配套制度都不完善，是司法社会工作向职业化发展的一大瓶颈。⑤

---

① 夏学銮：《论社会工作的内涵和外延》，《萍乡高等专科学校学报》2000年第2期。
② 〔美〕查尔斯·H.扎斯特罗：《社会工作与社会福利导论》（孙唐水等译），中国人民大学出版社2005年版，第64页。
③ 尹保华：《社会工作职业化概念解读》，《社会工作》2008年第4期。
④ 罗大文：《司法社会工作推进综述》，《社会工作》2011年第8期。
⑤ 李菁凤：《论司法社会工作的专业化与职业化》，《法制与社会》2010年第5期。

第三节　司法社会工作专业

1956年成立的国际社会工作者联合会(IFSW),促使社会工作成为一种专业化程度越来越高的中产阶级职业。基于此,人们或许不会否认司法社会工作具有专业属性,其从业人员应受过专业训练。但客观地说,司法社会工作专业化之路还较为漫长,尤其在我国,需要业内人士更大的努力和社会各界更多的支持。

一、司法社会工作的专业属性

1915年,亚伯拉罕·弗莱克斯纳在慈善与矫治国际会议上发表了题为《社会工作是一个专业吗?》的演讲,提出一种职业成为一个专业的六个条件,并据此认为社会工作还不能被称为专业。1957年,E.格林伍德(E. Greenwood)撰写了《专业的属性》一文,从对传统专业——医学、牧师和法律——的考察出发,揭示出专业的共同属性是:(1)拥有为社会所珍视的独特的技能;(2)对从业者长期的专门化训练的期待;(3)拥有这种训练赖以进行的系统理论基础;(4)存在指导实践的伦理法典;(5)存在保护其成员利益的专业协会组织。据此,他肯定了社会工作是一门专业,算是对这个质疑做了一个迟到的回应。[1] 时至今日,学术界已经不再怀疑社会工作的专业属性,因为它有一套系统化的知识体系,其知识体系是被正式大学所认可和接受的;它有一套志在振兴社会工作专业的伦理法典来约束其从业者的行为;它有自己的专业协会组织,这种组织不仅是地方的、国家的,而且是国际的;它有一系列与案主打交道的技能;同时它有独特的人文情怀和人本文化作为其价值理念的根基。……所有这些属性,都为社会工作贴上了专业的标签。[2]

发达国家的社会工作存在两种专业化模式:一种是私人模式,即服务对象直接与专业人员签订服务合同,常见于法律和医学领域。第二种是以教师和城市规划者为典型代表的公共模式,专业人员在正式组织和公共部门工作,并且把他

---

[1] Ernest Greenwood, "Attributes of a Profession," *Social Work*, 2, 1957, pp. 45-55.
[2] 夏学銮:《社会工作的三维性质》,《北京大学学报(哲学社会科学版)》2000年第1期。

们的服务定向在公共福利上。A. T. 莫拉莱斯(A. T. Morales)和 B. W. 谢弗(B. W. Sheafor)认为,社会工作具有人和环境双重焦点,因此既适用于专业化的私人模式,又适用于专业化的公共模式,但必须在个体案主和公共福利方面维持一种平衡。夏学銮认为,从宏观制度层面和社会工作实践来看,这两种专业化模式都是社会福利机构、项目和服务的代理者和发送者。在这方面它们是没有什么区别的。① 我国的司法社会工作机构及其从业人员与司法机构是相互嵌入的,它们往往通过"挂靠"关系获得自身的合法性,依靠相应行政部门的组织资源、政治资源和社会信任资源获得生存空间。在这种背景下,我国的司法社会工作专业化只能采取公共模式。

二、司法社会工作的专业训练

专业意识形态、价值、伦理在特定的专业发展中起着决定性作用。它为这个专业代表什么、实务工作者活动原则的确定,以及提供标准和专业内部社会控制等形式的产生提供了依据。② 1917 年,玛丽·里士满(Mary Richmond)出版了被许多人认为是社会工作历史上最重要的一本著作《社会诊断》(*Social Diagnosis*),由此开始了社会工作的专业化进程。1919 年美国社会工作学院协会的成立,把社会工作的专业化问题提上了议事日程。③

所谓专业化,就是按照专业标准、持守专业理念、运用专业方法进行服务,规范地发展该学科的过程。在英国,社会工作者进行了长达百年的斗争,以争取自己专业的社会地位。要争取专业地位,就要对专业人口严格把关。为此,有必要确立专业的科学基础,并且以大学专门训练作为坚强后盾。这是一种必需的训练,只有经过这种训练,那些从未受过训练的志愿者才有机会变成实务工作者,任何希望加入专业的人都有被招募的机会。④ 夏学銮认为,社会工作者

---

① 夏学銮:《社会工作的三维性质》,《北京大学学报(哲学社会科学版)》2000 年第 1 期。
② 〔英〕丽娜·多米内利:《社会工作社会学》(刘梦等译),中国人民大学出版社 2008 年版,第 101 页。
③ 陈红莉:《中国内地社会工作专业化思考——国际(地区)比较的视角》,《社会工作》2010 年第 6 期。
④ 〔英〕丽娜·多米内利:《社会工作社会学》(刘梦等译),中国人民大学出版社 2008 年版,第 102 页。

在达成制度（机构）目标和完成自己使命的过程中，其专业地位和实践地位是整合在一起的。他根据莫拉莱斯和谢弗的分析，改编成如表1-1所示的社会工作实践与社会工作专业水平层级表。①

表1-1 社会工作实践与社会工作专业水平层级表

实践水平	实践水平描述	专业准备
基本专业实践	实践需要专业实务技能、理论知识和价值，这些不是在日常经验中正常获得的，而是通过正式的专业社会工作教育来获得的	需要社会工作学士学位
特殊专业实践	实践需要对特定的和娴熟的治疗技术的把握，这种技术至少以一种理论知识和技能方法为基础，并需要掌握为社会因素所影响的人类人格的一般知识	需要社会工作硕士学位
独立专业实践	单独表现或自治的实践，一般作为一个独立的从业者或一个组织的顾问	需要社会工作硕士学位和在适当的专业人员督导下的硕士毕业以后的两年工作经验
高级专业实践	该实践对于专业发展、分析、研究或政策形成承担主要的社会和组织责任，主要通过个人专业成长来达到	需要博士学位，要求精通专门理论、实务、行政和政策，以便指导在社会福利方面的高级研究

在文军看来，社会工作专业化是反映社会工作独特的价值理念、理论知识和实务技能而最终获得一种排他性权利的过程。这至少包括三个层面，一是社会工作价值与理念层面的专业化。作为社会工作的灵魂，社会工作专业价值与理念不仅赋予了社会工作目标和意义，也规范了社会工作的技巧和方法，以及社会工作机构、社会工作者的行为和态度。可以说，社会工作价值与理念的专业化对社会工作的目标、理念、工作态度和工作方法都具有指向性和规范性作用。二是社会工作理论与知识层面的专业化。长期以来，由于社会工作较偏重实务训练

---

① 夏学銮：《社会工作的三维性质》，《北京大学学报（哲学社会科学版）》2000年第1期。

和实际操作,许多人对社会工作理论产生偏见,认为社会工作主要是一种操作层面的经验方法,不需要自己的理论建构,只要从其他学科中吸取一些知识就足以应付社会工作实务。这种认识无疑是错误的。一门学科如果不建立起独立的理论体系,即建立专业化的理论和知识体系,无异于取消其在学科体系中存在和发展的理由。三是社会工作实务技能层面的专业化。社会工作实务技能是社会工作专业价值和独特理论的具体化和操作化,是实施社会工作的服务方式、程序与步骤。这是最能体现社会工作专业性的地方。与一般的行政管理工作和社会服务工作不同,社会工作尤其强调其专业技能与方法的运用,强调运用个案、小组、社区等专业方法,来帮助他人和机构发挥自身潜能,协调社会关系,解决和预防社会问题,促进社会公正。①

作为社会工作专业的一个分支,司法社会工作的专业训练也要以此为基础。但是,由于其工作领域和工作对象的特殊性,还需要强化三个方面的内容:其一,在一般社会工作专业训练中增加司法社会工作的元素;其二,增加司法社会工作所特有的知识、价值和技能;其三,进行必要的法律知识和司法技能训练。

三、司法社会工作者的专家责任

用"专家责任"来指称专业人士的民事责任,在我国始于梁慧星教授所翻译的日本专家责任文集,现已被学者普遍接受。② 对于专业社会工作者的专家责任的研究,则始于姜梅的一篇论文。③ 以此为基础,我们可以探讨司法社会工作者的专家责任问题。

在我国,专家责任作为一种侵权责任已得到学术界的一致认同。据此,司法社会工作者的专家责任应该源于一种侵权行为,它有四个构成要件:第一是行为违法性,即在执行业务过程中发生了违犯法律法规、违背职业道德规范等行为;第二是损害,就是服务对象因司法社会工作者的加害行为而遭受了人身或财产方面的不利后果;第三是因果关系,是指司法社会工作者的违法行为与服务对象受损后果之间存在因果联系;第四是过错,亦即司法社会工作者在执行业务过程

---

① 文军:《专业化与职业化建设社会工作人才队伍》,《新资本》2007年第1期。
② 刘燕:《"专家责任"若干基本概念质疑》,《比较法研究》2005年第5期。
③ 姜梅:《专业社会工作者的专家责任研究》,《北京科技大学学报(社会科学版)》2007年第2期。

中出现了过失。

由司法社会工作者侵权而造成的损害,侵权者要承担民事责任并予以赔偿。由于我国的社会工作者还不能以个人名义独立从事执业活动,因此赔偿主体应为该司法社会工作者所在的社会组织。对于目前通行的由政府买单的司法社会工作而言,可先由政府对案主进行赔偿,再由政府向专门社会工作机构追究侵权之责或基于合同行使违约之责。

应该承认,司法社会工作者所面临的具体问题千变万化、极其复杂,解题视角的不同会形成相异的工作原则和行为守则,这就导致了专家责任认定上的一些难点。根据姜梅的分析,产生这些难点的原因主要有:社会工作者无法预知进行干预后可能的境况,案主有限知识与案主自决权利之间存在矛盾,社会工作者与案主的"利益之优先权"之间会发生冲突,"为案主保守秘密"的原则会给社会工作者带来困境。这些都需要法学界与社会工作界共同努力来寻求较佳的解决方案。张剑源结合我国的实际情况论述道:"处于弱势地位(包括但不限于经济上的弱势)的人们,在自身法律知识缺乏和外部司法成本高昂的现实之下,极有可能在自己权益受到侵害的时候放弃维权的努力。长此以往,人们对法律的信心势必会大打折扣。而社会工作者的介入势必会重新燃起人们对法律的信心。或许,这样一种实践可以超越单个诉讼活动本身,成为一种可持续的、良性发展的社会建构工程。"[①]

[①] 张剑源:《社会工作在司法领域的影响——兼论社会工作者作为专家证人的可能》,《云南大学学报(法学版)》2008年第3期。

第二章

司法、司法模式与司法社会工作

司法社会工作是社会工作的应用领域,它将自己的工作对象限定在"司法"范围内。因此,对司法概念的不同理解会影响司法社会工作的实务领域,司法模式的转换规定着司法社会工作的介入空间,司法改革实践也在一定程度上制约着司法社会工作的走向。人类社会的大趋势将是司法与社会工作的渐进性亲和。

第一节 怎样理解司法概念

因为对司法概念本身可做可宽可窄、可广可狭的理解,并且在理论上也是众说纷纭、莫衷一是[1],所以对司法社会工作的活动区域也可以进行不同的界定。讨论司法社会工作的前提是对司法概念进行必要的梳理。

一、界定司法概念的难点

概念界定是任何一个学科都要进行的基础性工作,但司法概念的界定有其特别的困难之处,这主要表现在两个方面。

---

[1] 王勇飞等主编:《中国法理学研究综述与评价》,中国政法大学出版社1992年版,第422—423页。

(一) 司法概念离不开司法实践,而司法实践并没有一个明晰的边界

一般认为,司法(justice)"是指国家司法机关根据法定职权和法定程序,具体应用法律处理案件的专门活动"①。作为一个依存于社会实践的学术用语,司法概念所面对的一个现实难点是:司法机关不一定行使司法权,而不享有司法权的机关也可以被称为司法机关。如我国刑法中将司法工作人员定义为"有侦查、检察、审判、监管职责的工作人员",这不仅包括检察机关、审判机关,还包括侦查机关、监狱等执行刑罚的机构和人员,而主管司法的司法部、司法厅、司法局等司法行政机关却又不行使司法权。因此有学者指出:"严格来讲,司法权与司法机关并不是完全对应的。"②

(二) 目前的司法概念含混重叠,很难用传统的广义—狭义方法厘清

熊先觉认为司法应具备三个要素:一是它以社会关系上的纠纷为对象,即司法是解决纷争的;二是由第三方解决纠纷,即主要由官方的法官来解决;三是解决纠纷的尺度是法律,即以法律、判例、习惯为解决争议的是非标准。据此,"狭义的司法制度指审判制度及法院制度……广义的司法制度不仅包括审判制度和检察制度,而且包括侦查制度、监狱制度、律师制度、调解制度、仲裁制度、公证制度"③。事实上,无论是熊先觉讲的广义司法,还是传统上认为的司法是"代表国家对危害统治秩序的行为进行追究,以强制力将国家意志付诸实施的活动"④,都在一定程度上超越了"广义"的界域。进一步说,我们很难再借用流行的广义—狭义方法来对司法概念进行细分和梳理。

二、司法的核心内容

亚里士多德的政体理论将国家权力划分为立法权、行政权与司法权三部分,并论述了司法裁决案件的功能与司法人员的任用方式,因而被追溯为现代司法概念的源头。⑤ 但是,亚里士多德的理论并没有体现司法权的终局性特征,司法

---

① 沈宗灵主编:《法学基础理论》,北京大学出版社1988年版,第373页。
② 程竹汝:《司法改革与政治发展》,中国社会科学出版社2001年版,第27页。
③ 熊先觉:《中国司法制度新论》,中国法制出版社1999年版,第1—5页。
④ 吴磊:《中国司法制度》,中国人民大学出版社1988年版,第43页。
⑤ 王利明:《司法改革研究(修订本)》,法律出版社2002版,第1页。

第二章　司法、司法模式与司法社会工作

权与立法权的边界自那时起就没有得到清晰界定。一般认为,是孟德斯鸠在《论法的精神》中对司法概念进行了系统论述,赋予其裁决案件、解决社会争议以及制约权力、维护法治的功能。

目前,司法同时作为学理上的概念和各国实定法上的用语而同时存在,它有别于立法和行政,发挥纯粹的法律作用而非政治作用。在实践中,司法的具体内容受到国家传统和时代特征的影响,因而难以进行统一的界定。但是司法作为一种国家权力,其核心内容应该是确定的,那就是解决社会争议、裁决争讼案件,并依此来制约立法、行政等其他权力,维护法治秩序。就本质而言,司法是由司法机关代表国家对各类纠纷进行的居中裁判,这就是孟德斯鸠所谓的"裁判权力"。

三、司法的基本特征

司法行为有别于其他国家权力,它在依据法定的职权和程序处理诉讼纠纷、解决争端的过程中,呈现出自身固有的一些基本特征。

（一）司法的专有性

在人类发展史上,纠纷和争议的解决方式经历了一个私力救济不断减少、国家裁判权不断扩大的演进过程。具体而言,就是从原始社会的复仇,到古代国家的政法合一的权力裁判、神明裁判与长老裁判,再过渡到近代国家日趋专门化的国家裁判与仲裁裁判,最终发展到现代国家独立的司法审判、权威的司法裁判、行政裁判。[①] 时至今日,司法已演化为国家专有的权力。司法的专有性决定了它必须依据特定的程序进行,而不能任意行为,必须严格遵循具有规范性、固定性、公正性以及效率的程序。这些又要求司法活动必须由专门的机关即司法机关来进行,如果众多的国家机关甚至社会组织都能行使司法权,则许多人都可能作为自己纠纷中的法官,或有权裁决他人的事务,则司法很难得到统一,社会中很难实现公正的裁判,也不会实现法的公正。[②] 但是,国家专有并不排斥替代性解决方式(Alternative Dispute Resolution, ADR)。人民调解等替代性解决方式应

---

① 贺日开:《司法权威的宪政分析》,人民法院出版社2004年版,第1—2页。
② 黄建武:《法的实现——法的一种社会学分析》,中国人民大学出版社1997年版,第208页。

该是缓解法院压力、分流诉讼案件的有效方式之一。

(二) 司法的中立性

司法本质上是司法机关作为居间者对社会纠纷和争议进行裁决的活动过程,它要求司法机关及其工作人员在审理案件、裁决纠纷时与当事人保持相等距离,采取一种不偏不倚的姿态。有学者认为,由争议双方与居间者构成的"三边关系"是司法区别于立法、行政等现象的最典型表征。判断一个机关、组织或者个人是否具有司法权和司法职能,首先就应该确定其是否处于这种"三边关系"并扮演着居间者的角色。① 司法的中立性除了通过建立必要的回避制度和严格的诉讼程序规则来保障外,还表现为一种独特的消极性。它一般实行不告不理的原则,即司法机关不应主动出击而应被动等待,法官也不能挑动当事人去打官司。这就意味着,司法是解决社会矛盾最后但不是唯一的手段,只要能通过谈判、和解、调解、仲裁等方式解决社会纠纷,都不应动用司法途径。

(三) 司法的独立性

独立性在司法实践中广受重视,被认为是司法最主要的特征。马克思曾指出"法官除了法律就没有别的上司"②,这是对司法独立性的深刻认识,它意味着法官除向法律负责外不向任何机关负责。为此,需要保障司法的权威性,赋予司法系统独立运作、司法机关公正办案以及通过司法程序纠正其他权力违法行为的职能。事实上,除了裁决案件、解决争议的基本功能外,制衡权力、防止权力滥用恰是现代司法最为重要的功能。

(四) 司法的终局性

司法的终局性表现为其对案件和争议的最终裁定权。任何具体的争议,只要是经过了法院的最终裁判,就不得再寻求其他解决途径,更不得干涉、动摇、变更及推翻已经生效了的司法裁判。司法的终局性也是其有别于立法、行政的重要属性,在逻辑上先有立法后有司法,立法的价值在很大程度上需要由司法来体现。因此,通过立法制定出的法律只是处理纠纷的准绳,而最终的裁决则是司法要做的事情。司法终局性是司法权威的基本体现,不仅裁判文书应作为一切机

---

① 杨一平:《司法正义论》,法律出版社1999年版,第29页。
② 王利明、姚辉:《人民法院机构设置即审判形式改革问题研究》,《中国法学》1998年第2期。

关、单位及个人尊重、遵守及执行的依据,而且法律信仰也应是现代社会的必要基础。

第二节 司法相关概念与司法社会工作领域

将司法置于整个社会大系统就不难发现,司法作为国家与社会的桥梁是法治社会的中心枢纽。从这个角度看,司法如杨一平、俞静尧所言:"应是一个以审判为核心的、结构明晰、内容确定、层次分明的开放性体系,是一个处于不断发展中的概念。"这样,可以将司法概念"划分为两个最基本的层次:核心与外围。司法的核心部分是比较确定的,它是指以法院、法官为主体的对各种案件的审判活动。司法的外围则不那么确定,甚至是不确定的。这部分内容可以划分为三个基本类型:其一是基本功能、运行机制和构成要素与法院相类似的'准司法'活动,主要包括行政裁判、仲裁和调解;其二是围绕着审判和准司法而开展的或者以此为最终目的而出现的参与、执行、管理、服务、教育和宣传等'涉司法'性活动;其三是主要由国际审判、国际公法仲裁以及国内违宪审查所构成的'超司法'活动。综合起来就构成了以法院审判为核心向外呈放射状的具有复合性、开放性的'多元一体化'司法概念体系"[①]。以此为基础,我们可以探讨审判、准司法、涉司法等司法相关概念及其与司法社会工作领域的关联。

一、审判概念与涉罪司法社会工作

古代社会虽然不存在近代意义上的法院和法官,但是存在由共同体或社区首领主持的原始"审判",体现为某种地方化形式。当"人类社会发现由确定的官员按照正式规范来解决纠纷是便利的。因此有了法官,他们的工作就是以一种证明规范是正确的并且更根本的是满足社会需要的方式来化解纠纷"[②]。如今,这种由专职人员组成的国家专门机构即法院开展的审判活动,不仅是"司法"一词的古典用意,更是被作为司法的狭义解释。事实上,虽然现代司法概念要比审判宽泛很多,但审判仍然是司法概念的一个核心范畴。一般而言,审判是

---

① 杨一平、俞静尧:《司法概念的现代诠释》,《中国社会科学院研究生院学报》1997年第2期。
② 〔美〕波斯纳:《法理学问题》(苏力译),中国政法大学出版社1994年版,第296页。

指法院对控诉机关、自诉人提请审理的案件做出法律评价并依法决定实质处理结果的一种国家职权活动。因此,审判似乎总是和"犯罪"相关,而审判制度的不同则决定着司法社会工作介入空间的差异。

当代审判制度主要分为当事人主义和职权主义两类。在当事人主义制度下,法官与陪审团形成二元分权模式,控辩双方为平等的对手;在职权主义制度下,法官兼职检察官和律师而形成一身兼三职的集权角色,并成为被告不可战胜的对手。学术界存在这样的看法,即当事人主义和职权主义在制度利弊上是平分秋色的。如贝勒斯认为:"结果的确定性和个别化正义都是理性的目的。脱离现实地认为一种制度优越于另一种制度是毫无道理的。"①但从司法社会工作角度看,显然是当事人主义制度存在更大的介入空间。第二次世界大战之后,英美审判制度逐渐形成优势,中国的审判制度也在从非对抗式走向对抗式。近年来,恢复性司法理论对审判实践影响日增,传统的"国家(司法机关)—犯罪人"关系正在转变为"犯罪人—受害人"关系,并且越来越强调对当事人权利的保障。

值得注意的是,被害人参与度的提升不可避免地会使诉讼活动的构造产生一定程度的改变。在帕卡的犯罪控制与正当程序之外,加拿大学者罗奇从被害人权利的角度提出了另外两种司法模式:环滑车道式(a roller coaster)的惩罚模式与社交圈式(a circle)的非惩罚模式。前者突出被害人的呼吁和参与,激化对被害人的尊重与正当程序之间的碰撞,主要适用于新型政治案件;后者则强调被害人的实际需要,通过犯罪预防和恢复性司法来追求多方利益的协调。② 以此为基础,围绕"犯罪"而展开的司法社会工作便有了一个得以施展的实务空间,具体包括犯罪预防、犯罪矫正、被害人与加害人、少年司法等方面的社会工作方案与服务。

犯罪预防社会工作方案与服务主要面向青少年,并且在司法社会工作中占据十分重要的位置。事实上,无论在西方还是在中国,司法社会工作都起源于青

---

① 〔美〕迈克尔·D.贝勒斯:《法律的原则——一个规范的分析》(张文显等译),中国大百科全书出版社1996年版,第38页。

② 〔加〕肯特·罗奇:《刑事诉讼的四种模式》(陈虎译),载《刑事法评论》第23卷,北京大学出版社2008年版,第232—261页。

第二章 司法、司法模式与司法社会工作

少年犯罪预防。1899年美国伊利诺伊州建立了世界上第一个少年法院,标志着青少年司法制度的正式诞生。此后的一百多年,尽管由于不同的传统、文化、历史等国情,各国的青少年司法制度存在很大差异,并具体表现为福利模式、刑事模式、社区参与模式和恢复性模式,但各种模式都在强调"特殊保护"理念的同时为司法社会工作预设了一定的介入空间。在我国,司法社会工作本身就是"预防和减少犯罪工作体系"的产物,虽然边界尚不清晰,但首要的介入领域就是青少年犯罪预防。在此领域,社会工作者将以专业价值观为指导,根据青少年的身心特点、动机需求、兴趣爱好,运用专业的理论、方法和技巧,帮助青少年解决问题、克服困难、恢复功能和获得全面发展。其中,大量的工作是以罪错未成年人为对象的,它要求社会工作者采取综合措施,有效预防青少年违法犯罪,促进青少年的健康发展。

犯罪矫正社会工作方案与服务被认为是最具典型性的司法社会工作,国内外发展都很快。犯罪矫正也称社区矫正、社区矫治、社区内处遇,是指将符合社区矫正条件的罪犯置于社区,由专门的国家机关在相关社会团体和民间组织以及社会志愿者的协助下,在判决、裁定或决定所确定的期限内,矫正服刑人员的犯罪心理和行为恶习,并促进其顺利回归社会的非监禁刑罚执行活动。在西方发达国家,司法社会工作主要集中在四个方面:一是心理治疗,就是在尊重案主自决的前提下,运用专门的矫正技术和社会工作的价值伦理对罪犯进行心理辅导和治疗;二是建立社会支持网络,就是针对罪犯的家庭和婚姻关系疏离、存在负面社会关系等特点,建立有利于罪犯成长的社会关系网络;三是聚集和运用社会资源,就是从罪犯的福利需求和自身发展出发,筹集社会资源和物质必需品并有效地发挥其作用;四是更好地保证监护安全,就是运用专业知识从监狱方和罪犯方两方面有效地保证监狱系统的安全。

被害人、加害人社会工作方案与服务在我国还比较陌生,但在国外并不少见。在该领域,首先要提及的是被害人社会工作方案与服务,它一方面要针对被侵害人的身心康复,另一方面要预防被侵害后的再次伤害,如警察和检察官的冷淡、不负责任,以及被询问时的敏感、尖锐、责难性问题等。[1] 其次,该领域的社

---

[1] W. F. McDonald, ed., *Criminal Justice and the Victim*, Beverly Hills, C. A. Sage Publications, 1976.

会工作方案与服务也关涉证人,旨在鼓励证人合作起诉罪犯、协助证人克服焦虑与心理创伤等。一般而言,被害人社会工作服务与证人社会工作服务是紧密联系的,它始于20世纪70年代,仅在1973—1975年间,美国司法部执法援助管理部门(LEAA)就花费了数百万美元用于被害人及证人援助示范方案。此外,该领域的社会工作方案与服务也不可避免地要涉及加害人,其主要内容是针对暴力、危险案主进行评估、管理及制定预防策略等。

青少年社会工作服务是国外最早的司法社会工作实践领域。1899年美国伊利诺伊州少年法院的诞生,曾经被美国学者考德威尔(Caldwell)赞誉为对待罪错少年(delinquent)和被忽视儿童(neglected children)的革命性进步,开创了法律、科学和社会工作在儿童福利领域合作的新时代,它预示着所有罪犯,不管是少年还是成人,都将通过科学的个案工作(case work)获得个别化的处遇,而不是通过刑罚的方法来惩罚。[①] 20世纪60年代以后,英美国家的少年司法制度出现了回归传统即与成人刑事司法趋同的改革趋势。少年法官作为司法官的审理、裁判职能得到强化,而传统福利型少年司法期待和要求法官所从事的对罪错少年的个别化矫正工作则被视为"非审判事务"。这些"非审判事务"开始淡出法官职能,更加广泛地交给专业性社会工作者去承担,这在轻微少年罪错案件的处理上最为明显。[②] 我国的少年司法保护开始于设立"少年合议庭"。进入21世纪后,相关法规进一步对社会力量进入未成年人案件司法系统做出了规定,从制度层面确认了社会工作在少年司法保护系统中的地位。[③] 目前,各地区推进少年司法社会工作的深度和广度差异较大,发展状况极不平衡,但在总体上已呈现出越来越强烈的需求。

二、准司法概念与涉纠纷司法社会工作

行政与司法作为两种不同质的现象在原理和机制上都存在明显差异,但随着行政、司法各自的功能性扩张,出现了如行政司法、行政裁判、调解等"准司

---

① 王思斌主编:《社会工作概论》,高等教育出版社1999年版,第13页。
② 姚建龙:《少年司法与社会工作的整合——以少年法庭法官的"非审判事务"为论证中心》,《法学杂志》2007年第6期。
③ 张晓灿:《体系化服务:少年司法社会工作的实践与反思》,《开封教育学院学报》2016年第8期。

第二章 司法、司法模式与司法社会工作

法"现象。从理论上说,"准司法"一词的引入使司法概念具有了层次性,也为司法社会工作开辟了又一片广阔天地。在实践中,我国正大力推进的各类调解工作,昭示了司法社会工作在"准司法"领域可预期的发展前景。

行政司法是指行政机关根据法律的授权,按照准司法程序审理和裁处有关争议或纠纷,以影响当事人之间的权利、义务关系,从而具有相应法律效力的行为。随着社会的发展,法院难以裁决专门性的国家事务,特别是行政职能日益广泛复杂,非一般法院所能处理。为此需要行政机关作为裁判者,解决行政争议和某些民事纠纷。同时,在"依法行政"的大趋势下,法律赋予了行政行为的相对人提请复议、提出控告等权利,从而使一些行政机构肩负起一定的司法职能。在我国,行政司法主要有处理民事及经济纠纷的行政调解、行政仲裁,以及处理行政争议的行政复议等。由于行政司法领域的"行政"色彩过重,如在行政仲裁中普遍存在以行政决定权代替仲裁裁决权等十分不利于仲裁公正的现象,因此亟待开拓司法社会工作这类"第三方"司法救济实务。

仲裁通常意味着由两造当事人将其争议交付第三方居中评断是非并且作出裁决,它对两造当事人均有约束力。关于仲裁的法律性质主要有四种观点,即突出仲裁强制性的司法权理论、强调仲裁合意性的契约理论、重视仲裁自在性的自治理论,以及兼而有之的混合理论。① 事实上,仲裁是多元化纠纷解决机制的一种重要方式,在诉讼外纠纷解决机制中始终占有显著地位。因此,它既是法律服务体系不可或缺的重要组成部分,也应该是司法社会工作介入的重要领域。目前,现行仲裁制度面临着在制度上和理论上被边缘化的双重尴尬境地②,却为社会工作的介入提供了良好契机,该领域的司法社会工作具有无限潜力。

调解也称调停、和解,是一种非常古老的解纷手段,广泛地应用于"无国家社会"(stateless societies)。在现代社会,调解并未因诉讼制度的确定而退出纠纷解决机制,它一直存在于不同的民族和不同社区,并且在不同历史时期发挥着特有的历史作用。我国的人民调解制度是指,双方或多方当事人就争议的实体权利、义务,在人民法院、人民调解委员会及有关组织的主持下自愿进行协商,这些组织通过教育疏导,促使各方达成协议、解决纠纷。该制度创造性地把原本属

---

① 韩健:《现代国际商事仲裁法的理论与实践》,法律出版社1993年版,第27—30页。
② 刘武俊:《论建立和完善中国特色的仲——中国仲裁制度述评》,《中国发展》2008年第2期。

于无国家社会的民间调解作为一种富有灵活性的调剂手段,成功地应用于审判和仲裁实践,这一制度被视为社会治理的有效方式。目前,我国已开始尝试在调解领域引入社会工作,这将是一种按照现代法治精神运作的,以社会工作专业理念为指导,以建设民主、公正、和谐的市民社会为长远使命的新型的社会工作介入方式。①

三、涉司法领域的司法社会工作

除审判和准司法外,司法一词还有一种涉及面比较广泛的用法,就是涉司法。某些法律现象或事物不能归入审判、准司法范围,但又与司法有着重要的内在或外在联系,它们不是"关于司法"即司法本身的,却是"有关司法"即与司法有密切联系的。因此,有学者将其简称为"涉司法"。在我国,人们通常习惯性地把"公、检、法"连在一起统称为司法机关,并将其活动统称为司法。但是,这三个机关的性质、地位和职能是明显不同的,如公安机关首先是行政机关,但其对刑事案件的侦查和对判决的执行通常也是法院司法不可缺少的重要环节。类似的情况也存在于检察院。其实,公安机关和检察机关与法院一起统称司法机关并非基于三者内在职能的共性,而是基于它们内在的和外在的密切联系和互相制约。本书将涉罪的司法社会工作(如犯罪预防社会工作方案与服务、被害人社会工作方案与服务、犯罪矫正社会工作方案与服务)归于以审判为核心的司法社会工作领域也正是基于此点。事实上,涉司法事务既可能深入司法活动的中心,也可能只处于司法的外围,抑或有些是兼而有之,因此是一个很难把握的开放性概念。像律师、公证制度、司法教育等虽然离司法活动的核心较远,但都属于涉司法范畴。从司法社会工作的角度看,禁毒、信访,以及儿童、精神障碍者等领域都在此列。

禁毒领域的社会工作方案与服务是一个世界范围内的特色实务领域。从历史上看,戒毒最初只是一个医学问题,但随着医学模式的转变尤其是生物—心理—社会医学模式确立之后,戒毒开始进入社会工作的视野。在这里,社会工作者在专业理念支持下,借助社会工作专业方法对吸毒人员进行干预,从而促使他

---

① 罗天纯:《劳动争议调解中的社会工作——人本主义的社会工作介入》,《社会工作》2011年第3期(下)。

第二章　司法、司法模式与司法社会工作

们戒毒成功，并且回归社会。① 目前，医学、心理学、社会工作这三方面军正携手征战在戒毒领域，并且取得了引人瞩目的良好效果。其中，社会工作者因其特有的整体整合观、对服务对象社会背景和心理变化的宏观把握、制定综合治疗方案的能力而备受关注。

相比较而言，信访社会工作方案与服务则是一个富有中国特色的实务领域。自1951年6月7日政务院发布《关于处理人民来信和接见人民工作的决定》以来，信访制度作为一种特殊的人权救济方式，一直是一个充满悖论和矛盾的实践领域。国家一方面强调要打破官僚主义的阻碍，不能对正常的上访群众搞拦堵，另一方面又要求把各种问题解决在基层，尽量减少越级上访、集体上访和重复上访。在行政法治化进程中，信访救济的关键就在于将信访制度纳入法治建设轨道，而社会工作在转型后的新体制中将大有作为。其中，信访代理制、信访法律援助等凸显司法社会工作特点的制度创新将是未来社会管理格局中的重要内容。

儿童社会工作是在一定社会福利制度框架下，社会工作者根据专业价值，运用专业方法帮助有困难的儿童走出困境的职业性活动，是儿童福利的一种体现形式。其中不可避免地会涉及法律救助和司法服务的内容，从而形成儿童司法社会工作服务这一特殊领域。20世纪80年代，从《克利夫兰报告》开始，儿童保护的医疗模式正式被社会—法律框架(Socio-legal Framework)替代。它更加强调司法主义的法规架构，认为法律为个人与个人、个人与国家之间关系的调整提供了契约框架，且为国家干预提供了更加清晰的理性原因和责任。儿童保护需要依托法院判决的法治规则，可以防止那些可能被专家视为最佳治疗方式或"儿童的最大利益"的想法凌驾于儿童权利之上，且儿童虐待调查需要警察和社会服务部门联合工作。② 除此之外，监护、探视和收养都是重要的民事法律行为，也是亟待开拓的司法社会工作新领域。在国外，监护、探视和收养并不是简单的民法事务，它也是司法社会工作的介入领域。在我国，一方面有必要探讨通过相

---

① 王瑞鸿：《戒毒社会工作：理念、原则及其方法》，《华东理工大学学报（社会科学版）》2006年第4期。

② 〔加〕阿德里娜·S.尚邦、阿兰·欧文、劳拉·爱泼斯坦主编：《话语、权力和主体性——福柯与社会工作的对话》（郭伟和等译），中国人民大学出版社2016年版，第132页。

关法律的完善来规范此类民事关系和行为,另一方面更要开拓通过社会工作来解决诸如新婚姻法实施后的三大难题(举证难、探视难、抚养问题解决难)等社会问题的新途径。

精神障碍者司法社会工作服务聚焦于精神障碍者的权利保障和法律处遇问题。早在19世纪40年代,就出现了面向精神障碍者的所谓"新服务方式"。在心理社会康复服务国际协会(International Association of Psychosocial Rehabilitation Services)成立之后,社会工作者成为精神病康复多专业合作的重要组成部分[①],这一领域的司法社会工作服务也就应运而生了。目前,精神障碍者司法社会工作服务主要针对两大群体展开:一是针对普通的精神障碍患者提供的司法社会工作服务,旨在促进其人格尊严、人身和财产安全,教育、劳动、医疗以及权利救济等方面的权益倡导与保护,促进经济与社会的正义;二是针对精神障碍罪犯提供的相关服务,比如刑事庭审前、中、后整个过程的专业介入。[②]

第三节 司法模式与社会工作的关系状态

一、司法模式的构成与分类

一般认为,"模式"是理论的一种简化形式,是对现实事件的内在机制和事件之间关系的直观、简洁的描述,它向人们表明事物结构或过程的主要组成部分及其相互关系。[③] 以实践认识论来看,模式实际上是前人积累的实践经验的抽象和升华。只要是一再出现的事物,就可能存在某种模式,而理论无非从不断重复出现的事件中发现和抽象出的规律。事实上,模式强调的只是形式上而非实质上的规律,它是在认识论意义上确定的思维方式,是解决某一类问题的方法论和参照性指导方略。简单地说,模式就是从不断重复出现的事件中发现和抽象出的规律,是经验的高度归纳总结。

---

① B. S. Vourlekis, G. Edinburg and R. Knee, "The Rise of Social Work in Public Mental Health Through Aftercare of People with Serious Mental Illness," *Social Work*, 43, 1998, pp. 567-575.

② 张坤:《可能性与空间考量:精神障碍者的司法社工介入》,《华东理工大学学报(社会科学版)》2014年第3期。

③ 韩明安主编:《新语词大词典》,黑龙江人民出版社1991年版,第329页。

第二章 司法、司法模式与司法社会工作

"结构"中的"结"就是结合,"构"则是构造,因此结构具有主观世界与物质世界的结合构造之意,它既是一种观念形态,又是事物的一种运动状态,已成为人们用来表达世界存在状态和运动状态的常用术语。从系统论的角度看,任何系统都是由相互联系、相互制约的若干组成部分(要素)结合而成的、具有特定功能的一个有机整体,而结构实际上就是系统内各要素之间的组织规则和形式。系统是通过结构将要素联结起来的,系统与要素之间的复杂作用关系都要以结构作为中介。换言之,结构可以通过对要素的制约使系统保持稳定的量变状态,要素也可能突破结构的约束而引发系统的质变。

如此说来,司法模式就是我们对司法的运行状态进行归纳总结后所形成的理论范式,而其内在结构就是联结司法模式各要素的组织规则和形式。据此,李卫红、谭珍珠从等级、关系、功能等方面对当代司法模式及其结构进行了区分和分析,认为目前各国解决犯罪问题的程序模式主要有三种,即国家司法模式、协商性司法模式和恢复性司法模式。[①] 其中,国家司法模式就是传统司法模式,它以国家为核心,以国家垄断对犯罪的追诉权为基础,至今在各国刑事司法实践中仍占据主导地位。协商性司法模式是指控方和辩方通过对话与合作,在充分考虑对方诉求的基础上相互合作与妥协,就刑事案件的处理意见达成基本共识的一种诉讼程序。恢复性司法模式是一种通过犯罪人与被害人之间的对话、协商来解决刑事案件的运作模式,其主旨在于对被犯罪行为破坏的社会关系进行修复与弥合,真正实现对被害人的补偿、对犯罪人的矫正以及社会关系的复原。

从司法实践上看,目前这三种模式在世界各国是并行不悖、互相补充的。我国长期以来采用国家司法模式,到 20 世纪末才开始对协商性司法模式和恢复性司法模式进行理论研究和局部性探索。李卫红、谭珍珠认为:当今,解决犯罪问题的程序是以国家司法模式为主、以协商性司法模式和恢复性司法模式为补充;而今后将形成以恢复性司法为"主导型模式"、协商性司法为"辅助型模式"、传统国家司法为"兜底型模式"的刑事司法制度结构。它们将在最大限度上发挥各自的优势,以期达到犯罪行为发生后定纷止争、预防再犯的社会效果。[②]

[①] 李卫红、谭珍珠:《论刑事司法三大模式的结构》,《山东警察学院学报》2010 年第 2 期。
[②] 同上。

二、司法模式—社会工作关系矩阵

社会发展实践表明,上述三大司法模式与社会工作的亲和度是大不相同的,并且在总体上呈现出传统国家司法模式与协商性、恢复性等新型司法模式的分野。简言之,国家司法模式存在于由国家主导诉讼程序并且以惩罚犯罪为目的的司法实践中,为司法社会工作预设的介入空间较为狭小;而稍后出现的新型司法模式无论具体内容为何,总是以其多元化特征与国家司法模式相异,并且为司法社会工作预设的介入空间也较为宽松。为此,本书以二分法为基础将司法模式在总体上分为国家模式和多元模式,借以探讨不同司法模式与社会工作的亲和程度与关联。

考虑到早期的司法社会工作是内嵌于司法系统并且社会工作者多以技术专家的面貌出现,而相对成熟的司法社会工作多以独立的组织形态展开其实务,因此可以提出另一个以专家形态和组织形态为维度的二分法分类指标。于是,我们得到了如图2-1所示的司法模式—社会工作关系矩阵。

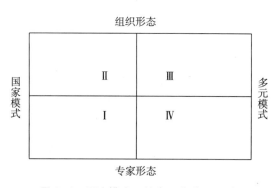

图 2-1　司法模式—社会工作关系矩阵

图2-1中,Ⅰ代表国家司法模式与技术专家相结合的司法社会工作形态;同理,Ⅱ代表国家司法模式与社会工作组织相结合的司法社会工作形态;Ⅲ代表多元司法模式与社会工作组织相结合的司法社会工作形态;而Ⅳ则是多元司法模式与技术专家相结合的司法社会工作形态。显然,这是一种韦伯式的"理想型"分析方法,有助于我们深刻认识各种司法模式与社会工作之间的关系状态及其转换过程。

三、国家司法模式与司法社会工作

(一) 国家司法模式的基本特点

国家司法模式可以追溯到传统的复仇和报应理念,是一种最古老的,或许还带有点"与生俱来"色彩的生活态度。历史上,康德曾将其发展为所谓道义报应论,他认为法院的处罚绝对不能仅仅作为促进另一种善的手段,刑罚是一种绝对命令,是道德律令的必然要求,刑罚本身就是目的。① 在黑格尔的法律报应论看来,刑罚与原始复仇是根本不同的,因为前者强调罪与刑在价值方面的等同,而后者则是无节制性的。他们这种被称为绝对报应论的刑罚观,主张刑罚是对犯罪人所犯罪行的报应,因此使其遭受痛苦就是刑罚的正当性根据。以此为基础发展演化而来的报应性司法模式,以"有罪必罚、罚当其罪"为基本准则,并且经过长时间的不断强化成为许多国家法律制度的基本模式。目前,国家司法模式一般指"具有刑事侦查权、审判权的国家机关以刑事法律为依据,以惩罚、矫治、威吓为手段,达到控制犯罪和预防犯罪目的的一系列程序活动"②。其主要特点是:

第一,以国家为主导。国家司法模式是以国家为核心的。具体而言,就是以国家垄断的形式对犯罪进行追诉。在国家司法模式下,犯罪并不是私人之间的冲突和纠纷,因此一个人从犯罪那一刻开始,就与国家发生了刑事法律关系,同时也被纳入国家主导的既定司法轨道。

第二,以诉讼程序为主线。国家司法模式是以诉讼程序为主线展开的。具体而言,就是通过仪式化的正式规则表明法律适用的平等性和惩罚的象征意义。在国家司法模式下,刑事责任的实质是犯罪人与国家及其司法机关之间的权利义务关系。

第三,以惩罚为目的。国家司法模式是为惩罚目的而设置的,它聚焦于对犯罪人的惩治或治疗,宣扬刑罚体现的抽象文化符号价值。在国家司法模式下,国家与犯罪人作为相互对立的两极成为诠释罪与刑关系的着眼点。③

---

① 参见〔德〕康德:《法的形而上学原理——权利的科学》(沈叔平译),商务印书馆1991年版。
② 李卫红、谭珍珠:《论刑事司法三大模式的结构》,《山东警察学院学报》2010年第2期。
③ 李永升:《刑事责任的概念和本质探究》,《河南科技大学学报(社会科学版)》2008年第4期。

(二)国家司法模式下司法社会工作的"专家"形态

应该说,传统的复仇和报应理念并未给司法社会工作预留可以介入的实务空间。但由于国家司法模式在自身进化过程中不断人性化、现代化,特别是对于固有劣势如被害人并非诉讼主体、公权力侵犯犯罪人权利、不利于化解社会矛盾等的持续改进,逐渐为司法社会工作打开了介入空间,而最早进入这一全新社会工作领域的就是所谓"技术专家"。就是说,国家司法模式下司法社会工作的早期形式是以"专家"形态呈现出来的。事实上,由于早期司法社会工作出现于专业社会工作组织尚不健全的时代,更由于国家司法模式在组织系统上自成一体,社会工作者对司法活动的介入只能以个人的身份进行,而"技术专家"或是"技术证人"都是这一介入形态的具体化。

国家司法模式与技术专家相结合的司法社会工作形态,一般是与某种"特殊保护"理念相联系的。其中,最具代表性的就是青少年司法社会工作。有资料表明,早在17世纪,人类社会就开始形成对未成年人进行"特殊保护"的观念。此后的一百年,多数国家都逐渐建立起专门处置少年违法犯罪的司法体制与保护制度。在此过程中,社会工作者以其特有的专业知识和普遍价值观成为司法体制内或依附于司法程序的技术专家。

(三)国家司法模式下司法社会工作的"组织"形态

随着国家司法模式的与时俱进,尤其是社会工作组织的不断壮大,出现了司法系统与社会工作组织相结合的司法社会工作新形态。此时,社会工作者不是以"技术专家"的身份居于司法系统,也不是依据司法程序被聘为"技术证人",而是以社会工作组织这一"第三方"身份参与诉讼过程。

与此相伴随,在国家司法模式下,由司法系统与社会工作组织相结合的司法社会工作形态一般是与某种"扩大福利"的制度设计相联系的。仍以青少年司法社会工作为例,国外处置未成年人犯罪的所谓"福利治疗模式"认为,应当对未成年人采取轻缓的态度。刑罚的目的在于教育、帮助和感化,法院的作用是帮助未成年人,而不是做出有罪的判决。应当让未成年人尽快地回归社会。[①] 事实上,许多青少年司法制度都与福利制度相联系,这也为社会工作的深层次介入

---

① 徐美君:《未成年人刑事诉讼特别程序的理论基础》,《青少年犯罪问题》2005年第4期。

第二章 司法、司法模式与司法社会工作

提供了良好环境。时至今日，司法社工实务中有关青少年刑事司法服务的内容已经很丰富了，如决定案件是否进入审判程序的受案审查；针对不进入审判程序的案件进行的调解、协商等服务事项；对心理异常青少年犯罪者进行的心理评估；向法庭提供有关青少年犯罪者的家庭、朋辈、邻里、学校等环境及本人操守状况的社会诊断报告；以技术证人等形式为青少年犯罪者出庭作证；对审判结束后的罪错青少年进行监管和提供福利服务等。

四、多元司法模式与司法社会工作

多元司法模式是多个司法模式亚形态的集合，并且在总体上呈现出与传统国家司法模式的分野。其不仅以多元化特征有别于国家司法模式，而且以现代化的运作机制为司法社会工作预设了较大的介入空间。

（一）多元司法模式的主要亚型

多元司法模式主要有两个亚型，即协商性司法模式和恢复性司法模式。其中，协商性司法模式以美国的辩诉交易（Plea Bargaining）最为典型，它是针对国家司法模式的弊端，以效率理念为指导，在司法实践中形成的新的司法模式。[①]虽然协商性司法模式依然以国家追诉为主导，但它可以使被告人在与检察官协商之后尽早摆脱烦冗拖沓的诉讼过程，从而使一部分案件不必经历正规诉讼流程。不仅如此，由于代表国家的检察官、被告人及其辩护律师都是协商性司法的主体，因此在一定程度上放松了国家对诉讼活动的控制。这样一来，被告就有机会通过协商获得较轻的刑事处罚，继而及早回归社会，实现诉讼双方的互利互赢。

近些年来，国际社会逐渐形成一种以关注被害人权利为出发点的恢复性司法模式，就是在犯罪发生后，经由调停人（多为司法社会工作者）的帮助，被害人与加害人直接商谈、解决刑事纠纷，其目的是恢复被加害人所破坏的社会关系、弥补被害人所受到的伤害，以及恢复加害人与被害者之间的和睦关系，并使加害人改过自新、复归社会。[②] 恢复性司法模式的主体包括被告人、被害人及他们各

---

① 李卫红、谭珍珠：《论刑事司法三大模式的结构》，《山东警察学院学报》2010年第2期。
② 刘凌梅：《西方国家刑事和解理论与实践介评》，《现代法学》2001年第1期。

自的家庭、受犯罪影响的社区代表,因此国家对诉讼活动的控制程度大大降低。这样一来,诉讼活动的主要目的就从传统的惩罚犯罪人转移到对被害人精神、物质上的补偿以及犯罪人悔过自新、回归社会。因此,它可以通过犯罪人与被害人的和解,从根本上消除犯罪给社会各方面造成的破坏,最大限度地保护各方当事人的权利,最终修复被损害的社会关系。

(二) 多元司法模式的基本特征

以协商性司法模式和恢复性司法模式为代表的多元司法模式不仅在形式上有许多相似之处,而且在内涵上存在可以通约的基本理念,因此呈现出一些有别于国家司法模式的共同特征。

第一,以多方共同参与为基础。在多元司法模式下,国家不再以垄断的形式对犯罪进行追诉,而是建立起一种由多方共同参与的协同诉讼关系。这使诉讼有关各方都有机会参与纠纷解决方案的决定过程,同时也可以通过分流诉讼程序来减轻国家司法机关沉重的压力与负担。

第二,以商定诉讼契约为主线。多元司法模式改变了传统的以诉讼程序为主线的诉讼路径,转而以协商、对话为主要途径来处理犯罪人的刑事责任问题,因此实质上是一种诉讼契约关系。

第三,以修复社会关系为目的。多元司法模式不再以惩罚犯罪人为目标,而是根据受害群体的要求、被告人的悔过情况等,商定出既能最大限度弥补受害者损失又能使犯罪人真正受到良心惩罚并避免其再犯的处理方案。显然,这一系列的改变更能体现人道主义的精神,有利于犯罪人主动认罪和改过自新,体现出以修复社会关系为目的的新理念。

(三) 多元司法模式下的司法社会工作形态

多元司法模式的出现及其不断丰富,既是司法模式自身进化的必然结果,也反映了国际社会对司法实践的理性思考。从时间上看,由于多元司法模式是晚于社会工作组织问世的,因此图 2-1 中所提示的"多元司法模式与技术专家相结合的司法社会工作形态"(Ⅳ)可能是一种较复杂的存在形式。就现实性而言,"多元司法模式与社会工作组织相结合的司法社会工作形态"(Ⅲ)应是一种值得重视的司法社会工作形态。

在多元司法模式下,诉讼有关各方都有机会参与纠纷解决方案的决定过程,而司法社会工作者更是凭借专门知识和参诉能力介入其中。因此在多元司法模式下,司法社会工作应该是以"普遍权利"为基本特征的。事实上,目前国际通行的恢复性司法模式主要依赖"调停人"的帮助,而实践中的调停人则多为司法社会工作者。随着司法社会工作的建立、健全和不断完善,充当调停人等社会角色的司法社会工作者将来自专门性司法社会工作组织,这样可以确保参诉社会工作者的职业素养和参诉各方的普遍权利。

第四节 司法模式与社会工作的动态演进

一、渐成主流的多元司法模式

应该认识到,传统的国家司法模式经过长期的不断完善已经发展到相当高级的程度。但随着诉讼案件的不断增多和社会的持续进步,不仅国家司法模式难以应付庞杂的犯罪问题,而且人类应对犯罪和纠纷的理念也发生了变化。这样,就在世界范围内引发了针对国家司法模式的多元化改革,其基本走向是从形式正义走向实质正义。

(一)协商性司法模式对刑事诉讼程序的改革

协商性司法原生于美国的辩诉交易,但直到19世纪后期才逐渐发展壮大,并最终成为减轻国家司法负担的新途径。第二次世界大战之后,受"犯罪潮"和"正当法律程序革命"的影响,协商性司法模式越发受到美国司法机关的青睐并在司法实践中迅速发展。美国联邦最高法院不仅改变了对辩诉交易的怀疑态度,甚至称其为"刑事诉讼体系运作的固有部分",由此辩诉交易在美国刑事诉讼程序中取得了合法和稳固的地位。[①]

20世纪后期以来,原本不存在辩诉交易制度的大陆法系国家为了提高诉讼效率也陆续引进了协商性司法模式。时至今日,大量司法实践已证明协商性司法模式是快速处理刑事案件的好办法,甚至有观点认为,"这种协商交易能够起到通过允许犯罪人在诉讼的早期阶段表达愧疚的方式来促进正常关系的恢复,避免因不得不在法庭上作证而给被害人造成不必要的精神创伤这样

---

① 聂志琦:《协商性司法——刑事司法的新选择》,《法律适用》2006年第9期。

的效果"①。

协商性司法模式体现了诉讼程序的简易化,是一种对正统诉讼程序的改革。阿尔舒勒认为:"越是正式和精致的审判程序,就越可能会成为人们施加压力以求取自证其罪从而在暗地里进行颠覆的程序。越是简明和直截了当的审判程序,就越可能会成为人们热衷运用的程序。"②协商性司法模式基于一种实用主义的程序观念,对国家司法模式下的刑事诉讼程序所进行的改革,恰好满足了世界各国对于提高刑事司法效率、节省司法资源的功利需要。

(二) 恢复性司法模式对传统司法理念的反叛

据说恢复性司法模式是在印第安人的"社区司法"、毛利人的"家庭组会议"以及英国的少年矫正制度等基础上产生的。通常认为,世界上第一个现代意义上的恢复性司法案例发生在 1974 年的加拿大安大略省。两个年轻人实施了一系列破坏性的犯罪,他们打破窗户,刺破轮胎,损坏教堂、商店和汽车,侵犯了共 22 名被害人的财产权。在法庭上,他们承认了被指控的罪行,但后来却没有将法院判决的给被害人的赔偿金交到法院。在当地缓刑机关和宗教组织的共同努力下,这两名犯罪人与 22 名被害人分别进行了会见,通过会见,两人从被害人的陈述中切实了解到自己的行为给被害人造成的损害和不便,并意识到赔偿金不是对自己行为的罚金,而是给被害人的补偿,于是 6 个月后,两人交清了全部赔偿金。③

如果说协商性司法模式是对刑事诉讼程序的改革,那么恢复性司法模式则是对传统报复性司法的反叛,是针对传统刑罚理念的一场革命。霍华德·泽尔(Howard Zehr)指出,刑事诉讼程序的核心问题应该包括行为触犯的是什么法律、谁实施的行为和行为实施者应该得到什么样的处理。在正常的刑事诉讼程序中,通过被告人的认罪或是法庭调查确认被告人有罪的过程,我们很容易明确前两个问题的答案,法官根据相关的法律规定回答最后一个问题。通常来说,这

---

① 〔意〕莫诺·卡佩莱蒂:《福利国家与接近正义》(刘俊祥等译),法律出版社 2000 年版,第 278—284 页。

② Albert W. Alschuler, "Plea Bargaining and Its History," *Law and Society Review*, 13(2), 1979, pp. 211-244.

③ 刘仁文:《恢复性司法与和谐社会》,《福建公安高等专科学校学报》2007 年第 1 期。

些程序的重点都围绕着防止再犯和剥夺犯罪人的权利、恢复已遭到破坏的法益以及惩罚犯罪人等方面展开。恢复性司法则从另一种不同的思路出发,提出了另外三个问题:谁是被害者、他们的需要是什么以及这些是谁的责任。第一个问题从违法行为是否已经被证明转向考察违法行为所造成的损害。第二个问题把注意力从被告人转向被害人及社会,在对犯罪行为的这种思考模式下被害人成为中心问题。第三个问题强调犯罪人应承担的责任及作出补偿的必要性。①

实践表明,恢复性司法模式作为一项刑事司法革新运动,不仅像协商性司法模式一样可以使国家摆脱法院案件积压和监狱人满为患的困境,而且在吸纳公众参与司法活动及促进司法活动的透明公开、尊重被害人权利以及降低再犯率等方面具有重要意义。近一二十年来,西方国家掀起了恢复性司法运动并产生了多种实践模式,如社区修复会议、家庭小组会议、团体处刑会议等。2000年4月,联合国第十届预防犯罪与罪犯待遇大会期间在相关议程下对恢复性司法进行了讨论;2002年联合国出台了《关于在刑事事项中采用恢复性司法方案的基本原则》。由于恢复性司法模式与社会工作"在价值理念和理论基础上都有很多的契合之处",因此二者"具有相当的亲和性","进一步引入社会工作参与恢复性司法的尝试,将会成为传统刑事司法制度的重要和有益补充"。②

如前所述,协商性司法模式、恢复性司法模式只是多元司法模式中到目前为止较为成功和影响较大的典型形式。从发展的角度看,国家司法模式的垄断一旦被打破,多元司法的种子便会发芽,迅速成长。简言之,趋向于实质正义的多元司法模式改革将会渐成主流。

二、司法模式与社会工作的渐进式亲和

谭珍珠认为,司法改革是一个长期的复杂过程,"在一定的历史时期内,既不会呈现此消彼长这种激烈的波浪式前进发展趋势,也不可能出现协商性司法模式与恢复性司法模式完全替代国家司法模式这样极端的情况"③。就司法社

---

① Howard Zehr, *Changing Lenses: A New Focus for Crime and Justice*, Herald Press, 1990, p. 271.
② 饶新龙:《恢复性司法:对司法社会工作新领域的展望》,《中国社会工作》2018年第5期。
③ 谭珍珠:《刑事司法模式的结构与框架》,中国青年政治学院硕士学位论文,2010年,第8页。

会工作而言,司法改革过程固然复杂,但其路径又很简单,它是一个司法模式与社会工作渐行渐近而不断亲和的过程。图2-2就是对这一渐进式亲和路径的简单描述。

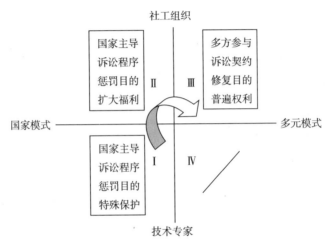

图 2-2 司法模式与社会工作的渐进式亲和

图2-2中,Ⅰ象限是在国家司法模式主导下,司法社会工作刚刚起步的初级形态。此时,国家司法模式不仅规定了诉讼活动的基本框架,而且决定了司法社会工作空间狭小的境遇。事实上,这个时期的司法模式与社会工作并不亲和,只是在特殊情况下如出于保护未成年犯罪人等目的,才以某种方式招募个别社会工作者参与诉讼过程。就司法社会工作自身而言,还不能在这种环境下成长为有组织的职业集团,因而社会工作者只能以"技术专家"的身份从事与司法社会工作有关的一些实务活动。

Ⅱ象限是在国家司法模式主导下,司法社会工作已步入良性发展轨道的一种形态。此时,国家司法模式已开始改革,协商性司法、恢复性司法等多元司法模式正在兴起,因而在总体上出现了有利于司法社会工作发展壮大的环境和土壤。随着司法改革的不断深入,实际运行的司法模式与社会工作渐行渐近,并且出现了不断扩大的针对纠纷各方的司法福利制度。从司法社会工作实务角度看,以"技术专家"为特征的个体化业态将迅速被有组织的集团化业态所取代,司法社会工作机构逐渐成长为与各种司法福利制度相结合的、有实际影响及法定地位的诉讼活动"第三方"。

Ⅲ象限是多元司法模式已成主流,并且司法社会工作也相对完善的一种状态。李卫红、谭珍珠所预测的"以恢复性司法为'主导型模式'、协商性司法为'辅助型模式'、传统国家司法为'兜底型模式'的刑事司法制度结构"就属此种情形。此时,司法模式与社会工作不仅极为亲和,也将形成一种协同的诉讼合作网络。

第三章

司法社会工作的理论基础

司法社会工作是司法与社会工作的交集,其价值取向和行为规范也必然受到这两个相对独立的社会子系统的制约。由于这两个领域在理论、体制以及专业定位上存在较大差异,因此需要从理论上梳理二者的交汇点,并对其价值理念差异和专业规范冲突进行调和性纾解。司法社会工作的理论基础由此而形成。

第一节 司法社会工作的理论渊源

从目前的发展状况看,司法社会工作的基本理论虽处于形成过程中,但其基本的理论资源是大体确定的。主要来源于三个方面:司法理论中的基本观点、社会工作基础理论以及传统文化中的本土化基因。

一、司法理论基础

(一)社会福利思想与司法大社会观

1899年美国伊利诺伊州建立的世界上第一个少年法院孕育了司法社会工作的种子。此后形成的关于青少年司法的所谓福利模式认为,"引起未成年人行为的原因可以在未成年人的社会、经济或家庭背景中被找到,……比起一个应承担责任的有罪者来说,未成年人更像是一个受害者"。为此,应"奉行教育的理念,吸收社会工作者、心理学者和其他相关的工作者介入,遵循相对非正式的

第三章　司法社会工作的理论基础

程序,为未成年人提供个体化的处置,并且为他们提供正式的联系点"。① 这些基本理念和实践原则,成为司法社会工作的早期领域——青少年社会工作的指导思想。

20世纪60年代,美国总统林顿·约翰逊采取了一系列扩大福利范围的措施,尤为著名的是大社会观(The Great Society)与反贫困战(The War on Poverty)。作为对民权运动的反应,大社会观念给社会和国家赋予了崭新定义,认为人民是国家最大的财富和资源,国家应致力于追求社会福利,尽力协助个人发挥潜能,提高个人生活之素质,包括应加强对罪犯在内的有缺陷者的辅助,使之能"再整合"到社区中,从而提高全民的生活质量。② 这种福利国家的思想和大社会观,使人们在生存方面的各种困难进入国家视野,成为整个社会的责任。它不仅顺应了刑罚的个别化趋势,也更能体现对罪错者的权利救济和人权保护,从而有力地保障了包括犯罪人在内的全体国民的生存和发展,促进了社会团结和进步。时至今日,福利国家的思想正在从青少年司法领域逐渐深入整个司法制度,"司法大社会观""司法权利救济"等也已成为司法社会工作理论的重要概念。

（二）刑罚谦抑理念与人本主义刑法观

谦抑的意思是缩减、压缩,刑罚的谦抑性指立法者应当力求以最小的支出——少用或者不用刑罚(而用其他刑罚替代措施),获取最大的社会效益——有效地预防和抗制犯罪。③ 刑罚谦抑理念主张:在众多对付犯罪的社会控制方法中,刑罚具有"最后的"手段的意义,即对于已经被确定为犯罪的行为和犯罪人,如果用非刑罚的方法即可有效预防和控制的话,就不要用刑罚的方法,刑罚是作为一种具有补充性和保障性的控制措施发挥作用并体现其价值的。④ 随着刑罚谦抑理念的不断深化,缓刑、假释等非刑罚措施得到较大发展,进而推动刑罚体系发生重要变化。实践证明,"非刑罚化推动了社会对犯罪和罪犯的态度转变,也节约了国家刑罚资源的投入,使现代社会对付犯罪的反应方式在趋向多

---

① 徐美君:《未成年人刑事诉讼特别程序的理论基础》,《青少年犯罪问题》2005年第4期。
② 冯卫国:《构建我国社区矫正制度的若干思考》,《广西政法管理干部学院学报》2003年第4期。
③ 陈兴良:《刑法哲学》,中国政法大学出版社2004年版,第6页。
④ 严励、董砺欧:《"非刑罚化"与"刑罚化"》,《政治与法律》2004年第3期。

样化的同时,更趋向人道、文明、经济"①。与此相适应,社区矫正等体现刑罚谦抑理念的行刑方式越来越受到社会重视,司法社会工作也以其独到的专业技能和相宜的价值观念得以发展。

刑罚谦抑理念与非刑罚措施体现了人本主义刑法观,它是现代法的基本精神和价值蕴涵,具备人文关怀的实质底蕴。这种兴起于第二次世界大战之后的刑罚理念,强化对罪犯的矫正、转化和改造功能,强调保证罪犯应享有的法定权利。莱斯利·威尔金斯认为,虽然监禁犯人的目的在于实行惩罚,但犯人应受到人道的待遇,享受职业技术培训、参加更加有益的社会活动,并应付予其合理的劳动报酬;如果他们愿意,应能参加个人或集体治疗活动;能像监外人员一样获得人身保护;应被准许在狱中尽可能以有尊严的方式度过时光。总之,监禁并不能否定一个人应受尊重的权利。②此时如德国刑法学家耶塞克所言,对于犯罪人的关怀不再是一种恩惠,而是法治国家一项义务性的社会任务。在这种浓厚的人本主义基础上,行刑环境不再限于有限的空间而是要为罪犯营造一个适于其恢复人性、改恶从善的社会环境,这就为司法社会工作开拓了空间。

(三)刑罚的人性基础与深化复归理论

人性是人之为人的基本品性,"任何科学不论与人性离多远,它们总是会通过这样或那样的途径回到人性"③。刑事古典学派与实证学派历时颇久的学术论证,其实就是关于刑罚之人性基础的不同理解和定位。人类的发展就是寻找人性、认识自身的过程,无论是"我思故我在"的笛卡儿,还是注重实验与归纳的培根,都试图更接近人性的本真。按照社会学的观点,人之为人实为"社会化"使然。人从诞生那一刻起,就无可选择地形成了对社会的归属和依赖,就必须从感性世界和感性经验中汲取一切知识甚至感觉。既然如此,那就应该使社会合乎人性,因为"人类生活共同体的发展就是个人与社会之间关系的演变过程"④。从这个角度看,刑罚应以恢复罪错者的人性并使其复归社会为目标,这正是复归

---

① 梁根林:《非刑罚化——当代刑法改革的主体》,载北京大学法学院编:《刑事法治的理念建构》,中国政法大学出版社 2002 年版,第 261 页。
② 参见〔美〕克莱门斯·巴特勒斯:《矫正导论》(孙晓雳等译),中国人民公安大学出版社 1991 年版,第 25 页。
③ 陈兴良:《刑法的人性基础》,中国方正出版社 1996 年版,第 1、49 页。
④ 《社会学概论》编写组:《社会学概论》,人民出版社、高等教育出版社 2011 年版,第 71 页。

理论的基本立场。

在复归理论看来,由于所有罪犯都是可以复归社会的,因此监狱主要不是一个惩罚罪犯、剥夺罪犯能力的场所,而是一个矫正罪犯的富有建设性的地方。19世纪末之后的几十年间,虽然复归理论逐渐上升为主流,但监狱改造罪犯的现实效果却不尽如人意。为此,学者们对传统复归理论进行了全方位反思,这一思路延伸为所谓的深化复归理论。以此为动力,人们开始致力于寻求更好的矫正刑罚方式,提出了以社区矫正为主要内容的重新回归模式。该模式认为:监狱不是矫正罪犯的理想环境,把社区当作治疗中心,将罪犯置于社区环境中,通过强化罪犯与社区之间的联系,更容易使其重新适应社会生活。[①] 此后,社区矫正逐渐盛行于美国等发达国家,这一方面为罪错者提供了接触社会、重新参与社会、顺利回归社会的机会,另一方面也成为司法社会工作最直接的实践基础和理论来源。

(四)新社会防卫论与行刑社会化思想

第二次世界大战后,人们开始普遍关注在战争时期被忽视的人的尊严和对个人的保护,社会防卫运动应运而生。其主要倡导者格拉马蒂卡主张以"社会防卫法"取代"刑法";要求废除"犯罪""责任""刑罚"等刑法基本概念,而以"反社会性""反社会性的指标及其程度"等概念来代替;认为社会防卫的终极目的是使反社会的人适应社会秩序,复归社会,而不是对他的行为加以制裁。这种欲彻底解构传统刑法的激进观点受到许多人的批评,法国学者安塞尔将其修正为新社会防卫论,主张根据健全的刑事政策修改刑法,使社会防卫运动统一到刑法中,用以保障复归社会者的自由和权利,同时主张改革现有刑罚制度,把刑罚和保安处分合并为刑事制裁的统一体系,根据具体情况选择使用刑罚或保安处分。他特别强调,犯罪人具有复归社会的权利,国家具有使犯罪人复归社会的义务。[②]

社会防卫学派的兴起,是行刑社会化思想由孕育走向成熟的标志。其中,格拉马蒂卡是最早赋予行刑社会化思想现代意蕴的学者之一,而安塞尔则从刑事

---

① 韩玉胜、贾学胜:《社区矫正制度若干问题研究》,《中国监狱学刊》2004年第5期。
② 参见马克昌主编:《近代西方刑法学说史略》,中国检察出版社1996年版,第305页。

政策的高度,全面系统地阐述了行刑社会化思想,使其融入民主、人道和法治的现代精神。所谓行刑社会化,又叫开放化或社会化的行刑方式,"是指为了避免和克服监禁刑存在的某些弊端,使刑事判决的执行服务于罪犯再社会化的目标,而应慎用监禁刑,使其在社会上得到教育改造;同时对于罪刑较重,有必要进行监禁的罪犯,应使其尽可能多地接触社会,并使社会最大限度地参与罪犯矫正事业。从而使刑事判决的执行与社会发展保持同步,为罪犯顺利回归社会创造有利条件"[①]。行刑社会化所倡导的对罪犯采取社会化处遇模式,反映了人类刑罚文明演变的历史必然,是刑罚目的理论的重要成果,也是司法社会工作的理论基础之一。

(五) 基于实证犯罪学的标签理论

社区矫正等司法社会工作服务在西方的产生与发展,得到了实证犯罪学研究成果的支持,而标签理论则是其重要的理论基础。标签理论自20世纪60年代末兴起以来,迅速成为犯罪学领域的主要理论。该理论认为,违法者一旦被贴上"罪犯"的标签,就会在心理上打上"耻辱"的烙印,产生"自我降格"的心理,进而顺应社会对其的评价,由原先的初级偏差行为逆变为更为严重的高级偏差行为。"由于社会群体制定规则并把触犯这些规则的行为确定为越轨行为,由于社会群体对某些人适用这些规则,把他们视为被社会排斥的分子,于是社会群体创造了越轨行为",也即"越轨行为不是某人某种行为的性质,而是由他人适用规则,并对一名'坏蛋'进行制裁的结果",由此,"具有越轨行为的人是被成功地适用这种名称的人;越轨行为就是人们这样称呼的行为"。[②]

标签理论特别强调,如果把罪犯投入封闭的监狱即打入"另类",就将大大加重这种"标签"效应,因为"机构可能将犯罪人从身体和心理上与社会隔离开来",这"会增加向他们牢固地打上犯罪人烙印的可能性"。[③] 因此,标签理论不仅倡导将狱内矫正改为社区矫正,而且主张判令犯罪人通过支付赔偿金或其他方式对受害人进行赔偿,或者提供社区服务来补偿其犯罪行为所造成的损害。

---

① 王莉芳、王志俊:《行刑社会化——刑罚执行的变革与出路》,载万东明主编:《面向二十一世纪的刑事法理论思考》,山东人民出版社2001年版,第78页。
② 王智民编著:《当代国外犯罪学概说》,中国人民大学出版社1999年版,第113页。
③ 吴宗宪:《西方犯罪学》,法律出版社1999年版,第541页。

第三章　司法社会工作的理论基础

这些观点对社区矫正的刑事立法和司法活动产生了深远影响,也是司法社会工作的理论营养来源。

二、社会工作理论范式

社会工作理论建立在一系列基本假设之上,包括对人的假设、对社会的假设和对个人与社会关系的假设。具体地说,社会工作对人的假设定义为利他的人,对社会的假设界定为进步的社会,对个人与社会关系的假设确定为个人与社会的统一。① 在三个假设的基础上,社会工作形成了各具特色的理论范式。

(一) 循证观

"循证"(evidence-based)一词首见于1991年的医学文献,自戈登·古亚特(Gordon Guyatt)博士将循证原理应用于卫生政策领域开始,"这种在医疗领域已奠定基础的医学实践模式逐渐渗透到非医学领域(如社会照顾、教育、犯罪矫治、营销、管理等)"②。社会工作的循证观(Evidence-based Views)认为:"要做到合乎伦理道德,社工要使用的知识,应该按最严格的方式获得,并已被经验证明,且可以提供证据证明所采取的行动形式是最有可能达成目标的行动形式。"③

传统上,对一个专业之所以为一个专业的判断是基于它发展出了专门的知识,并且其专业成员须理解该知识。循证实务(evidence-based practice,EBP)支持并扩展了这种关于知识在社会工作中的角色的传统观点。派恩(Payne,也译"佩恩")认为,对于循证实务,"一个重要的态度是,它应该产生于严谨的研究,尽可能限制主观性,明确因果关系。这样,才能从中得到有效的实务。而且,其结果应该具有可推广性,这样才能在不同的情境之中得到使用"④。近年来,欧美兴起了"循证实务与政策"(evidence-based practice and policy,EBPP)热潮。有专家认为,以循证思想指导公共福利服务最关键的内容是,工作者在自己知识所及的范围内相当谨慎地运用该策略,视服务接受者的个人偏好、关心的事项以

---

① 黄锐:《社会工作理论的三个基本假设》,《社会建设》2018年第1期。
② 刘春燕:《西方公共福利循证策略及其对中国的启示》,《北京理工大学学报(社会科学版)》2011年第5期。
③ [英]马尔科姆·派恩:《现代社会工作理论》(冯亚兰、叶鹏飞译),中国人民大学出版社2008年版,第56页。
④ 同上书,第61页。

及价值观为对福利服务非常重要的影响因素,透过客观的方式予以评估分析,并整合进服务的过程。① 这三方面彼此衔接、协同工作,将形成一个有价值、有效率的 EBPP 整体。②

(二) 社会建构观

"社会建构"的概念出于社会学家伯格(Berger)和卢克曼(Luckmann),之后渗入社会工作领域并成为一种认识论基础。社会建构观点认为,关于世界的知识和理解,来自人们的社会互动。因此,知识是在文化的、历史的、当地的背景脉络中,通过被用来解释社会经验的语言建构而成的。这形成并叙述了社会经验,因为这是那些经验能被人理解的唯一方式。③ 何雪松认为,作为一种方法论,"社会建构主义强调所谓的现实或真理是在'这里',即人们头脑之中,而不是在'那里',即独立于人的存在。由此,应该存在很多的'真理'或'现实',而这些只有置于其情景和关系之中才能理解。……建构主义的方法论为社会工作的概念基础与经验结果的评价提供了一个批判性框架"④。

派恩认为:"社会建构研究的一个重要议题是,它应该让所参与的研究对象与研究者关系平等,这样有关情境的、复杂的人类理解,才可以从不同观点来探索;其结果应该尽可能全面地表现复杂的人类情境。"⑤ 在社会建构观看来,EBP 的支持者得出的结论并不能反映这种丰富的、复杂的现实,甚至有些过于简单;用更多的方法来研究人们如何理解他们所面临的社会情境会更有帮助。显然,社会建构观为社会工作尊重多元化知识提供了认识论基础,其对现存设置、现存知识以及实证主义方法论的质疑,"意味着它具有实践层面的颠覆和解放含义,批评、改变或者摧毁自己并不喜欢的社会设置是社会建构主义者的重要社会实践。一方面,社会建构主义可以理解为某种对专家话语霸权的信任丧失并反对

---

① Shirley Reynolds, "Evidence based practice and psychotherapy research," *Journal of Mental Health*, No. 3, 2009, pp. 257-266.

② 刘春燕:《西方公共福利循证策略及其对中国的启示》,《北京理工大学学报(社会科学版)》2011 年第 5 期。

③ 〔英〕马尔科姆·派恩:《现代社会工作理论》(冯亚兰、叶鹏飞译),中国人民大学出版社 2008 年版,第 61 页。

④ 何雪松:《社会工作的四个传统哲理基础》,《南京师大学报(社会科学版)》2007 年第 2 期。

⑤ 〔英〕马尔科姆·派恩:《现代社会工作理论》(冯亚兰、叶鹏飞译),中国人民大学出版社 2008 年版,第 61 页。

第三章　司法社会工作的理论基础

简单地根据专业术语进行分类、类化、治疗和介入,因为所有现象都离不开个人的复杂生活。另一方面,社会建构主义自身的开放性和反思性亦提供了重要的对话机会,如此对话实践有利于不同群体之间的交流与合作,从而建立一个包容性社会"①。

（三）增权观

"增权"(empowerment)的内涵十分丰富。较早对增权做出界定的美国著名学者所罗门(Solomon)认为,增权是一个"减少无权感"的过程,方法是通过发掘"无权的一群"的权力障碍,协助他们消除非直接权力障碍(如自我形象低落、强烈的无助感、宿命观等)的效果与直接权力障碍的运作。社会工作的增权观认为,知识主要来源于案主,要做到符合伦理道德,社会工作者应该根据案主的愿望来运用知识,以帮助他们进一步增权。派恩认为,增权观有两个基本主张:第一,社会工作的宗旨要求其追求社会正义,因此,要通过人们对关于世界的知识和理解做出的反应,来促其增权;第二,案主往往最清楚自己的处境和目标,因此要遵循他们在这方面的知识。②

总的看来,增权既是一个动态的过程,又是活动所力图达到的目标;不仅有微观层面的,也有中观层面的,还有宏观层面的。其基本价值在于协助困弱群体及其成员,透过行动去增强调适的潜力及促进环境和结构的改变,透过社会政策和计划去营造一个正义的社会,为社会民众提供平等的接近资源的能力和机会。③ 在社会工作实践中,增权观特别强调案主的观点和希望要优先考虑。因为案主往往受压迫、处于不利地位、被边缘化,所以他们对自身所处情境的理解,应该用来指导社会工作实务。因此,案主的知识是最好的,应该得到增权。增权的方法之一是在对话中工作,对话能够使社会工作者把案主的观点视为对专业知识的一种批判并整合进工作过程中。

（四）现实主义观

作为一种社会理论的现实主义或批判现实主义(Critical Realism)开始于英

---

① 何雪松:《社会工作的四个传统哲理基础》,《南京师大学报（社会科学版）》2007 年第 2 期。
② 〔英〕马尔科姆·派恩:《现代社会工作理论》(冯亚兰、叶鹏飞译),中国人民大学出版社 2008 年版,第 62 页。
③ Lee, *The Empowerment Approach to Social Work Practice*, New York: Columbia University Press, 1994.

国哲学家巴斯卡(Bhaskar)所著的《现实社会理论》,但在社会工作中还是一个较新的理论视角。现实主义观质疑那些关于理论和研究的、想当然假设,它不仅仅强调理论和模型的建立,更强调现实的作用,只有经得起现实考证的原理和模型才是有用的。因此,现实主义观主要包括两个理念。

其一,现实存在的独立性。现实是独立存在于我们对它的认识或理解之外的,它调节但不能决定人类的活动,反之,人类的活动能影响现实,主要体现在生活实践之中。因此,要特别强调语境的重要性,强调活动者与环境之间的关系,强调活动者的能动性。

其二,社会现实的层次性。社会现实的层次性有两个方面:第一个是我们所能看到和经历的事件以及隐藏于其后的原理或机制;第二个是假定现实是由有秩序的各个层次所组成。低层次的社会现实为高层次的社会现实创造条件,但不能决定高层次的社会现实。各个层次之间的区别不在实体方面,而是在操作各个层次的生成机制。不可能将发生在这个层次上的结果还原到另一个层次上,无论是高层次还原到低层次,还是低层次转化为高层次,因为在每个层次上都发生了新的质变,每个层次都有其内在的机制和原理。

派恩认为,关键在于,不管我们如何解释,都存在"真实"的人及其行为,真实的事物有结构和因果力,它们有能力让事情发生。但"真实"(real)不同于"事实"(actual),"经验的"(empirical)可以是真实的或事实的,取决于我们能观察到和经历什么。是实务产生了现实,而不是我们所思考或理论化的东西创造了现实。①

(五)后现代观

很难对"后现代主义"(Postmodernism)概念下一个精准的定义,理论家也大都反对以各种约定俗成的形式对其进行界定或规范。后现代观的理论特征主要表现在:第一,反基础主义的方法论原则,即倡导多维视角和多元概念,主张以相对主义、多元主义的方法论立场看待真理和认识世界;第二,非本质主义的理论思维取向,认为"现象即本质",具体表现为承认随机性、偶然性和非理性;第三,

---

① 〔英〕马尔科姆·派恩:《现代社会工作理论》(冯亚兰、叶鹏飞译),中国人民大学出版社2008年版,第63—65页。

去主体主义的价值观立场,主张反思"幸福"的意义,重新关注和审视人与人、人与自然之间的关系;第四,解构主义的分析手段,即拒斥存在着某种有待我们发现的终极真理这样一种观念,把解构作为其内化的分析工具。

王瑞华、杨贵华认为:后现代社会工作理论的特征就是,追求差异、多元、解构与权变话语下的不确定性社会工作提供模式。在后现代观下,助人服务工作不存在一个普遍的原则,一切依据语言状况的变化而变化;社会工作的语言游戏是具有差异性的独立领域,任何独立判断都是实用的,因为只有用偶然性、临时性、暂时性以及多元性、复杂性、异质性来废弃整体性和同质性,才能在历史化、语境化和多样化中解构并重写案主的生命故事。后现代社会工作理论为社会工作带来了新的意义,它把意义的重要性提升至与行为互动模式同样重要的位置,它使社会工作者对自己的理论保持谦逊之心,并对假设背后的价值更为重视,在工作中越来越重视案主的资源和能力。①

三、传统文化基因

(一) 社会工作理论的文化差异

毫无疑问,各种社会工作理论都有通用的一面,但文化差异对于社会工作而言也是至关重要的。事实上,关于社会工作及其"理论"是适用于全球的还是有地域局限的问题一直存在着争议。根据马尔科姆·派恩的归纳,有三种主张是值得注意的。②

第一,不同社会的价值观和文化基础可能会与西方社会工作的价值前提和要求发生冲突。例如,中国和其他东方国家的一些社会工作著作提出,欧洲和美国传统的社会工作是以个人主义为价值前提的,无法适用于强调家庭内部依赖和尊重权威的社会中。

第二,各个社会面临的问题和情况不同。欧洲和美国社会工作的背景是社会相对富裕,并且经济发达的国家会提供一系列的国家福利服务。但在以农村

---

① 王瑞华、杨贵华:《后现代社会工作理论的缺陷与启示》,《河北理工大学学报(社会科学版)》2006年第3期。

② 〔英〕马尔科姆·派恩:《现代社会工作理论》(冯亚兰、叶鹏飞译),中国人民大学出版社2008年版,第8—12页。

为主、不发达的国家,基本的生存和健康保障都成问题,西方的社会工作方法可能就不适用了,而需要其他一些东西。

第三,存在着对文化帝国主义和压迫性殖民主义历史的担忧。在一些国家,社会工作的大部分理论基于经济的高速发展,而经济的发展则是对其他国家进行殖民剥削的结果。被剥削的国家至今仍十分贫弱。发达国家掌握了知识和信息的传播,将殖民地国家的本土文化和体系破坏殆尽,使得西方的理念在这些国家不断获得影响力。这种情况通过主导文化的压迫性影响而延续着。

基于中国社会工作的实践经验,杨晖认为:西方社会理论,无论解释对象是宏观的社会制度还是微观的个人行为,都在一定程度上预设了个人主义的价值观。由于中西方在文化价值观上存在着不同取向,当蕴含西方文化价值的社会工作的理论、方法和原则在中国运用时,我们若以西方的价值观念为指导,极有可能会遭遇中国传统观念的抵触,这多半会让一些社会工作者感到较难下手。[①] 学界较为一致的看法是,社会工作理论是有其文化基因的,在引进吸收外来社会工作理论范式的同时,还要保持本土化的文化关注。

(二) 中国社会工作理论的文化基因

一直以来,尤其是2004年之后,我国学术界都在反思西方社会工作理论在中国文化处境下的适用性问题。如唐咏所言,这些反思"是为了给服务对象提供更好的帮助,而不是人为地设置专业篱笆。从理论角度看,社会工作研究者应把本土的实践经验同国际化交流有效地结合起来。对中国而言,建设社会工作专业必须积极肯定本土理论的价值,充分考虑文化敏感性要素,才能达到与发达国家同行就理论模式的互惠交流"[②]。

何雪松认为:中国的社会工作实践不能脱离其特定的脉络,其中一个不可忽视的维度即是那些深藏在中国人的日常生活方式和行为模式之下的思维模式,它是中国社会工作的构成性因素。社会工作在上海乃至中国初步发展的经验表明,中国人的思想观念和行为模式作为构成性因素在社会工作的实践环节以不同的方式呈现,在一定程度上挑战了"引进"的社会工作理论与实践模式,因此

---

① 杨晖:《社会工作本土化过程中的文化关注》,《社会工作》2007年第10期。
② 唐咏:《中国内地社会工作理论本土化研究》,《学术界》2009年第2期。

实务工作者迫切需要更加贴近中国实际的理论框架和实践模式,而这样的理论框架离不开本土思想资源的支撑——正如西方的社会工作理论离不开其古典思想传统一样。尤有进之,中国的社会工作有可能从中发现自己独特的知识贡献,因为西方的社会工作知识体系并不成熟,也不完善,这恰好是中国社会工作的机会。① 他从已有文献入手提出了几个初步的研究结论:

第一,中国人的思维模式在一定程度上是立足于对立统一这一核心命题的,变动和转化是要义,呼应了社会工作寻求改变的宗旨。

第二,基于对立统一这一命题,关系主义构成中国社会工作知识框架的认识论和方法论基础。

第三,"仁""义""心""关系""无为""道""和""命""忍""苦"等概念可以成为本土社会工作理论的核心要素,但需要考察如何进一步将其概念化和操作化,并纳入社会工作的实践框架。

第四,重审中国传统的价值体系和社会主义核心价值体系与社会工作的价值观之间的亲和性是必要的。中国人关于"仁""善""义""和"的阐述是重构社会工作价值体系的可能原则。中国人关于"天下"的观念对于从全球视角理解社会工作的聚焦点可能是有帮助的。

第五,本土思想资源对于权利的论述较为薄弱,更多强调的是强势群体的责任和人道,这是需要引入公民权利加以改造的聚焦所在。②

很显然,这一类研究结论尚须进一步操作化且由经验证实,但关于中国社会工作理论之文化基因的研究确是至关重要的。这是需要一点"文化自觉"的,按照费孝通先生的说法就是"生活在一定文化中的人对其文化有'自知之明',明白它的来历、形成过程、所具的特色和它发展的趋向,不带任何'文化回归'的意思,不是要'复旧',同时也不主张'全盘西化'或'全盘他化'。自知之明是为了加强对文化转型的自主能力,取得决定适应新环境、新时代时文化选择的自主地位"③。

---

① 何雪松:《重构社会工作的知识框架:本土思想资源的可能贡献》,《社会科学》2009年第7期。
② 同上。
③ 费孝通:《反思·对话·文化自觉》,《北京大学学报(哲学社会科学版)》1997年第3期。

第二节 司法社会工作的主要议题

如何看待犯罪与罪错者？现有手段能否实现刑罚目的？怎样才能体现正义？这些既是司法理论的基本问题，也是司法社会工作的主要议题。关于这些议题的理论主张，构成了司法社会工作理论的基本内容。

一、司法社会工作如何看待犯罪与罪错者

青锋把关于犯罪本质的主要观点归纳为：认为犯罪侵犯了世俗秩序，违背了神的意志，国家应秉承神意"代天行罚"——神学本质观；认为犯罪是违犯法律的行为，纯粹是法律范围内的事情，超出法律无所谓犯罪——法律本质观；以行为人反社会的危险性来解释犯罪——新派本质观；以及认为犯罪的本质就是社会危害性——阶级本质观与社会危害性本质观。[1] 司法社会工作强调被害人、犯罪人（罪错者）以及社区在"纠纷"解决过程中的主体地位，以此为基础形成了三个基本看法。

（一）犯罪与罪错是社区中的一种个人侵害行为

司法社会工作将犯罪与罪错置于社区这一社会共同体，认为犯罪（罪错）本质上是犯罪人（罪错者）对被害人和社区的侵害。换言之，犯罪（罪错）首先是侵害了被害人的权利，其次是侵害了社区的权利，最后才是侵害了国家的法律秩序，其核心应该是个人对个人的侵害，即"社区中的个人侵害社区中的个人的行为"[2]。据说，这一理念源自印第安人的"社区司法"，并且在早期人类社会广泛存在。由此有人认为，由国家对犯罪提起公诉之前的阶段可以被称为社区司法时期。在最近几十年间，这种"古老的"司法形式被创造性地发展为"少年工作组""邻里委员会""社区分流委员会"等具体模式。通常，一小部分接受过岗前强化训练的居民组成所谓社区修复委员会，召集被法庭责令参与程序的犯罪人举行公开的、面对面的会谈。委员会与犯罪人共同拟订制裁协议，监督协议的履

---

[1] 青锋：《犯罪本质研究——罪与非罪界说新论》，中国人民公安大学出版社1994年版，第8—17页。

[2] 刘仁文：《刑事政策初步》，中国人民公安大学出版社2004年版，第385页。

第三章 司法社会工作的理论基础

行,并向法庭提交关于协议履行情况的报告。①

就理论意义而言,这种司法实践模式及其犯罪观同时体现了恢复性司法和社会工作的价值理念,是司法理论与社会工作理论的交叉。它从一个更广的视角看待犯罪,而不是把犯罪看成一种单纯的违法行为;它也不是把犯罪看成仅仅是国家和犯罪人之间的事情,而是要求更多的社会方面参与进来共同面对犯罪,强调个人和社区在处理案件中的主导和推动作用,强调犯罪控制主要在于社会控制。② 因此有学者认为,这种犯罪观淡化了国家和犯罪人之间的关系。它并不否认国家是犯罪处理过程的参与者,但认为国家在犯罪的修复过程中并不具有主导地位,而是处于辅助的地位。③

(二) 被损害的关系是可以恢复的

古印第安人等早期人类将犯罪看作两个氏族之间的冲突,也就是被害人与罪犯之间的冲突,这种冲突可以通过赔偿被害人损失的办法予以解决。到了中世纪的欧洲,这种罪犯与被害人之间相互冲突的概念,逐渐被认为罪犯通过其犯罪来侵害社会和国家的观点取代。演化到现在,以至于冲突的罪犯和被害人双方并不懂得如何解决其冲突,而由国家充当了调解人与和事佬。④ 但是,这种将犯罪视作罪犯与国家之间矛盾冲突的犯罪观却将真正的利益方——被害人排斥于刑事司法体制之外,导致被害人所蒙受的损失很难获得实质性补救,国家亦因刑事执行而增加财政负担。因此,防治犯罪的最好办法就是让冲突各方因犯罪受损的利益及其相互关系得到有效恢复。⑤ 这也是司法社会工作犯罪观的核心观点,即被损害的关系是可以恢复的。

从司法社会工作角度看,人类早期通过赔偿被害人的损失的办法来解决冲突极富智慧,它不仅恢复了被害人的利益,而且修复了罪犯、罪错者自身以及被损害的关系。修复内容之多如约翰·布雷斯韦特所列:修复财产损失、恢复被害

---

① 〔美〕Gordon Bazemore, Mark Umbreit:《四种恢复性司法模式之比较考察》(封利强译),《西部法学评论》2010 年第 3 期。
② 吴立志:《修复性司法基本理念研究》,吉林大学博士学位论文,2008 年,第 102 页。
③ 陈晓明:《修复性司法:一种刑事司法的新模式》,《福建法学》2007 年第 1 期。
④ 〔德〕汉斯·约阿希姆·施奈德:《国际范围内的被害人》(许章润等译),中国人民公安大学出版社 1992 年版,中译本序第 1 页。
⑤ 吴立志:《修复性司法基本理念研究》,吉林大学博士学位论文,2008 年,第 36 页。

人、恢复安全感、修复尊严、修复被授权感、恢复协商的民主,在正义已被实现的基础上恢复和谐,恢复社会的支持。① 从这个意义上说,犯罪也是一种人际关系,只不过是一种紧张与冲突的关系,即加害人与被害人及所在社区间的冲突关系。而有效化解这种紧张与冲突的关键就在于,促进被害人与加害人及社区成员间的相互交流,这恰是司法社会工作大有可为的长项。

(三) 罪犯与罪错者也是相关利益人

司法社会工作是强调被害人参与的,这就是恢复性司法所言的"以被害人为导向"。但在实践中,司法社会工作化解冲突、和解关系、恢复社区秩序的努力,只有在社区内并在被害人、加害人、社区成员等所有利害方积极参与的情况下才能有效展开,这就要求全面体现包括犯罪人(罪错者)在内的各方利益的平衡。从这个意义上说,任何犯罪的处理过程和处理结果,都与被害人、犯罪人(罪错者)和社区的切身利益休戚相关,只有各方共同参与到对犯罪的处理过程中,共同发表意见,共同形成处理决定,才能真正制定出一套有现实意义的有利于最大限度地消除犯罪不良后果的方案。② 因此,司法社会工作认为,罪犯与罪错者也是相关利益人。

在康德看来,任何人都没有权利仅把他人作为实现自己主观目的的工具,每个人都应当永远被视为目的本身。③ 司法社会工作犯罪观秉持了这种"以人为本"的理念,它将犯罪相关各方都视为目的而非手段,这就使罪犯与罪错者获得了利益人的主体地位。在具体实践中,首先要给罪犯与罪错者以倾诉痛苦、释放压抑的机会;其次,要认识到罪犯与罪错者本身也是社会弊端的受害者;再次,要为罪犯(罪错者)创造与被害人、社区直接沟通的机会;最后,更重要的是尊重罪犯与罪错者的个人尊严,保证其应得的个人利益。

二、司法社会工作能否实现刑罚目的

刑罚目的就是刑罚所希望达到的结果。学术界对此虽存在诸多争议,但如

---

① 〔澳〕约翰·布雷斯韦特:《恢复性司法:积极和消极理由评估》,载王平主编:《恢复性司法论坛(2007年卷)》,中国检察出版社2007年版,第273页。
② 李卫红:《当代中国犯罪观的转变》,《法学研究》2006年第2期。
③ 〔美〕E.博登海默:《法理学:法律哲学与法律方法》(邓正来译),中国政法大学出版社1999年版,第77页。

第三章 司法社会工作的理论基础

林山田所言:"报应与预防两个基本思想,乃刑罚意义与目的的两大支柱。"①其中报应论认为,刑罚没有特别希冀达到的目的,刑罚的意义在于报应犯罪行为的害恶,给犯罪人以惩罚,以其痛苦来均衡犯罪人的罪责,从而实现正义。② 预防论认为,刑罚首要关注的是如何使社会免遭犯罪人的侵害,刑罚的正当性就在于其能够阻止人们破坏法律。那么,司法社会工作介入之后,是否以及如何实现刑罚目的呢?

现代报应思想以实现社会公平正义为使命,一方面强调透过正式的刑事追诉,防止私人间的报复;另一方面强调善与善、恶与恶之间的对等关系,刑罚程度与犯罪内容的比例关系,追求"均衡的正义"。可见,"罪刑均衡"是报应思想的核心,有了这种均衡,就可以防止刑罚被漫无目的或无节制地超量运用,所以,它被认为是正义理念的表征。③ "不幸的是,报应论强调对犯罪人的惩罚的一面,使得对犯罪人进行公正对待的一面多少显得有点暗淡无光,因为在实践中,这种以施加痛苦为特征的惩罚使犯罪人丧失了道德感和羞耻感,正义的一面亦因此很难彰显出来。"④司法社会工作介入之后将以其特有的助人自助、尊重案主等职业特色公正对待罪犯(罪错者),令其重拾道德感和羞耻感,从而彰显正义的另一面。

在预防论看来,报应论者忽视了刑罚的首要功能,即维持民众对法律与社会秩序的服从并因此而保护全体公民的福利。包尔生指出,惩罚的实施是因为已经犯下的罪行。可是这个"因为"并不是惩罚的真正理由,而只是惩罚的近因。理由应当从后果中去寻找,而后果不在过去而在将来。⑤ 预防论虽指出了报应论仅关注形式平衡的弊端,却漠视了被害人的具体利益。司法社会工作的介入将"以被害人为导向",既恢复被害人的具体利益,也恢复被损害的社区关系。

20世纪中后期,具有调和性质的刑罚一体论开始崛起,其代表人物哈特认为,刑罚应具有多样的价值目标,如威慑、报应、改造等,这些不同目标中的每一

---

① 林山田:《刑罚学》,台湾商务印书馆1983年版,第47页。
② 吴宗宪:《当代西方监狱学》,法律出版社2005年版,第127页。
③ 陈晓明:《修复性司法的理论与实践》,法律出版社2006年版,第43—44页。
④ 吴立志:《修复性司法基本理念研究》,吉林大学博士学位论文,2008年,第124页。
⑤ 参见周光权:《刑法学的向度》,中国政法大学出版社2004年版,第314页。

个都可作为刑罚合理的证明。① 越来越多的学者认为,刑罚的目的不仅在于赎罪需要的报应和预防,还包括犯罪人的复归社会和无害化,重建和谐的社会关系,稳定社会秩序。这类新兴刑罚目的理论与司法社会工作理念渐行渐近,昭示着司法社会工作实务的广阔前景。

三、司法社会工作怎样体现正义

正义是一个"元"原则,它在社会正义中得到充实,在人类历史中得以显示。② 根据陈兵和丁寰翔的历史考察,"正义"概念"从原始朴素的世俗性,历经了宗教神学浸淫的观念性与超验性,穿过飘忽的、抽象的观念性,落到了具体实在的制度价值层面,回归了正义自身的世俗性"③。事实上,一般正义除显示为社会正义的历史形态外,还表现为社会实践不同领域的职业形态。具体到司法领域,经历了从原始的通过个人报复实现正义,到近代的通过刑罚报应实现正义、通过预防犯罪和满足社会防卫需要而实现正义,再到近年来通过修复被害人、犯罪人和社区关系而实现正义的历时性演进。那么,司法社会工作秉持怎样的正义观呢?

(一) 秉承尊重案主的人性基础

应该承认,尊重基本人权和尊重犯罪人基本人权确有不同,但这并不妨碍司法社会工作正义观以尊重案主为人性基础。事实上,作为一个"元"原则的正义,要求规定社会关系和政治行为处置的诸规范都必须根据有关人权的知识而推导。④ 司法社会工作正义观秉承了这个基本原则,它帮助罪错者、被害人以及相关利益人中的受助者(案主)解决他们自己的问题,并在工作过程中实现自身的专业价值。司法社会工作认为,每个人都有自身的潜能,并特别强调个体发展的能力,其工作过程也就是激发受助者内在潜能、引导其逐渐走出困境的过程。它有三个基本理念:一是对人的尊重;二是相信人有独特的个性;三是坚信人有

---

① 谢望原:《欧陆刑罚制度与刑罚价值原理》,中国检察出版社2004年版,第274页。
② 〔土耳其〕I. 库苏拉蒂:《正义:社会正义和全球正义》(赵剑译),《世界哲学》2010年第2期。
③ 陈兵、丁寰翔:《"正义"概念流变考察:以西方法哲学思想演进为线索——兼论中国社会的"正义"观》,《湖南科学院学报》2010年第3期。
④ 〔土耳其〕I. 库苏拉蒂:《正义:社会正义和全球正义》(赵剑译),《世界哲学》2010年第2期。

自我改变、成长和不断进步的能力。① 以此为指导,司法社会工作遵循所谓"案主自决"原则,即尊重案主自主选择和自主决定的权利,并且在工作中体现出尊重人、相信人、平等待人的人文精神和以人为本的专业特点。实践中,"司法社会工作的服务对象大多是被认为有缺陷的犯罪人,但在司法社会工作者的眼里仍然是有尊严、具有可塑性的人"②。此外,司法社会工作还坚持个别化、接纳和服务的理念,认为每一个服务对象(案主)都是独特的个人,他所遭遇的问题都有其特殊的原因,因此解决问题的方式也应是高度个别化的。因此,司法社会工作应致力于案主自信心的逐渐恢复,从而帮助他们重新走上社会正轨,回归社会主流。

(二)修复社区关系的实践目标

司法社会工作正义观是以反思和批判报应性正义为基础的,其直接和现实的目标就是修复罪错者与相关利益人、社区之间的关系。早在1990年,凡奈思就提出:犯罪造成对被害人、犯罪人本身和社区的伤害;因此,不仅是政府,被害人、犯罪人和社区都应当积极地参与到刑事司法过程中;在促进正义的过程中,政府应当担负起维护秩序的责任,而社区应当担负起建立和平的责任。③ 这种有关罪错者、犯罪行为及其社会影响的"新思维"与司法社会工作是相通的,它认为可以在被告人改过自新、被害人获得弥补以及社区关系得以回复的修复过程中实现一些法学家所谓的"被告人、被害人和社区三者共赢"④。值得注意的是,司法社会工作正义观特别强调社区的主体地位:既然罪错总是发生在社区中并对社区产生一定的损害,那么,社区就应该拥有解决犯罪与冲突的主权,就要参与加害者的整合与复建。

(三)实现"纠纷"与"补偿"的外在平衡

非正义一般是对权利的侵害和漠视,而正义常被解读为归还所欠某人之物或归还某人应得之物。人类社会中这类失而复得的"归还",本质上是要实现

---

① Z. T. Butrym, *The Nature of Social Work*, London: Macmillan, 1976, Chapter 3.
② 陈红桔:《论司法社会工作的核心理论及制度价值》,《衡阳师范学院学报》2016年第10期。
③ 参见吴宗宪:《恢复性司法述评》,载王平主编:《恢复性司法论坛(2006年卷)》,群众出版社2005年版,第8页。
④ 于改之等:《"恢复性司法理论国际研讨会"综述》,《华东政法大学学报》2007年第4期。

"纠纷"与"补偿"之间的某种平衡关系。在司法社会工作正义观下，由犯罪等不当行为引发的冲突应该是一种涉及侵害行为的"纠纷"，需要通过"补偿"来实现利益平衡，进而获得"平衡感、均衡感、不偏向和给人以公正的该当物"①。人们可以设想，"纠纷"未发生以前，罪错者与他人、社区之间的关系处于一种原初的平衡状态，而"纠纷"得以解决的标志就是恢复被罪错行为打破的平衡状态。哈特认为："隐含在正义观念中的各种用法的一般原则是：就相互关系而言，个人有资格享有平等或不平等的相关地位。这是社会生活变迁中负担和利益开始分配时应当受到重视的东西，也是它被扰乱时要去重建的东西。因此，习惯上正义被认为是维护或重建平衡或均衡。"②可见，恢复原状就是正义的体现，而司法社会工作的正义性就在于实现了"纠纷"与"补偿"的外在平衡。

（四）预设"秩序"与"和谐"的内在追求

陈兵、丁寰翔认为："正义产生，是基于社会的需要，正义是一种社会化的产物。正义是政治家、思想家、法学家等，试图解决时代发展所带来的社会不稳定因素造成的社会动荡，从而构建一种适合于社会需要的秩序安排。"③从这个意义上说，司法社会工作正义观预设了对"和谐"与"秩序"的内在追求。其实，纠纷都是有碍于社会秩序与公共安宁的，其中最典型的就是犯罪，它既侵害了个人利益，也破坏了社会秩序。因此，即便原始正义观也是以满足人们维护社会秩序的正义需求为基本点的。司法社会工作正义观的不同之处在于，它不仅要维护社会秩序，而且要追求社会和谐。从这个角度看，受到侵害的当事人通过"补偿"得以平复，有过错的当事人需要通过公正的制度安排回归社会，受损伤的社区关系更是要通过各方努力来还原。这当中，一项基本的工作就是"被害人与罪犯之间和睦关系的恢复"，它"特别要求必须在正义的基础上，实现对于被害人的赔偿和治疗以及使罪犯改过自新、复归社会"。④ 在这个旨在重建罪错者、被害人、国家社会之间和谐关系的利益平衡过程中，司法社会工作始终把"秩

---

① 马革联：《恢复性刑事责任初论》，湘潭大学硕士学位论文，2006年，第36页。
② 〔英〕哈特：《法律的概念》（张文显等译），中国大百科全书出版社1996年版，第157页。
③ 陈兵、丁寰翔：《"正义"概念流变考察：以西方法哲学思想演进为线索——兼论中国社会的"正义"观》，《湖南科技学院学报》2010年第3期。
④ 〔德〕汉斯·约阿希姆·施奈德：《国际范围内的被害人》（许章润译），中国人民公安大学出版社1992年版，第34页。

序"与"和谐"作为内在的价值导向。

第三节 司法社会工作的理论冲突及其纾解

由于司法和社会工作活动在理论、体制以及专业定位上存在较大差异,二者在价值理念和专业规范等方面存在着一定程度的不协调,这必然会引起司法社会工作的内在理论冲突,因而需要进行调和性纾解。

一、两种价值理念的张力及其纾解

刑事司法和社会工作的价值理念是不同的,这是司法社会工作领域不可回避的一个问题。这一方面是因为刑事司法理论众多,恢复性司法理论还不能一统天下;另一方面还在于刑事司法系统的社会功能与社会工作系统的大不相同。为此,司法社会工作需要在理论上对这两种价值理念的张力进行纾解。由此形成的相关理论,也应该是司法社会工作理论的组成部分。

司法社会工作不能不受刑事司法价值理念的影响。有人从刑事司法角度出发,认为司法社会工作是刑事司法系统的补充,与刑事司法持有一脉相承的价值观念。比如对社区矫正的理解和定位,主流司法理论认为,社区矫正是与监禁矫正相对应的行刑方式,是不用监禁、不必限制人身自由的一种刑罚执行方法。[1] 站在这个立场上,司法社会工作机构应该是刑事司法系统的一个辅助部门,司法社会工作实务不过是行刑过程中一种人性化的补充。"尽管社区矫正的目的和手段都突出强调以人道化的手段矫正罪犯的犯罪心理和行为恶习,从而促进其顺利回归社会,但它仍然是与监禁矫正相对的行刑方式,是刑罚执行活动。社区矫正是在确认个人实施了犯罪之后,由审判机关和国家其他机关判处和采取的一种刑事制裁措施,是个人实施犯罪行为的一种法律后果。"[2]

但是站在社会工作的立场上看,司法社会工作虽"嵌入"刑事司法系统,但仍然要秉承社会工作的价值观念,即以助人自助为核心价值取向,尊重服务对象并为其谋取更多的权益。同样是对社区矫正的理解和定位,国外也有一种反映

---

[1] 刘强:《社区矫正定位及社区矫正工作者的基本素质要求》,《法治论丛》2003年第3期。
[2] 陈和华、叶利芳:《国外社区矫正的经验和问题》,《犯罪研究》2006年第1期。

社会工作理念的看法,即社区矫正应该是非刑罚惩罚方式,它以社区为主导,由社会来矫治违法与罪错者,促使其顺利回归社会。从这个角度出发,司法社会工作就是要帮助罪错者、受害人以及各相关利益人解决他们自己的问题,并在工作过程中实现自身的专业价值。在具体的司法社会工作实务中,这体现为尊重服务对象自主选择和自主决定的权利,它要求社会工作者不把自己看作强者,也不把服务对象视为弱者,而是把自己视为与服务对象平等的协作者。

那么,如何对这两种价值理念的张力进行纾解呢?首先,要以司法社会工作的功能定位为基本出发点。司法社会工作是一个以特定价值理念为指导的社会功能系统,更是一个按一定规则运转的复合性工作机构,但其具体形态在不同的社会背景中是大不相同的。其中的关键是由特定价值理念决定的功能定位,它可能是刑事司法本位的,也可能是社会工作本位的,还可能是混合形态的。如目前在我国,司法社会工作就被认定是传统司法执行模式的替代和补充。在这一理念的指导下,我国的司法社会工作既涉及有犯罪记录者的社区矫治,也涉及对犯罪边缘者(主要是青少年)的犯罪预防,但并没有把所有利益相关人都列为服务对象。在一定时期内,一国的司法社会工作总会有一个确定的功能定位,这应该是纾解两种价值理念的张力的基本出发点。

其次,要以发展的眼光对两种价值理念所产生的张力进行动态调适。就如同司法理论由报应论转型为恢复论、社会工作理论由问题视角发展为优势视角一样,司法社会工作的功能定位也是动态变化的。因此,不能以静态的观点看待司法理论与社会工作理论的不同价值理念,也不必简单地以司法社会工作的现实定位去评判二者所存在的差异,而应以动态发展的眼光和面向未来的态度去积极调适这两种价值理念所产生的张力。

更为重要的一点是,要以传统文化基因对两种价值理念所产生的张力进行本土化调适。经过几十年的不断强化而成为我国法律制度基本形态的"有罪必罚、罚当其罪"的司法模式本就是舶来品,自20世纪80年代末开始的刑事司法改革也还在经历本土化煎熬。同样,西方社会工作制度和方法虽然是好东西,但一味照搬照抄并不能有效解决中国问题。如果司法社会工作能够汇聚这两方面的本土化冲动,就会形成一股强大的调和力,进而建构起承载中国传统文化基因的价值理念。

二、社会工作方法、伦理与法律规范的调适

司法社会工作除广为人知的个案、小组、社区等通用方法外,更表现为司法程序诸环节中的实务原则和活动方式。事实上,很多人在狭义上把"司法社会工作"理解为对被告及相关利益人施以行为能力和责任评估的技术方法。比如,对刑事及青少年司法中的相关群体予以诊断、评估和处置,对相关人员的精神状态、儿童利益及无行为能力人的状态、残疾人的残疾状况进行诊断、处置,对执法及刑事司法中的人员进行审查、评估或处置,对被害人与加害人予以诊断、评估和处置,以及作为专家证人(expert witness)出庭等。更多的时候,人们会在广义上把司法社会工作理解为与刑事、民事、行政等法律问题有关的所有社会工作实践,涉及调解、仲裁、审判、矫正、禁毒、信访、监护、探视、收养等各种司法社会工作活动。在以上活动领域,司法社会工作者通常要运用各种诊断、评估、处置技术,以专家证人等专业身份,对证据进行科学而客观的呈现,对当事人进行合理的处置。而所有这一切,都是在司法社会工作特定的实务原则和专业伦理指导下进行的。

当司法社会工作者以专业方法从事活动、用专业伦理约制自身行为时,可能会与法律规范不相协调甚至冲突。仅以专家证人制度为例。所谓专家证人,是指对某一专门问题及其相关事宜具有专业知识和经验,因而其意见可被接纳为证据的人。此制度自14世纪在英国产生以来,一直是英美法系国家司法社会工作的一项内容。在执行此项工作的过程中,社会工作者要对服务对象进行咨询访谈,还要用科学手段对其进行评估、诊断和处置,甚至要陪同服务对象去医院验伤、走访目击证人等,而所有这些都要以专业的方法记录在案并作为可被采纳的证据使用。一般而言,司法社会工作者往往是除服务对象以外最清楚并记录整个过程的人,其专家证人身份有助于司法过程的顺利进行。但是,司法社会工作者的专业方法和伦理准则也可能与法律规范不相协调。比如,社会工作讲究案主自决,但如果服务对象尤其是未成年犯罪嫌疑人做出一些有悖法律的抉择,是否对其行为实施控制,对于社会工作者而言就是一个两难选择;再比如保守案主秘密原则,许多司法相关人都存在着心理的、家庭的、人际关系的、社会适应的种种问题,社会工作者无疑应该保守案主的秘密或个人隐私,但在法律面前又会

陷入保密还是泄密的两难之中。

那么,司法社会工作者如何调适专业方法和伦理与法律规范的冲突呢?一要懂法,社会工作者必须熟悉法律和司法运作体系,知道在法庭上作证时哪些行为是适当或不适当的。二要尊重法律,社会工作者一般而言是主张"道德优先"的,这就是所谓"出于道德考虑、符合道德标准和为了道德目的",但对于司法社会工作者而言,他必须在尊重法律的基础上去调适专业伦理与法律规范之间的张力。三是以发展的眼光促进司法社会工作法治建设,从根本上实现司法社会工作实务的法律保证。在法治中国进程中,"中国司法社会工作从总体上的使命是推动国家治理从防控的视角转向福利供给的视角,从管理的视角转向多元治理的视角,从治理的现代化转向服务的现代化,最终走向'服务为民'的新方向"。①

---

① 任文启:《司法为本,还是政法为本:中国司法社会工作的本土追问》,《甘肃政法学院学报》2017年第5期。

第四章

司法社会工作者的工作场域与专业技能

随着我国国家治理体系和治理能力的现代化转型,司法社会工作者作为一支不可或缺的专业队伍参与到社会治理之中,在不同的领域拓展自己的专业工作并发挥着越来越重要的作用。厘清我国司法社会工作者的工作场域与所需专业技能,能够帮助司法社会工作者获得对专业工作更为全面而深入的认识,并有助于司法社会工作者专业认同感的形成和专业工作能力的提升。

第一节 司法社会工作者的工作场域

司法社会工作者在诸多实务领域开展工作的活跃程度,取决于相关实务领域对司法社会工作的接纳程度。在本节中,我们从法律与社会关系角度解读司法社会工作者能够介入的工作场域。

一、"法律—社会"系统

(一) 从"人在环境中"到"法律在社会中"

"人在环境中"是社会工作专业的核心概念,更是社会工作专业的理论基石。众所周知,社会工作从诞生之日起便具有个人照顾和社会变革的双重责任。社会工作的个人照顾取向来自个案工作的创始人里士满,她参考和借鉴了医学范式,创设了著名的"心理社会模式"来对个体及其家庭进行干预。她认为个案工作的核心是"人在情境中",且对以服务对象生活为中心的人际关系和其所生活的社区的关注尤为必要,干预计划的制订与实施要以个体、情境和二者之间的互动这三方面为基础。生态系统理论的诞生、发展及其对社会工作专业的影响日渐加深,社会工作界对个体行为问题的产生原因的认识也逐渐深化。生态系统理论的代表人物布朗芬布伦纳认为,人生来就有与环境和其他人互动的能力,个人能够与环境形成良好的调适关系,一个人会受到四个系统的影响,分别是微系统、中系统、外系统和宏系统。这一理论将影响个体行为的外部要素从与个体直接发生互动的"情境"拓展到更大的社会制度、法律法规、文化等宏观社会环境。不仅如此,生态系统理论还提出了"历时系统",把时间作为影响个体行为发展与变化的重要参照系。这一理论的发展直接导致美国社会工作者协会等权威机构将"人在环境中"视为社会工作专业的基础知识,大多数社会工作的教科书也开始使用"人在环境中"这一术语。个人照顾取向的社会工作将"人在环境中"作为社会工作理论谱系中的重要理想类型,不断拓展对"人"和"环境"的认识,不断丰富对于二者互动关系机制的表达模式,为社会工作看待社会现象提供了更为有效的描述工具。与个人照顾取向的社会工作不同,社会变革取向的社会工作谋求的是以道德确定性为前提和基础的社会改良实务,倡导从"全人"的角度看待个体,试图将人的福祉和社会公正等价值理念贯彻于实践之中,以寻求借助批判环境的社会行动使环境朝向更适宜人的生存与发展的目标。社会工作者一方面要秉持社会公正、人道主义的价值观,推动环境的改变,保证社会环境对于个体是有益的,另一方面则要不断将实务工作中发现的影响个人福祉的环境因素纳入"人在环境中"的框架,推动社会工作关于"环境"的认识的深化。

尽管由于其认识论和方法论的差异,个人照顾取向和社会变革取向的社会工作对"人在环境中"这一概念框架的侧重点不同,服务实践的行动策略也存在一定差异,但其核心主旨是相同的,即为环境中的个体提供更好的、具有关爱性的社会服务。个体及其所处的多重环境是一个动力性的、交互作用的系统,其中每一个成分都影响着其他成分并受其他成分影响。[①] 社会工作追求提升个人、

---

① I. Hare, "Defining Social Work for the 21st Century: The International Federation of Social Workers' Revised Definition of Social Work," *International Social Work*, 47, 2004, pp. 407-424.

第四章 司法社会工作者的工作场域与专业技能

家庭、群体和社区的能力以解决其问题,实现其潜能,并提升生活水准;同时,通过社会变革以去除影响个体福祉的社会障碍,减少不平等,促进社会公正。

随着社会复杂性的增加、社会分化的加剧,在以功能分化为主要形式的现代社会中,法律是维持人类社会秩序的重要力量并成为一个独立的功能系统。作为一个具有特定功能的社会功能次系统,法律对于社会的持存具有极为重要的意义,人类所有集体生活都直接或间接地为法律所塑造,没有任何一个生活领域能够找到不立基于法律的稳定的社会秩序。作为一个具有功能特定性的"系统",法律系统是具有一定"运作封闭性"的"自创生系统",运作封闭性体现为规范的封闭性,即"只有法律才能产生法律,只有法律才能改变法律";与此同时,法律系统又是开放的,它要面对社会中的各种纠纷、冲突或侵害,并在各社会建立起基本的秩序,也就是说,法律系统作为一个社会次系统与其他的社会功能次系统互为环境。各个不同的功能次系统既要保持自身的独立性,还要与其他系统保持密切的联系,而这是通过运作耦合和结构耦合来实现的。如果说运作耦合是一种即时性和同时性的系统联系方式的话,那么结构耦合则是社会次系统之间通过某些特定结构的媒介进行紧密联系的过程与状态。以纠纷解决为例,W. 费尔斯丁勒(W. Felstinler)和 A. 萨拉特(A. Sarat)等人提出的"纠纷金字塔"(Dispute Pyramid)理论指出纠纷解决分为不同的层次,且同时存在。如果通过忍耐、求助亲友调解等低层次方式解决的纠纷越少,那么上升到司法程序的纠纷就越多。西方国家自19世纪便开始司法社会工作的实践尝试和组织化建设,其目的便是在保持各个次系统完整性的基础上将各个次系统联结起来,从而促进纠纷涉法当事人权益的合法维护。

司法社会工作的服务对象大多是利益纠纷及争端的当事人、罪错人及被害人,他们往往居于社会弱势地位,对社会公正有着极为迫切的要求,这一领域的特殊性与专门性急需专门的知识体系作为实务工作的支撑框架。正如格林(Green)等人所言,"当社会工作者在与其他专业工作者竞争时,仅仅有一般性知识和技能就等同于无技能"[1],难以为专业服务提供有力支撑。司法社会工作的任务是协助罪错者、被害人、纠纷及维权当事人等,提升他们的问题解决能力,

---

[1] G. Green, J. Thorpe and M. Traupmann, "The Sprawling Thicket: Knowledge and Specialisation in Forensic Social Work," *Australian Social Work*, 58(2), 2005, pp. 142-153.

创建个体与资源系统之间的新联结,修正人们与资源系统之间的互动方式,改善资源系统内人们之间的互动,协助改变和完善社会政策,提供切实可行的协助等。而司法社会工作的主要场域则是法律系统与其他社会系统所构造出的"法律—社会"系统。如果"人在环境中"为司法社会工作者提供了一个维护服务对象权益和社会公正的"一致性分析框架",那么借鉴于法学和社会学等学科的理论剖析,将法律系统与其他社会次系统联结起来的"法律在社会中"这一观点,则有利于司法社会工作者觉察自身所处的场域属性,同时为设计和实施专业工作方案提供了必要的理论前提和实务指南。

(二)"法律—社会"系统的存在方式

我国的司法社会工作作为一股专业化服务力量,早在21世纪初便出现并逐渐成为预防和化解社会矛盾机制建设的重要组成部分。多年来,司法社会工作者在犯罪预防与矫正、少年司法、纠纷调解和禁毒戒毒等诸多领域展开专业实践。但是,相较于西方国家将司法社会工作看作连接司法工作和社会工作的一个行动系统,我国的司法社会工作作为"综治维稳的一个手段"[①],分散在不同的领域中开拓自己的发展方向与实践模式,这种"增量嵌入"的生成与发展方式使得司法社会工作呈现碎片化和不均衡特征。

近年来,随着国家治理体系和治理能力现代化的全面推进,尤其是党的十九大提出打造"共建共治共享"的社会治理格局的纲领性方针后,如何构建配套化的预防和化解社会矛盾机制,提高社会治理的社会化、法制化水平成为一项重要议题。将社会治理的社会化与法制化相结合是实现社会治理目标的较优化方式,因为通过法治方式建构起法律规则治理体系,能够很好地兼容价值性、具体性、明确性、规范性等多元特征,使抽象的"治理"理念和宏大的治理目标获得具体而可操作的制度和程序的支撑,这样治理的目标才能转变成现实。"法律—社会"系统是人类社会的重要系统,也是社会存在的一种方式。司法社会工作如果能够评估对社会公正有更大需求的社会个体的现实需要,并将法律系统与其他社会亚系统有机结合,以专业的队伍、专业的理念、专业的技术和方法来进

[①] 任文启:《司法为本,还是政法为本:中国司法社会工作的本土追问》,《甘肃政法学院学报》2017年第5期。

行社会治理和开展社会服务,就能在公共安全、社会治安防控、社会心理服务和社区治理四个体系建设中发挥更大的作用,这将有利于解决社会治理难题,维护社会和谐稳定。

"法律—社会"系统是社会环境的重要组成部分,它不但包括追求公平、正义和平权的个体、家庭和社区,也包括影响社会环境的法律、政策和与法律相关的系统。长期以来,社会工作专业实践并未将此系统作为重点予以必要关注,而是将其笼统地作为宏观社会环境来看待。对于那些受到各种法律议题影响的当事人来说,他们与"法律—社会"系统中的各种环境要素频繁互动,这应该引起社会工作者的关注。专业工作者要认同自己通过教育、倡导和积极主动地参与法律政策规划进而影响法律系统的角色,只有这样,社会工作者才能更好地发挥专业作用。

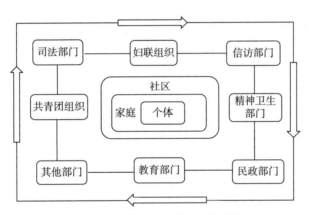

图 4-1 司法社会工作的工作场域

个体处于系统性的外部社会环境之中,司法社会工作的服务对象大多是利益纠纷及争端的当事人、罪错人及被害人,司法部门、教育部门、民政部门、共青团组织、妇联组织、信访部门、精神卫生部门等与犯罪人、被害人和利益纠纷当事人会发生更为频繁和深度的互动(见图4-1)。值得一提的是,这些系统与当事人之间并非一对一的联结状态,除了每个系统与当事人之间的联结外,各个系统之间也有必要的和千丝万缕的关系。因此,司法社会工作者要清醒地认识到自己的主导工作场域,更要意识到跨部门合作的必要性和迫切性。

二、我国司法社会工作者的主要服务场域

司法社会工作并非一个仅针对特定领域或特定人群的专业服务实践活动，凡是与刑事法律和民事法律相关联的对民众需求的回应都应该划入司法社会工作范畴，因此，与此相牵涉的组织系统都应该成为司法社会工作者的服务场域。

（一）司法部门

虽然"司法""司法改革""司法机关"常常被人们提及，并出现在各种学术著作中，但是，我国一些重要的法学词典中却并未收录"司法"这一词条。有学者指出，我国的"司法"是一种以审判为中心的多元论①，而"司法机关"则包括公安机关、检察机关、审判机关、司法行政机关②。本书所指的司法部门沿用前述分类方法，将与犯罪立案侦查、诉讼审判及刑罚执行等相关的组织机构均归为司法部门。

司法部门是司法社会工作的主要阵地，也是我国司法社会工作最早开展实践的地方。2002年8月，上海以社会工作介入社区矫正拉开了我国司法社会工作的大幕。随后，上海以"政府主导推动、社团自主运行、社会多方参与"为指导思想，推进针对社区矫正对象、刑满释放人员、戒毒康复人员和罪错青少年的司法社会工作服务。政府通过购买社会工作服务的方式推动了专业服务的自主运作，社会工作的理念、方法逐渐与司法部门中的固有理念和工作模式相互接触、碰撞与磨合。截至目前，全国各地纷纷成立司法社会组织，引入司法社会工作者参与犯罪预防与矫正工作。

（二）教育部门

各级各类学校及其他教育机构组成了教育部门。2015年修订的《中华人民共和国教育法》规定，教育的目的是培养德、智、体、美等方面全面发展的社会主义建设者和接班人。而在保障少年儿童的身心健康、培养他们的良好品行、有效预防犯罪方面，教育部门发挥着极为重要的作用。2012年修订的《中华人民共

---

① 薛爱昌：《当代中国的"司法"概念：基于宪法文本和政策文本的实证分析》，《政治与法律》2018年第7期。

② 参见《中共中央关于全面推进依法治国若干重大问题的决定》，2014年10月23日；宋方青、周宇骏：《"司法机关"的中国语义》，《法治与社会发展》2018年第1期。

和国预防未成年人犯罪法》在总则中明确提出,要预防未成年人犯罪,在各级人民政府组织领导下,实行综合治理。其中学校在针对未成年人开展预防犯罪的教育、不良行为的预防、严重不良行为的矫治、犯罪的自我防范教育和重新犯罪的预防教育等方面都担当重任。

自20世纪90年代中期起,随着青少年犯罪问题日益严峻,配合中央政府相关政策要求,教育部要求每所学校配备一名兼职的法制副校长,各地学校形成了由德育、心理教育与心理辅导、法制教育、班主任工作、共青团或少先队组织及后勤保障服务等六大系统构成的中国特有的学校学生服务机制。2000年前后,全国各地分别启动了学校社会工作的试点工作,尤其以上海的"联校社会工作"最为著名。有学者指出,上海的联校社会工作增加了青少年学生的亲社会联结,促进了家庭、学校与社区和社会的协作,为学生、学校及家长整合了社会资源,是青少年违法犯罪预防机制的创新实践,取得了不错的社会影响。[1] 由于各地社会组织发育情况、政府的支持力度和学校体系的接纳程度不同,各地联校社会工作的发展程度有所不同。在教育行政部门目前的核心考核指标之下,广泛推广以预防犯罪和提升学生综合素养为宗旨的联校社会工作应该引起必要的重视。

(三)民政部门

民政部门是主管民间社会事务的行政部门,它不但主管救灾赈济、扶残助孤和婚姻丧葬,还承担基层自治、社区建设、民生保障和社会组织管理等职能。党的十九大及习近平总书记系列重要讲话对民政工作提出了新的要求,包括:坚持精准扶贫、精准脱贫;统筹城乡社会救助体系,完善最低生活保障、社会福利、慈善事业、优抚安置等制度,发展残疾人事业;加快老龄事业和产业发展,激励人们向上向善、孝老爱亲;建立农村"三留守"人员关爱服务体系等。这些决策均以改善民生保障、化解基层社会矛盾等为工作重点,意在"谋民生之利,解民生之忧"。

众所周知,贫困可能导致大量的有动机的犯罪,也就是说,贫困虽然并不必

---

[1] 彭善民:《犯罪预防与联校社会工作发展》,《学海》2017年第1期。

然产生犯罪,却是导致犯罪增加的一个重要因素。① 而通过开发社区发展项目,提高社区居民的经济生存能力,加强居民与当地社区的联系,可以有效降低犯罪风险。民政工作是广义犯罪预防中的重要环节。近年来,民政部门着力培育发展社区社会组织,不但激发了基层活力,促进居民有序参与社区事务,而且有利于引导多方参与社区服务,满足群众多样化需求,减少和缓解社区矛盾。司法社会工作者已经深入参与到基层社区建设和社区居民的扶贫济困、冲突化解等中去。

(四)共青团组织

预防青少年犯罪既是社会管理创新的重要内容,也是维护社会稳定的必然要求。共青团是中国先进青年的群众组织,是党的青年工作的重要力量,更是预防与控制青少年犯罪的核心力量之一。共青团组织系统中有专门负责组织、协调参与建构预防和减少青少年违法犯罪工作体系,开展青少年法制宣传教育、安全自护教育等工作的部门。为了加快预防和减少犯罪工作体系建设,上海市于2003年率先在团市委下设成立上海市社区青少年事务办公室,并注册成立民办非企业性质的阳光社区青少年事务中心,建立了一支由500余人组成的青少年事务社会工作队伍,为社区中16—25岁的失学、失业的青年人提供助学与就业服务,以应对日益严峻的青少年犯罪形势。党的十八届三中全会审议通过的《中共中央关于全面深化改革若干重大问题的决定》提出要"充分发挥工会、共青团、妇联等人民团体作用,齐心协力推进改革"。全国各地纷纷加强司法机关与共青团之间的联动工作机制建设,签署合作协议。而共青团则响应号召,启动青少年事务社会工作专业人才队伍建设和青少年社会组织的孵化、培育与管理工作,并加强共青团组织与司法部门的合作与配合,强化社会工作者在青少年民事与刑事保护工作中的地位与作用。

(五)妇联组织

与共青团一样,妇联是一个社会群众团体,是党和政府联系妇女群众的桥梁和纽带,是党开展妇女工作最可依靠的力量,它的基本职能是代表和维护妇女权益,促进男女平等。其中,"维护妇女儿童合法权益","要求并协助有关部门或

---

① 罗金寿、王东:《论贫困对犯罪的正效应》,《四川警官学院学报》2005年第4期。

单位查处侵害妇女儿童权益的行为,为受侵害的妇女儿童提供帮助"①是妇联组织的主要任务之一。在群团改革工作的要求下,各地妇联努力发挥桥梁纽带作用,努力健全妇女维权工作体系,努力构筑专业高效的社会化妇女维权工作网络,创新妇女信访代理模式,完善婚姻家庭纠纷人民调解工作机制,以为广大妇女儿童提供全方位的维权服务。

随着"手臂"延伸、"触角"下沉和服务基层导向的日渐突出,各地妇联纷纷采取社会工作服务项目与妇女工作相结合的方式开展妇女儿童家庭服务,"妇联牵头、社会参与、社工服务、家庭受益"成为一种颇受瞩目的新型工作模式。社会工作者通过提供预防、治疗与倡导性的专业服务,促进学校、社区、社会组织、社会企业及相关政府部门的联动,在预防与减少针对妇女儿童的犯罪、家庭纠纷的预防与调解、维护妇女儿童合法权益等方面发挥了不容忽视的作用。

(六)信访部门

信访制度是中国社会政治发展过程中的自生自发秩序,是民众表达意愿、参与政治、解决纠纷的一种特殊渠道,是公民参与社会公共事务的制度化渠道之一。信访工作有社会动员与冲突化解两个基本内容,并应做到二者的有机统一。而维护人们的权利特别是通过维护利益受损方的权利化解矛盾纠纷是信访制度的重要功能,这与社会工作的本质与功能不谋而合,因为社会工作既涉及维护民众社会权利的制度安排——社会政策,也包括社会政策的执行以及专业的助人技巧与方法。

社会工作介入信访存在一定的专业优势。李迎生和李文静指出,社会工作的理论视角有助于全面科学地看待上访者,社会工作的专业理念有利于化解信访矛盾,社会工作的专业方法能够有效地对信访者实施救助,社会工作者的发展型视角有利于实现信访工作的源头治理,社会工作的第三方立场有利于赢得政府和上访者的信任。② 社会工作者参与信访部门的工作已经积累了一些成熟的经验,如上海的"项目委托"模式、深圳的"岗位派驻"模式和佛山的"第三方

---

① 见中华全国妇女联合会网站关于妇联任务的介绍,中华全国妇女联合会,http://www.women.org.cn/col/col33/index.html,2018 年 8 月 31 日访问。

② 李迎生、李文静:《新时期我国信访矛盾的社会工作介入研究》,《学海》2017 年第 3 期。

介入"模式,等等。作为一个创新领域,如何发现和解决信访社会工作发展中的阻碍性问题,探索社会工作介入信访的本土方法和路径,这是未来研究的重要内容。

(七)精神卫生部门

精神卫生部门承担着精神疾病患者的排查、管理、治疗和康复等一系列工作,它不但是精神科医生、护士和心理咨询师的工作场域,同样也应该成为司法社会工作者的主要工作场域。《全国精神卫生工作规划(2015—2020年)》指出,随着经济社会快速发展,生活节奏明显加快,心理应激因素日益增加,精神障碍者肇事肇祸案(事)件时有发生,因此,健全精神障碍患者救治救助保障制度,显著减少患者重大肇事肇祸案(事)件发生就显得尤为必要。该规划中特别明确规定,"到2020年,70%以上的县(市、区)要开设精神障碍社区康复机构,或通过政府购买服务等方式委托社会组织开展康复工作",这为司法社会工作介入精神卫生工作提供了制度保障。

相对于躯体疾病,精神疾病具有一定的特殊性,主要体现在精神疾病的病程长、康复进程缓慢且需要多方面支持与帮助、精神疾病患者存在自伤与伤人风险等。精神卫生部门的社会工作者需要了解精神疾病的特征及其治疗方法,作为治疗团队的成员参与心理健康预防教育、疾病排查、心理评估和治疗、社区康复支持等工作。同时,由于精神疾病患者的肇事肇祸率较高,精神卫生部门也需要社会工作者与公安、检察院和法院等司法机构进行合作,参与案件调查、审理和刑罚执行的过程。

第二节 司法社会工作者的专业技能

作为社会工作的一个分支学科与专业实践领域,司法社会工作对其从业人员提出了一定的专业技能要求。美国司法社会工作专业委员会主席蒂娜·马奇(Tina Maschi)指出,一个合格的司法社会工作者不仅需要掌握社会工作的基本知识和技能,还需要具备与服务对象及不同系统中的工作者合作的能力、掌握法

第四章 司法社会工作者的工作场域与专业技能

律和相关系统的知识与技能。① 而且,传授社会工作的基本知识和技能也要着重强调针对司法社会工作特殊服务对象的服务方法的学习与训练。本节在对司法社会工作的主要工作职责进行分类的基础上简要呈现各种专业工作方法与流程。

一、司法面谈的程序与方法

司法面谈(Forensic Interviewing)是儿童保护机构所使用的针对受虐待或目睹暴力的儿童的信息收集方法,而且是大多数儿童保护服务的第一步,且贯穿儿童保护服务的所有环节。根据儿童的心理发展特点开发出规范、严谨和专业的面谈服务非常必要。首先,儿童的记忆易受暗示,家长或施暴者的威胁和要求很有可能使儿童的记忆歪曲;其次,儿童的语言能力尚未发展成熟,他们不一定能够准确描述自己的受虐经历。大多数罪犯会否认自己曾实施虐待,且大多数虐待行为没有目击证人,被害人的陈述便成为儿童虐待案件的关键证据。司法面谈考虑到了受虐儿童的身心特征,力图以一种关注发展敏感性的、保护性的、客观的方式从受虐儿童那里收集证词。司法面谈有严格的要求,如访谈者的陈述和肢体语言必须是中性的,尽可能地探索儿童陈述的各种含义,访谈得到的资料要整理和正式存档等等。

司法面谈是一种针对儿童的高度结构性的谈话方式,可以以客观、敏感和合法的方式获得儿童所经历事件的经过及其感受。通常而言,司法面谈包括三个主要阶段,分别是融洽关系建立阶段(rapport building phrase)、实质性阶段(substantive phrase)和结束阶段(closure phrase)。在融洽关系建立阶段,访谈者要介绍访谈地点和解释访谈规则,评估儿童的发展水平,判断儿童是否具有分辨真相和谎言的能力,并且要了解儿童的生活和兴趣爱好。这个阶段要让儿童学习以陈述方式来作答。这一工作非常关键,有助于访谈者评估儿童的发展水平,教会他如何提供陈述性答案。一旦融洽的关系建立起来,便进入实质性阶段。在这个阶段,访谈者要使用开放式问题收集儿童的陈述性描述,主要了解在他身上发生了什么,什么时候发生的,以及儿童所报告出的任何问题。在这个阶段,访谈

---

① T. Maschi, C. Bradley and K. Ward, eds., *Forensic Social Work: Psychosocial and Legal Issues in Diverse Practice Settings*, New York: Springer Publishing Company, 2009, p. 4.

者可以使用假设检验的方法去排除与指控相关的描述,更清楚地了解儿童所提供的信息。第三个阶段为结束阶段。在这个阶段,访谈者可以询问一些非实质性的问题,也可以询问儿童是否有其他问题要问,并对儿童参加此次访谈表示感谢。访谈者还要就安全问题和未来可能发生的情况向儿童做解释和说明。在国外,司法面谈是经司法部门确认的针对儿童虐待及儿童保护的官方规范性程序,并且已经发展出规范的实务操作手册。如美国密歇根州的司法面谈草案对司法面谈的房间布置、访谈者应遵守的规范、访谈的阶段构成及询问问题等都有详细规定。司法面谈并不局限于针对受虐儿童的司法保护服务,已经被广泛地运用到面向遭受虐待的儿童、妇女和老人,有心理健康及发育迟缓问题的人,以及其他脆弱的成年人的服务中。

二、专家证人的程序与方法

专家证人是指具有专家资格,并被允许帮助陪审团或法庭理解某些普通人难以理解的、复杂的专业性问题的证人。专家证人不同于普通证人,因为普通证人主要是陈述事实,而专家证人可以发表意见,这些意见会直接作为证据被法官采纳,对案件产生的影响比普通证人要大。社会工作者成为专家证人始于20世纪80年代,自此后,在儿童监护权、移民、家庭暴力等相关案件的审理中,都能看到作为专家证人的社会工作者。

作为一个专家证人,社会工作者的主要工作包括当事人访谈、附属访谈、调取机构记录、撰写报告、直接询问和交叉询问等。第一步,当事人访谈是专家证人需要完成的第一个任务。当事人访谈要以陈述的方式展开,社会工作者应全面而深入地收集信息。必须要注意的一点是,各种信息的收集以当事人的个人需要为本,而不是以社会工作者自己准备好的问题为准。建立信任关系是这个阶段的重要任务之一,只有这样,当事人才有可能提供一些较为敏感的有效信息。社会工作者还可能会为严重精神病患者、智力发育迟缓者或者性侵被害人做专家证人,在当事人不能客观准确陈述时,需要用量表来进行测量。第二步,对当事人的家人、朋友、同事、雇主、老师和咨询师等进行访谈,这也被称作附属访谈。对当事人社会支持系统的成员的访谈有助于更深层次地了解当事人。第三步,调取机构记录。调取学校、医院、心理健康中心、监狱等机构的正式记录也是专家证人的重要工作之一,而这些记录会成为直接证据和法庭询问的依据。第四步,撰写报告。专家证人所撰写的报告是证词的重要组成部分。在美国,对于不同领域的案件,撰写报告的格式甚至报告的名称都会有所不同。在刑事案件中,报告被称为判决前报告;而在移民案件中,报告则被称为困难情况评估。第五步是直接询问,专家证人要清晰、简短和有逻辑地呈现最终的意见与观点。一般来说,直接询问具有一定的结构,主要由四个部分构成:专家资格介绍、事实陈述、对事实的专业性解释以及结论与建议。在这个阶段,社会工作者是具有权威性的专家。最后一步(第六步)为交叉询问。在法庭上,律师有可能会对专家证人进行询问,此时,专家证人应重申自己的主要结论,冷静而坚定地表达自己的观点。律师往往会使用一些庭前询问技巧,如以封闭式问题控制对话的走向和结论,这时,专家证人要仔细聆听每一个问题,如果仅仅使用是或否不能准确地表达,应该对问题进行充分的补充回答,而不要被律师的是或否的提问方式限制。

我国虽然尚无社会工作者作为专家证人的成熟制度,但是,已有专家学者呼吁在某些案件的审理过程中引入专家证人,特别是最高人民法院 2012 年已经开始进行此项工作的研究,而在马鞍山中院和温州中院审理的两起涉家暴杀夫案中,已有专家证人参与,他们解释家庭暴力特点和规律以协助合议庭查明家庭暴力事实。[①] 任何诉讼的关键都是证据,建立专家证人制度是解决证据问题非常有效的方法,因此,社会工作者作为专家证人将有一个较为广阔的前景。

三、审前社会调查的程序与方法

审前社会调查制度是指具有专业资质的社会调查主体,围绕涉嫌犯罪人的生活背景、成长经历、家庭环境、社会交往以及回归社会的社会支持等一系列要件展开的专业调查活动。我国的审前社会调查制度始于 20 世纪 80 年代,主要用于未成年人案件的审理。目前,审前社会调查主要集中在未成年人刑事案件和建议判处缓刑和裁定假释的案件。

目前关于社会调查主体选择的法律规定相对宽泛,且各地在执行上会根据

---

① 宋锫培:《完全中立的专家证人》,网易新闻,http://news.163.com/16/0412/01/BKDP6N8A00014AED.html,2018 年 8 月 31 日访问。

当地具体情况进行调整,如山东省规定社会调查工作人员应为社会矫正工作人员,福建省则规定"司法助理员负责,社会工作者、志愿者或协管员协助,必要时会同当地公安(边防)派出所干警共同实施",上海市规定社会调查由社区矫正专职干部会同社会工作者共同完成。

社会工作者介入审前社会调查具有较大的专业优势。首先,社会工作专业的基本价值观有助于社会调查工作的顺利开展。其次,以科学知识和理论为专业基础的社会工作训练可以保证社会调查的规范性和科学性。最后,社会工作的专业方法可以帮助社会调查员更为翔实、客观地收集与犯罪嫌疑人相关的信息。

我国对于审前社会调查的具体方法尚无明确规定。调查方式是否科学合理直接关系到所获取信息的真实性、准确性和全面性。在实践中,审前社会调查主要有两种方式:一种是填写审前社会调查表,表格中的内容主要通过个别约谈、查阅资料、召开座谈会、走访等形式获得;另一种是调查笔录,其中有若干预设的问题,主要涉及被告人、社区居民、派出所、所在社区(村)等。

审前社会调查的框架参照社会生态系统理论来选取。社会调查主要考虑风险性因素和保护性因素。所谓风险性因素是指增加犯罪发生的概率或严重程度的任何事件,主要包括三个方面,分别是个体自身因素、社会因素和历史性事件。保护性因素则是指个体所处环境中可以抵消风险因素,或即使身处风险情境中也可以抑制偏差行为发生的各类因素。这些保护性因素能够缓和或减弱风险因素的影响,分为内在保护性因素和外在保护性因素两个方面。

审前社会调查制度是办理未成年人刑事案件和社区矫正案件的必经程序,专业的社会工作者介入审前社会调查是发达国家的普遍做法,对我国来说,建立完善的审前社会调查制度并提高社会工作者的专业能力,让社会工作者在审前社会调查中发挥更大的作用尤为必要。

四、辅导与治疗的程序与方法

西方国家的司法社会工作起源于19世纪末,这与当时的司法理念变迁有着密切关联。刑罚谦抑理念与人本主义刑罚观认为,罪犯享有相应的法定权利,而所有罪犯都可以回归社会。恢复性司法运动进一步推动了刑罚理念的持续转型,对犯罪行为的认识视角逐渐更系统,对于犯罪的矫正也侧重在补偿犯罪行为所造成的损失。特别是近年来的治疗性司法理念,更是强调在走司法程序和执行法律过程中,对服务对象(相关人)采用治疗性方法以解决问题。可以说,国家司法社会化所让渡的司法专业化空间与社会工作提供的有效专业服务之间的契合程度,为社会工作参与司法实践创造了契机和平台。

在我国的司法社会工作中,辅导与治疗是在实践场域中运用最多的专业方法。针对犯罪人的心理矫治、教育帮扶、技能训练,以及针对突发情况的危机干预,甚至是针对常态人群的犯罪预防服务,大都采用辅导与治疗的方法。专业工作者从宏观、中观和微观多个层面,通过运用多种治疗与咨询技术,为犯罪人及利益相关人、合法权益遭受侵害的弱势人群及纠纷当事人提供专业服务。根据社会工作服务的通用过程模式,司法社会工作的辅导与治疗包括五个阶段。第一个阶段为订立关系阶段。专业工作者要与服务对象建立专业关系,对服务对象进行初步评估,促使服务对象进入角色。第二个阶段为预估问题阶段。专业工作者要持续地收集并分析解释资料,确定服务对象的主要问题,出具预估报告。第三个阶段为计划并签订服务协议阶段。专业工作者要确定服务的目的,明确关注的问题与对象,设计介入策略,与协同工作的合作者一起明确各自的角色并确定具体的工作程序和时间表。这个阶段中的订立服务协议亦十分重要。第四个阶段为工作介入阶段。工作介入包括直接介入和间接介入。直接介入主要是帮助服务对象认识和运用现有资源,对服务对象进行危机干预和危机调适。间接介入则主要包括协调各种服务资源,发展创新资源,改变服务对象所处环境,以便更好地满足服务对象需求,为服务对象服务。第五个阶段为评估结束阶段。专业工作者的主要任务是:检视最初制定的目标是否恰当,是否有效达成;工作方法和技巧是否运用得当;社会工作者的角色和任务的完成情况。

五、调解的程序与方法

与社会快速发展与急剧转型相对应的是社会纠纷与矛盾日渐突出,纠纷数量急剧增加,社会矛盾所蕴含的利益冲突也更为多元和复杂,调解便成为应对此社会现实的重要举措。建立健全社会矛盾纠纷调处机制,把人民调解、行政调解和司法调解结合起来,着力推动建构人民调解、行政调解和司法调解"三位一体"的"大调解格局"尤为必要。社会工作参与调解主要源于调解与社会工作的先天契合性。随着矛盾纠纷的日渐增多和法治社会建设的推进,民众对调解工作者的能力要求越来越高,他们甚至希望得到更多的支持性服务而不仅是平息矛盾。很多矛盾纠纷体现出了当事人在生理、心理和社会关系方面的困境与问题,这就要求将专业社会工作的策略、方法与技术导入调解工作,这样做不但可以提高调解工作的专业化水平,更能够通过人性化、柔化的调解方法促进社会的和谐与稳定发展。目前各地司法行政部门开始尝试以购买服务或岗位方式引入社会工作者参与调解工作。上海市普陀区法院与上海市阳光社区青少年事务中心普陀工作站合作,尝试介入35岁以下当事人离婚案和未成年子女10周岁以下父母离婚案的调解工作并收到良好效果。广东省深圳市龙岗区则将社会工作者派驻到人民调解组织,从事人民调解工作。可以预见的是,随着大调解格局建设布局的完善,社会工作者必将发挥越来越大的作用。

我国尚无针对调解程序与方法的规定。基于社会纠纷与矛盾的共同属性与特征,我们对国外调解的程序与方法进行介绍,以便大家对调解程序与方法有较为清晰的理解。调解的第一步为开始阶段,要与纠纷当事人建立融洽的关系,并初步了解当事人的诉求。第二步进入展开阶段,要深入了解当事人的相关信息。第三步为沟通阶段,要使各方当事人会面,并以坦诚的方式解释各自的立场与想法。第四步为谈判阶段,在调解员的帮助下,当事人双方探索均能接受的解决办法。最后一步为结束阶段,调解员要起草好协议,并召集所有人一起签署协议并讨论执行协议的细节。

作为一个从事调解工作的司法社会工作者应该具备以下几方面的专业素质。第一,团队合作能力。在现有的调解体系中,法院发挥了主导作用,它承担指导者、协调者、监督者的角色,因此司法社会工作者要具备与不同专业背景、不同系统中工作人员一起工作的能力。第二,识别冲突的能力。冲突包括事实冲突、关系冲突、价值观冲突、资源冲突、历史事件引起的冲突、心理冲突和结构性冲突等,社会工作者要善于分辨冲突的来源与类型,并以积极态度面对冲突并努力解决。第三,对调解进行管理的能力。对调解的管理过程实际上是冲突的解决过程,因此,要掌握双赢式冲突解决策略,协助当事人双方以需求而不是解决问题的形式给冲突下定义,并敦促与帮助他们制订出可供选择的解决方案,评估

第四章 司法社会工作者的工作场域与专业技能

所有解决方案的好处与风险,进而共同决定双方都能接受的解决方案,最终达成实施解决方案的目标。第四,谈判能力。在谈判技巧中,首要是倾听,其次是沟通。谈判是双方努力解决问题的过程,当事人双方了解彼此的需求,并通过建设性互动共同努力解决问题,有赖于调解工作者的沟通能力。

六、倡导的程序与方法

司法社会工作的服务对象往往处于弱势地位,这种弱势不但体现在外在的制度、法律和公众对他们的看法,更体现在他们对自己的看法上。这样一种权力结构中的弱势性导致服务对象常常不能靠自身力量维护合法权益,甚至会以消极接受不公对待的方式来应对,因此"倡导"对于司法社会工作的服务对象来说便具有特殊的意义。索辛和卡勒姆提出,倡导指的是"由个人或群体付出努力,代表无权的第三方,以影响其他人或其他群体的决策,影响第三方的福利或利益"[①]。

实施倡导需要考虑四个原则[②]。第一,倡导目标与处境一致性原则。倡导目标与环境越一致,环境中的支持性因素越多,倡导目标实现的可能性越大。第二,争论最小化原则。要获得期望的结果,就要将倡导者与决策者之间的争议降到最小,以保证倡导目标的实现。第三,服务对象让步最小化原则。倡导者一方面要确保倡导的成功,另一方面也要让服务对象的让步最小化。第四,倡导内容与处境一致性原则。倡导的内容与环境越一致,服务对象的让步越小,倡导目标越可能实现。

在司法社会工作领域中,帮助服务对象维护他们的权利、评估他们的需求并将他们转介至适切的社会服务是倡导工作的使命。而要尽力完成这些职责,需要社会工作者具有一定的专业能力。第一,倡导社会工作者需要具备沟通能力。服务对象在面对司法部门中纷繁复杂的信息时往往不知所措,社会工作者要善于帮助服务对象做好信息分类,并确认哪些信息是他们需要的。第二,与其他专业人员合作的能力。多方合作的前提是了解各自专业的背景并在共事中以适宜的方式行事。第三,充权能力。就服务对象而言,社会工作者不但要为他们提供

[①] M. Sosin and S. Caulum, "Advocacy: A Conceptualization for Social Work Practice," *Social Work*, 28(1), 1983, pp. 12-17.

[②] 张宇莲、刘梦:《社会工作倡导:概念、策略与边界》,《中华女子学院学报》2017年第6期。

所需要的信息并转介至适切的服务,而且要使服务对象对自己的状况具有控制感并产生自我价值感,让他们知道他们并不是孤独的,社会工作者会陪伴他们并给予他们力量。司法社会工作者要能够准确评估服务对象的需求,将他们转介到适切的服务,保护他们的合法权利,使他们充权,并帮助他们顺利地经历司法历程。

七、个案管理的程序与方法

个案管理是一种整合型的服务模式,是提供给那些正处于多重问题之中且需要多种助人服务同时介入的服务对象的,可被看作不同部门、不同专业一起工作的方案。目前此服务模式在国外已被广泛运用到司法社会工作领域中。去机构化运动使得大量严重精神病患者回归社区,需要社会工作者为服务对象链接社区社会服务机构,并指导服务对象更好地使用服务,由此个案管理作为一种专业工作方法发展起来。随后这一方法被运用到不同的服务对象人群,不仅包括被监禁的罪犯,也包括在社区服刑的假释犯和缓刑犯。目前,个案管理已被引入社区服刑人员矫正以及禁毒领域,并取得了一定的效果。

个案管理是一个有创意的协作的过程,涉及运用初始评估、沟通、协调、咨询、教育、示范和倡导等技巧强化服务对象的能力,勾连各个提供服务的机构和部门。它主要有以下五方面功能。第一,制订计划。通过评估,确定服务对象的生活状况和需求,汇集就业、医疗、救助等各方面的资料,计划个案管理在实施阶段要做的事情。第二,资源整合。社会工作者要作为个案管理员,尽力为服务对象与其所需的各种服务牵线搭桥,满足服务对象的多重需求。一旦清楚了服务对象需要什么,社会工作者就应帮助其选择最合适的服务。同时,社会工作者还应考虑到服务质量及获取服务时可能会遇到的困难。第三,提供专业化帮扶。第四,协调。个案管理员通过与其他专业人员一道工作,进行协调,确保服务得到整合和落实。这要求社会工作者了解服务对象目前的状况、传输的服务和进展情况。第五,联络。作为个案管理员,社会工作者既要服务于工作对象,又要服务于服务提供者,积极发挥联络员的重要作用,促进工作团队的正常运作;为各成员搭建信息交流和共享的平台,确保工作团队成员之间信息互通共享;充分挖掘各成员的优势和资源,以发挥各方的潜能。

第五章

司法社会工作的专业伦理

第一节 司法社会工作的价值与伦理

一、司法社会工作的专业价值观

在国际社会工作者联合会和国际社会工作学院联盟(IASSW)的社会工作伦理原则中,社会公义与人权一直作为专业核心价值为社会工作提供助人关系中的明确权责划分,有助于社会工作从业者约束和规范自身行为,也确保了社会工作服务的专业性和规范性。2014年7月,国际社会工作者联合会对社会工作做出新的概括:社会工作是以实践为基础的职业,是促进社会改革和发展、提高社会凝聚力、赋权并解放人类的一门学科。社会工作的核心准则是追求社会正义、人权、集体责任和尊重多样性。[①] 在此基础上,司法社会工作的专业价值观涉及人的尊严与价值、社会正义、专业责任以及尊重多样性。

(一) 人的尊严与价值

社会工作建立的基础在于尊重人的内在价值、尊严及由此引申的权利。社会工作者必须维护及保障每个人在身体、心理、情绪和精神上的健全与福祉,包括:

---

① 全国社会工作者职业水平考试教材编写组:《社会工作综合能力(中级)》,中国社会出版社2018年版,第2页。

尊重当事人自决的权利——社会工作者须尊重及促进每个人做出自己的选择和决定的权利,不论他们的价值取向和生活取向如何,只要这些选择和决定不会威胁其他人的权利和合理的利益;

提倡参与的权利——社会工作者应鼓励服务使用者全面参与,增进生活中的决策与行为能力;

整体观——社会工作者应关注个人在家庭、社区、社会以及自然环境中的整体性,并正视个人生活的每一方面;

增权——社会工作者应留意每个人、群体及社区的力量所在,并助其增权。

(二) 公平正义

无论在整体社会层面或其服务的个人方面,社会工作者都有责任推动社会公义,都应积极应对各种歧视与不公正、反对社会排斥、反对标签化,努力营造多元的、公平的、包容的社会环境。社会应对每个人给予平等的关怀和尊重。社会工作者承认不平等确实存在,而且很难消除,但社会应有为人的成长与发展提供平等机会的义务,提供资源和服务以满足人们的需求以及避免诸如饥饿、住房不足、教育不足、疾病、歧视等问题。社会工作倡导在尊重个人权利的基础上,社会工作者积极影响社会政策,参与社会行动,支持困弱群体,尽可能地追求社会公平与正义。

此外,司法社会工作者尤其要坚持差别公正、矫正正义的原则。

差别公正——社会工作者应当差别对待处于权利不均状况的不同个人。例如,老人、精神病患者、儿童等均为权利的弱势方,他们与加害人不在"平等"位置,加害人的保密权和自主权要低于保护老人、精神病患者或儿童。

矫正正义——社会工作者遵循的公平正义原则,与司法伦理中的矫正正义原则并不冲突。矫正正义意指通过赔偿和惩罚,恢复被破坏的社会关系秩序,停止对社会正义的损害。罪刑法定和罪责刑相适应的刑法基本原则实际上也是对犯罪分子相对权利的一种保障,法治社会使贝卡利亚所设想的平等的刑罚阶梯成为现实,受害人得到抚慰,犯罪人也据此承担相应的刑事责任。

(三) 专业责任

社工作价值观中有一部分是与社会工作的专业使命紧密相连的,是明确指导社会工作实际服务、强调社会工作服务的理念。

第五章　司法社会工作的专业伦理

提供社会服务——社会工作者承诺向服务对象提供支持以协助其获得必要的资源,并用专业知识与技术推动有效满足人类需要、超越个人私利的社会服务的发展;社会工作者始终意识到自己的专业使命,并用与之相契合的方式开展实际工作,相信人应被尊严对待,有权利自决,并认识到自我的独特性;社会工作者不断致力于增进专业知识和技能,坚持不懈地投身服务服务对象的事业之中。

推动社会变革——社会工作者致力于社会变革,特别是同弱势和受压迫的个人与群体一道工作,和他们一起寻求社会变革、参与社会行动,推动更好的社会政策与社会制度形成,增进人类福祉。

(四) 尊重文化多样性

任何一个国家都存在多元文化,价值体系与思想观念上的差异不仅在民族之间存在,在各社会阶层之间、地域之间、年龄之间、性别之间、群体之间和宗教之间同样存在。多元文化会带来价值观上的冲突。例如主流文化与亚文化之间的隔阂,不同民族与宗教的文化碰撞,传统文化与现代文明的冲突等等。① 多元文化对专业价值观以及对专业实务的影响,是各国/地区社会工作者都明确关注和强调的问题。

在处理多元文化带来的价值冲突问题时,社会工作者应:(1)认识到实践中文化的重要意义,采取具有文化敏感性的行动,同时意识到自己持有的价值和文化认同、观点及偏见会对不同文化中的服务对象、同事和实践产生的影响;(2)意识到并且承认文化内部和文化之间的多样性,仔细考察个人、家庭和群体以及社区的需求差异;(3)接触不同的文化、语言和社会团体,掌握一系列专业实践的知识,理解服务对象的种族、文化归属、认同、价值、信念和习俗,如有需要,应向有关人士进行咨询;(4)对不同个体、群体、社区和社会的宗教信仰与个人价值观始终保持一种尊重、接纳的态度;(5)弄清并仔细考虑,在多元文化和实践的情境下以何种方式来应对是恰当的,不同文化所能容忍的干预类型不同,助人者应当对这种差异保持敏感和灵活性,并接受这种差异;(6)努力地运用服务对象能够理解的语言和方式为其提供服务,必要时在合适和可行的条件下为服务对象寻找能够胜任的翻译人员;(7)在教育、培训中学习,充实经验,保持开

---

① 赵芳:《社会工作伦理:理论与实务》,社会科学文献出版社 2016 版,第 77—79 页。

放性思维,始终对周围的世界抱有兴趣,并增加、提高自身关于文化、跨文化和文化能力实践的知识积累和能力。①

二、司法社会工作的伦理守则

(一) 专业伦理守则的意义

案例 1

学校社会工作者小宁在介入小洁的个案过程中发现,小洁的父亲是个酗酒者,常常喝醉酒且回家就乱发脾气,甚至殴打小洁及其母亲。更令人震惊的是,一次小洁提到,父亲有时竟然会对12岁的女儿进行性侵。但在后来的个案面谈中,当小宁再去证实这件事时,小洁却矢口否认,并且对小宁说,她不希望这件事再被提起,因为她不想父亲去坐牢。②

面对这样的案例,社会工作者应当遵守保密原则吗?

案例 2

一位社会工作者对服务对象小军的个案服务记录如下:小军的违法行为可能是他对从小失去母亲、缺少母爱,后寄居伯父家被拒绝和情感剥夺的反应,这种拒绝和情感剥夺致使他感到沮丧、焦虑和有罪。督导组认为,小军表现出了明显的不安全感和一些反社会人格,值得警醒。小军和家人之间的问题造成了他不被需要和失望的感受。小军的父亲表现出了改变的力量,包括对当前父子关系的不满,以及对良好关系的向往,这个因素在辅导中可以被利用,但小军继母的不接纳、强烈排斥的行为又会成为其中很重要的影响因素。③

上述个案服务记录是否应向案主公开?社会工作者应当怎样做才能符合专业伦理?

在工作实践中,社会工作者常常要先进行道德判断④,然后再采取行动。这种道德判断的知识和技能逐渐形成社会工作的价值观念,并最终成为从业者共同遵守的行为准则。社会工作伦理的重要性在于:

---

① 赵芳:《社会工作伦理:理论与实务》,社会科学文献出版社2016年版,第81页。
② 同上书,第83页。
③ 同上书,第103页。
④ 陈钟林、黄晓燕:《社会工作价值与伦理》,高等教育出版社2011年版,第9页。

第五章 司法社会工作的专业伦理

(1) 是评判专业服务适当与否的标准。
(2) 保障服务对象的人权。
(3) 减轻社会工作者伦理抉择上的压力及两难。
(4) 帮助社会工作者自我省思及价值澄清。
(5) 奠定社会对社会工作的信任基础。[①]

伦理守则既是维护服务对象权益的重要手段,也是保障社会工作者及相关机构权益的重要措施。

(二) 专业伦理守则的内容

我国社会工作尚处于发展阶段,没有专门的伦理守则,只有一部由民政部发布的《社会工作者职业道德指引》。各个国家和地区社会工作伦理守则的内容不一,但是都包括社会工作者对服务对象、同事、机构、专业和社会的伦理责任五个部分。

1. 对服务对象的伦理责任

(1) 维护服务对象基本利益的伦理责任,包括:服务对象利益优先,案主自决,知情情况下的授权,隐私和保密。

(2) 建立专业关系的伦理责任,包括:避免双重或多重关系、诽谤性言语、身体接触、性骚扰和性关系;识别缺乏行为能力的服务对象。

(3) 专业能力的伦理责任,包括:提升专业能力和多元文化能力。

(4) 服务过程中的伦理责任,包括:工作记录和获取工作记录,服务费用,服务中断,服务终止。

2. 对同事的伦理责任

(1) 与同事建立关系的伦理责任,包括:尊重,保密,与同事的争议处理。

(2) 与同事合作时的伦理责任,包括:及时咨询,适时转介。

(3) 与同事有服务争议时的伦理责任,包括:同事能力受损,同事违反伦理。

3. 对机构的伦理责任

(1) 对机构承诺的伦理责任,包括:对机构内部的承诺,对机构公众参与的承诺,对机构规则法规的承诺。

[①] 陈钟林、黄晓燕:《社会工作价值与伦理》,高等教育出版社 2011 年版,第 12 页。

(2) 提升机构服务效能的伦理责任,包括:督导和咨询,教育和培训,利用机构资源。

4. 对专业的伦理责任

(1) 专业忠诚。

(2) 专业推进。

(3) 专业廉洁。

5. 对社会的伦理责任

(1) 社会福利责任。

(2) 社会政策与制度制定过程中的伦理责任。

(3) 突发公共事件中的伦理责任。①

第二节 司法社会工作伦理的主要议题

一、保密原则与知情同意

(一) 隐私与保密

社会工作中的保密原则包括两层含义:(1) 隐私是个人的自然权利,除非为提供服务或进行社会工作评估、研究的必要,否则不应诱使服务对象说出隐私信息;(2) 一旦获知隐私信息,社会工作者在没有得到服务对象知情情况下给予的许可,一般情况下不应该把利用专业关系获取的服务对象的资料向其他人透露。② 保密原则不是一项明确的法律条款,而只是职业规范中的伦理原则,它的履行是靠明确承诺或签订契约实现的。一般来说,社会工作者在和服务对象进行最初面谈时,就应该向当事人和其他有利害关系的各方解释清楚保密的性质,包括保密的限度。

保密原则是司法社会工作者日常工作的重要行为准则。一方面,基于司法程序的规范性和严肃性,社会工作者在工作中严格履行自身工作职责,拒不泄露工作秘密。以社区矫正为例,2016 年 9 月 14 日,司法部在加强社区矫正管理工

---

① 赵芳:《社会工作伦理:理论与实务》,社会科学文献出版社 2016 年版,第 94—116 页。
② 同上书,第 118 页。

第五章 司法社会工作的专业伦理

作电视电话会议中提出社区矫正工作人员"六不准"规定,其中第五条为"不准泄露社区矫正工作秘密"。① 另一方面,为了更好地帮助社区服刑人员顺利回归社会,避免"标签化"的影响,机构在日常工作规范中不断强调保密原则的重要性,明确指出尊重和保护服务对象的隐私权,防止服务对象个人信息的泄露。

然而,社会工作者扮演人与法律互动的中间角色,难免会遇到涉及价值、伦理的冲突与两难。其中保障当事人隐私与保护第三方安全既是司法社会工作者的主要伦理要求,也是容易产生困境之处。这些困境主要包括保密的限度与隐私泄露两方面。

1. 保密的限度

专业社会工作伦理中的保密原则,是指社会工作者在没有得到当事人的知情许可时,不会向任何人披露从他那里获得的资料。保密是伦理原则而非法律条款。1976年发生在加州大学的塔拉索夫案②成为探讨助人工作者对当事人保密与伤害第三方安全的伦理困境的经典案例,在此之后,美国各州均以"塔拉索夫判决"(Tarasoff Decision)作为类似案件的审判依据,包括精神科医师、心理学家、社会工作师、婚姻治疗师、医师、护理师在内的各类助人工作者,均适用塔拉索夫判决。③ 此判决为我们明确了保密与人身安全的优先顺序,即保护人身安全优先于保守当事人秘密的伦理判断原则。

然而,当当事人表述可能对第三方施以威胁伤害时,社会工作者还应对当事人进行危险评估。如果评估之后认为当事人特别具有危险性,社会工作者应对当事人履行警告的职责,告知所有受到威胁的潜在的受害人,并搜集充分的证据,制定保护第三方行动方案(此部分详见第三节)。总之,保密原则是重要的,

---

① 《司法部:加强社区矫正管理 工作人员"六不准"》,天津长安网,http://www.tjcaw.gov.cn/yw/zysy/tjcaw-ifxvyqwa3380760.shtml,2018年8月10日访问。

② 案件经过:波达(Poddar)在医院接受心理治疗中向心理医师穆尔(Moore)袒露自己计划去杀死一个女孩。他当时并没有说出女孩的名字,但是很容易证实她就是塔拉索夫。心理医生立即口头向校园警察局警官请求帮助,后警官认为波达看起来心智健全,将波达释放。医院在波达被释放后向警察局要求退还穆尔博士书面要求警方协作的信件,并销毁所有记录。塔拉索夫从巴西回来不久,波达去了她的住所将她杀死。塔拉索夫父母遂将心理医生、加州大学告上法庭,起诉其未尽到警告责任。法官最终认定罪名成立。

③ 〔美〕拉尔夫·多戈夫、弗兰克·M.勒温伯格、唐纳·哈林顿:《社会工作伦理——实务指南(第七版)》(隋玉杰译),中国人民大学出版社2005年版,第88—89页。

而保护第三方也是重要的,判断若有失误就可能造成侵犯当事人隐私或者危害他人生命安全的错误。

保密问题之所以在社会工作实务过程中引发伦理质疑最多,是因为这一伦理原则的实务模式过于简单,只包括社会工作者和当事人双方,而在现实生活中的社会工作实务则涉及方面众多,因此,发生伦理困境的机会也就增加。以虐待儿童的个案为例,社会工作者不仅要面对施虐者和被虐待的孩子,还会涉及孩子的父母、其他兄弟姐妹、社会大众新闻媒体、司法部门(警察、法院)、虐待参与者、社会工作者同行、相关领域的同事、保险公司等等。涉及的每一方都可能会提出保密要求,而这些要求彼此之间会发生冲突。与每一方共用机密资料时,在伦理上的考虑不同,使用资料方需要分担的伦理义务也有所不同,这便是保密原则的弹性所在。

2. 隐私泄露

案例 3

王阿姨的儿子大鹏是一个吸毒成瘾者,从强制戒毒所出来后,正在接受社区戒毒。戒毒社会工作者小李去其家里做访谈,和王阿姨谈了很久。最近,大鹏好像又和过去的那些"毒友"有联系,王阿姨实在不放心,去社会工作站找小李。当时小李不在,王阿姨就坐在小李的位子上等他。无意间桌上摊开的一个笔记本吸引了她的注意,本子上记录了一些大鹏的情况。她发现,儿子和小李说了很多她的不是,嫌她唠叨、不顾别人感受、自私,认为自己婚姻失败完全是母亲导致的。王阿姨伤心欲绝。

案例 4

小陈是社会工作者小何的社区矫正对象,有吸毒史,HIV 检测呈阳性。最近,小何发现小陈找了一个女朋友,问及小陈是否告诉过女朋友自己的情况,小陈也很坦诚,说没有。他怕和女朋友说了,对方会离开他。隔了一段时间,小陈的女朋友碰到小何,很高兴地告诉小宁,她和小陈年底要结婚了。①

保密困境还体现在信息公开与隐私维护之间的选择上。卢曼在 1995 年调查发现,27 项受到控诉的社会工作不当行为中,泄露隐私排在第三位,仅次于性

---

① 案例 3、案例 4 选编自赵芳:《社会工作伦理:理论与实务》,社会科学文献出版社 2016 年版,第 123 页。

关系和不良治疗。违反保密原则的原因有个人疏忽,错误地评估自身能力,专业服务的狭隘以及对高危人群保密问题处置不当。① 在如今的互联网时代,电子信息与网络技术对社会工作中的隐私保密提出更大挑战,例如社会工作服务管理机构之间的文件传输,社会工作者运用互联网技术进行在线咨询,社会工作者利用社交软件与服务对象沟通。

此外,当社会工作者进行日常工作汇报、案例研讨、项目评审时,面对机构同事、司法机关工作人员、街道社区工作者以及专家学者等时,应该如何把握尺度,保护案主的资料,尊重服务对象的隐私权,也是值得思考的问题。

(二)知情同意

知情同意又称为知情情况下的授权,它意味着社会工作者或者其他专业人员除非得到了当事人的许可,否则不能介入当事人的生活,或者披露与其有关的机密资料。知情同意包括信息披露、自愿性和行为能力。其中自愿性和行为能力问题在司法社会工作伦理中尤其突出。

1. 自愿性

在司法社会工作者工作的很多场所,当事人对是否授权并没有自由选择的权利。犯人和精神病患者是典型的非自愿当事人的例子。当司法社会工作者为法庭指定的当事人做工作时,有关知情同意就会产生三方面障碍:第一,无法完全预料法庭指定的评估会有怎样的后果;第二,权利不平等妨碍了知情同意的自愿性;第三,尽管司法系统与社会工作者看上去是"治疗"联盟,但是二者有时候不一定以当事人的最佳利益为优先考虑,且当事人也意识不到关系的复杂性。②

社会工作者常常在当事人不是自愿接受服务的场所中进行工作。这些场所包括矫治机构、青少年法庭、儿童保护机构、非自愿性的精神病治疗机构以及强制戒毒所。与自愿性问题相关联的,还包括信任问题、隐私问题、关系问题和治疗的成效问题。以信任为例,所有的社会工作者都希望获得当事人的信任。信任是从业者有信心达成改变当事人目标的关键因素。但与此同时,信任也会使

---

① Frederic G. Reamer, "Malpractice Claims against Social Workers: First Facts," *Social Work*, Vol. 40, No. 5, 1995, pp. 595—601.
② 〔美〕拉尔夫·多戈夫、弗兰克·M. 勒温伯格、唐纳·哈林顿:《社会工作伦理——实务指南(第七版)》(隋玉杰译),中国人民大学出版社2005年版,第84—85页。

当事人放弃参与做决定的权利。一些盲目的当事人不仅自愿给予授权,还会不加思考地全盘接受工作者建议的一切,而这恰恰违背了案主自决的核心伦理准则。

当一个当事人想要伤害自己或者想自杀时,非自愿授权服务问题变得尤其重要。一些人认为,当事人自主决定是社会工作的最高价值观,社会工作者没有权力干涉自残或者自杀行为;另一些人则坚持社会工作者应当采取干预措施,至少暂时的干预措施是正当的,只有适度干预,才能够判断当事人是否已经完全了解其行为的意义和后果,并且具有行为能力。保护生命原则应当高于其他所有的伦理原则。

2. 行为能力

知情同意假定授权的当事人有授权能力。然而,许多社会工作者的当事人没有完全行为能力。儿童、精神障碍者、失智症病人等并没有能力提供知情情况下的授权。虽然只有法院才能宣布一个人是否具有行为能力,但社会工作者必须正式评估一个人的行为能力,以判定在服务中当事人可否参与决策。

当知情同意涉及儿童时,社会工作者更应当谨慎。婴儿没有做决定的能力,这是已达成共识的;儿童的语言表达和内心感受有时截然相反,他们说的和想的并不总是一码事,表达的偏好不一定是真正内心的偏好,这也需要社会工作者高度重视。

总之,我们限制一个人的自由,把他从家中带走,放到某个社会服务机构,这是一件非常严肃的事情,一般未经本人同意不得做出决定。

二、案主自决与社会工作专业能力

(一)案主自决

1. 案主自决的实质

案例 5

小丽是社会工作者小张的服务对象,因为丈夫的家庭暴力而带着幼女进入妇女庇护所。小丽的丈夫不断打电话给她,一边道歉,一边威胁她马上回家,否则还可能会动手。小丽越想越害怕,决定带着女儿回家。小张觉得这是一个错误的选择,她会再一次陷入暴力处境,甚至危及孩子安全,因此反复劝说小丽不

第五章 司法社会工作的专业伦理

要回去。小丽非常犹豫,庇护所解决不了长远问题,她目前也没有工作,不回去不知道怎么办。

作为一项伦理原则,案主自决是指服务对象有自主选择的需要与权利,社会工作者应当鼓励和促进当事人面对生活做出自己的决定与选择。案主自决是对人的自主与自由的尊重。在现实中,案主自决是指在特定范围内做出的自由选择,需要而且允许适度干预,并非无条件的自我决定。案主自决在实务过程中有很多限制,例如当服务对象是困弱群体、社会边缘人士、不易被主流文化接纳人士、资源有限者、受教育程度低的人时,他们在做决定时往往更多依赖社会工作者的专业帮助,无法真正"自决";也有一些服务对象自身能力有限,当生命中遇到重大抉择、无法理解的专门知识、自身阅历缺乏时,靠自决并不能找到解决办法。此外案主自决并非无条件的,在一些特殊的情境下,允许社会工作者对案主个人生活进行干预,例如服务对象的行动或潜在行动具有严重的、可预见的和立即的危险,并且会伤害自己或他人时,便可以限制案主的自决权。

2. 自决的"弱化"与强制干预

案例 6

一位社区矫正社会工作者讲述了自己在工作中遇到的案主自决的困惑:"案主自决这方面其实真的不好说,我们的服务对象是社区服刑人员,他们有特殊性,进行社区矫正对他们来说是一种惩罚,服务对象更多把我们看成司法行政人员。所以服务对象对我们的求助意识低,很多活动,他们也倾向于听从我们的安排。实际中,在案主自决这一方面我确实做得不够突出,我一方面要处理行政化工作,如矫正对象的周报道和集中教育,另一方面还要开展个案,我自己在案主自决这块也不好处理和把握。"[1]

司法社会工作者往往身处严肃的司法相关场域中,其服务对象受到法律上强制性的规定,例如《社区矫正实施办法》中规定社区矫正人员未经批准不得离开所居住的市、县(旗),以及必须接受监督管理、参加教育学习和社区服务等矫正活动。社会工作者作为准"执法方",一定程度上对社区服刑人员具有权威性和约束力。尽管专业要求他们持有"不干涉社区服刑人员自主决定"的态度,但

---

[1] 陶怡婷:《社区矫正社会工作者的伦理困境及抉择——基于上海社区矫正社会工作实践的质性研究》,华东理工大学硕士学位论文,2017年,第19页。

在实际服务中,刑罚的强制性往往很容易弱化服务对象的自决意识。同时,社会工作者又是"服务者",积极地为服务对象寻求就业机会、提供救助、采用适当的矫正措施。"执法"与"服务"的限度、强制干预与案主自决之间的矛盾是造成司法社会工作者伦理抉择困境的深层原因。

(二)社会工作专业能力

1. 案主自决的实务操作技巧

在实务工作中,社会工作者不是完全不干涉服务对象的自由,而是有责任运用自己的专业知识、技巧和资源,采取积极行动提供必要的条件,增强服务对象的能力,以使服务对象更好地自决,包括:(1)分析服务对象选择的动机和原因;(2)从环境中找出可能的选项;(3)帮助服务对象获得充分信息,了解可能产生的各种后果;(4)为更好地选择链接资源;(5)不欺骗或胁迫服务对象;(6)确定服务对象有能力选择,包括智力与行为力;(7)排除障碍,将选择变成实践的行为。

当然,由于实际情况中的模糊性和不确定,社会工作者有时无法准确预测自己运用的服务策略是否有效。例如在虐待儿童嫌疑案中,社会工作者就没有把握准确预测孩子继续留在父母身边会出现什么情况,也不确切知道强行把孩子从家中带走会发生什么。因此,社会工作者自身的专业能力、业务水平与共情能力就显得至关重要。一位专业能力突出的社会工作者能够充分运用理论与实践知识,寻求有效的解决路径。

2. 避免价值操控

案例 7

小兰是一个曾经遭受性侵害的女性,是社会工作者小王的服务对象。最近小兰获知以前侵犯她的人已经刑满出狱。这个人很后悔当初的所作所为,以及给小兰造成的伤害。他找到小兰,表示忏悔,希望小兰原谅他。小王告诉小兰应该选择原谅,只有原谅,才能真正放下。[1]

社会工作者的价值观与服务对象的价值观不一致,这是社会工作实务中的常见现象。接纳差异,尊重服务对象,不回避问题和必要转介是解决不一致的方

---

[1] 赵芳:《社会工作伦理:理论与实务》,社会科学文献出版社 2016 年版,第 138 页。

法。社会工作者不能为了满足自己的需要,或者自认为是在为服务对象的利益着想,而对服务对象进行操控。当然,操控可能无法避免,但社会工作者应对自己的价值观保持敏感,尊重与接纳服务对象,在出现分歧和冲突时尽可能地以平等的身份与服务对象分析、沟通和澄清问题,尽量减少对服务对象的价值操控。

三、专业关系及其困境

(一) 双重关系的界定

案例 8

2017年4月10日,深圳市社会工作者协会官网上发布了《关于"郭社工违反社会工作职业伦理规范"的处理决定》(以下简称处理决定)。处理决定称,2016年11月,市民王女士向协会秘书处反映社工郭某违反社会工作职业伦理规范。经调查:王女士是社工郭某在2012年探访其家庭时认识的。2016年1月起,王女士之女李某开始到郭某所在机构参加康复活动。在王女士的引荐下,郭某与李某认识并与李某确定恋爱关系。郭某未向所在社会工作服务机构和用人单位报备,机构的督导及管理部门也未及时做出必要的反应与相关安排。

深圳市社会工作者协会纪律工作委员会集体审议后做出如下处理决定:社工郭某违反《深圳市社会工作者守则》和社会工作职业伦理规范,根据《深圳市社会工作者登记与注册管理办法》第19条规定,注销郭某注册资格。该事件的发生与机构管理失察有关,该机构由协会纪律工作委员会根据《2016年度深圳市社会工作服务机构绩效评估办法》中的规定另行处理。①

社会工作者在同一时段或不同时段里,与服务对象或与服务对象有亲密关系的人,除专业上的关系外,还会存在一些社会、经济、宗教或其他方面的角色关系。无论这种关系是发生在专业关系建立之前、之中还是之后,社会工作者都会涉入双重关系。②

帕特里克·奥利里(Patrich O'Leary)等用同心圆的形式直观地展示了专业界限的特征要素,并将专业界限划分为"可渗透的界限"(permeable boundary)与

---

① 《"郭社工"事件与社会工作职业伦理之问》,《中国社会工作》2017年第13期。
② 参见赵芳:《社会工作专业伦理中双重关系的限制、困境及其选择——一项基于城乡社会工作者的实证研究》,载王思斌主编:《中国社会工作研究(第十辑)》,社会科学文献出版社2013年版。

"不可渗透的界限"(impermeable boundary)两类,在图 5-1 中,黑色部分的面积代表专业界限,灰色部分和最里面的白色部分代表可渗透界限,黑色之外的圆环面积代表不可渗透的界限。对于不可渗透部分的行为,社会工作者为之则会突破社会工作界限,一定会产生双重关系,是被严厉禁止的;而对于可渗透部分的行为,社会工作者为之则有可能产生双重关系,也有可能不产生双重关系,是一个较为模糊的地带;灰色部分比白色部分更为模糊,在操作时应更谨慎。在具体操作过程中,社会工作者应根据当地文化和具体的实务情境做出更合理的判断。①

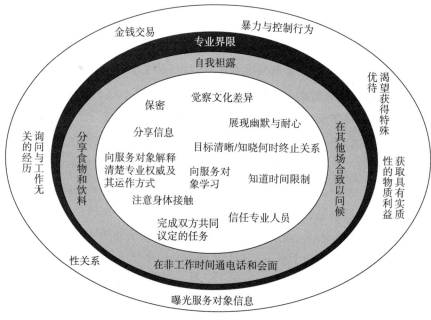

图 5-1 社会工作专业界限图示

(二)双重关系的伦理审视

在具体实务工作中,社会工作者考虑正在介入的双重关系是否有违伦理时,应结合文化需求,从以下几点审查:(1)该双重关系是否必要?(2)该双重关系

---

① 转引自赵芳:《社会工作专业伦理中双重关系的限制、困境及其选择——一项基于城乡社会工作者的实证研究》,载王思斌主编:《中国社会工作研究(第十辑)》,社会科学文献出版社 2013 年版。

第五章　司法社会工作的专业伦理

是否有剥削性？(3)谁会从该双重关系中受益？(4)是否存在该双重关系伤害到服务对象的风险？(5)该双重关系是否有破坏专业关系的风险？(6)社会工作者在评估该双重关系时是否客观？(7)社会工作者是否在工作记录中详细记录了自己的决策过程？(8)对于介入双重关系的风险，服务对象是否已充分知情同意？社会工作者应在知情同意、详细记录和客观分析的基础上，结合图5-1详细地考察。

（三）双重关系的成因与处理

在中国，由于文化制度的特点，双重关系几乎不可避免。人情社会的人际互动模式下，社会工作者如果没有"人情"只谈"专业"，就几乎寸步难行，加之中国传统助人角色的影响，服务对象对社会工作者容易产生超乎专业范围的期待，导致双重关系发生。此外，社会工作者对专业角色理解不清晰，社会工作机构发展过程中的非专业化操作，专业资源不足，也会诱发双重关系。

在社会工作实务中设定一个界限清晰准确的专业关系边界，往往是十分困难的。但依然有一些可供借鉴的原则，用来防范双重关系的产生。这就要求社会工作者：(1)应当在专业领域中，努力成为践行社会工作价值伦理原则的典范；(2)用专业服务、理念和角色赢得服务对象的尊重，而不是与服务对象形成朋友关系；(3)在专业关系中不能一味强调个人需要；(4)在处理一些具体问题时（例如服务对象邀约一起吃饭），如果该行为不能对建立专业关系产生建设性的影响，就不进行这种交往；(5)遇到无法清晰界定关系的困扰时，及时咨询督导。

四、司法社会工作者法定义务

（一）通用法定义务

社会工作最基本的用意在于保障服务对象的权益。基本上，社会工作者的法定义务包括照顾的义务、尊重隐私的义务、保密的义务、告知的义务、报告的义务和提出警告的义务。[1]

(1)照顾的义务。社会工作者在预估、诊断和介入过程中，有义务告知服务对象紧急联络方式，确保服务对象的安全，定期地、准确地记录服务内容。

---

[1] 陈钟林、黄晓燕：《社会工作价值与伦理》，高等教育出版社2011年版，第115页。

（2）尊重隐私的义务。服务对象的私人物品与私人空间不容侵犯，服务对象的个人生活事件信息，除非有足够理由，不能泄露。

（3）保密的义务。社会工作者获得的服务对象的个人资料，除非经过服务对象允许，不得告知第三方。社会工作者要运用服务对象提供的资料，必须有服务对象的书面同意。

（4）告知的义务。社会工作者有告知服务对象服务内容、服务时间周期、可能有的危险和成功的可能、费用以及机构相关政策的义务。

（5）报告的义务。对与儿童保护、老人虐待以及其他触及刑法的犯罪案件，基于人身安全和人权保护的立场，社会工作者有向政府、司法机关等机构进行报告的义务。

（6）提出警告的义务。如果在会谈中，服务对象讨论到一些企图报复或者伤害他人的事情，社会工作者可以将事情酌情告知潜在受害者，请求司法机关处理，或者提出暂时隔离服务对象的建议。

（二）司法社会工作者专家证人法定义务

在司法社会工作实务中，社会工作者不可避免地会担任专家证人的角色，此时依然会遇到相关的伦理议题，包括：保密、告知后同意、所提供的意见不能超越本身的专业经验、基于科学事实真相、拒绝或避免利益冲突等。社会工作者必须谨遵专业伦理守则，而咨询相关专业人员或协会的意见以及非正式的同事商讨机制都有利于避免陷入伦理困境。

此外，在上庭作证之前，或者向法庭提供有关当事人的评估报告之前，社会工作者有义务事先告知当事人。检察官或者辩方律师在开庭之前的约谈，也应当告知当事人，使其了解并知情同意。这是专业伦理中时常会疏忽的地方。换句话说，在法庭上和约谈中，可能都需要社会工作者提供当事人知情后同意的资料证明，社会工作者需要特别注意。

第三节 司法社会工作伦理的抉择模式

一、通行伦理抉择模式

在面对伦理困境时，社会工作者时常会陷入两难甚至是多难的局面中。而

第五章 司法社会工作的专业伦理

实务过程中社会工作者不得不在当下即刻做出选择,在伦理取舍的背后经过一番思考与分析。研究伦理抉择的模式可以帮助社会工作者在伦理抉择的过程中明确相对清晰正确的价值系统,做出合理适当的伦理判断。

(一)影响伦理抉择的因素

影响伦理抉择的主要因素包括伦理抉择主体、伦理事件本身及伦理抉择涉及的环境。伦理抉择不单纯是社会工作者个人特质的产物,还是社会工作者与环境交互作用的产物,从环境层面看,需要考虑四个因素:机构规范、同事的影响、专业权威团体或法律的规范、社会文化。沈黎在对上海青少年社会工作实践的质性研究中,以"人在情境中"的概念为框架基础,提出个体因素、问题因素、情境因素这个三维框架来系统分析社会工作伦理抉择,如图5-2所示①:

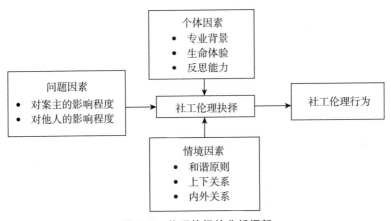

图5-2 伦理抉择的分析框架

(二)专业伦理判断顺序

在司法社会工作守则中,社会工作者面对伦理冲突时,应以"保护生命"为最优先的伦理考量原则,在"社会公平正义"的基础上,遵循以下一些原则:

(1)所采取的办法有助于为服务对象争取利益;

(2)当有多种达成目标的方法时,应选择最佳权益、最少伤害的方法;

(3)为保护服务对象而不得不造成损害时,行动方案不得违背原定目标;

---

① 沈黎:《本土社会工作实务的伦理困境与伦理抉择——基于上海青少年社会工作实践的质性研究》,《社会工作》2012年第2期。

（4）尊重案主自决。

在实务工作中，面临伦理原则冲突时，可以勒温伯格等提出的伦理原则判断顺序表作为社会工作从业者参考标准，依次为：保护生命、差别平等、自由自主、最小伤害、生活品质、隐私保密、真诚原则。然而，在实务中所遭遇的当事人问题均相当复杂，需要多方面斟酌，社会工作者要与督导、同事商讨，咨询该问题领域的专家意见，以妥善处理问题。

二、司法社会工作伦理中的危险预测模式

（一）当事人的危险评估

卡格尔（Kagle）和考普拉斯（Koples）整理出当事人危险评估原则，这些原则针对的是当事人对自己以及第三人造成伤害的可能性评估，包括评估当事人整体潜在暴力行为、审慎评估当事人现状。[1]

1. 当事人整体潜在暴力

（1）年龄（青少年或青年）、性别（男性）、种族（弱势族群）；

（2）智能（低下）、教育和工作经验（低于预期表现）；

（3）家庭生活经验（有暴力行为）；

（4）社区生活经验（有暴力行为、在社区中感觉自卑和羞耻）；

（5）同辈群体文化（鼓吹暴力）；

（6）因应模式（用暴力应对压力）；

（7）暴力行为史（攻击、纵火）；

（8）冲动性（次数、严重程度）；

（9）酒精与药物滥用；

（10）心理状态（神经官能症、幻听、暴力幻想、狂躁症）。

2. 审慎评估当事人现状

（1）最近的事件（危机、失落、威胁、压力所引发的事件）；

（2）情境脉络（与过去暴力的情景相类似）；

（3）动机（语言或者行动有所表示）；

---

[1] J. Kagle and S. Koples, "Confidentiality after Tarasoff," *Health and Social Work*, 19(3), 1994, pp. 217-222.

（4）威胁（清楚、特定、逼近）；

（5）意指（考虑中）；

（6）计划（可能会去实行）；

（7）潜在受害者（已经明确指出某人）；

（8）反对为潜在可能受害者进行安全保护。

（二）当事人对第三人危害行为预测模式

1. 线性模式

格罗斯（Gross）、索瑟德（Southard）、兰姆（Lamb）及温伯格（Weinberger）提出评估当事人对第三人可能危险暴力行为的决定树流程，被称为"评估暴力的决定树"，该流程包括如下七个步骤。

步骤一：厘清威胁。当当事人表达对第三人的严重威胁时，专业人员必须有所警觉，并把握时间以充分了解其威胁是清楚具体的还是模糊不清的。有些当事人或许只是在表达其愤怒的情绪，这种危险性较低；如果有些当事人的威胁是清楚无误的，则须进一步评估。

步骤二：如果威胁是清楚的，那么就要进一步评估其威胁的致命性，以及其实际行动的可能性。专业人员在必要时应当向督导咨询。

步骤三：如果已经确认其危险性，那么要进一步确认是否有特定的被害人。通常在家庭暴力的案例中，被害人多为家人，专业人员较容易确认；但是若其暴力对象是随机的话，则较难确认。专业人员须进一步了解有关被害人的性别、特质等的资讯。

步骤四：如果当事人已指出欲伤害的受害人姓名或受害人类型，那么这种伤害是迫近的。专业人员必须考虑到有责任向特定的可能受害人预警，也必须持续向督导报告及咨询。

步骤五：专业人员必须了解可能的被害人是谁，是当事人的家人或其他重要的人。若是家人或者重要的人，则进一步评估是否需要家庭治疗的介入（进到步骤六）；若是执行公权力的人，如警察、社会工作者、医师等，则须直接告知。此外，专业人员也须同步制定预防与应急策略。

步骤六：专业人员须考虑是否需要家庭治疗的介入，不过在家庭暴力的案件中，此举可能强化暴力的危险。

步骤七:在制定预防与应急策略的时候,专业人员须考量后续体系(如医疗)是否能给当事人与潜在的受害人提供更好的协助。

在完成上述七步之后,专业人员须进行持续的追踪,若有必要,则再来一遍决定树流程。①

2. 假设—推论模式

与上述线性模式不同的是假设—推论模式,它在临床的决定上是较为理性和复杂的,专业人员更须考量不同因素,包括从过去的经验中寻找类似的线索以及目前的情境与现况。这个假设与推论过程需要整理评估当事人可能的危险行为、当事人过去的历史、整体的潜在暴力行为、目前的生活状况,这些都将成为专业人员形成假设的线索。

用一则案例来说明假设—推论评估模式。一个高中男生认为自己之所以会留级是女朋友害的,他对女朋友说了一些侮辱性的话,后来两个人分了手。社会工作者发现这个男生过去有酗酒、斗殴的经历。他的父亲是军人,长期派驻在外,他根本不听母亲的管教,母亲对他束手无策。社会工作者根据假设—推论模式进行评估,首先将焦点放在该名男同学的愤怒、年龄、被女友拒绝、酗酒等"潜在危险性"的主要线索上。假设该名学生可能体验到抑郁、失控感、感觉被抛弃,故而以暴力方式做出反应。此外,社会工作者也观察到学校中许多女生均抱怨男同学的暴力问题,它是存在于学校社区中的系统关联性问题。因此社会工作者需要做如下安排:澄清该男同学愤怒情绪的来源,为他推荐一些有益的健身活动;同时协助其女友转班级以减少彼此接触的机会;在学校范围内推动预防校园暴力的宣传活动,帮助学生建立恋爱和约会中的尊重感,避免类似暴力行为发生。

3. 危险评估模式

危险评估模式是一种以多重变量为主的评估,专业人员需评估当事人的危险因素,包括环境与个人因素。一般而言,危险评估多用于评估罪犯的再犯危险,为司法或其他专业关系中的假释、社区矫正提供参考。

---

① B. H. Gross, M. J. Southard, R. Lamb, and L. E. Weinberger, "Assessing Dangerousness and Responding Appropriately: Headflund Expands the Clinicians Liability Established by Tarasoff," *Journal of Clinical Psychiatry*, Vol. 48, No. 1, 1987, pp. 9-12.

第五章 司法社会工作的专业伦理

罪犯再次犯罪的危险因子可分为静态因素和动态因素，静态因素指前次犯罪行为及被害者特征的记录，又被称为历史因素，这一部分终身无法改变；而动态因素则指犯罪过程中和之后的悔罪表现，这一部分只要犯罪者有意愿改且表现出改善，则有可能降低其日后再犯罪的概率。

三、司法社会工作的伦理风险管理

（一）伦理不当行为及其法律后果

1. 伦理不当行为

案例 9

据《检察日报》2016 年 8 月 18 日消息，自从当上司法所的社会工作者，曾渌溱便仿佛找到了一本"致富宝典"，在短短两年多时间里，他利用自己协助从事对社区矫正对象监督管理、审前调查评估等工作的职务便利，先后 32 次向 24 名社区矫正对象索取香烟、购物卡、现金等，共计价值人民币 5 万余元。经江苏省丹阳市检察院提起公诉，该市法院以受贿罪一审判处曾渌溱有期徒刑 1 年，并处罚金 12 万元。

所谓伦理不当行为是指社会工作者违反了专业守则的要求，对案主造成伤害的行为，如信息的曝光、身体的伤害、不当的结案以及如上述案例中的财务的剥夺等等。不当伦理行为大致可以分为如下一些情况：

（1）没有经过同意的介入。例如针对儿童的干预没有得到父母的允许。

（2）专业知识技巧应用不当。服务对象觉得社会工作者没提供有品质的服务。

（3）没有尽到报告的义务。社会工作者在有足够信息可以判定潜在危险时，没有报告。

（4）造成服务对象名誉和心理损失。

（5）没有及时咨询或者转介。

（6）没有预防个案自杀或者导致个案自杀。

（7）没有采取保护第三人的行动。

（8）不当的结案。

（9）错误的隔离。

（10）安置机构工作人员的照顾疏忽。

（11）性骚扰或不当的身体接触。

（12）社会工作者故意引起服务对象情绪的创伤。

（13）与服务对象发生性关系并运用专业权威进行胁迫。

（14）泄密。

（15）不当的契约签订。例如社会工作者在契约中写入没有根据的保证。

（16）隐私的侵入。

（17）社会工作者记录服务内容失实。

（18）对个人钱财的侵犯。

（19）不当使用法院传票。

（20）不当地保护儿童和侵犯父母亲权。

（21）不当的寄养服务。

2. 伦理不当行为的后果

社会工作者出现伦理不当行为，并使服务对象的利益受到损害，理应受到相应的制裁。一般来说，制裁分成两种：一是专业制裁，受到专业组织的纪律处分，从申斥到取消从业资格；二是法律制裁，经过司法诉讼，受到民事制裁或者刑事制裁。[①]

多戈夫指出，如果服务对象提出的诉讼同时满足以下四项，社会工作者就有可能面临起诉：一是社会工作者与服务对象之间已经形成专业服务关系；二是社会工作者提供的服务低于一般专业标准，包括该作为而不作为，不应作为而作为，"本意是好的"不能成为辩护理由；三是服务对象受到人身伤害或者财产损失；四是服务对象受到的伤害与社会工作者行为之间有因果关系。[②]

（二）伦理风险管理

案例 10

广州市社会工作协会在 2017 年 4 月 28 日向广州各个社会工作机构发出了《关于若干家综接到居民"王某"求助的情况通报》。根据该通报，隐匿个人信息

---

① 赵芳：《社会工作伦理：理论与实务》，社会科学文献出版社 2016 年版，第 196 页。
② 同上书，第 197 页。

第五章 司法社会工作的专业伦理

的"王某"在广州6个区共18个家庭综合服务中心就"儿子青春期问题"求助,并指定青少年领域的女性社会工作者跟进,但一概拒绝进一步面谈。广州市社会工作协会要求社会工作者及时报备并报送市社协备案,谨慎处理,注意安全。同时也呼吁该居民"速与属地家综社工或其他专业机构联系"。无独有偶,深圳市社会工作者协会在2017年5月18日也发出《关于我市社区党群服务中心社工密集接到"未成年人性教育问题"求助电话的情况通报》。该通报指出,"王女士"在深圳6个区60家社区党群服务中心就孩子的青春期教育问题求助。深圳市社会工作者协会要求社会工作者接触到类似情况要向督导和机构"报备",要注重个人隐私保护,必要时寻求督导、机构和协会的支持。同时也呼吁居民与"属地社工或者其他专业机构联系"。广州市社会工作协会与深圳市社会工作者协会几乎以一样的方式处理了该事件,建议相关社会工作机构:报备、隐私保护、注意安全,并呼吁"王某/王女士"合理求助。

社会工作伦理的风险管理是指,为了有效应付社会工作实务中可能出现的伦理问题及其不利影响所执行的步骤与过程,包括风险的识别、评估、处理、监控等。风险管理不是追求"零"风险,而是强调在可接受的风险下,追求最大的利益。[①]

社会工作伦理风险管理可以分为预防、发生、发生后三个阶段。一是预防阶段,采取措施避免风险。如英国专门针对独立的社会工作者提供了额外的伦理指导手册。二是风险正在发生阶段,采取措施减轻影响和伤害,如制定应急方案、签订知情同意书、进行文件管理等。以澳大利亚为例,社会工作者协会制定了有关伦理投诉的管理程序,接受社会投诉与反馈。三是风险发生后阶段,此时需要及时处理,将伤害控制在可接受范围内并尽可能最少。如中国香港地区设立了纪律委员会,有非常完备的纪律审查及处理程序,其中包含送达注册局裁决、发表纪律制裁命令等。

从伦理风险管理的路径来看,这是一个循环的系统过程,包括:(1)设置伦理委员会;(2)制定伦理守则;(3)专业准入、在职培训及咨询;(4)建立伦理核查制度;(5)建立伦理申诉与问责机制;(6)典型案例发布与研讨。

---

① 赵芳:《社会工作伦理:理论与实务》,社会科学文献出版社2016年版,第198页。

总之,随着社会工作专业的发展和不断完善,社会工作者践行社会工作价值和信仰的能力也会日渐提高,并最终形成一整套指南和规范。对社会工作专业而言,社会工作伦理提供了实践专业责任的机制,促使专业发展紧紧围绕专业使命展开,并增进社会大众对社会工作专业的信任;对社会工作从业人员而言,专业伦理在督促其成为一名有能力的社会工作者的同时,使其能够负责任地运用伴随专业角色而来的权力,并指引其尽可能提供最佳服务;对服务对象而言,专业伦理是保障其福祉的有效利器。

第六章

域外司法社会工作的历史与经验

"他山之石,可以攻玉。"欧美国家的社会工作发展较早,司法社会工作各有特色。尽管国情和社会环境有所不同,但是国外司法社会工作的发展可以给我们以借鉴和启示。本章将介绍美国、英国和意大利三个国家司法社会工作的发展历史和经验。

第一节 美国的司法社会工作

在美国,作为社会工作的一个分支,司法社会工作同样有着悠久的历史。随着社会工作专业性的逐渐确立,越来越多的社会工作者进入司法领域,司法社会工作者作为一个新的工作岗位出现在美国。他们不仅在各个领域中帮助服务对象,同时也在法庭上扮演专家证人等重要角色,践行司法正义。在1984年,美国成立了司法社会工作协会,专门研究司法社会工作的书籍也随之出现。在2011年,有了专门研究此领域的刊物《司法社会工作》,旨在专门帮助致力于司法领域的社会工作者,也为司法社会工作研究提供了交流平台。与此同时,高等院校开始将司法社会工作作为一个独立而要求严格的领域进行专门培养。一些特殊法庭(比如美国的毒品法庭和一些地方法院的家庭暴力法庭)的诞生也使法院社会工作者大量增加。可以说司法社会工作在美国的发展逐渐深入细致,司法社会工作者作为美国司法领域的协助者,在美国司法系统中承担着重要角色,在增进社会福祉、追求社会的公平正义方面发挥着越来越大的作用。

一、美国司法社会工作的起源与发展历史

美国的司法社会工作以预防犯罪和违法行为矫治为工作目标,其发展与美国社会的经济、政治和法律环境息息相关。艾伯特·罗伯茨和帕特丽夏·布劳内尔在《美国司法社会工作一百年——过去到现在》一文中较为系统地论述了司法社会工作在美国的发展。他们的研究将司法社会工作发展历史分为开始阶段(1875年至1929年)、大萧条之后的新政时代(20世纪30年代初至1944年)、第二次世界大战和战后经济的发展阶段(1945年至1960年)、犯罪预防项目阶段(1960年至70年代初)、非制度化和少年机构的关闭阶段(70年代初至1982年)、传统犯罪项目的萎缩与受害人运动阶段(1983年至1998年)等几个阶段。[①]在《美国司法社会工作的发展》一文中,作者蒂娜·马奇和玛丽·卢·基利安的视野更为宏观,她们认为理解司法社会工作发展的关键是要先从司法政策的历史发展着手,从社会环境的整体变迁中追寻司法社会工作发展的足迹,将司法社会工作的发源追溯到(世界范围内)1601年《伊丽莎白济贫法》的诞生,然后分为15世纪殖民时代、16世纪和17世纪革命与理性时代、19世纪哲学转变和社会改革的兴起、20世纪一个专业的诞生、在一个世纪的变化等部分,历史性地论述了司法社会工作发展进程。[②] 下面结合这些文章的主要内容,对美国司法社会工作的发展历史进行概要阐述。

(一) 酝酿阶段

19世纪之前,没有真正意义上的专业社会工作,自然也就没有司法社会工作。自1601年《伊丽莎白济贫法》颁布之后,政府通过法律的形式真正承担起了救济社会困弱群体的责任,同时也为社会工作的产生奠定了基础。此时,对罪犯的惩罚就是将他们投入监狱,期望通过限制自由的监禁刑来对他们进行控制和改造,但是效果并不明显。

[①] Albert R. Roberts and Patricia Brownell, "A Century of Forensic Social Work Bridging the Past to the Present," *Social Work*, 44(4), 1999, p. 359.

[②] Tina Maschi and Mary Lou Killian, "The Evolution of Forensic Social Work in the United States: Implications for 21st Century Practice," *Journal of Forensic Social Work*, 1(1), 2011, p. 24.

（二）开始阶段

社会工作的第一个专业会议是1879年的全国慈善和矫治大会。到了19世纪,许多社会工作服务涉及监狱、少年犯罪与感化院。司法社会工作的最初发展与美国青少年司法体系的建立紧密联系。由于多方努力,美国在这时一改青少年甚至儿童犯罪与成人犯共同惩治的局面,将少年犯从成年人罪犯中分离出来,创新性地建立了少年司法体系。1899年,美国伊利诺伊州议会通过了世界上第一部《少年法院法》,1899年4月14日,该法令生效,库克郡少年法院得以设立(更多情况下是作为芝加哥少年法院而为大众知晓)。① 到了1925年,美国46个州和哥伦比亚地区都成立了少年法院,接受了大量虐待、忽视儿童和青少年犯罪的案件,青少年心理治疗机构也随之产生。青少年精神病学院由威廉·希利博士成立,由专业团队进行犯罪研究和儿童心理社会评估。在1995年到1920年中期的时段里,警察部门成立了女警局,所有的女警都有社会工作的宣传角色。到1926年,美国175个主要城市都有了警察社会工作者。但是到1929年,随着经济危机的大爆发,这些警察社会工作者几乎都被取消。②

（三）发展阶段

1929年,美国爆发最严重的经济危机。大萧条之后的20世纪30年代初,新政时代到来,罗斯福政府进行了一系列社会改革,实施紧急援助和公共工程计划,其中之一就是青年和平民保护方案,这也成为现代预防青少年犯罪的雏形。正是从这一时期起,社会工作者开始进入政府部门工作,因为经济危机之后的社会治理客观上需要大量的社会工作者加入稳定社会、帮弱扶困活动。随着社会工作个案方法的逐步发展和完善,社会工作者对受到精神和情绪困扰的儿童、潜在罪犯和罪犯进行治疗,社会工作者作为矫治专家进入司法会工作领域。不仅个案工作方法得到了承认和应用,团体工作和社区工作的方法在这一时期也得到了空前发展和认同。社会工作者运用团体工作的方法,通过外展活动面向帮派团伙成员、辍学者和"顽症"家庭开展服务。20世纪40年代和50年代,以社

---

① 〔美〕玛格丽特·K.罗森海姆等编:《少年司法的一个世纪》(高维俭译),商务印书馆2008年版,第50页。

② Albert R. Roberts and Patricia Brownell, "A Century of Forensic Social Work Bridging the Past to the Present," *Social Work*, 44(4), 1999, p. 359.

区为基础的青少年犯罪预防机构和方案迅猛发展,比如波士顿中心项目和芝加哥社区委员会,很多其他城市也引入了类似方案。青年团伙犯罪广泛蔓延,警察社会工作者随之增加。到了50年代后期,美国的儿童指导诊所已发展到600多个,其中很重要的工作岗位就包括担任法院联络员的社会工作者。

社会工作教育委员会意识到了司法社会工作的独特之处。1959年美国社会工作教育委员会(CSWE)出版了13卷的社会工作课程内容,其中第五卷便专门针对矫治社会工作。同时,很多学校开始教授矫治社会工作,矫治社会工作成为社会工作的重要领域。

20世纪60年代以后,人权运动、女权运动、反种族歧视运动兴起,联邦政府在预防犯罪领域给予大量投资。60年代初,在预防和控制青少年犯罪领域最显著的是纽约市青年动员活动,它由联邦政府拨款、哥伦比亚大学的社会工作专业负责,向青年帮派成员、辍学者、药物滥用者、青少年罪犯等提供技能培训等服务。缓刑领域的社会工作在60年代也迅速发展。全美范围内有50个州、超过2300个地方建立了缓刑机构。[①]

60年代美国还通过了预防犯罪的重要法律。1965年的《执法援助法》(The Law Enforcement Assistance Act of 1965)颁布实施,由此产生了新的联邦机构——执法援助办公室,后来发展成为执法援助局(Law Enforcement Assistance Administration, LEAA)。

执法与司法委员会主席林登·约翰逊发布的刑事司法系统的综合性工作报告包括有关政策和发展项目的详细方案,推动了国会听证会和1968年《犯罪控制与街道安全法》的出台。联邦政府拨巨资到少年司法和刑事司法领域以预防犯罪和保护人权,这些种子基金发放到各个州和地方机构,以启动各种项目,比如警察社会服务项目、矫正治疗项目、法庭为基础的项目,包括审前分流项目,青少年和成人罪犯的缓刑监督,雇用大量的司法社会工作者到上述岗位,同时还包括针对社会工作研究生的实习(带薪)项目。[②]

[①] Tina Maschi and Mary Lou Killian, "The Evolution of Forensic Social Work in the United States: Implications for 21st Century Practice," *Journal of Forensic Social Work*, 1(1), 2011, p. 20.

[②] Albert R. Roberts and Patricia Brownell, "A Century of Forensic Social Work Bridging the Past to the Present," *Social Work*, 44(4), 1999, p. 359.

这项工作报告以及青少年犯罪报告推动了青少年工作局的成立,其中大量工作人员是受过团体工作和社区机构特殊培训的社会工作者,其目的是通过地方机构、青少年晚间和周末服务、戒毒治疗、家庭咨询、提供家教、提供就业岗位等服务降低高危青少年的犯罪倾向。比较典型的青少年服务机构是由五个到六个社会工作者和一个培训志愿者的干事组成,这些机构与缓刑机构、警察局、学校等有密切联系。在联邦政府的资助下,1971年全美范围内有262个青少年服务机构。然而,当联邦政府的种子基金到期之后,州和地方政府并没有持续支持这些项目,这些机构逐步萎缩。[1]

(四)成熟阶段

70年代后期,司法社会工作的范围进一步扩大。1973年在亚利桑那州建立了第一所为遭受家庭暴力的妇女建立的庇护中心,然后类似的机构逐渐增加。[2]社会工作者和儿童福利领域的专业人士合作,对儿童虐待等问题进行积极干预。马萨诸塞州的社会工作者杰罗姆·米勒开创了一种方法,将少年儿童从机构中转移到小型社区,这种方法随后被广为效仿。

1974年的《少年司法与犯罪预防法》是一项重要立法,政府为这项法律的实施投入了大量资金,同时诞生了新的联邦机构——少年司法与犯罪预防办公室。司法领域中经验丰富的社会工作者极大地推动了这一法律的实施。为青少年建立庇护中心,向离家出走的孩子提供辅导服务,各州的社会工作者通过少年司法委员会支持这一重要的制度转变。比如在1975年到1977年财政年度,联邦政府拨款支持州和地方相关项目共89125个,少年司法与犯罪预防办公室的预算高达6800万美元。

1974年的《儿童虐待预防和处理法》提供资金,建立了儿童虐待防治中心。联邦政府启动预防虐待儿童的资金,在医院成立多学科儿童虐待评估和治疗组,通常由医疗社会工作者做协调者和组长。

20世纪80年代的美国,里根政府对犯罪采取强硬手段,导致监狱里的犯人

---

[1] Albert R. Roberts and Patricia Brownell, "A Century of Forensic Social Work Bridging the Past to the Present," *Social Work*, 44(4), 1999, p. 359.

[2] Tina Maschi and Mary Lou Killian, "The Evolution of Forensic Social Work in the United States: Implications for 21st Century Practice," *Journal of Forensic Social Work*, 1(1), 2011, p. 21.

数量激增,联邦政府的资金捉襟见肘。这一时期,司法社会工作的工作重心由以监狱为基础的康复转到以社区为基础的被害人和证人支持项目。这些项目中,三分之一的工作人员是社会工作者。以社区为基础的矫正措施,如中途宿舍和社区法庭等也开始更多地运用社会工作的专业知识。①

受害人运动的兴起结束了长期以来对暴力犯罪受害人权利忽视的状况。在1984年到1997年之间,政府拨款20亿美元帮助全美范围内受家庭暴力、强奸、儿童性侵害和其他暴力犯罪侵害的人。这些项目机构平均有7个全职人员,其中32%(2.24万人)是社会工作者。由于收监的犯罪人员增多,社区矫正项目中的社会工作者的数量也相应增加。在20世纪80年代中期,一项联邦范围内的综合性回归教育、特殊培训和技术支持项目启动,由少年司法与犯罪预防办公室资助,采用资金资助、社区服务和针对受害人的直接服务三种工作方式。

二、美国司法社会工作的特点

(一) 服务领域的多样性

美国的司法社会工作比较显著的特点是工作领域的多样性,只要涉及司法程序的案件都可以提供专门服务,司法社会工作者在司法和刑事犯罪等多个领域发挥作用,为儿童、妇女等各种不同群体提供服务。在美国《社会工作百科全书》第19版中,司法社会工作独立成卷,收录了与法律有关或者包含有受害人或罪犯的专门文章。

艾伯特·罗伯茨等研究人员在他们的文章中列举了司法社会工作者的工作领域,包括成人矫正、成人法庭、成人保护服务、虐待和忽视儿童、儿童性虐待、社区矫正、犯罪行为、刑事司法、家庭暴力、药物滥用、家庭管教、女性罪犯、团伙暴力、监狱照顾、凶杀案、少年及家庭法院和少年矫正、警察社会工作、缓刑和假释、犯罪分子康复、监禁罪犯、受害人服务、联邦(州)和地方的政策建议等。②

---

① Tina Maschi and Mary Lou Killian, "The Evolution of Forensic Social Work in the United States: Implications for 21st Century Practice," *Journal of Forensic Social Work*, 1(1), 2011, p. 23.

② Albert R. Roberts and Patricia Brownell, "A Century of Forensic Social Work Bridging the Past to the Present," *Social Work*, 44(4), 1999, p. 359.

第六章 域外司法社会工作的历史与经验

蒂娜·马奇等人在《司法社会工作》一书中,将司法社会工作分为几个领域,一是家庭和社会服务领域,二是教育领域,三是儿童福利领域,四是精神健康和药物滥用领域,五是青少年和刑事犯罪领域,六是包括人权和移民等的其他领域。

司法社会工作还可以在法律援助中发挥作用。美国法律援助机构中的法律援助人员具有多样性,但社会工作者与律师、法学院学生为三类重要人员。社会工作者可以从事非诉讼的援助服务,如心理治疗、家庭关系的处理等与法律援助相关的工作。美国法律援助工作中的一项重要内容就是保护贫穷妇女和儿童的合法权利,为此建立了妇女庇护所,消除性别歧视,为妇女提供急需的法律援助,庇护所是保护妇女儿童的一种有效方式。

此外,司法社会工作的领域还有很多。比如社区矫正中的社会工作,抚养、赡养等方面的社会工作等等。服务对象可能比较贫穷,或者受到压抑,无法在现行的社会政策里实现权利或者获得资源,如果社会工作者能够知道并更好地运用法律知识为案主服务,那么可以提高社会工作的社会地位。社会工作者还可以为遭遇过家庭暴力、强奸、杀人等行为的受害人提供服务。美国的社会工作者越来越多地参与到法律系统中,被看成是各个领域的专家。

(二)岗位类别的多样性

美国的司法社会工作者不仅在各类服务机构工作,也在政府部门供职。首先,由于美国司法社会工作的开展以机构和项目为依托,多数司法社会工作者可以在这里找到工作岗位。美国的非政府组织异常活跃,它们承担着政府无法提供的服务工作,这些机构与政府有着不同程度的联系,有的具有政府背景,有的受到政府资助,也有一部分机构的独立性很强。它们在发展过程中雇用相当数量的司法社会工作人员,或者落实联邦(州)与地方的某项司法援助或者预防犯罪项目,或者根据机构的目标自行设计灵活而富有差异性的服务方案,在现行法律规定的框架内运用社会工作的方法为服务对象提供专业服务。

同时,司法社会工作者也进入政府部门,在宏观层面帮助政府制定和完善与社会工作相关的各项法律和政策。美国法院会专门聘请社会工作人员来办理与各机构相协调的案件。这些司法社会工作者大都具有社会工作硕士学位,有的曾在社会工作机构中就职,非常了解司法社会服务机构的运作模式与服务理念,熟悉司法社会工作机构的情况,受雇于政府之后,会更好地利用他们的专业背景与社会工作机构沟通,成为政府与机构之间的桥梁。另一方面,有些职位,比如缓刑官,一部分是从社会工作者中选拔出来的,其入职条件之一就是具有社会工作研究生学历和具有一定的社会工作者工作经验。

(三) 具备知识的综合性

跨学科交叉领域需要多学科的综合知识和技能。司法社会工作者综合两个学科的优势,是社会工作与司法领域两种职业、两个部门协作与有效沟通的必然选择,司法领域的社会工作者必须具有法律和社会工作双重知识与技能,即使将来不成为专门的司法社会工作者,美国的社会工作教育也要求学生了解与社会工作相关的法律。

司法社会工作教育对以后进入法律系统的工作者非常重要。首先,学生有必要了解什么样的法律规定可以让服务对象更加安心,比如离婚、刑事拘禁、民事拘禁、领养或者其他法律法规,以在面对服务对象的时候更加有的放矢,支持他们的权利,更加自信地面对服务对象。同时,学生一定要熟悉各种法律规定以规范他们的实践,比如发放许可证、受法律保护的特许交谈、强制性的药物滥用报告法规。法律知识的重要性还在于可以推进社会工作领域内的社会公正。

在司法社会工作者的培养计划中,高等院校都列出了非常详细的必修与选修课程,以为他们建立较为完备的知识系统,使之不仅掌握社会工作的方法、技能,同时了解司法问题、司法程序和法律机构等,熟悉司法领域的相关法律。美国社会工作教育委员会认可的社会工作研究生都需要选修司法社会工作的课程,比如社会工作和法律、矫治社会工作、青少年犯罪、家庭暴力等。同时加强实习训练,大概有一半的社会工作毕业生要到司法机构实习。这样,社会工作教育不仅关注法律观念的传播与灌输,也注重法律环境中的实践技巧,以及如何用社会工作的方法和理念去影响整个法律体系。

(四) 与其他司法机构的协作性

法院对社会工作知识和经验的尊重使得司法社会工作逐渐发展起来。在美国司法社会工作领域,司法社会工作者与律师和法律支持机构形成同伴关系,以实现帮助社会困弱群体的目标,倡导社会政策的改变。在美国,鉴于青少年和家庭事务的独特性,很多州和地方设有少年法院和家庭法院。司法社会工作者与法庭、精神健康和康复机构、警署等多方面进行协作,与法官、律师、案主、家长、志愿者、教育者等多方面进行沟通,发挥其在整个法律系统中的非法律职业能力,致力于保护儿童、减少伤害。现在社会工作越来越多地参与法律系统,社会工作者也被视为多领域的专业人士而受到更多关注。

(五) 在司法系统中的能动性

美国的社会工作研究者认为,如果社会工作作为一门职业要在未来发挥更大的影响力,司法社会工作者不能被动地参与法律体系,而必须通过对法律案件的介入,致力于改变现有的不合理法律,提出对现有规定的改进意见并积极推动立法完善,从而对现有的法律体系产生影响。法官在没有任何机构的协助下所做的仅仅是解释法律,如果社会工作能够和法律更好地结合起来,就可以避免很多不公正现象。司法社会工作者通过他们的实践,力求完善现有的司法系统,将社会工作的价值观和理念植入他们所办理的各种案件中,发现现有司法体制中的弊端,提出司法体制的改革方案建议,达成社会公正的最高理想。也就是说,不仅仅在微观上追求个案的公正,也在宏观上积极推动司法改革。由于社会工作者对法律的参与逐渐广泛,社会工作专业所设定的社会公正等方面的标准逐渐为法律系统所反映,法律系统也会越来越关注社会需求。

三、美国司法社会工作者的服务内容

在理想的社会中,个人和社会系统都能够发挥其最大的潜能,家庭系统照顾儿童和长辈的身体健康、心理健康等。有效的专业工作要求社会工作者综合运用心理、社会和法律政策等专业方法来帮助个人、家庭和社区。

司法社会工作者对司法领域的参与多以机构为导向,以项目的形式呈现。首先,服务与规定大多体现在不同机构的服务程序与方法中。如果机构的服务对象比如儿童,有需要赡养费等涉及法律方面的问题,机构就会通过专门处理这方面事务的社会工作者将服务对象的需求引导到司法程序中,有时还会代表服务对象的某方面利益参与到司法程序中。其次,由于司法社会工作者的服务领域不同,他们提供服务的内容也有所差异,但通常意义上他们的服务多以项目的形式呈现,比如受害者—罪犯调解项目、青少年犯罪治疗项目、吸毒者和少年犯的家庭项目、受害者服务和目击证人支持项目、家庭暴力庇护项目。还有少量司法社会工作者负责与法庭相关的一些项目,比如法院授权的针对施虐者和容易愤怒人群的控制辅导课程。

保护妇女领域。在不少家庭中存在着严重的家庭暴力,受害妇女在寻求法律保护时易受到丈夫的人身伤害,因此非常需要建立家庭庇护所。以纽约为例,妇女庇护过程分两个阶段。受害妇女进入第一阶段庇护所,被允许在其中住90—135天,这期间会得到有关人员的法律帮助和衣食住行等方面的服务。135天后如果问题没有解决,受害妇女就会被转入第二阶段庇护所,她们被允许住六个月,之后如果还未找到住处可以延长。这期间,庇护所的社会工作者会帮助她们找住房,解决小孩上学、心理治疗、找工作等问题。家庭暴力中受害妇女对造成家庭暴力的原因往往缺少认识,认为是自己的错。生活在家庭暴力中的青少年会认为丈夫对妻子的暴力行为是正常的夫妻关系的一部分,以致今后生活中用同样的方法处理问题。所以卷入家暴的妇女和青少年不仅需要法律援助,而且需要多种教育和心理矫正,方能回归社会、适应社会。

精神健康和药物滥用领域。在美国,吸毒导致的犯罪现象日益增多,很多地方加强了对毒品的法律惩罚力度,同时认识到社会工作者对于精神健康服务的重要性。在这个领域,社会工作者的服务对象相对比较清晰,是精神疾病患者和药物滥用者。药物滥用包括酗酒、吸烟、吸毒或严重的药物依赖等。社会工作者在这一领域里提供的服务包括:一对一的个案治疗或小组治疗,外展活动(如宣传、公众教育等),危机干预,社会康复,日常生活技能训练等。此外,社会工作者还会参与到受助者回归社区和社会的规划中。

第二节 英国的司法社会工作

一、英国司法社会工作的起源和发展历史

英国是社会工作的发源地之一,作为社会福利重要内容的司法社会工作亦是历史悠久。与美国一样,英国司法社会工作的进程与发展同整个社会法律的制定和完善息息相关,每一部法律的出台以及每一项司法制度的完善都可能给社会工作的发展带来影响。1970年成立的英国社会工作协会有八个部门,其中有两个部门与司法社会工作有关,一个是全国缓刑协会办公室,另外一个是精神

第六章 域外司法社会工作的历史与经验

疾病社会工作办公室。1991年确立的刑事司法领域社会工作服务的国家目标和标准,为司法社会工作的服务标准化提供了参照与依据,并进一步推动了司法社会工作的发展。

下列法律的颁布对司法社会工作的发展意义重大,它们分别是:1908年颁布的《犯罪预防法》;1948年、1967年、2003年颁布的《刑事司法法令》;1948年颁布的《儿童法》;1957年颁布的《杀人罪法》;1959年、1983年、2007年颁布的《精神卫生法》;1961年颁布的《自杀法》;1971年颁布的《法院法》;1965年颁布的《谋杀罪法》;1967年、2003年颁布的《性犯罪法》。1948年的《刑事司法法令》曾经出现在1939年的议案中,后来由于第二次世界大战的爆发而搁置,这部法案废除了鞭刑,同时引入了"矫正治疗"和"预防性拘留"的概念。

20世纪五六十年代,英国在刑事司法领域和精神健康领域进行了一系列革新。1957年发布了一项关于精神疾病患者和杀人罪之间关系的重要法律。1959年的《精神卫生法》是英国现代精神健康领域开先河的一部法律,这部法律规定法庭可以将严重精神疾病者送到医院,以代替其他刑罚。在精神疾病去机构化的思潮下,英国努力减少精神病机构的病人数量,1954年共有15.4万个病人,到1982年减少到10万人,1998年降到了4万人。到2003年的3月31日,新《精神卫生法》出台后,这个数字再次降到了1.36万。[①] 法律规定了司法社会工作在精神卫生法领域的权利和职责,包括对病患强制性拘留和扣押到精神病房,或者对他们进行监视。

20世纪六七十年代,青少年司法领域进行了一系列重要改革。由于缓刑官经常要和犯罪青少年和失去父母监护的青少年打交道,为提高工作效率,政府成立了社会服务部,聘用社会工作者来为青少年犯罪预防工作提供帮助。[②] 1998年的《犯罪和扰乱秩序法》(Crime and Disorder Act)规定建立少年犯罪问题治疗团队(Youth Offending Team),大部分由社会工作者,还有警方、缓刑部门、社会服

---

① Jon Grasby and Helen Lester, "On the inside: A Narrative Review of Mental Health Inpatient Services," *British Journal of Social Work*, 35, 2005, pp. 863-879.

② Herschel Prins, *Offenders, Deviants or Patients?: Explorations in Clinical Criminology*, 4th ed., Routledge, 2010, pp. 1-15.

务、健康和教育等领域的代表组成。① 这使得针对犯罪青少年的社会工作服务人员从原来的儿童和家庭领域中分离出来,单独形成一个组织。2000 年的《关爱标准法》在立法层面设定了提供关爱服务的国家最低标准②,并对从事助人服务的社会工作提出了新的要求。

英国的司法社会工作发展还具有多样性,由于英国主要由英格兰、苏格兰、威尔士和北爱尔兰构成,每个地区的司法社会工作发展迥异。比如与英格兰和威尔士相比,苏格兰针对犯人的刑事政策更偏向于福利和康复,因而苏格兰司法社会工作的工作范围、深度以及整个工作体系更加完善。③

首先,苏格兰具备针对初犯的转介系统。《刑事法院权力(量刑)法(2000年)》[Power of Criminal Courts(sentencing) Act 2000]要求少年法庭对初犯者采用转介的方式。转介系统(referral order system)最初是在 1999 年《少年司法与刑事证据法》(The Youth Justice and Criminal Evidence Act 1999)中提出,2002 年于全国实施。依据这个法律,罪错少年可以从法院系统进入少年犯小组(youth offender panel)。这个小组与法庭签署为期三个月到一年的合约,与少年犯及其家庭一起商讨孩子为什么会出现行为偏差,如何进行纠正,如何从他们的错误中吸取教训,预防以后再犯。在这个过程中,社会工作者的介入非常重要,他们可以评估并实施小组的决定,他们更为重要的专业职责是提出建议,在小组存续期间,至少会有三次会议,这一小组建立在恢复性司法基础之上。④

其次,苏格兰的社会工作发展专业化。在苏格兰,社会工作者会介入青少年刑事司法整个程序中。⑤ 苏格兰青少年司法委员会(Youth Justice Board)监督苏格兰范围内的青少年犯罪对策组(youth offending teams),这一个团队包括社会工作者,而且社会工作者角色非常重要,他们链接当地政府中儿童和家庭的资源,加强健康保护项目(The Department of Health's Quality Protects Programme,

---

① Lieve Bradt and Maria BouverneDe Bie, "Social Work and the Shift from 'Welfare' to 'Justice'," *British Journal of Social Work*, 39, 2009, p. 121.
② John Williams, "Social Work, Liberty and Law," *British Journal of Social Work*, 34, 2004, pp. 37–42.
③ Jane Fenton, "Bringing Together Messages from the Literature on Criminal Justice Social Work and 'Disjuncture': The Importance of 'Helping'," *British Journal of Social Work*, 1, 2011, p. 16.
④ Robert Johns, *Using the Law in Social Work*, learning matters, July 2017, p. 103.
⑤ Ibid., pp. 97–98.

Department of Health)。① 苏格兰有两个社会工作者体系，一类工作者在政府部门工作(state social work)，他们的工资收入、社会福利和升迁体系都很好，但是工作压力会很大，因为一旦政府削减预算，就会出现一个人需要做几个岗位工作的情况。另一类社会工作者供职于NGO部门，这个体系相对收入略为逊色。苏格兰的社会工作者有法律授权(legal mandate)，青少年司法社会工作者可以根据报告进行调查，尽管他们不穿制服，没有警察的强制力，但是他们的权利不容置疑，调查一旦被拒绝，他们可以报告给自己的督导(supervisor)，如果再次遭到调查对象的拒绝，则可以请警方一起介入。不过社会工作者不能随意进行调查，且必须以友好的方式开展工作。

20世纪70年代，苏格兰将犯罪更多地归因于个人的社会环境，于是致力于改变环境，这体现在1968年的《(苏格兰)社会工作法》中，该法认为应该提高福利，将以前独立的缓刑制度与其他福利服务相结合。司法社会工作者除了撰写判刑前报告，提供社区服刑、释放后的监管外，还负责限制自由令(Restriction of Liberty Orders)的监管。② 1979年英国保守党政府上台，缓刑适用数量处于低谷。③ 罪犯康复观念认为犯罪矫治应该以治疗为重心，但是令人遗憾的是效果不甚理想，于是团体康复治疗再度兴起。

苏格兰的司法社会工作服务是地方政府社会工作服务的重要组成部分，自1989年开始，中央政府开始建立统一的司法社工服务机制，这意味着社会工作者所提供的法庭报告，以及基于社区服务的法庭处置，例如缓刑、社区服务、犯人的监管，都由苏格兰政府出资来购买，这一制度叫作围栏式资助(Ring Fenced Funding)。④

1991年，苏格兰政府认为个案工作对于治疗犯人并没有很大作用，于是引入了团体的方法。团体康复治疗方法在标准、法庭服务、缓刑服务等方面做出了一系列详细具体的规定。司法社会工作机构成为完全由政府资助的组织，司法社会工作的专家团队得以建立。逐渐地，认知行为治疗和结构风险预估等项目

---

① Robert Johns, *Using the Law in Social Work*, learning matters, July 2017, p. 99.
② 苏格兰政府网，https://www2.gov.scot/Topics/archive/law-order/offender-management/offender/community/16910/Standards/Standards，2018年1月16日访问。
③ 同上。
④ 同上。

让人们感觉到了社会工作的成效。90年代,苏格兰颁布了《犯人和刑事程序法》,很多没有获得假释的罪犯获得自由。但事实上他们并没有获得假释的资格,这意味着他们仍有可能对公众造成威胁,于是当时特别强调公共安全。

2005年苏格兰依据《犯人管理法》建立了社区司法机构,在八个地区建立了司法社会工作部门,明确了它们管理"高危"犯人的职能,对犯人不是完全采取惩罚主义,而是要在惩罚和保护之间取得平衡,努力降低其再犯的可能性。针对服务对象的专业服务有两种,一种是针对性罪犯和其他高危人群的团体活动,另一种是针对非高危人群的团体活动。[①] 在社会工作服务监管委员会的报告中,关于司法社会工作者与犯人之间关系的论述强调,社会工作者应用同理心、关怀、尊重、案主自决等社会工作的价值观和方法,来使罪犯断决再犯的念头,彻底回归社会。[②]

二、英国司法社会工作教育

在英国,价值观和法律是社会工作实务与教育的基石。英国的社会工作与法律联系紧密,法律教育是社会工作教育的重要组成部分,地位举足轻重。社会工作专业的学生要学习相关法律知识,他们的教材中有"社会工作与法律"系列丛书。比如1977年《父母与孩子》一书就从法律角度系统地介绍了家庭中父母的权利和责任,各种家庭危机如婚姻解体、虐待儿童、青少年犯罪等,异常家庭如非婚姻家庭、继父母家庭、养父母家庭等涉及的法律问题和法律程序,这些法律内容是社会工作者在开展工作时所必备的专业内容。再如1981年的《社会福利》一书,将家庭、失业者、疾病与残疾、老人等各种领域的社会工作者在福利法律框架内可以开展工作的方式进行了系统介绍。因为社会工作各领域在某种意义上都涉及法律内容,如果社会工作者不熟悉相关法律,他们获取相关资源以及服务案主的能力就会大打折扣。

三、英国司法社会工作领域

在英国,"司法社会工作"的概念和美国不尽相同,美国用"forensic social

[①] Jane Fenton, "Bringing Together Messages from the Literature on Criminal Justice Social Work and 'Disjuncture': The Importance of 'Helping'," *British Journal of Social Work*, 42, 2012, pp. 941-956.

[②] Ibid.

work",而英国是"criminal justice social work",即刑事司法社会工作,可见英国的司法社会工作者的职责更为明确,他们的工作更多集中在刑事犯罪领域,比如对于罪犯的改造、对吸毒人员复吸的控制、对越轨青少年的矫治等,同时对精神科社会工作也有较多的研究和实践。

和美国一样,英国也在一些特殊领域用法律的形式确立了社会工作者的地位。比如英国1983年的《精神卫生法》(Mental Health Act, 1983)赋予经批准的社会工作者根据医疗评估和社会评估来决定是否对案主进行扣留的权力,他们需要接受特殊的法律培训,同时结合自己的专业领域来进行服务。社会工作者也是社区精神健康团队的成员,非常熟悉医疗系统和社区服务之间的关系,法律也赋予他们为服务对象选择更适合的医院的权力,这些都对精神健康领域案主的治疗起到了非常重要的作用。[①]

四、英国司法社会工作的职能

英国的司法社会工作大部分以社区服务的形式开展,也有为监狱内长期服刑的犯人开展的社会工作。社区司法社会工作者的任务是开展社区内的犯罪环境和风险评估,核心任务包括司法社会工作报告和家庭环境报告,这些社区环境的报告可以帮助法院或者假释委员会决定犯人是否适合释放回到社区中。社会工作者还要监管犯人在法庭上和释放后的行为。英国每个城市都有自己的社区服务,比如在格拉斯哥针对市民的社区服务中就有司法社会工作的服务,完全由苏格兰政府资助,资金不可用于任何其他目的。其服务目标是:打击犯罪行为和降低重新犯罪的风险,对罪犯进行社会监督,协助囚犯释放后重新融入社会[②],以及提升公共安全,降低犯罪率。

(一) 社会工作的职能

英国的司法社会工作服务主要在社区,包括:为罪犯提供有效监督;帮助罪犯意识到自己的行为对自己、对家庭、对社区和受害者的影响;协助药物或酒精

---

① Lieve Bradt and Maria Bouverne-De Bie, "Social Work and the Shift from 'Welfare' to 'Justice'," *British Journal of Social Work*, 39(1), 2009, p. 121.

② Jane Fenton, "Bringing Together Messages from the Literature on Criminal Justice Social Work and 'Disjuncture': The Importance of 'Helping'," *British Journal of Social Work*, 42, 2012, pp. 941-956.

滥用者戒瘾；在适当情况下，向法院提供一系列可以替代监狱的改造方式；促进和保护社区的公众安全。比如在西洛锡安的社区，司法社会工作的服务包括：以多种方式满足服务对象的需求；及时向法庭提供报告；如果有服务对象被起诉到法院，在24小时内安排首次会面；为服务对象提供准确易懂的信息；如果有投诉，5天之内受理，28天之内完成调查，如果没有实现上述承诺，那么随时报告投诉的处理情况；询问服务对象的要求是否得到满足，并征求如何改善的意见。

（二）社会工作者的主要服务

社会工作者的主要工作内容包括：向法院报告对罪犯的评估，以协助法官做出判刑；法庭社会工作者要协助出席法庭的各种人员，比如证人、被告人或者罪犯；为羁押候审的人提供可替代的保释信息和监督服务；处理在社区接受缓刑者的违规行为；监督接受药物治疗者的行为并对他们进行尿检，以减少与毒品相关的犯罪；对被要求参加社区服务的罪犯进行监督；监狱社会工作者为囚犯及其家庭提供服务；向假释委员会提交报告，以协助其做出是否释放的决定；全面关爱项目包括假释、监督释放和犯罪人员出狱后服务，以协助公众安全和保护社区；支持受害者及其家属。从上面的服务内容可以看出，司法社会工作者的工作涉及整个司法过程，包括起诉阶段、庭审阶段、服刑阶段和出狱阶段，他们向法官或者假释委员会提交的报告是协助执法者做出决定的重要材料，在减少和预防犯罪方面将起到重要作用。

（三）司法社会工作的信息化

以苏格兰为例，在苏格兰青少年和刑事司法社会工作发展中心网站上，设有社会工作管理信息系统，可针对司法社会工作的多个领域做相关数字统计和分析，这成为制定决策和呈现工作成效客观而又真实的记录与反映，包括社会调查报告、社会工作令、缓刑令、毒品治理和测试令，可将几年的统计数字制成图表。这些信息都对外公开，公众可以非常清晰地看到司法社会工作者的工作内容。司法社会工作更加科学化、系统化。有需要的社区居民可以在网上填表格申请相关项目，同时项目的联系方式公开在社区的网站上，社区居民可以通过电话、传真、电子邮件和上门访问等多种方式及时沟通。此外，司法社会工作服务的标准、社区司法局的年报、相关研究报告等也公之于众。

第三节 意大利司法社会工作的发展

一、意大利司法社会工作的发展历史

意大利的社会工作不像美国和英国那样历史悠久,它是20世纪二三十年代才发展起来的。此前,专门帮助他人的角色通常是女性基于慈善目的而担任的,但这并非现代意义上的社会工作。第二次世界大战后,由于民主运动的兴起,社会工作逐渐发展起来。

在意大利,英语的"social worker"被翻译成"社会帮助者"(assistante sociale),社会工作由此被翻译成"社会服务"(servizio sociale)。在20世纪50年代,意大利的社会工作逐渐成为社会福利系统的重要组成部分。其社会工作的认同开始于司法系统。但是由于历史的原因,意大利南方和北方的发展非常不均衡,北方的经济较为发达,而南方较为落后,这导致了它们在很多方面的巨大差异,包括社会工作在发展和服务领域等方面的差异。北部的社会工作发展较为完善。

二、意大利司法社会工作教育

与英美等国家一样,意大利的司法社会工作教育与社会工作专业教育一致,并没有分离出来,即学生接受了标准的社会工作教育之后,可以根据自己的兴趣进入司法领域执业。社会工作专业大学生三年内学完所有课程,毕业之后可以参加当地针对社会工作专业学生设立的社会工作执业资格考试,考试合格方可成为社会工作者。

在意大利,社会工作专业不像在美国一样是一门独立的一级学科,因此社会工作专业通常在社会学或者政治学学科内。社会工作课程包括必修和选修,必修的课程有家庭法、社会工作的原则与基础、社会工作方法、组织社会学、家庭社会学、行政法、社会心理学、刑法学、越轨社会学等,选修的课程包括社会学、法语、英语、移民法、社会救济等。学生被要求在第二学年就进行75小时的专业实习,第三年要进行210小时的专业实习,由学校统一安排到政府部门或者机构进行实习,有专门的社会工作者作为督导,学校也会派专门的老师与这些实习机构进行联系和沟通。而实习结束之后,学生还要参加一次考试,由笔试和面试两部

分组成，以检验他们实习的成效。意大利社会工作教育也经历了教师来自不同背景的阶段。由于意大利的高等教育入学只需通过申请，一般不需要考试，同时社会工作专业比较好找工作，所以一所大学中申请社会工作专业的学生有时可多达三百人。有的高校为了控制某一专业的学生数量，在入学之前会进行考试，社会工作专业也在其中。

三、意大利司法社会工作的特色

（一）缓刑制度

意大利的缓刑制度起源于英美，其缓刑服务系统是在1975年7月17日第354号法令《监狱法》颁布后建立的，这部法律涉及陪审团、地方法官、司法行政系统、监狱和社区中的缓刑中心。在意大利，缓刑服务是公民服务的一部分，缓刑机构雇用正式员工，通常是专业的社会工作者，他们独立于监狱系统，但是要与监狱系统紧密合作。意大利缓刑制度的特色在于，所有通过考核的缓刑官都来自社会工作者群体。只有社会工作者可以申请成为缓刑官，其他专业人员不可以。这一点与美国和英国不同，美国的缓刑官并非全部来自社会工作者群体，只有一部分是具有社会工作研究生学历的毕业生。

意大利法律规定，缓刑官的职责是加强刑罚机构与社区之间的联系。在刑罚机构中，他们的工作内容包括：观察犯人和被拘留者；服务于针对犯人和被拘留者的康复项目；参与法律规定的多部门协作；就罪犯和被拘留者的家庭和融入社会等问题与他们直接接触。在社区里，他们的工作内容包括：就罪犯的家庭和社会环境开展调查；就法律规定的内容进行协助支持或监管；与司法机构建立联系，特别是地方法院和检察机构；与地方政府、地方服务机构、私人社会照顾机构和志愿者组织建立联系。

意大利的司法惩罚体系分为针对成年人和青少年两个系统，缓刑官制度也同样分为成年人与青少年两个部分。缓刑官是政府官员，获得社会工作者资格的学生可以在社会工作的各个领域内执业，但是如果要成为缓刑官，还必须向政府申请，需要经过考核和审核，由于缓刑官的职位相对于申请者来说较少，故有时候需要等几年才能得到这个职位。缓刑官可以向法庭和法官报告服务对象（犯人）的情况，介绍服务对象的家庭情况、行为等。意大利法律规定缓刑官可以在监狱里开展工作,即在犯人入狱的整个阶段,由于监狱犯人数量很大,缓刑官往往是在其出狱前才与之建立联系,一般犯人是出狱三年前,吸毒者是出狱六年前。但是他们不像在美国一样可以作为专家证人出庭。

由于"黑社会"比较盛行,意大利有专门针对性的法律,如果黑社会的犯人入狱,他们与一般的刑事犯待遇不同:不可以申请缓刑,在监狱中的要求更加严格,比如不被准许回家探望。

(二)青少年法庭制度

在意大利的刑事司法体系中,成年人与青少年系统互相独立。青少年法针对14—18岁的青少年,不仅处理刑事犯罪项目,同时处理比如收养等民事案件。而且意大利少年法庭相对于美国和英国的独特之处在于,法官的组成不仅仅包括专业法官,还包括社会工作者和教师等非法律界人士。通常情况下,一个案件由四个法官组成的评审小组负责,这四个法官中有两位专业法官、两位非法律界人士。如果他们对案件的评判出现二比二的分歧,那么小组内必须通过讨论和充分沟通的方式达成一致。通常根据各州的大小设置一个到两个少年法庭,每个法庭有二十名到三十名法官,包括专业和非专业的,非专业的法官是兼职的,他们需要经过专门培训,社会工作者是重要的专业角色。同时司法社会工作者还可以担任青少年法庭的缓刑官。

(三)政府岗位就职

与美国有所不同,意大利的社会工作者绝大部分是在政府部门就职,包括政府机构、国家健康部门、国家司法部门;社会工作者也在非政府组织就职,但相对是少数;更小部分社会工作者是独立执业。政府部门相对稳定的工作对大部分人很有吸引力,尤其在经济危机时期,社会工作专业的学生申请者较多。

各 论

第七章

犯罪预防社工方案与服务

社会工作者作为一支非常重要的社会力量,生机勃勃地活跃于司法体系的各个环节,提供各种社会服务。为了有效遏制犯罪高发,社会工作在现有司法环节的状态下起点前移,即强调对犯罪预防工作的介入。但在具体的实践中,社会工作尚未得到认可和接纳,社会工作者自身的专业性也受到质疑。为了更有效地提升社会工作在犯罪预防领域的应用价值,本章对犯罪预防社会工作的概念、角色定位、理论基础及实务内容等问题进行初步探讨,以期为我国犯罪预防社会工作的开展提供借鉴与参考。

第一节 犯罪预防社会工作概述

一、犯罪预防社会工作的概念

(一) 犯罪预防的概念

犯罪预防是犯罪学的最终目的,被誉为犯罪科学理论的皇冠。但对于究竟什么是犯罪预防,学界还没有达成一致意见,在对不同的概念进行归纳的基础上大致可分为狭义和广义两种类型。狭义的犯罪预防是指为消除犯罪原因、防止犯罪发生而采取的各种社会管理、组织和建设的措施,是对犯罪的事先防范,是严格意义上的预防。广义的犯罪预防指"指国家、社会(群体、组织)和个人所采取的旨在消除犯罪原因、减少犯罪机会、威慑和矫正犯罪人,从而防止和减少犯罪发生的策略与措施的总和"①。广义的犯罪预防不仅包括罪前预防,还包括以打击为主的罪中预防和防范重新犯罪的罪后预防。

本章采用犯罪预防的狭窄定义,即罪前预防,原因有二:一是符合"预防"一词最严格的含义;二是本书从社会工作的角度提出犯罪预防工作的实务,实施主体是社会组织,在实施罪前预防和罪后预防上有更大的施展空间,而犯罪过程中的"打防结合"更适合由司法机关去实施。本书第八章专门探讨了罪后预防的问题,所以,本章将犯罪预防限定在"防患于未然"这一层面。

(二) 犯罪预防社会工作的概念

由于犯罪原因的多样性和复杂性,犯罪预防工作必然呈现出层次性和多样性。因而,犯罪预防既需要政府机构之间的通力协作,也需要政府与非政府组织、私营部门及社区建立伙伴关系并开展合作,鼓励公众参与预防犯罪。

上海在2004年开始尝试将社会工作引入犯罪预防领域,并将犯罪预防社会工作界定为"政府部门和社会组织将社会工作策略运用于犯罪预防实践,从多类原因、多元主体及多种措施入手,防止犯罪发生或者减少犯罪发生,以消除犯罪的原因和减少犯罪的机会"②。实际上,这个定义还需加以补充,因为犯罪预防的目的不仅是"消除犯罪原因和减少犯罪机会",还包括提升公众的安全感。另外,犯罪预防社会工作实施的主体主要是社会组织,政府部门只是在其中起规划、整合、协调的作用。基于此两点,本章将预防犯罪社会工作界定为:社会组织在政府部门的统一规划下,根据当前的犯罪形势,采用社会工作的专业方法,对潜在的犯罪人(群体)和受害人(群体)进行有针对性的宣传、培训、干预和治疗,及时化解潜在犯罪因素,促进家庭、学校、社区、社会发挥其应有的功能,降低犯罪的发生率,增强公众的安全感,提升个体的社会功能,最终形成良好的社会环境,促使个体与环境良性互动。

这一定义指明了以下几点。第一,犯罪预防社会工作的主体是社会组织。政府部门主要是在把握整个社会形势、犯罪形势、社会资源的基础上进行资源的整合和规划,而社会组织在整个工作过程中,应该保持人员管理、工作推进、绩

---

① 储槐植、许章润等:《犯罪学》,法律出版社1997年版,第269页。
② 吴志明主编:《预防和减少犯罪的上海实践》,上海人民出版社2011年版,第4页。

考核等方面一定的独立性。

第二,犯罪预防社会工作的目的是减少犯罪的发生,增强公众的安全感,提升个体的社会功能,最终形成良好的社会环境,促使个体与环境良性互动。这有两层含义:一方面,社会工作作为犯罪预防体系中一支重要的社会力量,首先必须完成犯罪预防的基本目标,减少犯罪的发生和增强民众的安全感。减少现实中的犯罪早已成为大家的共识,但实际上犯罪预防还须关注民众的恐惧心理,因为安全感是社会大众的基本需要,是社会秩序和生活质量的必要保证。美国犯罪学家史蒂文·拉布教授早就提出,预防犯罪是"旨在减轻实际的犯罪程度和想象的对犯罪的恐惧的一切活动"①。另一方面,社会工作介入犯罪预防,它的优势在于能够从犯罪的诱因出发,从根本上解决犯罪问题,促进人与环境的良好互动。因为只有个体自身社会功能完善,才能构建和谐的社会环境;和谐的社会环境又能促进个体良好社会功能的实现。

第三,犯罪预防社会工作的内容包含预防犯罪和预防被害。这就决定了犯罪预防的对象是潜在的犯罪人和被害人,也就是全体社会公民;在具体工作中特别关注致罪因素和被害因素。相比宏观的社会结构,犯罪预防社会工作更加注重个体微观社会环境(家庭、学校、社区)与个体自身的改变和调适,在此基础上倡导、推动宏观社会政策、社会福利的发展。

第四,犯罪预防社会工作主要采用社会工作方法和策略。在全面理解犯罪发生的原因和规律的基础上,结合社区的整体情况和资源,遵循社会工作的理念和原则,采用个案工作、团体工作等方法针对潜在的犯罪人或受害人开展工作。

相应的,从事犯罪预防社会工作的专业人员称为犯罪预防社会工作者,他们应具有犯罪学、社会学、心理学、社会工作等专业背景,隶属于独立的社团组织,以社区为主要工作地点,也可以进驻司法机构,协同司法机关进行相关的犯罪预防调查、分析,以及具体方案的制订和服务工作的开展。

二、犯罪预防社会工作的角色定位

由服务领域而得名的犯罪预防社会工作并不是一个新的犯罪预防策略,而

---

① 〔美〕史蒂文·拉布:《美国犯罪预防的理论实践与评价》(张国昭等译),中国人民公安大学出版社 1993 年版,第 11 页。

是在原有的犯罪预防体系基础上注入新鲜血液,依靠社会工作自身的专业特性,完成"社区成员所需,社会组织所能,政府想做但力所不及"的事情。社会工作介入犯罪预防,可以消解潜在犯罪人及其微观环境中的致罪因素,发挥社会政策的功能,化解社会结构中的致罪因素,实现社会预防和心理预防的目的。同时还要看到治安预防、刑罚预防在当今中国高犯罪率现状下的重要性,司法部门依然是犯罪预防工作的中坚力量,很多时候更是主导力量。因而,犯罪预防社会工作是犯罪预防中一支重要的社会力量,在具体实践中必须协同政府多个部门特别是司法部门进行犯罪预防的工作,它是司法社会化功能的重要体现,也是司法职能的重要补充。① 国外的社会工作机构非常强调在人员管理、工作推进、绩效考核等方面保持一定的独立性和自主性,目前在中国这一点的实现尚需时日。

三、犯罪预防社会工作存在的可能性和必然性

(一)犯罪预防社会工作存在的可能性

1. 犯罪原因的多元性为犯罪预防社会工作提供了理论基础

犯罪学的研究表明,犯罪是个体自身的生理、心理及社会环境等多种因素共同作用的产物,其原因是多方面的。虽然不同的学者可能对某一种或一类原因有所侧重,但犯罪原因的多元性却是不容置疑的。因而,可以根据不同原因制定相应的政策,由不同的主体实施。社会工作者可以以社会组织为载体,在犯罪预防工作中发挥社会工作的理念作用,协助潜在犯罪人(群体)/受害人(群体)化解生理、心理和社会等方面的潜在犯罪/受害因素,为他们提供个别化的问题解决途径,降低犯罪发生的风险。同时发挥社会工作的社会政策导向功能,促进更合理的社会政策的制定和实施。

2. 国内外的实践为犯罪预防社会工作提供了经验

国外社会工作介入犯罪预防领域的时间相对较早。20世纪60年代,在一些研究者的指导下,美国的社会组织在纽约的下东区实施了一项旨在推动青年流动的计划(Mobilization for Youth)。该项目通过解决低收入、无业等潜在犯罪因素预防犯罪,对低收入的青年进行就业培训,帮助他们根据自己的能力选择不

---

① 张善根:《司法社会工作的功能定位及其范畴——以未成年人的司法保护为中心》,《青少年犯罪问题》2011年第5期。

同的职业目标,增加他们的就业机会等。在加拿大,理解冲突和倡导非暴力组织(YOUCAN)走进校园,教会学生如何倾听、如何以非暴力的方式来解决冲突,激励青年和平解决冲突,发展健康的社区关系。这种做法在暴力现象比较普遍的拉丁美洲已经取得了成功。① 另外,国外社会工作者还通过对胎儿的生理健康检查、学前儿童的培训、愤怒情绪的管理、贫困的解决等多方面工作,取得了较好的犯罪预防的效果。我国的青少年犯罪预防社会工作的试点工作取得很大成效。2004 年,上海团市委购买了阳光社区青少年事务中心的专项服务,主要面向 16—25 周岁的青少年,特别是"失学、失业、失管"的青少年,开展丰富多彩的项目,促进青少年就业、提升他们的社交技能、帮助他们戒除网瘾及促进来沪青少年的社会融合等。实践证明,这些项目用较小的投入获得了较大的回报。

3. 青少年事务社会工作的职业化为预防犯罪提供了人才队伍

我国青少年预防犯罪社会工作在几个大城市试点的基础上全面铺开,青少年事务社会工作人才队伍建设也在大力推进。2010 年 8 月 6 日,中央社会治安综合治理委员会办公室、共青团中央与有关部委联合发布了《关于开展重点青少年群体教育帮助和预防犯罪工作试点的通知》,将闲散青少年群体、有不良行为或严重不良行为的青少年群体、流浪乞讨青少年群体、服刑在教人员未成年子女群体、农村留守儿童列为开展教育帮助和预防犯罪试点的五类重点青少年群体。② 这项工作预示着社会工作介入犯罪预防的重大机遇。2014 年 1 月,共青团中央、中央综治委"预防青少年犯罪"专项组、中央综治办、民政部、财政部、人社部等 6 家单位联合印发《关于加强青少年事务社会工作专业人才队伍建设的意见》,明确提出到 2020 年初步建立 20 万人的青少年事务社会工作专业人才队伍的目标任务。《中长期青年发展规划(2016—2025)》提出,青少年事务社会工作专业人才队伍将全面参与基层社区社会工作,重点在青少年成长发展、权益维护、犯罪预防等领域发挥作用。

---

① 〔加〕欧文·沃勒:《有效的犯罪预防——公共安全战略的科学设计》(蒋文军译),中国人民公安大学出版社 2011 年版,第 61 页。

② 姚建龙:《转型社会的青少年犯罪控制——以"全国重点青少年群体教育帮助和预防犯罪试点"为例的研究》,《社会科学》2012 年第 4 期。

(二)犯罪预防社会工作存在的必然性

社会工作与犯罪预防的衔接,适应了社会发展的趋势,也是社会工作的专业性质所决定的。

1. 弥补当前犯罪预防工作的不足

我国自1991年起主要采取社会治安综合治理模式开展犯罪预防工作,强调多主体、多层次、多手段的犯罪预防和控制。但实施28年以来,犯罪数量不断增加,犯罪性质也日益严重,电信诈骗、拐卖妇女儿童、酒后驾车、白领犯罪等呈上升态势,犯罪人不仅在现实空间犯罪,还利用互联网的优势扩大犯罪的领域。在国家投入了巨大的人力、物力,付出了巨大的代价之后,违法犯罪现象为什么还在增加?大致原因有二:一是实际执行中存在缺陷。综合治理虽然强调"条块分割,谁管理谁负责",但是犯罪是一个复杂的社会问题,在确定责任主体的基础上强调各部门的通力配合;而且在一些问题的责任确定上,界限模糊,出现无人管理的真空地带。二是犯罪问题不仅是个人因素所导致的,更为根本的是社会发展过程中产生的社会结构问题,如贫富不均、城乡二元制结构、家庭的解体、社会保障欠缺等。社会结构的紧张导致了社会的失范,造成了犯罪率的上升。所以,调整社会结构、重建传统的社会纽带在犯罪预防中起着更为根本的作用。而在预防犯罪的综合治理模式中,主要还是依靠行政、法律等正式的社会控制手段,这不仅增加了司法系统的负荷,而且也很难取得理想的效果。为了切实、显著地降低犯罪率,缓解司法系统的压力,必须考虑新的预防措施的介入,配合司法手段进行犯罪预防。

2. 社会工作追求的社会公正是犯罪预防的治本之策

社会工作的诞生是对工业革命和市场经济的发展所带来的贫困、社会不公现象的一种反应,为了向资源不足的群体提供帮助,社会工作者以利他主义为导向,借助专业的工作方法,帮助贫弱群体走出所面临的困境、发展他们的潜能、提升他们的幸福感,最终为建立一个公平、公正的社会努力。公平正义的社会秩序是减少犯罪的根本途径。从社会学的视角看,社会不公、权利不等等文化因素、经济因素可能导致犯罪的发生,因而需要以一定的方式给个体提供必要的支持和机会。可以说,社会工作的目标恰好就是犯罪预防的治本之策。

第七章 犯罪预防社工方案与服务

3. 社会工作的专业优势

社会工作能够参与到预防犯罪工作中来,与其专业优势是分不开的。

首先,社会工作关注困弱群体的权益,如留守儿童、残障人士、"三失"(失学、失管、失业)青少年、精神障碍患者、吸毒人员及其子女等,这不仅彰显了对特殊群体的人文关怀,更有助于缓解社会矛盾,降低犯罪的发生。

其次,社会工作强调优势视角,既看到服务对象的"弱",更看到他们的"强",注重服务对象的能力提升。这有助于培养负责、自控的公民,有助于从源头上遏制潜在犯罪人向犯罪人的转化。

再次,社会工作的方法非常灵活,既可以采用个案工作的方法深入解决潜在犯罪人的问题,也可以采用小组工作、项目化的运作等方式化解某一个群体中存在的致罪因素。而且,它注重整合取向的工作模式,注重在个人与其系统之间建立互动关系,并整合相关资源、服务和机会,结合各种知识基础,利用多种技术手段在多个层面进行干预,这种工作模式相对于单一视角,更有利于多个问题的舒缓或解决。

最后,社会工作强调在实践中解决当前的问题,因而它整合了自下而上和自上而下的社会需求,可以为犯罪预防政策的制定者提供资料,推动社会发展,修正政府失灵;同时,社会工作介入犯罪预防,也体现了司法的社会参与性,这本身就体现了社会的文明和进步。

4. 社会工作者作为第三方参与政府的职能工作,有助于促进社会和谐

犯罪的发生有时候是因为社会政策出现了一些问题。"外来务工人员因为欠发工钱而犯罪"的案例折射了中国城市化过程中相关的户籍政策、社会保障制度等问题。因而民众对政府的工作有不满,若由政府部门面向他们直接开展工作,可能会不太顺利甚至导致危害性事件的发生。而社会工作的实施主体是非政府、非营利的社会组织,秉持尊重、接纳、助人、公益等理念,作为第三方参与到政府职能工作中来,可以化解一部分民众对政府的情绪,排解其对社会的怨气,有助于促进社会和谐,维持整个社会的安定有序。[①]

[①] 唐忠新、刘晓梅:《社区防控犯罪研究》,天津社会科学院出版社 2006 年版,第 71 页。

第二节 犯罪预防社会工作的理论基础

犯罪预防的对策是建立在对犯罪原因和犯罪整体形势的把握上,因而,理解犯罪为什么会发生是非常重要的一个问题。德国犯罪学家冯·李斯特早就说过,要想同犯罪进行有效的斗争,必须先要研究犯罪原因。[①] 一直以来,犯罪学、生理学、心理学、社会学等学科都从不同的角度对此做出解释。归结起来,可以分为犯罪原因的微观解释和宏观解释。微观解释考察的是个体犯罪现象的形成机制,如犯罪生物学、犯罪心理学分别从遗传基因、生理机制、心理机制等来解释个体犯罪的原因,犯罪社会学则是揭示个体社会化的过程、生命历程等微观的社会因素对犯罪的影响。宏观解释主要研究社会为什么存在犯罪,揭示宏观的社会结构、社会变迁对整体犯罪现象的影响。微观解释和宏观解释相互关联,一个人为什么犯罪在一定程度上是社会存在犯罪的缩影,而了解社会为什么存在犯罪又有助于我们深入了解个体犯罪的原因。

一、犯罪原因的宏观解释

(一)社会结构

受涂尔干的启发,很多社会学家从社会结构的角度来解释为什么某一地区、某一群体的犯罪率更高。克利福德·R. 肖(Clifford R. Shaw)和亨利·D. 麦凯(Henry D. McKay)对1900年到1933年芝加哥男性青少年犯罪中56000份法庭记录的数据进行研究后发现,无论哪个种族群体居住在内城地带,那里的青少年犯罪率都是最高;而该群体搬迁到外城地区之后,青少年犯罪率开始下降。根据研究的结果,他们提出了"社会解组理论",认为犯罪根源于社会纽带和社会控制的崩溃。之后,罗伯特·K. 默顿(Robert K. Merton)提出了著名的"失范理论",认为犯罪是源于很难通过合适的途径实现经济成功的文化目标。肖和麦凯、默顿都强调社会结构对犯罪行为的影响,认为犯罪是正常人对于反常社会条件的正常反应。当前,在我国快速城市化的过程中,农民失去土地,他们带着孩

[①] 邵明正主编:《犯罪学》,群众出版社1987年版,第405页。

第七章　犯罪预防社工方案与服务

子或主动或被动来到城市，面对陌生的环境、家庭和其他社会传统的控制弱化、贫穷、社会保障缺乏等问题，这一群体的犯罪率显著增长，社会解组理论和失范理论可以解释这一现象。

（二）亚文化的影响

美国著名犯罪学家马文·E.沃尔夫冈（Marvin E. Wolfgang）提出了暴力亚文化理论。该理论认为，暴力是一些群体亚文化中的一个重要组成部分，是人们解决日常生活问题的一种手段。在这种环境中，大家对暴力都习以为常，因此施暴者对他们的暴力行为毫无负罪感。艾伯特·科恩（Albert Kohen）认为，下层阶级的少年缺乏主流文化所要求的取得经济、社会成功的基本技巧，常常体验到地位挫折感，因而这些青少年聚合在一起，形成了与主流文化相对抗的亚文化。美国心理学家斯坦利·米尔格拉姆（Stanley Milgram）在20世纪60年代做了一项关于学习的电击控制实验，菲利普·G.津巴多（Philip G. Zimbardo）做了模拟监狱的实验，揭示了个体的行为常常受对权威的服从、角色的期待等因素的影响，而非仅是个人自身的原因所致。这两项实验在一定程度上为亚文化群体中的等级关系、角色认同对犯罪行为的影响提供了佐证。

二、犯罪原因的微观解释

（一）生物学对犯罪的解释

切萨雷·龙勃罗梭（Cesare Lombroso）提出了"天生犯罪人理论"，认为犯罪人具有的犯罪性是隔代遗传引起的生理器官变异退化所致（avatism，又称"返祖现象"）。因该理论不具有验证性，且就此提出的预防犯罪的对策——优生学遭到很多人的反对，该理论也渐渐衰弱。而今，伴随神经科学、基因工程研究的热潮，犯罪生物学也迎来了复兴。多项研究都关注基因、人体的化学物质如神经递质（血清素、去甲肾上腺素等）和犯罪行为的关系。但生物因素和环境因素很难截然分开，所以生物因素和犯罪之间的关系也很难被验证。

（二）心理学对犯罪的解释

犯罪心理学侧重于讨论个体内心的冲突、道德感、人格特征、精神障碍等因素对犯罪行为的影响。主要的观点有：(1)父母与孩子的互动不当，导致孩子的本我、自我、超我的发展失去平衡，个体的内心产生无意识的冲突，这些冲突会在青少年时期或成年期以犯罪的形式表现出来。(2)挫折导致的攻击行为。以约翰·多拉德(John Dollard)和尼尔·米勒(Neal Miller)为代表提出了"挫折攻击理论",认为犯罪是个体受到挫折后所产生的一种攻击反应行为。(3)道德发展不完整。美国心理学家劳伦斯·科尔伯格(Lawrence Kohlberg)将儿童的道德发展划分为三种水平、六个阶段。"前习俗水平"个体的行为主要受逃避惩罚和获得奖赏的需要驱使;"习俗水平"儿童认同并遵从父母的道德判断标准,这时社会规范已开始内化;发展到"后习俗水平",儿童主要履行自己选择的道德准则,此时社会规范已完成内化。但有些人的道德发展可能在前习俗水平就停滞了,他们的是非观和是否能够避免惩罚联系在一起,因而可能做出一些有害的行为——只要他们认为这些行为不会被惩罚。(4)人格因素。研究发现犯罪人或行为不良者通常具有情绪不稳定、精神错乱、偏执、精神分裂、神经症、好斗、易冲动、注意力缺陷障碍等问题。(5)精神障碍。精神疾病,如精神分裂症的主要特征是具有妄想、幻觉等阳性症状,其中以被害妄想、议论性幻听居多,患者失去了自知力,导致他们可能实施犯罪行为。鉴于精神疾病患者可以免于承担刑事责任,对精神疾病的司法鉴定就成为精神病抗辩中一个非常重要的程序。

(三) 社会学对犯罪的解释

犯罪社会学的主要观点有:(1)犯罪行为是习得的。这是学习理论的主要观点。学习理论持洛克的"白板说",认为人的一切知识都来自后天经验。对于"人为什么会犯罪"这一问题,他们给出的答案是个体学习了犯罪的态度和行为,才会实施犯罪。犯罪的学习理论将犯罪行为看作个体社会化过程中学习的产物,强调个体社会化的媒介如家庭、学校、同辈群体、大众媒介等对个体犯罪行为的影响。(2)个人控制和社会控制的缺乏。犯罪的控制理论认为人们天生自私,并有实施包括犯罪在内的反社会行为的能力。所以,控制理论提出的问题和学习理论恰好相反:"人们为什么没有犯罪?"为解答这个问题,控制理论家讨论了个人控制和社会控制的作用。个人控制如个体意识、积极的自我概念,社会控制如家庭、学校和宗教等传统社会制度的依恋和卷入。[①] 控制理论的一个基本

---

① 〔美〕斯蒂芬·E.巴坎:《犯罪学:社会学的理解(第四版)》(秦晨等译),上海人民出版社2011年版,第226—260页。

观点是：积极的自我概念和其他个人控制，集合传统社会制度的强依恋，使得个体不会实施犯罪。(3) 生命阶段中重要事件的影响。罗伯特·J. 桑普森(Robert J. Sampson)和约翰·H. 劳布(John H. Laub)发展了社会控制理论，从生命历程的角度提出了不同年龄阶段中个体行为的控制因素。从孩童时期到青春期，家庭、学校、同龄群体都是非正式社会控制的最重要来源；发展到青年期时，良好的教育、职业培训、工作和婚姻成为重要的控制因素；后成人期最重要的任务则是工作、婚姻、父母职责以及社区参与。桑普森和劳布认为，婚姻、工作本身并不能增强社会控制，但是亲密的情感关系、工作身份的认同等会增强个人同社会的联系。

(四) 犯罪学的观点

20世纪70年代后期，生活方式理论(Lifestyle Theory)和日常生活理论(Routine Activities Theory)从犯罪情境的角度，解释犯罪行为的发生。这两个理论都假设：潜在犯罪受害者的习惯、生活方式和行为模式增加了他们与犯罪者的接触机会，因此提高了犯罪发生的概率。研究发现，那些经常在外就餐、常参加聚会、花钱大手大脚、经常醉酒、吸毒等的个体容易成为犯罪受害者。而且，一些人自身从事犯罪，其成为犯罪受害者的概率也因此提高。马文·E. 沃尔夫冈在对美国费城1948—1952年发生的杀人案进行研究后发现，这些案件中20%的被害人是由于他们首先对犯罪人使用暴力而被杀害。

美国的全国犯罪受害调查(National Crime Victimization Survey)的结果显示：受害者常常会遭受非陌生人的杀害，比例高达64.2%。所谓非陌生人主要是朋友和熟人，其中一小部分是亲密伴侣，比如配偶、前配偶、男友或女友、前男友或前女友，这也被称为"亲密关系暴力"。这对犯罪预防的社会工作而言意义重大。因为社会工作常常是以个体或家庭作为工作对象，改善个体控制情绪能力、处理关系能力，从而预防此类暴力事件的发生。

三、犯罪原因的整合视角

宏观视角强调社会结构、文化等因素对犯罪行为的潜在影响，微观视角强调个体的生理、心理、社会化过程对犯罪行为的影响，这两种视角都是必需的，都是同等重要的，而且是关联的。如果犯罪产生的结构性条件不存在，或个人的成长过程中少一些生理、心理、社会互动等方面的致罪因素,或提升个人防范意识,整个社会的犯罪率就会降低;通过一些宏观政策的调控,解决好当前社会上贫富分化日益严重,城市化进程中的社会福利、外来务工人员的生活配套设施、文化信仰的缺失,医疗费无法负担,离婚率居高不下等问题,也有助于减轻个体在生活、工作、就医、教育等方面的压力,缓和个体犯罪行为的态度和情绪,从而降低犯罪行为的发生率。1993 年杜克大学的研究者实施的一项自然实验证实了宏观和微观因素的相互作用。① 该研究考察了家庭经济条件的改善对子女问题行为的影响,结果发现,推动家庭脱贫有助于孩子问题行为的减少。他们认为正是因为摆脱贫困(社会结构因素)的父母可以用更多的时间来陪伴孩子(社会过程因素),从而减少了贫困导致的家庭压力,而且父母心理状态的调整本身就对孩子具有积极的意义。

所以,在犯罪预防社会工作中,如何从两方面着手,既推动社会的变革,减少犯罪的社会因素,同时加强对个体心灵需求的关注,增强其自身的心理弹性,提升个体潜能,进而促进宏观和微观因素的良性循环,是社会工作者应该思考和实践的内容。

第三节 犯罪预防社会工作的方案与服务

犯罪预防工作建立在对犯罪原因进行整合分析的基础上,须采用多种方法、协同多个部门开展工作。专业服务大致可归结为如下四个方面:面向所有公民的常规服务工作、面向高危人群的评估和干预工作、面向犯罪嫌疑人群的衔接工作、面向政府部门的倡导社会政策工作。在具体的实务工作中,根据不同的服务对象的特征提供针对性的服务,项目化是其中最常运用的一种形式。

一、犯罪预防社会工作的实务内容

(一) 面向所有公民的常规服务工作

面向所有公民的常规服务工作主要包括排摸、建档以及法制宣传,目的是了

---

① 〔美〕斯蒂芬·E. 巴坎:《犯罪学:社会学的理解(第四版)》(秦晨等译),上海人民出版 2011 年版,第 225—226 页。

解辖区内服务对象的基本动态,为重点对象建立档案,以及积极开展法制宣传工作,促进全民参与犯罪预防。

1. 排摸和建档

社会工作者通过和社区民警、居委会成员沟通、专业的走访,对管辖区域内服务对象的情况进行排摸,了解他们的动态。这是社会工作参与社会管理的重要一步,也是降低社会管理成本、提高社会管控水平的重要渠道。在具体的信息排摸过程中,司法社会工作者还须对离异或重组家庭、服刑家庭、吸毒人员家庭、有家暴倾向的家庭、流动家庭及其成员予以重点关注。同时需要关注高危或边缘青少年,这些青少年或辍学或无学可上,没有就业技能或不愿工作,父母不愿管教或无法管教,还自动聚集,长时间待在一起,很容易形成一个小团体。如上列举的都是一些高危对象,很容易卷入或被卷入一些犯罪事件,特别是盗窃、抢劫,所以社会工作者需要加强关注,并建立电子档案,这有助于从整体上把握他们的信息,便于社会工作者及时追踪和必要时干预。

2. 开展法制宣传教育,促进公民参与

犯罪预防社会工作者可以以学校和社区为阵地,与居委会成员、社区警察联合起来开展形式多样的法制宣传,如在"6·26"国际禁毒日开展禁毒宣传,在三八妇女节开展预防妇女儿童被害宣传。法制宣传活动可以普及法律,提高市民预防犯罪及被害的意识,还可以唤起民众的责任心,鼓励他们加入犯罪预防志愿者队伍。相应的,志愿者队伍的扩充,公民参与度的扩大,又可以进一步提升促进犯罪预防及法制宣传的效果。二者相互促进,共同为犯罪预防工作贡献力量。多国的实践证实,公民参与可以有效遏制入室抢劫、盗窃、街头犯罪案的发生,如丹麦和英国的"邻里守望计划"、美国的社区巡逻员、中国乐山市"四车两员"(驾驶出租车、营运客车、中巴车、人力三轮车的人员和城市环卫清洁员、商业店铺从业人员)的群防模式[①]等项目都证实了公民参与预防犯罪工作的有效性。

就我国的法制宣传教育现状而言,还应该强化学校作为法制宣传教育主阵地的重大作用,这是建设抵御犯罪能力和加强预防犯罪工作的关键。新加坡青年违法犯罪委员会非常重视学校的法制宣传工作,给所有初中校长和训导主任

---

① 李春雷、靳高风:《预防犯罪理论与实务》,北京大学出版社 2006 年版,第 18 页。

举办法制研讨班,更新提供给学校的各种活动项目和服务。我国也开展了类似的项目,如在学校中设立法制辅导员、法制副校长制度。不过,现实中很多学校的法制辅导员、法制副校长和学校普法教育的模式只是流于形式。① 所以,联合国犯罪预防和刑事司法大会提出,需要根据儿童和青少年的不同年龄段心理特征,确立法制教育的内容和目标。比如低年级应从基于价值观和技能,培养学生接纳、公平、正直和尊重等价值观,同时培养解决冲突、共情和团队合作的技能;应该让中学生理解重要的法治概念,了解犯罪和暴力的相关问题,并考虑到社会内部权利和责任,增强其面对道德、伦理和法律困境的能力;高校则应该让学生致力于促进社会的和平与公正。②

(二) 面向高危人群的评估和干预工作

面向高危人群的评估和干预工作,主要是运用社会工作的专业方法对他们进行评估和干预,防止他们从潜在犯罪人向犯罪人转化。

1. 评估

评估是干预工作的基础。社会工作者依靠自己的专业技能和服务对象定期进行会谈,了解他们的家庭背景、人际关系、学校表现、工作情况、心理行为特征、认知水平、道德水准、挫折承受力、情绪控制能力、生活方式等信息,在对多方面信息整合的基础上,评定出服务对象的危险性处于很高、较高、一般还是较低的水平。有研究者发现,过早与父母分离、童年早期的行为失调、行为的冲动性是预测犯罪行为,特别是暴力犯罪的重要指标。也有研究者正致力于制定一些评估量表,方便实务工作者使用。加拿大多伦多大学的克里斯托弗·D.韦伯斯特(Christopher D. Webster)及其同行编制了"早期危险性评估量表"③,主要对 12 岁以下儿童进行评估。

---

① 李珊:《新加坡预防青少年违法犯罪机制及启示》,《当代青年研究》2017 年第 3 期。
② 联合国犯罪预防和刑事司法大会秘书处:《第十四届联合国犯罪预防和刑事司法大会讨论指南》,https://www.undocs.org/2h/A/conf.234/PM./,p.10,2020 年 3 月 2 日访问。
③ 该量表包含:6 个家庭项目,分别是家庭环境、照护者的连续性、抚养、压力源、抚养风格、反社会的价值观和行为;12 个儿童项目,分别是发展问题、行为困难的出现、创伤、冲动性、亲和性、同伴社会化、学习功能、指导性社区活动、与警方的联络、反社会态度、反社会行为和应对能力;2 个顺从性项目,即家庭反应性和儿童处理能力。参见〔加拿大〕克里斯托弗·D.韦伯斯特、杰拉德·贝勒斯:《评估心理和人格异常个体的暴力危险性》,载〔英〕克里夫·R.霍林主编:《罪犯评估和治疗必备手册》(郑红丽译),中国轻工业出版社 2006 年版,第 33 页。

在评估过程中,要特别强调个体的独特性,司法社会工作者应该站在服务对象的角度,从其社会生态系统情境来评估危险因素。

2018年8月,乐清"滴滴"司机钟某采取极其残忍的方式强奸并杀害女乘客赵某事件引起了社会极大关注。通过调查发现,犯罪人钟某,27岁,家中独子,父母常年在外打工,由爷爷奶奶带大。钟某身材矮小,性格内向孤僻,不善与人交流。初二时辍学,去职业技术学校读了一年也未能毕业。后来外出打工,卖过首饰、袜子、开过奶茶店,均以失败而告终。因赌博欠下数十万元债务,在二十多家借贷平台上有不良记录。①

从宏观层面来看,钟某生活在贫困的农村,父母出于改善经济状况的考虑选择外出打工。中国固有的城乡二元经济体制阻碍了父母带着孩子外出打工,钟某成为留守儿童。从中观层面来看,钟某缺乏父母的陪伴和有效监管,学业不佳。教育中断导致学校对其的影响随之中断。从微观层面来看,钟某个性内向,缺乏解决困难的有效方式及意志,在尝试多种行业均失败后,自我价值感丧失,进而转向赌博活动,这既是不良行为,更是一种逃避现实生活的方式。在欠下巨额赌债之后,钟某的人生经验及能力不足以面对困境,而此时身边又无人支持,钟某危害社会的风险自然非常之高。钟某的成长轨迹大致是父母外出—隔代监护—对学习不感兴趣—辍学—工作不顺—不良行为(赌博活动)—犯罪,在犯罪前的任何一个环节若能发生积极的改变,钟某的人生轨迹将大不相同。

2. 干预

在对高危对象评估的基础上,制定不同的干预方案。社会工作的主要方法有个案工作、小组工作、社区工作、个案管理等,前两种方法侧重于对个体、家庭及团体的辅导,有助于消除个体自身的心理过程、社会化过程、生存技能等方面存在的致罪因素;后两种工作方法侧重于个体与社区、社会的联结,通过调整个体与社会的关系,改善个体的生存状态。社会组织的服务方式灵活多样,所以通常会根据服务对象的特点,采用一种或多种方法进行干预。

(三)面向犯罪嫌疑人群的衔接工作

这项工作主要针对的是那些已经从潜在犯罪人转化为犯罪嫌疑人的服务对

---

① 《死刑!浙江乐清"滴滴顺风车司机杀人案"一审宣判》,中国新闻网,2019年2月1日,http://www.xinhuanet.com/legal/2019-02/01/c_1124075224.htm,2020年4月28日访问。

象,他们也是社区矫正社会工作的服务对象。为做好衔接工作,社会工作者需要根据犯罪嫌疑人的社会信息、心理行为特点、相关的干预工作和本次犯罪的成因、危险性、再犯的可能性等信息撰写一份书面评估报告,交给矫正社会工作者或直接提交法庭作为审判参考。这有助于法庭作出有利于其改过自新的判决。

犯罪预防社会工作者还承担了"考察教育"的服务。主要针对违法犯罪情节较轻的未成年人,为保护他们的合法权益,减少进入行政处罚或刑事诉讼程序对其身心造成的伤害,为其开展再犯罪可能性评估、悔罪表现观察、心理调适,完成所要求的社会公益劳动教育,考察教育结束后向司法机关提供报告,为司法机关作出最终决定提供依据。① 考察教育的对象恰好是预防犯罪和社区矫正之间过渡地带的人群,社会工作者对其的关心、考察、干预是避免服务对象成为犯罪人的最后一道屏障。

（四）面向政府部门的倡导社会政策工作

当前,留守儿童犯罪问题引发了社会多方关注。城市导向的社会经济发展模式加剧了农村的空心化和农村教育资源的抽离,留守儿童赖以生活的家庭、学校、社区资源全面坍塌,这给他们的成长与发展带来多重伤害,也为他们伤害别人埋下了隐患。

2014年2月,一个15岁留守少年舟舟因为未写作业不想去学校,便在家里玩起了手机。奶奶催促他去上学,他便以"下雪了,地滑"为借口赖在家中不出门。70多岁的奶奶一边催促,一边以"不上学没有前途,找不到对象"等话教育自己的孙子。没想到,这样简单的几句话却让舟舟无比愤怒。他跑到厨房,拎起那把奶奶每天给他做饭时用的菜刀,藏在身后,来到了奶奶的卧室。

老人看见孙子拿着菜刀,便气不打一处来。"你砍死我吧,天天要钱给你钱,从小把你看大……"不待老人说完话,这个由奶奶从小看到大的孙子居然拎起菜刀朝她头上砍去……②

---

① 吴志明:《预防和减少犯罪的上海实践》,上海人民出版社2011年版,第228页。
② 大河网:《15岁留守少年作业没写完不想上学 砍死近八旬奶奶》,中国新闻网,2014年2月26日,http://www.chinanews.com/edu/2014/02-26/5883783.shtml,2018年7月31日访问。

这一令人悲痛的案例发生的原因是多方面的,如家庭管教方式、青少年的情绪控制能力等,但同时也需看到留守儿童的创伤经历对其攻击行为的影响。研究发现,留守儿童更容易表现出攻击行为和失范行为,甚至是反社会倾向。① 所以,要减少留守儿童犯罪,则需要减少留守儿童现象,需要推动户籍制度改革,加强农村经济的活力,促进城乡经济共同发展。

社会政策是社会关系的"调节器",它的完善直接决定了社会秩序的稳定,对于预防犯罪的作用是巨大的。在很多犯罪问题及其他社会问题中,总是可以看到一些失误的社会政策的影子。尤其是改革开放四十多年来,人们在享受经济成果的同时,也品尝着经济与道德发展失衡、城乡发展失衡、教育医疗卫生资源与民众需求失衡、生活质量与生存环境失调等苦果,这些社会因素都为犯罪的高发埋下伏笔。因而,社会工作者应该依靠本专业自下而上的实践模式,将服务对象的需求加以整合,倡导社会政策的改革或新政策的出台,以保障和改善民生,提升公民的安全感和幸福感,促进社会正义。

二、犯罪预防社会工作的项目化方案制订与服务

社会工作的服务项目旨在全面整合服务对象的需求,结合可利用的资源,"有组织、有计划、持续地致力于改善服务对象社会功能和优化社会环境"②。犯罪预防社会工作的项目化运作便于链接不同工作系统间的资源,有利于全面地回应服务对象的需求,目前可以分为面向服务对象的直接实践和非面向服务对象的间接实践两种类型。

(一)犯罪预防社会工作直接实践的项目化方案

1. 加强家庭联结的犯罪预防项目

研究发现,良好的家庭关系、完善的家庭功能、适度的父母监护和家庭支持可以有效地防止青少年涉入犯罪行为。③ 所以,培养家庭的亲职功能,减少家庭中的危险因素,对儿童及青少年的社会行为有着长期的直接影响,是从源头上减

---

① 迟希新:《留守儿童道德成长问题的心理社会分析》,《江西教育科研》2006年第2期。
② 吴志明:《预防和减少犯罪的上海实践》,上海人民出版社2011年版,第147页。
③ 杨江澜、王鹏飞:《未成年人犯罪的家庭影响因素分析》,《中国青年研究》2017年第3期。

少犯罪的有效方法。社会工作者可以协助家长解决关于孩子学业、就业、情感等方面的困惑,培养良好的亲子关系,增强家庭内的依恋关系,促进家庭在预防犯罪中所起到的防范作用。在国外也曾开展类似的项目,如欧兹(David Olds)倡导实施一个名为"孕期和婴儿早期的项目"(Prenatal and Early Infancy Project),又称为"护士—家庭关系伙伴项目",让经过培训的护士对那些处于孕期或初为人母的低收入母亲和孩子进行定期的家访,向他们传授胚胎发育和儿童成长的知识,帮助做好孩子学前的准备,降低犯罪和物质滥用的风险。[1] 结果,接受家访家庭的孩子受虐待或缺乏爱的比例比没有接受家访家庭的孩子低79%,在孩子15岁时进行再次对照分析发现,接受家访家庭的孩子被拘捕率比没有接受家访家庭的孩子低56%。[2] 这些评估结果激励我们开展类似的工作,进行这方面的积极探索。

2. 流动人群的犯罪预防社会工作

流动人群由于受教育水平、居住环境、收入水平等因素的影响,更容易卷入犯罪行为。流动人员子女受居住环境和教育历程频繁变动的影响,容易产生身份认同危机,同时其社会支持网络也很脆弱。所以第十四届联合国预防犯罪和刑事司法大会提出,"应当将预防犯罪措施纳入所有相关的社会和经济政策及方案,包括解决就业、教育、卫生、住房和城市规划、贫困、社会边缘化以及排斥等问题的政策及方案"[3]。以流动儿童为例,多数流动儿童对于课后照顾、功课辅导、社区融入有需求,北京行在人间文化服务中心据此在流动儿童聚居社区开展了"希望社区"项目,目的是"强化其社会支持网络,培养其内在权能,增强其抵御逆境的能力,促进其生涯规划和良好发展"。该项目通过课后托管班和各种兴趣小组,弥补这些孩子缺失的照顾体系和课外教育;招募大学生志愿者和流动儿童建立一对一的人生向导计划关系,鼓励孩子们通过正向的社会支持网络形成积极的身份认同;创设新公民课堂,促进孩子与家长及社区的多向互动、对自

---

[1] Adam Sutton, Adrian Cherney and Rob White, *Crime Prevention: Principles, Perspectives and Practices*, Cambridge University Press, 2008, p. 33.

[2] 〔加〕欧文·沃勒:《有效的犯罪预防——公共安全战略的科学设计》(蒋文军译),中国人民公安大学出版社2011年版,第38页。

[3] 联合国预防犯罪与刑事司法大会秘书处:《第十四届联合国预防犯罪与刑事司法大会讨论指南》,https://www.undocs.org/zh/A/conf.234/PM./,p. 6,2020年3月2日访问。

身的城市流动过程进行体验和反思,重组自己的身份认同,学会热爱自己的家庭、热爱所生活的社区,增强对自己跟随父母打工流动的上学经历的规划性和掌控能力。上海阳光青少年事务中心则采用"联校社工"和"驻校社工"的服务模式,深入流动家庭聚集的学校和社区,建立家、校、社联动的预防服务平台,面向在校学生及家长开展能力训练、自我保护教育等项目,缓解学生在校生活适应不良等情况;积极改善学校、家庭的沟通模式,促进学生、家长及老师的良性交流。

为了对流动人群开展犯罪预防工作,我国香港地区从1979年开始采用外展社会工作的服务模式。它以中途辍学、逃学、逃家、失依、无家可归、经常出入不良场所的青少年为服务对象,社会工作者一般会到服务对象流连或者聚居的环境中,主动地与其家庭接触并建立关系,结合个案、小组、社区工作等方法,就其所遭遇的家庭、学业困扰、情绪、职业适应、休闲活动、同学关系等方面的问题提供情绪辅导、就学就业、资源供给、转介服务、团体活动等方面的立即性、紧急性甚或是长期性的服务,旨在协助其处理生活中的困扰或问题,合理地满足其个人需要并发挥个人潜能。[①] 基本生活需求得到满足可以减少犯罪行为的发生。马里兰大学实施过一个著名的"工作团队"项目,为一些高风险的青年提供工作培训,让他们觉得工作比犯罪更有吸引力。同时为他们营造提供社会支持和教育支持的社区环境,帮助他们找到工作、保住工作。结果显示,参与该项目的高风险青年找到工作后,参与犯罪的人数减少了15%。这个项目验证了解决失业问题对于减少犯罪的重要性。[②]

3. 留守儿童的犯罪预防项目

2016年11月9日,民政部发布的最新农村留守儿童摸底排查结果显示,全国登记在册的农村留守儿童有902万人。其中由(外)祖父母监护的有805万人,占89.3%;由亲戚朋友监护的有30万人,占3.3%;无人监护的有36万人,占4%;父母一方外出务工、另一方无监护能力的有31万人,占3.4%。另外,近32

[①] W. H. Chui and H. CH. Chan: "Outreach Social Workers For At-Risk Youth: A Test of Their Attitudes Towards Crime and Young Offenders in Hong Kong," *Children and Youth Service Review*, 34, 2012.

[②] 〔加〕欧文·沃勒:《有效的犯罪预防——公共安全战略的科学设计》(蒋文军译),中国人民公安大学出版社2011年版,第45—46页。

万由(外)祖父母或亲朋监护的农村留守儿童监护情况较差。① 由于留守儿童缺乏家庭监护、家庭教育全面失守,加上农村的教育资源相对匮乏,学校教育早早中断,留守儿童犯罪呈高发态势,表现出低龄化、低学历、团伙化的特征。② 为此,2018 年 8 月 21 日,民政部联合教育部、财政部、共青团中央、全国妇联印发了《关于在农村留守儿童关爱保护中发挥社会工作专业人才作用的指导意见》,提出了一系列政策措施以支持引导社会工作专业人才参与农村留守儿童关爱保护工作。该文件强调,社会工作者在农村留守儿童关爱保护中的主要任务包括三个方面:一是协助做好救助保护工作。包括协助开展农村留守儿童家庭随访,对农村留守儿童的相关情况进行调查评估,及时发现报告遭受或者疑似遭受家庭暴力或其他受虐行为,协助做好对无人监护或遭受监护侵害农村留守儿童的心理疏导、精神关爱和临时监护照料等工作。二是配合开展家庭教育指导。包括协助开展农村留守儿童监护法制宣传和家庭暴力预防教育,配合调解农村留守儿童家庭矛盾,引导外出务工家长关心留守儿童等。三是积极开展社会关爱服务。包括协助中小学校和农村社区做好安全教育,协助做好农村留守儿童心理健康教育,提供社会融入服务,做好农村留守儿童不良行为临界预防等。③ 湖北省孝昌县民政局 2005 年启动了留守儿童关爱工程,紧紧围绕"监护有人、学业有教、生活有助、健康有保、权益有护、活动有地"的"六有"目标,对留守儿童提供全面、持续的照顾。

(二) 犯罪预防社会工作间接实践的项目化方案

犯罪预防的项目不仅包括面向服务对象的直接实践,如提升青少年的沟通技巧、社交技能等,也包括一些间接实践。下面介绍我国香港地区的在职警务培训项目——"青锋计划"④,展现项目化运作间接实践的方案制订和服务。

---

① 新京报:《民政部:902 万留守儿童近九成无父母监护》,中国网,2016 年 11 月 10 日,http://news.china.com.cn/2016-11/10/content_39671843.htm,2019 年 9 月 22 日访问。
② 张寒玉、王英:《留守儿童犯罪预防初探》,《青少年犯罪问题》2017 年第 5 期。
③ 《五部门联合发文加强社工力量参与农村留守儿童关爱保护》,新华社,http://www.xinhuanet.com/politics/2017-08/21/c_1121516544.htm,2019 年 7 月 1 日访问。
④ Roxco P. K. Chun, Y. H. Chui and Y. C. Chan, et al., "Police Work With Youth at Risk: What Can Social Work Contribute?" *The Hong Kong Journal of Social Work*, Vol. 44, No. 1, 2010.

第七章 犯罪预防社工方案与服务

1. 工作目标

（1）拓宽警务人员在处理边缘青少年及青少年违法犯罪事件中的视野及能力；

（2）促进警务人员与非政府组织、社会工作者的合作，预防和治理青少年犯罪。

2. 方案设计

该项目主要分为三个阶段：

第一阶段：导引期（两天），主要采用讲座、小组讨论及练习的方式，具体内容包括：

（1）应对边缘青少年的警务政策及策略；

（2）青少年犯罪的多种原因；

（3）理解青少年的需求及行为；

（4）青年服务机构的角色及功能，并促进其与福利机构更好合作；

（5）警务工作者与社会工作者在处理边缘青少年问题上的共同点和差异。

第二阶段：机构体验期（四天），每三个学员为一组，分配到与会的七个非政府组织中，具体内容包括：

（1）通过直接观察和对话来了解社会工作者是如何开展边缘青少年工作的；

（2）通过直接观察和交流来了解边缘青少年。

第三阶段：深化期（五天），主要通过汇报、参观、工作坊和对话的形式进行，主要内容包括：

（1）理解非政府组织的工作经验；

（2）通过参观罪犯、药物滥用者以及边缘青少年的服务机构，了解相应的服务资源；

（3）介绍刑事司法中的新理念，特别是恢复性司法理念；

（4）了解罪犯和边缘青少年的社会心理特征以及他们应对冲突的方式；

（5）采用个案讨论和情景模拟的形式，巩固所获取的知识；

（6）警察与学校的合作：与学校工作人员的对话；

（7）改变：与一个改过自新青少年的对话。

3. 效果评估

该项目一方面促进了警察对一线社会工作者和边缘青少年的理解,减少警察对边缘青少年的标签效应;同时促使社会工作者和边缘青少年对警察工作的难处有一定的了解。

这个项目对我国的犯罪预防社会工作具有较强的借鉴意义。因为犯罪预防是一项全社会的系统工程,需要多方协调、共同努力完成。但在实际运作中,不同机构间的合作并不容易,这需要社会组织作为中间组织设计出一些可行的方案,促进机构间的合作,既提升社会工作的服务效果,也将社会工作的服务理念传递、渗透到其他机构中去。社会工作者在具体的实务工作中,要开拓思维,不仅促进警民之间的相互理解,而且促进社会工作机构和学校、医院、监狱等机构的沟通与交流,从多个环节消解危机因素。比如,社会工作者可以进驻学校,定期开办法制讲堂或设计丰富多彩的活动,培养学生的人际交往能力、情绪管理能力等,也可以开办一些促进老师和学生沟通的活动等,这些都有助于减少青少年学生的失范行为,改善他们的人际关系,增强他们的法律意识,从而降低违法犯罪的可能性。

犯罪预防工作的重要性不言而喻,但是预防的效果很难在短时间内显现,一直以来,我国对预防工作的强调都停留在表面,这是犯罪预防社会工作得不到重视的重要原因。这一方面需要负责任的政府制定有效的政策,另一方面需要社会组织和专业工作者在循证基础上实施有效的犯罪预防措施,两相结合,促进政府、公众对社会工作的理解和接纳,从而推动犯罪预防社会工作的发展。

第八章

犯罪矫正社工方案与服务

第一节 如何理解犯罪矫正社会工作

一、犯罪矫正社会工作概念

矫正(correction),也称矫治,原本是医学上的专门用语,指的是通过手术或药物治疗,使患者畸形的身体部位的形状或机能得到恢复,重新过上和正常人一样的生活的过程。常见的矫正治疗有牙齿矫正、脊柱矫正、口吃矫正等。当"矫正"一词运用到刑事司法领域时,其含义也相应发生了变化。如《中国劳改学大辞典》对罪犯矫正的解释是:纠正罪犯不良心理倾向和行为习惯的行刑制度。辞典中还提到,"矫正"一词源于西方国家,主要指通过监禁隔离、教育感化、心理治疗和技术培训等措施,使罪犯逐步适应社会生活而进行的活动。[1]《犯罪学大辞典》里提到,矫正是指行刑机关为了预防罪犯再次犯罪而进行的惩罚、改造、教育罪犯的活动,是现代国家行刑活动的基本内容;这种矫正理论是教育刑论的反映和体现;矫正的方法主要有刑罚惩罚、教育感化、劳动改造、心理治疗、技术培训等;对罪犯的恶习予以矫正,是行刑机关的一项复杂而艰巨的工作,也是实现行刑目的的重要措施。[2] 美国学者克莱门斯·巴特勒斯对矫正的解释则

---

[1] 参见中国劳改学会编:《中国劳改学大辞典》,社会科学文献出版社1993年版,第621页。
[2] 康树华、王岱、王树梁主编:《犯罪学大辞典》,甘肃人民出版社1995年版,第497页。

是"法定有权对被判有罪者进行监禁或监控的机构所实施的各种处遇措施"①。

以上有关矫正的定义具有如下几个共同点:第一,矫正是一项由专责机关实施的行刑活动;第二,矫正的内容主要表现为根据罪犯的特点,对罪犯心理和行为进行纠正,方法以刑罚为主,辅之以教育感化、心理治疗、技术培训等;第三,矫正的目的不只是要纠正罪犯心理和行为上的偏差,还要帮助其适应社会,防止其再犯。矫正是刑罚目的理论从报应主义走向功利主义的产物,功利主义刑罚目的论中的特殊预防论是其诞生的重要理论基础。

一般来讲,刑事司法领域中的矫正就是一种特定的、针对罪犯实施的行刑活动,即罪犯矫正。这一概念所突出的是矫正对象的专门性。相较之下,"犯罪矫正"这一概念是强调矫正行为与犯罪领域的相关性,在广义上,它可指特定机构针对行为对象进行的旨在改变其不良心理和行为习惯、帮助其重新融入社会的一切活动,如心理矫正、行为矫正等。在狭义上,犯罪矫正则特指法定机关依照法定程序对被判有罪者实施的各种处遇措施,即指除死刑以外的一切刑罚执行方式,包括社区矫正、教育感化等。犯罪矫正具有惩罚和改造双重功能,与"报复刑""威慑刑"和"等价刑"相比,犯罪矫正更注重对罪犯的教育和改造。

由于犯罪矫正的目的是帮助犯罪人复归社会,使其不要再犯,而社会工作的功用在于帮助特定人群建立与社会的联系,恢复其正常的社会功能,因此,犯罪矫正逐渐与社会工作联系在一起,形成了一个新的工作领域,即矫正社会工作或犯罪矫正社会工作。

矫正社会工作(Correction Social Work)是矫正制度中非常重要的组成部分,也是社会工作实务的一个重要领域,即将社会工作实施于矫正体系之中,是由专业人员或志愿人士在社会工作专业价值理念的指引下,运用专业理论知识和方法技术,为犯罪人或具有犯罪危险性的人员及其家人,在审判、服刑、缓刑、刑释或其他社区处遇期间,提供思想教育、心理辅导、行为纠正、就业培训、信息咨询、生活照顾服务等,帮助他们消解犯罪心理结构、修正行为模式、适应社会生活的一种福利活动。

需要指出的是,在社会工作被认可为一门专业之初,矫正领域是被排除在外

---

① 〔美〕克莱门斯·巴特勒斯:《矫正导论》(孙晓雳、张述元、吴培东译),中国人民公安大学出版社1991年版,第27页。

的。这是因为矫正领域内的工作和传统的社会工作领域存在较大差别,如个案工作强调"案主自决",而矫正本身就包含了对矫正对象的监督和强制,如在监狱环境中,专业社会工作者通常只有很少的资源来改善环境或为案主提供解决方案,其功能很难发挥出来。另外,司法系统对社会工作事务所也不太上心或者说比较谨慎。[①] 所以,在较长的一段时间里,专业社会工作主要专注于家庭、低收入户、弱势者的基本生活需求,没有涉及矫正领域。开始有社会工作介入的矫正领域是青少年服务领域;之后,社会工作逐渐介入针对成年人犯罪的保护管束与假释领域;接着是低度或中度安全戒护机构;最后,才介入高度安全戒护的监狱。

二、犯罪矫正社会工作与传统刑事司法改造的差别

(一) 刑事司法模式不同

传统刑事司法改造是一种对犯罪人进行惩罚和报复的补偿性司法模式(retribution),所强调的是对犯罪人的控制和实施与其罪行相适应的处罚。虽然现代司法矫正理念强调去机构化,让社区辅助监禁场所来完成对罪犯的矫正,但这并不意味着工作重点由惩罚罪犯转向了帮助罪犯康复和回归社会。犯罪矫正社会工作是基于传统司法理念的转变而产生的,它强调的是犯罪人的康复和社会融入(rehabilitation and reintegration),也就是说,不论是在监狱还是在社区中,都要尽量给犯罪人提供个别化的服务,以帮助他从内心认识到自己的过错,愿意为自己的犯罪行为负责,即以人道的、有尊严的方式使犯罪人承担责任、改造自己和回归社会。

(二) 对犯罪的认识不同

以上两种不同的司法模式背后是对人的本性、对犯罪行为的不同理解,包括对犯罪的社会危害,这两种司法模式的理解也不同。传统的以惩罚和报复为主的司法模式认为,犯罪人是在本质上不同于正常人的"坏人",他不具有积极改变的潜能,是敌对社会和他人的人;犯罪人也没有受到尊重的资格,不值得帮助

[①] 熊贵彬、范燕宁:《社会工作对〈社区矫正法(征求意见稿)〉的回应——基于"北京模式"调查》,《华东理工大学学报(社会科学版)》2017年第4期。

和辅导,犯罪行为是其本性恶的表现;对他人和社会造成了危害的人,理应受到惩罚报复,否则不足以警示他人和保护社会。犯罪矫正社会工作则认为,虽然犯罪人实施了犯罪行为,但这不一定是其本性恶劣的表现,不能说明他天生就"坏",要认识到犯罪行为都是在一定的社会环境下形成的;要相信犯罪人有潜能,可以改变自己的认知、性格、精神和行为习惯,而犯罪人发生积极转变的社会基础就是社会对犯罪人正常化、个别化的对待、尊重和接纳,只有真正帮助犯罪人完成认知和行为上的改造,社会才能变得更好,仅靠以惩罚报复为主的改造措施有可能导致更严重的报复社会行为。

三、犯罪矫正社会工作的功能与作用

犯罪原因二元论认为,犯罪行为是社会原因和个人原因共同造成的。[①] 根据这一理论,犯罪矫正社会工作的功能与作用也可从个人和社会两个层面来进行分析。

(一) 针对矫正对象的功能与作用

(1) 监管。在一些国家或地区的立法和司法实践中,犯罪矫正社会工作者如美国的缓刑官、中国香港地区的感化主任等,会被授予依法对非监禁犯罪人实施监管的职责。实施监管的目的在于:一是通过限制其一定程度的自由的方法,如定期汇报、不得随意离开居住地等规定,使其对自己的犯罪行为作出一定补偿;二是通过适度监管预防其再犯。

(2) 矫正。犯罪行为的发生受个人因素的影响,如生理因素、心理因素、行为特征、思想观念、生活方式等。犯罪矫正社会工作者运用专业的理论知识和方法技巧,使犯罪人或具有犯罪倾向的人员得到生理、心理、思想和行为上的矫正治疗,从而重新融入社会生活。

(3) 服务。犯罪矫正社会工作本质上是在司法体系中实施的社会福利服务活动,其服务对象是特殊的社会群体——犯罪或违法人士及其家人。犯罪矫正社会工作贯穿整个刑事司法过程,内容包括心理辅导、生活照料、经济支持、疾病

---

① 犯罪原因二元论的代表人物为德国刑法学家弗兰茨·冯·李斯特。参见吴宗宪:《西方犯罪学》,法律出版社 2006 年版,第 163 页。

治疗、就学就业指导、家庭关系调适等,服务手段既包括直接的专业服务,也包括转介性的间接服务。

(二)针对社会环境的功能与作用

(1)能营造有利于矫正对象更新改造的家庭和社会环境。许多研究表明,一些人之所以犯罪,是因为家庭及社区环境恶劣,存在许多不利于人健康成长的负面因素,如父母离异、家庭教育方式失当、邻里失和、毒品泛滥、偷盗屡现等。这些负面因素的存在不利于矫正对象的更新改造。除了致力于对犯罪人进行监管、教育和为其提供服务,犯罪矫正社会工作的工作重心还落在对家庭和社区环境的改善上,从而为犯罪预防和矫正营造出合适的环境。

(2)能促进刑罚制度朝着科学化、人性化的方向发展。现代世界各国的刑罚观念和刑罚制度的发展趋势是非刑罚化和非监禁化。犯罪矫正社会工作既是这一趋势的产物,又是推进这一变革的动力。犯罪矫正社会工作者本着人道主义的宗旨,运用科学的理论和方法,从事矫正犯罪人及改善社会环境的活动。他们能通过有力的事实向世人证明,科学化、人性化的矫正措施比威慑至上的严刑峻法更有助于犯罪人的改造和社会的安全。

四、犯罪矫正社会工作的理念

社会工作的价值理念是一个完整的体系,在每个具体工作领域里,这些价值理念都指导并规范着社会工作者的思想行为。作为社会工作的一个特殊领域,犯罪矫正社会工作既秉承了社会工作的基本价值理念,又在侧重点上与社会工作其他领域略有不同。

(一)接纳

社会工作最基本的信念就是相信人有与生俱来的价值和尊严,而这种价值和尊严带给每个人不可剥夺的社会权利,因此社会工作者对待服务对象的基本态度应该是接纳而不是批判。这一价值理念在犯罪矫正社会工作中的贯彻尤为重要,因为矫正社会工作者的服务对象多是对社会和他人造成过伤害的人,他们的行为在法律和道德上都是应当受到惩罚和谴责的,但是在社会工作领域中,他们同样是受助者。社会工作者应当将矫正对象连同他过去的犯罪事实一并接纳,并以宽容体谅的心态,在平等、安全的气氛中与矫正对象共同讨论问题,寻找解决问题的办法。

（二）可塑性

社会工作对人的基本看法是，每一个人在一定条件下都是可以改变的，即人具有可塑性。在这种信念的指导下，社会工作者相信，运用专业的方法和技巧，可以帮助受助人改变与社会不相适应的思想行为，达到使其恢复社会功能、重新成为社会成员的目标。这一理念在犯罪矫正社会工作领域同样十分重要。在矫正社会工作者眼里，犯罪人首先是一个人，具有人所共有的可塑性，这是以改变犯罪人思想和行为为目标的犯罪矫正社会工作存在的根本。

（三）个别化

社会工作者确信每个人都是一个独特的个体，都有区别于他人的生理、心理特质和生活经验。人与人在个性、信仰、动机、兴趣、情绪、目标、环境、价值观和行为模式等方面都存在极大差异。因此，社会工作者要把服务对象当作拥有不同特质和需求的"个人"，而不是当作一种"类别"来统一对待。个别化原则要求犯罪矫正社会工作者不能先入为主，以预先形成的观点和态度来判断所面对的问题，也不能用一成不变的方法实施矫正。犯罪矫正社会工作者还要观察矫正对象的言行，了解其内心世界，判断问题产生的原因，并能敏感地察觉自己对矫正对象的偏见，运用恰当的方法来协助矫正对象解决其问题，重建和提升其社会适应能力。

五、犯罪矫正社会工作的任务和意义

从历史上看，人类刑罚的发展经历了四个阶段。第一阶段是中世纪以前，以死刑和肉刑为主；第二阶段是16世纪以后，刑罚过渡到以监禁刑为主的阶段；第三阶段是20世纪70年代以后，刑罚过渡到以非刑罚化、非监禁化为主的阶段；第四阶段是当前的逐渐以调解、和解、赔偿等措施为主的阶段。犯罪矫正社会工作是在人类社会和刑罚制度演进的历史过程中应运而生的，它的发展和完善体现了人类文明的进步。具体而言，犯罪矫正社会工作的任务和意义体现在如下几个方面。

（一）实现了刑事司法与社会工作的结合

一般认为，法律得以产生的社会土壤是战争和掠夺，刑罚在初始阶段也主要

体现为一种"以牙还牙,以眼还眼"的报复性血亲复仇观念。近代以来,刑罚观念发生了改变,犯罪行为被认为是犯罪人对社会整体利益的侵犯,国家代表受害人对犯罪人进行惩罚,但"恶有恶报"的报应观仍旧是刑罚执行的主要思想基础。随着人类文明的进一步发展,刑罚逐渐开始强调教育和改造的作用,同时注重犯罪人的回归问题,刑罚观则由报复主义向目的主义转变。不少执法者,甚至包括受害人,也不再只强调对刑事罪犯的严厉惩罚,而是越来越理性地倾向于认为刑罚的目的以教育、挽救、修复为主。

在保护社会和犯罪人康复(rehabilitative)治疗等方面,刑事司法体系长久以来也面临着价值目标的冲突,即存在着所谓"正义模式"(Justice Model)与"康复理想"(Rehabilitative Ideal)之间的冲突。正义模式认为,不需要关心犯罪人是否康复,不必在乎能否重塑或再造犯罪人并使其适应社会,应当聚焦于给每个犯罪人以应有的惩罚并使之与罪行相称,因为犯罪人对社会及其成员造成了伤害。与其相对的是康复理想观点,该观点认为报应思维及刑罚对犯罪行为的影响极其有限,应当将重点放在受刑人身上,注重对其的处遇治疗。康复理想观点认为,犯罪的发生大多根源于政治、经济体系等环境因素,而非犯罪人本身。康复治疗要从两个层面着手,即犯罪人本身的康复和社会的康复。

如果将惩罚和报应作为矫正政策的主要价值追求,那么,社会工作是不需要介入矫正的。然而,在长期的矫正实践中,人们逐渐认识到,只惩罚犯罪人而不提供矫正处遇是行不通的,只提供犯罪人的矫正处遇服务而不考虑他们对社会的危害性及他们的真正需求也是行不通的,矫正社会工作逐渐产生并与司法体制相结合成了历史发展的必然。

事实上,刑罚发展到现代,其目的已不是单纯惩罚犯罪,化解既已发生的矛盾冲突、修复被犯罪行为破坏了的社会秩序也是刑罚追求的目标,而其最终价值取向则是维护社会关系的和谐稳定。正如德国刑法学家耶赛克所指出的:作为刑事政策基础的人道主义不再是每个人对于事物所持的同情态度这样一种个人的事情,而是社会对于犯罪现象所应承担的共同责任问题。对于犯罪人的关怀不再是一种恩惠,而是法治国家的一项义务性的社会任务。[①] 从刑罚权的基本

---

① 转引自李海东:《刑法原理入门(犯罪论基础)》,法律出版社1998年版,第11—12页。

属性上看，保障人权也是行使刑罚权的义务之一。这意味着刑罚在追求预防和惩罚犯罪、实现国家权力的目标的同时，要从人权保障的角度来决定适用刑罚的性质、种类及适用范围。因为惩罚犯罪与保障人权本不存在实质上的对立，所以刑事司法与社会工作在根本属性上具有一致性，二者可以很好地结合起来。

（二）顺应了行刑社会化的发展趋势

目前学术界对于行刑社会化的认识还未完全达成一致。主流观点认为，行刑社会化包括行刑方式的社会化和行刑目标的社会化，即强调行刑手段与行刑目标的统一，通过社会化的行刑方式实现罪犯再社会化的行刑目标。在"社会化的行刑方式"和"犯罪人的再社会化"这两个词语中，"社会化"的含义有所不同，前者所说的社会化是指社会对刑罚执行的广泛参与，后者所称的再社会化是专有的社会学名词，是指个体将社会文化内化的过程。因此，行刑社会化就是指将行刑活动推向社会以争取社会力量的参与，加强犯罪人与社会的联系，促其改过自新、复归社会、继续正常社会化的过程。

为什么说犯罪矫正社会工作顺应了行刑社会化的趋势？这是因为，相较于传统司法矫正，犯罪矫正社会工作会尽可能地使犯罪人与家庭、与社会保持密切联系，从而有效克服传统监狱矫正无法回避的"监狱行刑悖论"[①]。在矫正团体中，社会工作者的目标不在于执行惩罚或报复，而在于与其他工作人员一起，运用社会工作的专业知识与技巧，共同为犯罪人或行为偏差者提供人道的矫正服务，协助他们与他人建立联系，引导其重新与他人生活在一起，回归社会，完成再社会化的历程。具体来说，矫正社会工作者可用个案工作的方式协助犯罪人自我了解，培养有利于回归社会的动机，激发矫正对象的潜能，协助其接受教育，获得向上流动的机会。同时，社会工作者要设法改善矫正对象的环境，使其生活在更健全的社会环境中。借助对社会资源的认识，社会工作者还可帮助矫正对象及其家人运用各种社会资源，解决由犯罪带来的个人和家庭的生活困难，以促进矫正对象的改造。社会工作者还可与其他专业人员合作，共同设计矫正方案，改善矫正环境，为矫正对象争取各种社区处遇方式，尽量避免机构监禁或缩短机构

---

① 监狱矫正的基本特点是使犯罪人隔离于正常社会之外，但其目标却是让犯罪人重新回归社会，因此监狱矫正的手段与目标、过程与效果之间产生了尖锐的矛盾，此即所谓的"监狱行刑悖论"。

监禁的时间。这些专业化的社会工作服务对于犯罪人回归社会都具有积极作用,符合行刑社会化的要求。

(三)体现了人道主义的社会福利思想

随着资产阶级启蒙运动兴起,人类历史上第一个刑法学派——古典学派诞生了。古典学派的代表人物贝卡里亚、边沁等人针对当时社会中存在的罪刑擅断、滥施酷刑、狱政黑暗等弊病提出了罪刑法定、罪刑均衡、刑罚人道三大原则,奠定了文明时代刑罚制度的理论根基。在《论犯罪与刑罚》这一经典著述中,贝卡里亚明确从人道主义的角度来探讨犯罪与刑罚,提出刑罚应当宽容,并坚决反对残酷刑罚。他认为:严酷的刑罚造成这样的局面,罪犯所面临的恶果越大,也就越敢于规避刑罚,为了摆脱对一次罪行的刑罚,人们会犯下更多的罪行,刑罚最残酷的国家和年代,往往就是行为最血腥,最不人道的国家和年代。①

犯罪矫正社会工作是在矫正体系中实施的一项特殊的社会工作,其秉承社会工作助人自助的基本价值理念,提倡尊重人、关心人、以人为中心的世界观,深信人性具有丰富的"潜藏"和高度的可塑性,只要给予支持,矫正对象定会重新回归主流社会。这种特有的价值理念提供了与刑罚执行不同的切入视角和服务方式,让犯罪矫正社会工作成为一种更具人性化的工作方式。它拒绝判断,积极地追求理解、相信、接受和尊重,使矫正对象得到充分的尊重并感受到来自矫正工作者的无差别对待,从而帮助其树立改变自我的信心,发掘其改变的潜能,调动其解决问题的积极性。犯罪矫正社会工作者坚持行刑社会化、个别化原则,在科学的行刑理念的指导下开展矫正工作,最终达到助人的目的。

可见,犯罪矫正社会工作首先考虑的是矫正而不是惩罚,深信犯罪人有复归社会的权利。社会工作理念的融入使刑罚更趋人道化,体现了人道主义的使人成为人、完成自我实现的最高价值追求。随着人类文明的进一步发展,越来越多的人认识到,作为刑事政策基础之一的人道主义不仅是具有同情心的个别人的理想追求,而且是整个社会对犯罪所负有的责任,给予犯罪人关心并不是出于怜悯,而是国家应承担的强制性责任。

---

① 〔意〕贝卡里亚:《论犯罪与刑罚》(黄风译),中国大百科全书出版社1996年版,第42—43页。

（四）符合刑罚经济原则的价值追求

刑罚经济原则，也称行刑经济化原则，其基本内涵是要求以最少的投入达到最多、最有效预防和控制犯罪的社会效益的目的，其中包含量与质两个方面的要求。随着犯罪数量的日益增加和刑事诉讼程序的日益复杂化，刑事司法资源越来越成为一种稀缺资源，世界上许多国家都普遍存在行刑资源缺乏、监狱拥挤等压力。行刑压力的增加会影响刑罚改造的质量，导致再犯罪率上升，而再犯罪率上升不仅会导致行刑经济费用的增长，还会增加犯罪改造的难度。因此，讲求刑罚经济原则对于刑事司法的实践与改革就非常重要。美国学者罗伯特·考特、托马斯·尤伦在对刑罚进行经济分析之后指出："最优化的威慑效应并不是铲除所有的犯罪，因为这样做的代价很高，而且社会效益会不断降低。"[①]

犯罪矫正社会工作体现了刑罚的经济原则。一方面，犯罪矫正社会工作者可以通过社区处遇等方式，充分利用犯罪人的家庭、亲友及社区资源，发动社会志愿者参与到司法矫正工作中来，从而大幅度减少入狱人数，节约国家财政支出。另一方面，专业社会工作者的加入可以将专业的社会工作的方法和理念带入矫正领域，帮助矫正对象顺利完成再社会化的过程。犯罪矫正社会工作还可最大限度地保证矫正对象与社会建立联系、与正常的社会成员交往和与拥有爱心的志愿者接触，从而达到司法矫正的最终目的。因此，犯罪矫正社会工作是对高投入、低质量的传统刑罚改造的补充和修正，它减轻了国家在刑罚运作上的投入和负担，减少了监禁刑的负面作用，而且在犯罪人改造质量上也具有传统刑罚无法比拟的优势。由于以较小的成本实现了刑罚改造的目的，犯罪矫正社会工作充分提高了行刑的效益。

第二节 犯罪矫正社会工作的方案与服务

犯罪矫正是一个长期、复杂、系统的工程，各方面的专业人员共同合作才能达到目标。矫正社会工作者作为矫正团体中的重要一员，和团体中其他成员的

---

① 〔美〕罗伯特·考特、托马斯·尤伦：《法和经济学》（张军等译），上海三联书店1994年版，第939页。

第八章　犯罪矫正社工方案与服务

区别在于,他们需要运用社会工作的专业理论和技术为受助者提供服务。经过几十年的发展,犯罪矫正社会工作逐渐发展出专门的工作机构并拥有独特的工作方法和独立的工作领域。其中,个案辅导是最普遍的服务模式,社会工作者通过与受助人建立专业关系,使矫正的目标在个案辅导过程中得以实现。如果将相同类型的犯罪人作为一个团体,则小组工作也是常被采用的服务模式。在社区矫正的诸多方式中,运用社区资源以协助犯罪人及其家庭也是必要的,因此社区工作也是服务模式之一。由此可见,社会工作的专业方法在矫正过程中发挥着不可替代的作用。下面按照司法过程中的不同阶段分别介绍犯罪矫正社会工作的具体内容。

一、司法判决前的社会工作

在司法判决前的案件审理阶段,社会工作者就可以开始介入。这一阶段,社会工作者的主要工作对象是已被羁押或保释的尚未被判定有罪的犯罪嫌疑人。矫正社会工作者在此过程中的主要职责是通过接触犯罪嫌疑人及其家庭和周围社会环境来了解情况,出具一份有关犯罪嫌疑人的调查报告,提交法庭作为审判参考。调查报告包括犯罪嫌疑人的社会背景(如家庭、成长经历等)和性格特点,以及犯罪行为的成因等资料。其间,矫正社会工作者可能会依赖来自法院外的社会工作人员提供资讯,比如会传唤社区里的社会工作人员或咨询师、任何犯罪嫌疑人曾参与的精神病学服务中的人员,或是社会福利机构里的相关人员。矫正社会工作者并非隶属法院的正式工作人员,他们撰写调查报告的目的也不同于律师的为被告作无罪辩护,而是在承认犯罪事实的基础上为法庭判决提供参考建议。在一些国家,法庭对矫正社会工作者的调查报告是十分重视的,因为法庭调查一般注重犯罪事实本身,而矫正社会工作者的调查报告中所提及的犯罪嫌疑人的社会背景和性格等资料则有助于法庭做出有利于其改过自新的判决。

在犯罪嫌疑人被羁押等待审判期间,其家人亲友也会因此受到冲击,尤其是犯罪嫌疑人年迈的父母和年幼的子女,他们的生活可能会因为嫌疑人被羁押而陷入困境,矫正社会工作者此时的任务主要是为这些陷入困境的犯罪嫌疑人的家人提供帮助,比如为因事件发生而陷入经济困难的犯罪嫌疑人的家人寻找维持生计的社会资源,为因事件发生而失去依靠的未成年人安排生活照料,为因事件而产生心理困扰的家庭成员提供辅导等。

二、监禁场所内的社会工作

监狱是犯罪人被判处自由刑或生命刑之后的刑罚执行(或待执行)场所,是司法矫正体系的重要组成部分。监狱兼有惩罚、隔绝、威慑的功能,因此会对服刑人员产生心理震慑作用,但这种震慑作用也可能导致服刑人员对监狱环境的抗拒。由于监狱环境造成服刑人员与社会和他人的隔绝,在监狱中,各种罪犯混杂居住也存在交叉感染的危险,因此,在服刑人员中开展社会工作的主要目标是消除或减少服刑人员思想上和行为上的负面因素,加强其与社会的沟通,帮助其恢复重建社会功能。

矫正社会工作者在监狱内的工作通常会面临两大挑战:一方面必须适应较消极、负面的工作气氛,在有诸多限制的情境中工作,另一方面必须面对有严重问题的非自愿进入监狱的个案对象。在处理这类问题时,社会工作人员只有很少的资源可资运用来改善环境或提供给个案对象来选择,监狱中的矫正社会工作比其他领域内的工作更难开展,出现的时间因此也较晚。

在监狱工作中,治疗师是社会工作人员最重要也最困难的专业角色。他们还要担任保密和安全戒护者的角色,而这又增加了治疗师角色的难度,会影响服刑人员对社会工作者的信任感,这成为实现案主自决的障碍。社会工作人员必须发挥创造力和想象力,发现激发案主自决的途径。为了辅助矫正工作,社会工作人员还须运用其经验,了解环境以及生活中重要他人对个案对象的影响,强化其原有的支持系统,并开发其他未被运用的社会资源。

针对监狱服刑人员的社会工作一般采取个案辅导的方式进行,主要内容包括:

(1)面谈。通过接待受助者并与之面谈,一方面可以了解其过去犯罪行为的性质、原因及当前的思想状况,另一方面可以使其不满情绪得到宣泄,较冷静地面对现实。

(2)诊断。对收集到的受助者的有关资料进行分析判断,找出问题的原因并制订矫正方案。

(3) 辅导。根据个别原则针对不同对象采取不同的矫正方法,尽可能扩大服刑人员与外部社会的沟通联系,避免监禁状态造成社会化过程的阻断。

(4) 报告。随时观察服刑人员改善的情形,及时向监狱当局提交报告,使服刑人员的累进处遇能获得升级甚至得到假释。

三、刑满释放后的社会工作

矫正社会工作者为刑满释放人员提供的服务也称为更生保护或出狱人保护。法国刑法理论家卡斯东·斯特法尼曾指出:"刑事政策极其严重的困难之一是,我们尽力使犯罪人能够适应社会,其本人也恢复了信心,尽管如此,这些犯罪人却发现对他们的真正惩罚是在他们走出监狱之后才开始的,社会排斥他们,使他们的全部生活都因犯罪打上了烙印。"①任何犯罪都是对良性社会关系的侵犯和破坏,在损害社会关系的同时,犯罪人也为社会所排斥。所以,犯罪矫正的关键在于修复社会关系,以服务对象的融入社会、回归社会为归宿。②

刑满释放(刑释)人员,尤其是刚获释的人员,往往缺乏社会适应能力,承受社会歧视、家庭拒绝、同伴疏远、学习中断、就业困难等多方面的压力和困扰。因此,帮助这部分人顺利度过释放后的最初阶段,对其以后的生活和社会的安定意义重大。

据记载,出狱人保护这一社会福利措施起源于美国费城。1776 年,美国宾夕法尼亚州市民理查德·怀斯特(Richard Wister)创办的费城出狱人保护协会是世界上第一个出狱人保护组织。出狱人保护工作在促进出狱人再社会化和保卫社会方面起到了重要作用,其不仅符合市民社会的利益,而且符合国家利益,因此许多国家不仅肯定了出狱人保护的合法性,而且在可能的范围内给予其支持。具体来说,社会工作者在这一领域内的工作方法主要包括如下方面。

(一) 提供住宿场所

为暂时无家可归的刑释人员解决安身问题,同时提供监管和辅导服务,帮助刑释人员顺利完成由监禁环境向开放社会的过渡。

---

① 〔法〕卡斯东·斯特法尼:《法国刑法总论精义》(罗结珍译),中国政法大学出版社 1998 年版,转引自任哲华:《社区矫正中重新犯罪的风险与控制刍议》,《探索与争鸣》2011 年第 8 期。
② 参见汪蓉:《社会工作对犯罪社区矫正的介入模式创新》,《中南民族大学学报》2015 年第 6 期。

（二）提供就业、就学帮助

寻找工作或继续求学是刑释人员顺利回归社会的重要途径和手段，矫正社会工作者在这方面的服务包括对刑释人员进行工作技能培训，帮助联系介绍职业、联系学校就读等，同时还可以通过监管督促，帮助其形成工作学习的意识和习惯。

（三）提供生活辅导和医疗保健服务

刑释人员中有相当一部分人具有不良生活习惯，社会工作者的服务也包括为其提供生活辅导和医疗保健转介服务，帮助其纠正不良生活习惯。

（四）提供物质支持

刑释人员往往缺乏恢复生活工作的物质条件，社会工作者应发动和利用社会资源为其提供物质支持，以帮助其尽快建立起正常的生活工作秩序。

四、社区矫正中的社会工作

社区矫正也称社区矫治或社区处遇，是一种使罪犯不与社会隔离并利用社区资源改造罪犯的方法，是所有在社区环境中管理、教育、改造罪犯的方式的总称，也是矫正社会工作的最主要的工作领域。在社区矫正中，矫正社会工作者主要提供以下服务。

（一）缓刑、假释、监外执行人员的观护

缓刑是为使被判处短期自由刑的有轻微犯罪的人免受入狱监禁而设的一种社会处遇方式；假释是刑期届满前的释放处分，是设施内处遇向设施外处遇的转变；监外执行是对某些在监服刑人员在出现特殊情况（如重病、怀孕）时暂予监外执行的措施。依据最高人民法院、最高人民检察院、公安部、司法部（"两院两部"）颁布的《关于开展社区矫正试点工作的通知》规定，这几种处遇方式也是我国试点中的社区矫正的重要项目。

这几种处遇方式都附有观察保护的规定，即要求缓刑、假释和监外执行人员在观护期内遵守有关规定，不得违反。司法系统一般会聘用专职社会工作者或志愿者执行对缓刑、假释和监外执行人员的观护。观护人员要督促被观护者在观护期间做到：保持品行良好，不得与品行不端者来往；接受观护人辅导；服从检

第八章　犯罪矫正社工方案与服务

察官及观护人员的命令；及时汇报工作、生活和居住情况，未经批准不得离开居住地；等等。

（二）院舍训练的组织管理

院舍服务是社会工作领域中一种重要的服务模式，即通过向受助者提供住院或寄宿等训练机会，使受助者掌握正常生活的技能从而顺利回归社会。犯罪矫正社会工作领域中的院舍训练通常是为违法犯罪人员尤其是违法青少年设置的，主要包括以下几种类型。

（1）中途之家（Halfway House），也称为社区矫正中心，指帮助犯罪人或刑释人员克服危机、提高环境适应能力的一种过渡性住宿式社区矫正机构。中途之家是历史最为悠久的重返社会训练制度，它通过各种社会服务活动，促进犯罪人及早适应社会生活。犯罪人进入中途之家通常具有一定的强制性，但也可在自愿的基础上向当事人提供简单的住宿条件。中途之家接收的对象主要是刑期将满者，另外还包括缓刑、假释、提前释放者，根据当事人的不同情况，中途之家为其提供不同的管理和矫正项目，为犯罪人提供诸如食宿等生活方面的服务，提供相应的矫正项目，对犯罪人进行职业指导、就业帮助和安置等。

（2）家庭监禁（Home Confinement）和寄养照管（Foster Care）。家庭监禁是指犯罪人在被判刑之后，行动限制在家庭中的一种制裁方式。作为监狱矫正的一种替代措施，美国于1971年开始在圣路易斯市首先施用。最初这项措施主要适用于青少年犯罪，后来也开始适用于成年人。在此期间，犯罪人一般会被要求在夜晚和周末不得离开自己的家庭。由于犯罪人不关在监狱内，所以可以减少其沾染其他犯罪恶习的机会及缺乏家庭照顾导致的再犯，同时可减少与工作者的直接接触，减少工作者不必要的工作量。

寄养照管也称寄养家庭，是指由未成年人法院、家庭法院或一些社会服务机构将未成年人安置到一个适当的替代家庭进行养育的一个项目。寄养家庭是特别针对那些缺乏家庭照顾的未成年违法者而采取的收容观护，其目的主要是避免未成年人继续沾染犯罪恶习，以及因为缺乏家庭照顾而重新犯罪。养育之家和养育父母的遴选按照一定的政府标准，往往是由申请者与决定者互动决定，以期给未成年人提供一个温馨和谐的家庭环境和为他们带来积极的、良性的个别化教育。政府或社会服务机构会为养育之家提供一定的食品、衣物甚至住房等养育未成年人所必需的补助,其中也包括一部分津贴,以帮助计划的实现,但这种补助不是全额的,养育过程中的相当部分费用是养育父母志愿承担的。

(3) 感化院。感化院的主要功能是收容犯罪青少年,使之在经过一段时间的入院矫正训练后,在思想、心理、行为方面都得到改善。感化院主要通过法制教育、文化学习、邀请改造好的未成年人现身说法等措施,对未成年犯罪人进行教育改造。如在英国设有"缓刑集体宿舍"制度,根据相关法律的规定,对于触犯了刑律应当承担刑事责任的少年犯,法院可以判处其到缓刑集体宿舍去接受惩罚与改造。它是介于监禁刑与非监禁刑之间的一种刑罚处罚措施,从性质上来讲,缓刑集体宿舍也是缓刑的一种,但比一般的缓刑要严格,矫正对象被集中起来,由专人负责管教,以确保教育效果。缓刑集体宿舍由国家内政部出资修建,监管团队由社区工作者和少年心理医生等人员组成。在英国,缓刑集体宿舍在少年犯罪尤其是少年涉毒犯罪方面发挥着其他刑事处罚措施不可替代的作用。在中国香港特别行政区,接受教育感化是一项单独的刑罚方式。法庭可根据《感化罪犯条例》的规定,判令犯罪人受感化,期限为1—3年,感化主任负有督导受感化者的职责,须对受感化者进行劝告、帮助和辅导。在感化期内,要定期探访受感化者,提供督导和个别辅导。矫正对象如果违反了感化令的有关规定,便须出庭受审,法庭有可能取消感化令并根据其原罪行判处刑罚。感化主任是受政府聘请并受过专门训练的社会工作人员,由香港特别行政区行政长官委任,并在政府公报上公布。同时社会福利署招募市民义工,与受感化者密切联系,以提供意见和帮助、协助感化主任的工作。

(三) 社区服务计划的执行

社区服务(Community Service),也称社会服务、社区劳役或公益劳动。作为最为典型的社区矫正方式之一,它是由法院判决犯罪人到社区中进行一定时数无偿劳动的非监禁刑措施。这也是近年来在西方国家较为盛行的一种替代短期自由刑的非监禁化的社会处遇措施。英国、加拿大、新西兰、澳大利亚、丹麦等国都有这方面的制度。

社区服务的适用一般要征得犯罪人本人的同意,违反社区服务命令应当承担更严厉的处罚,通常是以罚金刑或自由刑替代。社区服务的工作内容是多种多样的,大多数是非技术性的手工劳动,比如收集垃圾、整修街道、照顾孩子。通过让犯罪人从事公益劳动和服务,可以培养其劳动习惯和社会责任感,让其在服务过程中学会生产、生活技能,增强就业能力,同时还可让其在社会交往中学会处理人际关系的本领,增强社会适应能力。① 这种处遇方式可以避免短期自由刑造成的与社会隔绝和恶习交叉感染,社区服务的执行也是犯罪人赔偿受害人及社区的一种方式,符合刑罚赔偿理论的要求。

五、犯罪矫正社会工作的评估

犯罪矫正社会工作的评估包括三个方面的内容:一是对矫正对象的评估,二是对矫正机构设置和人员配备的评估,三是对矫正工作者的评估。

对矫正对象的评估主要包括:(1)刑事判决前的评估。这主要是在法院判决前对刑事被告人是否适用非监禁刑进行评估,以便为法院的判决提供参考依据。这一阶段评估的主要考评目标是判断被评估人的社会危险性、再犯可能性、非监禁刑改造的可行性等,评估内容是被评估人的基本情况,包括家庭情况、受教育情况、人员交往、就业情况、劳动技能掌握、不良爱好、犯罪史、心理状况等。(2)正式矫正前的评估。这主要是对矫正对象的各种个体情况进行评估,包括对其社会危险性的评估,这既是制订合适的矫正计划、实施合适的矫正措施的依据,也是为矫正对象提供及时的帮助和服务的参考依据。(3)对矫正效果的评估。这是在矫正过程中对矫正对象的矫正效果进行评估,也可称为阶段性评估。这是为了了解矫正措施是否适合矫正对象的思想、心理状况以及改造效果等方面的情况而进行的临时评估,它能为及时调整矫正措施、纠正错误的矫正方案提供依据。② (4)矫正结束后的评估。这主要是在矫正结束后,为了了解整个矫正期的矫正效果完成矫正报告而进行的评估,主要有对矫正对象的犯罪人格改造情况的评估,即评估其是否完成犯罪人格的改造。社会工作者的评估一方面可

---

① 在我国近年开展的社区矫正社会工作中,由于社区服刑人员认为参与公益劳动是刑罚中的规定,其社会责任感的激发相对困难,鉴于此,社会工作者通过一系列社会工作专业手法协助社区服刑人员以平等的身份参与社区活动,在提升社区服刑人员的社会责任感方面取得了良好效果。参见陈姻静:《以"刑"换"行"——志愿服务队伍孵化在社区矫正社会工作中的运用》,《中国社会工作》2018年第1期。

② 目前很多欧美国家认为,社区矫正人员重新犯罪风险评估在社区矫正人员管理工作中非常重要,并且研发出了科学的重新犯罪风险评估工具。参见李光弟:《社区矫正人员重新犯罪风险评估与预防——基于上海市三个区的问卷调查》,《中国人民公安大学学报(社会科学版)》2013年第5期。

以为评价此矫正方案提供依据,积累正反两方面的矫正经验;另一方面,对于矫正期结束还没完成改造的矫正对象,可以协助有关部门判断是否需要继续对矫正对象进行必要的监督、回访。

对矫正机构设置和人员配备的评估,主要考察矫正机构的设置是否合理、矫正管理机构的权力如何分配、机构的效率如何、人员配备是否足够、人员的专业素质水平的高低、机构的经费是否充足及运用是否合理,以及机构对矫正对象的接收工作、矫正计划安排、吸纳社会力量的情况、招聘志愿者的情况等。通过监督矫正机构来确保政府购买服务费用的合理使用,维护矫正工作者的合法权益。

对矫正工作者的评估主要包括:矫正工作者是否完成了工作任务,每个工作人员的工作量是否合理,是否达到了帮助矫正对象改过自新的目的等。评估应确保能较好地体现按劳分配的原则,只有建立和完善矫正工作的评估和考核体系,并在此基础上完善奖惩机制,才能保证矫正工作的效果,调动矫正工作者的积极性,促进矫正工作的发展。

第九章

被害人社工方案与服务

相较于司法社会工作的其他工作领域而言,针对犯罪被害人的社会工作服务在国外已广泛运用于刑事案件的庭审、被害人补偿、被害人身心康复等多个方面,而我国关于被害人的社会工作服务才刚刚起步。本章首先论述被害人社会工作诞生的理念与现实基础,进而对被害人社会工作的工作对象、内容、方法等予以介绍,并对我国现有被害人社会工作服务进行梳理及展望。

第一节 被害人社会工作的理念与现实基础

一、被害人的概念

"被害"与"犯罪"是一对相互依存、相互对立且具有相互制约性的社会现象。但是,在刑事司法体系中,"被害人"并非一直获得与"犯罪者"相同的关注。尽管在司法制度尚不健全、纠纷解决主要依靠当事人私立救济的"被害人的黄金时期"的原始社会,被害人及其家族或氏族有权做出与被害相应的报复,但随着近代司法制度的确立,以"公权至上、国家惩罚"为指引,国家成为侦查犯罪和追诉犯罪的主体,制裁与惩罚犯罪被视为国家行为,被害人则完全被排斥于刑事诉讼活动之外。19世纪后半叶,犯罪社会学派的学者们开始致力于科学地探究犯罪的原因、过程与可能造成的后果,他们视被害人为犯罪学的一个问题并加以研究,使被害人开始获得关注。特别是20世纪中叶,一门以被害人为研究对象的学科——被害人学产生并壮大起来,被害人在刑事诉讼中的地位越来越受到国家和社会大众的关注。

截至目前,由于被害人的定义受主流文化和刑事司法体系的限制,呈现出纷繁复杂的特点。较为权威的观点来自联合国1985年的《为罪行和滥用权力行为受害者取得公理的基本原则宣言》(简称《犯罪被害人人权宣言》),宣言中专章规定了"被害人"的概念。在此宣言中,"被害人"指个人或集体受到伤害,包括肢体损伤、感情痛苦、经济损失或基本权利的重大损害的人,这种伤害是由违犯联合国会员国的现行刑事法律的作为或不作为所造成的。以被害人为主要研究对象的被害人学将一般意义上的被害人界定为,由于各种原因而遭受肢体、心理或者经济上的伤害或损失的人。地震、飓风、海啸等自然灾害,由交通事故、失业、歧视和司法不公等社会因素造成的苦难,都会对人造成伤害,这些遭受来自本身以外的力量损害的人都是被害人。很显然,这是一个包括自然灾害被害人、民事被害人以及刑事被害人的广义被害人概念。狭义的被害人则专指遭受犯罪行为侵害的人,即犯罪被害人或者刑事被害人。①

国内外学者和西方国家司法部门从不同角度阐述对被害人的看法,提出了许多被害人概念。在参照不同国家及各个学科领域被害人概念的基础上,结合被害人社会工作实务,在司法社会工作的框架下,本章所指被害人主要是那些合法权益遭受犯罪行为侵害的自然人。这一概念界定主要包括以下特征:首先,司法社会工作视域下的被害人是犯罪被害人,而不仅仅指刑事被害人,前者的外延要大于后者;其次,这里的被害人限于作为自然人的犯罪被害人,不包括单位、社会和国家被害人;最后,司法社会工作视域下的被害人是合法权益受到损害或正常活动受到干扰的人,不但包括躯体、心理和财产方面受到直接侵害的人,还包括间接受到犯罪行为不利影响的人。

二、被害人社会工作的理念基础

(一) 恢复性司法理念

起源于1974年加拿大安大略省基陈纳的恢复性司法,是在对传统的以加害

---

① 刘玫:《论公诉案件被害人诉讼权利的完善及保障》,《中国政法大学学报》2017年第1期。

第九章　被害人社工方案与服务

人为中心的报复性刑事司法理念进行反思的基础上提出的一套新型理念,它认为犯罪不仅仅是加害人一方的责任,加害人、被害人和社区在犯罪发生、矛盾处理及犯罪矫正中具有共同权利和义务;在司法程序中,被害人与加害人应通过对话、沟通和共同参与消除犯罪行为给社区带来的不安;刑罚的目的不在于对犯罪的威慑与报复,而是要减少已经发生的损害对当事人(包括家庭)和社区的影响,恢复被害人、加害人以及社区的关系。从最早的"被害人—加害人调解"方案、"被害人—证人协助"方案到"安全邻里/犯罪预防"方案,恢复性司法理念为社会工作者介入刑事司法程序、参与犯罪矫正预防提供了重要理论基础。

（二）人权保护理念

长期以来,刑事司法程序中的人权保障仅仅关注被告人的合法权益,确立了以被告人为中心的权利保障体系,被害人处于被忽视的边缘地带。20 世纪 40 年代后,随着第二次世界大战的结束,各国人民努力争取自由、平等、民主和进步,他们要求消除由种族、性别、职业、财产等差别造成的社会歧视并在立法上享有人权平等,要求政府维护、改善和扩大公民的基本权利,在这样的时代背景下,《世界人权宣言》和国际人权公约等一系列国际规则相继问世。被害人权利保护运动是人权运动的重要组成部分,它使刑事诉讼程序中的"每个人",包括被害人的权利开始获得关注。1985 年《为罪行和滥用权力行为受害者取得公理的基本原则宣言》的颁行赋予了被害人许多权利,如获得正义权、尊重权、知情权、与个人利益有关问题的发言权,以及复原权、补偿权和帮助权等。

（三）社会福利理念

社会福利是由用以满足社会中所有人的社会、经济、健康和娱乐需要的项目、利益和服务构成的国家体系,它通过国家干预(再分配政策)为困弱群体提供满足需求的途径,可以弥补由市场失灵或市场缺陷所带来的一系列社会问题,对维护社会稳定具有重要作用。如果社会成员因犯罪被害而伤残、贫困,社会功能处于受损状态,他们与其他困弱群体一样,应该得到社会的救助,以保证基本的生存权利。20 世纪 60 年代美国发起的各种被害人补偿项目及被害人救助立法都以此理念作为立论基础,欧洲的被害人保护活动建立在较完备的社会福利制度之上,这为被害人保护提供了强有力的制度保障。

三、被害人社会工作的现实基础

著名社会工作理论家马尔科姆·派恩认为有三股力量建构着社会工作,它们分别是"创造和控制社会工作者专业的力量;主动寻求帮助或被动地转介至社会工作者处的人们,被称为案主的力量;改变开展社会工作所处的社会环境的力量"①,作为社会工作重要领域的被害人社会工作的诞生与发展同样受到这三股力量的影响。

(一) 社会环境

针对被害人保障的立法。通观各国被害人保护相关法律,美国和韩国通过宪法形式保护被害人权利,这体现了国家对被害人保护问题的高度重视。对被害人立法保护的第二种方式是制定专门针对被害人的法律。美国制定了相当多维护刑事被害人权利的法律条文,其中较为重要的包括《美国联邦被害人和证人保护法》(1981)、《犯罪被害人法案》(1984,简称 VOCA)、《被害人权利及损害恢复法》(1990)等。各国亦在刑事诉讼法中对与被害人相关的内容进行修订,并制定出针对不同类型被害人的法律。这种以立法形式维护被害人权利的方式为社会工作介入被害人保护提供了法律上的有力保障。

来自政府及各方的强大资金支持。为被害人提供服务的社会工作机构的正常运作需要大量经费支持,资助经费越充足和稳定的国家和地区,被害人保护工作开展状况越好。总体来看,资助经费主要有以下几个来源:政府是被害人服务的主要资助者,美国自 1984 年《犯罪被害人法案》颁布以来,以各州及国家的税收为主要来源的联邦被害人补偿专项基金是被害人服务方案的主要经费来源;亚洲的被害人服务原则上通过国家或地方政府预算运营,韩国与中国台湾地区是以法务部门预算为主,而中国香港地区则是基于社会福利署的预算;除此之外,社会组织自行募集也是经费的重要来源,澳大利亚的被害人保护机构大多为以社区服务为核心的草根组织,它们的运营主要依靠各个基金会的资助及来自民众的劝募经费。

---

① 〔英〕Malcolm Payne:《现代社会工作理论》(何雪松等译),华东理工大学出版社 2005 年版,第 16 页。

市民社会的充分发育。被害人保护运动发源于社会发育充分、公民自组织发达的欧美发达国家并非偶然,良好的市民社会传统使社会具备极强的回应民众需求的能力,并能形成自下而上的倡导力量,影响社会政策改革和制度设计。1976年成立的德国民间被害人支援团体"白环"是由民间清白、无过错的被害人组成,以帮助被害人心理康复和生活重建。澳大利亚的被害人保护组织以"家庭暴力危机服务中心"和"刑事被害人联盟"为主。这些组织的共同特征是经费来源多元化,运作不受政府左右与控制,各项工作主要通过社会工作者和数量众多的志愿者参与完成。由于各大组织均有明确的服务宗旨,因此所提供服务的针对性强,服务效果也较好。值得一提的是,各国的被害人保护法案的颁行在很大程度上受这些被害人保护民间运动的驱动。

（二）社会工作专业发展

针对被害人的社会工作服务的开展有赖于社会工作专业的不断发展壮大。以美国为例,标准化和规范化的专业教育培养了大批社会工作专业人员,到20世纪70年代末,社会工作专业本科学生达到2.8万人,到21世纪初,美国社会工作专业本科毕业生基本稳定在3.6万人。这些专业社会工作人才为被害人服务的开展提供了充足的人力资源保障。[①]

被害人社会工作的发展也离不开专业教育者的大力倡导,1945年宾夕法尼亚大学社会工作学院主任K.普利(K. Pray)在全美社会工作者协会年会上发表演说,呼吁社会工作服务于刑事司法系统及相应服务机构,自此,大量社会工作人员进入法院系统帮助被害人,还有许多警察部门雇用了大量社会工作者作为咨询人员,为妇女和遭遇困扰的儿童与少年提供服务。自70年代开始,在美国司法部执法援助管理部门(LEAA)的经费支持下,许多社会工作者被聘任担当被害人与目击证人扶助方案的主任与被害人倡导人员。此后,《犯罪被害人法案》资助全美成立了数千个受虐妇女庇护中心、性侵犯处遇项目和检察官主导的犯罪目击者援助项目。

（三）来自被害人的需要

犯罪行为一旦发生,会给被害人造成各种伤害和损失,他们的社会功能会严

---

① 〔美〕莫拉莱斯、谢弗主编:《社会工作:一体多面的专业(第十版)》(顾东辉等译),上海社会科学院出版社2009年版,第49页。

重受损。一般而言,被害人都会亲身体验、目睹或遭遇某种危及他们生命安全的犯罪情况,这会给被害人的生理、心理、经济等各方面带来暂时或长久的伤痛,此即所谓的直接痛苦。被害不仅限于犯罪本身带来的伤害,还包括在刑事诉讼程序,特别是侦查和审判过程中,被害人被迫接受来自警方、检察官、法官以及辩护律师等人的各种询问、检查、搜查与扣押等,这些都有可能将被害人再次带回不堪回首的犯罪发生场景之中,使其不堪重负,经历"二次被害"。许多案件在发生时和发生后,媒体为搏上位,对被害人及其家人进行轮番轰炸,并将相关信息公布于众,对被害人亦会造成二次被害。

除了生理、心理、经济等方面的损害外,还有一些特殊的被害现象,如"斯德哥尔摩综合征""受虐妇女综合征""创伤后应激障碍"等,都需要专业工作者本着科学精神和利他态度予以关注和介入。

第二节 国外的被害人社会工作实务

被害人社会工作是社会工作的专业理念与方法在被害人保护领域的应用,是由专业社会工作者运用专业知识和专业技能向被害人及相关人提供帮助,旨在协助被害人有效应对刑事诉讼程序,减轻被害事实对被害人及其相关人造成的生理、心理及经济等方面的不良影响,引导被害人进行社会适应并恢复良好的社会功能。经过几十年的发展,被害人社会工作成为公认的解决被害人问题的有效方法,它被称为"明智的公共政策",是"立基于被害人与加害人双方需求,在社区中以人性化过程践行公平正义,并增权双方且有效解决争端的一种方式"①,它广泛致力于证人协助服务、被害人—加害人调解、被害人补偿等工作,并形成了相对完备的工作体系。

一、被害人社会工作的服务对象

据各国犯罪被害调查显示,实际发生的犯罪案件数量远远超过执法机关接到报案的犯罪数量,因此,被害人社会工作以作为自然人的直接和间接犯罪被害

---

① 〔美〕Albert R. Roberts 主编:《矫正社会工作》(郑瑞隆等译),心理出版社 2007 年版,第 190 页。

人为主要服务对象,既包括立案并进入诉讼程序的被害人,还应包括未立案的犯罪被害人。

(一)儿童虐待被害人

儿童虐待是较为多见的一种被害形式,联合国的统计数字显示,每年约有四亿儿童遭到虐待,而美国的一项调查显示,每十分钟便有一起儿童虐待案发生。根据联合国世界卫生组织对儿童虐待的定义,儿童虐待是指对儿童有抚养、监管义务或有操纵权的人做出的,足以对儿童的健康、生存、生长发育及尊严造成实际的或潜在的伤害行为,包括各种形式的身体(躯体)虐待、情感虐待、性虐待、忽视,以及经济性剥削行为。虐待行为会给受虐儿童带来严重身心伤害,如受虐儿童与同龄非受虐儿童相比,与他人互动较差,语言较少,无法直视他人,且尽量避免范围较大的社交活动和交流。

(二)性侵犯被害人

性侵害犯罪是指直接侵害他人性自由、性自决权和身心健康的非法性交行为或其他性淫乱行为。性侵犯会对被害人身心造成严重创伤,遭受性侵害的短期生理心理反应包括焦虑、恐惧、沮丧、丧失自信、失眠、经常性噩梦、头痛、胃痛或背痛。大部分被害人在事发后三个月内可逐渐恢复正常生活,但部分被害人会发展成创伤后应激障碍(post-traumatic stress disorder,简称PTSD),这是人在遭遇或对抗重大压力后,其心理状态出现失调的现象,主要表现为创伤性情境的记忆闪回、反应迟钝和抑郁。还有的被害人会转变成为性侵害的加害人。

(三)家庭暴力被害人

家庭暴力是指发生在家庭成员之间的,以殴打、捆绑、禁闭、残害或者其他手段对家庭成员从身体、精神、性等方面进行伤害和摧残的行为。家庭暴力直接作用于受害者身体,使受害者身体上或精神上感到痛苦,损害其身体健康和人格尊严。家庭暴力发生于有血缘、婚姻、收养等关系,生活在一起的家庭成员间,如丈夫对妻子、父母对子女、成年子女对父母等,妇女和儿童是家庭暴力的主要受害者。长期遭受家庭暴力的妇女会出现以暴力周期和后天无助感为特征的受虐妇女综合征(battered woman syndrome)。

(四)暴力犯罪被害人

暴力犯罪是指使用暴力手段(包括以暴力相威胁),以特定的或非特定的人或物为侵害对象,蓄意危害他人的人身安全、财产安全和社会安全的犯罪行为,主要包括谋杀、绑架、勒索、抢劫、盗窃等,它是国内外较为常见的犯罪类型。经受暴力犯罪活动的受害人及其家庭可能会面临以下问题:被害人由于刀伤、撕裂伤等身体损伤急需获得医疗照顾和社会工作服务;若被害人身故,则被害人家庭会需要丧葬、保险及赔偿相关方面的服务;被害人及其家人会因被害出现情绪反应、失落感甚至精神失常等问题;被害人还会面临经济、心理补偿等问题。

二、被害人社会工作的工作内容

被害人社会工作的开展应建基于对被害人需求的准确把握,并以提升被害人社会功能为宗旨。美国学者杜思齐(Dussich)认为被害人服务应涵盖三方面工作目标(见表9-1),相关服务方案应涵盖此工作目标列表中一项或多项。在此工作目标的引领下,目前发展较为成熟的被害人社会工作方案主要包括被害人/证人协助方案、被害人服务方案、被害人与加害人调解方案和被害人补偿方案等。

表9-1 被害人服务的工作目标

工作目标1	工作目标2	工作目标3
快速回应被害人的需求	协助被害人作证	研究被害事件,以期建立被害预防机制
确保被害人可获得紧急医疗照顾及社会工作服务	提供建议以减少被害人二次被害的风险	让社会大众正视被害者服务工作的重要性
满足服务对象家属的需求	建立志愿者服务,以扩大被害人服务工作的范畴	定期从事被害者调查,以建立被害预防机制
进一步协助传达社会大众的关心与援助	协助被害人及其家庭处理后续事宜,例如丧葬、保险及赔偿等事项	经由社区的力量,提升社区成员避免成为被害者之自觉
	安排被害人于适当时机到法院出庭	为刑事司法体系中高层管理人员定期举办与被害人伤害问题相关的研讨会

（续表）

工作目标 1	工作目标 2	工作目标 3
	安排适当处所，让被害人得以专心等待出庭	针对被害人的特殊需求，建立社区服务指南
		协助推动被害人赔（补）偿方案

资料来源：改编自〔美〕Albert R. Roberts 主编：《矫正社会工作》（郑瑞隆等译），心理出版社 2007 年版，第 192 页。

（一）被害人/证人协助方案

被害人/证人协助方案在被害人权利日益受到重视的背景下诞生，自从美国 20 世纪 70 年代中期开发出第一个被害人/证人协助方案以来，针对刑事诉讼程序中的被害人及证人的必要服务广泛开展。被害人/证人协助方案的宗旨是，通过向被害人/证人提供相应服务，使被害人及证人克服与出庭作证有关的焦虑与心理创伤，协助他们进入刑事诉讼程序，从而提升刑事司法体系的效率，并使被害人、证人与司法体系间建立更为周延的关系。

被害人/证人协助主要由检察院主导推动，服务内容包括帮助处理与诉讼过程相关的问题、帮助处理财务需求问题、提供各种服务措施的渠道及协助处理与控诉相关的问题，详情见表 9-2。

表 9-2　被害人/证人协助方案的主要内容

门类	具体服务
处理与诉讼过程相关的问题	指导被害人/证人了解刑事司法体系（从调查至审判）运作的模式
	向当事人介绍法院的运作
	预先通知其参加法院开庭日期
	协助当事人配合检察院工作，促使案件顺利进行，并确保个人有陈述个人意见的机会
	陪同当事人往返法院，甚至全程陪同参与审讯过程
	协助当事人担任证人的角色

(续表)

门类	具体服务
处理财务需求问题	协助办理官方的受害赔偿申请
	针对是否需要聘请私人律师提供建议,或协助当事人处理财务问题,提供当地法律援助部门的相关资讯
	提供往返法院的交通协助,在当事人出庭时协助照顾孩子
	告知被害人/证人的雇主,当事人即将参与法庭诉讼程序
	协助当事人支付因本案而产生的医疗费用及相关支出
	若法院扣押财产,对当事人该如何依据当地法律程序要求法院退还财物提供建议
提供各种服务措施的渠道	提供妇女庇护中心、老年虐待防治方案、儿童虐待防治方案以及性侵害防治中心等保护措施的相关信息
	建议当事人依据实际需求,寻求个别咨询
	提供支持性团体的相关资讯
处理与控诉相关的问题	告知官方保护被害人及证人以使其免受危害的方法
	为避免在等候时与被告共处一室,建议当事人在等候开庭时另择房间等候
	告知当事人,除非经由法院命令或安排,他有权拒绝与被告或被告律师对话
	如果被告是家庭成员,可以商议免入监的替代方案,例如强制执行戒治、婚姻或儿童的治疗方案,或以调解代替刑事判决

资料来源:改编自〔美〕Albert R. Roberts 主编:《矫正社会工作》(郑瑞隆等译),心理出版社 2007 年版,第 196 页。

在被害人/证人协助方案中,社会工作者主要扮演倡导者、支持者和教育者等角色。在司法诉讼过程中,由于大多数被害人对于法院的运作非常陌生,非常容易出现困惑、焦虑等心理困扰,社会工作者要尽力向被害人提供情绪支持,调和被害人与司法体系之间的紧张关系,帮助被害人重建身心健康。在被害人/证人协助方案中,社会工作者还起到倡导性作用,为维护被害人的合法权益努力工作。被害人也非常需要有专业人员适时给予指导,助其渡过难关,因此,社会工作者还具有教育性功能。

(二) 被害人服务方案

被害人服务方案主要针对儿童虐待、性侵犯、抢劫等暴力犯罪及财产犯罪被害人,为其提供早期与即时的干预和协助,特别是案发24小时之内的危机干预。与被害人/证人协助方案不同,它并非由检察院主持,而主要由警察局、医院、政府相关部门、缓刑部门或非营利组织等有机会与被害人第一时间进行接触的机构组织实施。早在20世纪早期,美国的警察局会聘用女警从事社会服务,特别开设妇幼局为妇女及儿童提供预防及保护服务,随后,其业务范围扩展到为经历家庭暴力、性侵害、自杀未遂等的人争取应有的权利。在此之后,凡是与被害人接触的部门均制订相关服务方案。这类方案不以被害人刑事诉讼过程中的法律援助为工作重心,而是关注被害人的个人需求,为被害人提供全方位的必要服务,包括:犯罪现场的危机干预,如向被害人提供紧急医疗照顾和紧急精神医疗;协助聘请临时保姆,照顾被害人的孩子,处理被害人家属的生理和情绪困扰;后续持续提供面向被害人及其家属的咨询服务;协助被害人完成被害补偿裁定的申请;协助被害人更换遗失的证件(如出生证明、结婚证书、遗嘱等);转介被害人至可起诉家庭暴力及性侵犯事件的对口单位及社区心理健康中心和社会服务机构,以便实施后续的咨询及短期心理治疗;紧急修复门锁;紧急财政援助和发放当地超市免费食物兑换券;提供往返法院交通服务等。

(三) 被害人与加害人调解方案

被害人与加害人调解方案是刑罚理念从对加害人的矫治复健导向向公平正义及被害人导向转变的产物,该方案是同时立基于被害人及加害人的需求,在社区中以人性化过程践行公平正义,并增权双方且有效解决争端的一种司法实践方式。被害人、加害人及相关人员共处于一种安全和有控制的环境中,在调解员的帮助、引导和支持下,被害人通过讲述犯罪行为给自己造成的身体、情绪和经济后果,直接参与制订犯罪人向其偿还经济债务的赔偿计划等,这样不但为被害人提供了一个心理康复的过程,也有助于达成赔偿协议。犯罪人也可在此程序中陈述自己为什么会实施犯罪,动机和目的何在。更重要的是,犯罪人通过聆听被害人的陈述,清楚地认识到自己对他人造成的伤害,能真正接受并承担自己的责任。

目前,在美国有300多个"被害人—加害人调解"计划,在欧洲有500多个

"被害人—加害人调解"计划,这种方案以调解及仲裁的方式,避免案件进入司法程序,是司法途径的替代性选择,它强调以非正式社会控制约束加害人行为,且使加害人不至于因入狱服刑而与社区分离,这一方案不仅有效缓解了监狱拥挤,避免了犯罪矫正造成的财政预算超支,更为重要的是,它使再犯率显著降低,弥合了犯罪人、被害人与社区之间的隔阂并消除了仇恨,有效保证了社区和谐。

(四) 审前和解

审前和解是一种减少诉讼案件的机制,即在案件开庭审理之前,被害人、加害人、法官及必要的相关人士进行交涉、协商,由被害人和加害人双方自主解决纠纷,加害人以认罪、赔偿、道歉等方式获得被害人的谅解,检察机关便不再对加害人追究刑事责任或从轻处罚的一种案件处理方式。它结束了传统刑事法律关系的"二元结构模式"未将被害人纳入司法程序的弊端,为被害人与犯罪人提供了面对面沟通的机会,可以有效缩短结案时间,避免被害人、被告及警方进入审理阶段的冲击并减少开庭成本,且有助于公平正义的展现。尽管各国案件的诉讼审理大多由检察官、法官完成,但均要求参与调解的相关人员拥有社会工作、法律及心理学方面的必要职业资格,且必须接受过有关调解的理论和实务的培训。

(五) 安全邻里/犯罪预防方案

安全邻里/犯罪预防方案是被害人运动的重要组成部分,它以恢复性司法理念为基础,将犯罪看作犯罪人对被害人和社区的侵害,会对社区成员的安全感、对社区安宁和社区成员间的关系造成不良影响,其根源在于失调的社会条件与社区关系。因此,犯罪的预防和控制需要社区成员广泛参与、相互配合,整个社区要采取行动,减少犯罪发生的诱因。英国通过加强社区环境管理、规范建筑物的环境设计、安装闭路电视监视系统、组织居民巡逻、实施邻里守望项目,促进整个社区的安全与和谐。美国则从三个方面开展犯罪预防工作:首先,从立法、司法、资金等方面给予社区犯罪预防很大的支持,早在1977年便开始开展社区反犯罪项目,并给予资金资助。其次,动员社区内外力量解决社区问题,预防犯罪发生。如培养地方项目领导人,对当地各个部门提出明确而有针对性的犯罪预防请求;通过社区集中干预社会问题的解决,控制与财产有关的犯罪;培养社区志愿者以指导邻里犯罪预防工作。最后,通过社区环境规划预防犯罪,即通过加强对建筑物、居民住宅的规划和管理等措施维护社区治安。

(六) 补偿方案

支持和帮助被害人,满足他们的需求并弥补犯罪给被害人造成的损失;同时,将犯罪人整合进社区,并为他们提供修正不良行为的机会,也可以通过补偿方案的方式实现。补偿方案将被害人与犯罪人之间的关系看作相互协商的契约关系,通过协议确定补偿的数额和形式,且通过沟通、协商、签订协议并监督协议执行的方式,为双方营造行为改变的契机。补偿方案通常包括金钱补偿、社区服务补偿和个人服务补偿等方式。金钱补偿是由加害人支付款项补偿被害人;社区服务则是犯罪人为社区提供体力和脑力劳动,它不仅为犯罪人提供发展技能、与积极榜样角色互动的机会,也促使他们更好地了解别人的需要,使社区长期受益;个人服务补偿主要是让犯罪人从事能够使被害人直接受益的服务项目。

除上述六种被害人社会工作方案外,不同的国家和地区也根据各自的实际情况创设了各种方案,如校园性侵害防治教育及预防方案、儿童性侵害处遇方案、受虐妇女庇护中心、强暴危机方案和暴力犯罪幸存者支持团体等。

三、被害人社会工作的工作方法

各国专业工作者多年的探索实践证明,社会工作者为被害人及其相关人员提供服务已经取得了非常显著的效果,这得益于被害人服务者秉持的专业价值观、拥有的系统专业知识、审视实际环境的独特视角、基本的沟通技巧以及实施干预和驾驭转变的专业方法等。与其他领域的社会工作服务相比,被害人服务需要基于服务对象的特点合理运用以下专业工作方法。

(一) 评估

由于被害人保护组织通常与警察局、医院、儿童局、检察官办公室和法院等保持畅通联系,一旦被害人保护部门接到相关信息或电话报案,随即会到达医院、警察局或者被害人家中执行任务。一般而言,一方面,社会工作者会全程陪同被害人,更为清楚地记录整个工作过程,对服务对象的情况最为了解。他们的专业评估可以为后续针对被害人的服务开展提供必要的信息与资料。另一方面,社会工作者还可以以事实证人或专家证人的角色参与司法程序。事实证人是在法庭上将其看到的、经验到的事实加以陈述;而作为专家证人,不但可以陈述事实,还能够根据对事实的把握进行推论并发表意见,其意见可以直接作为证据被法官采纳,对案件的审理结果形成较大的影响。

对被害人实施的评估既包括一般性的生理、心理、社会评估,也包括使用特定工具针对具体问题的评估。通常而言,一般性评估主要了解当事人和重要他人的基本资料,如其姓名、年龄、职业、婚姻史、宗教信仰等;家庭概况则主要包括家族图、生态图、父母亲的基本信息和对家庭功能的评估;适应状况评估主要包括生理状态、心理状态、社会系统和社会价值/性别议题等;最为重要的是遭受创伤侵害的经验,其中包括遭受虐待的起始时间、频率、侵害方式、当时的反应、事件发生后的改变等等。针对特定被害问题及后果亦有相应评估工具,如受虐儿童家庭功能评估量表、创伤症状检核表、受虐妇女心理虐待量表、妇女虐待量表等等。

(二) 危机介入

危机介入(crisis intervention),也称为危机干预,是一种短期治疗方法,指的是在有限时间内以密集式服务提供支持性协助,使服务对象摆脱危机影响并恢复以往的平衡状态。针对被害人的危机介入主要包括以下内容:(1)针对被害人的身体创伤提供紧急医疗照顾;(2)针对被害人的心理创伤提供心理服务;(3)针对被害人家属的需求提供社会服务,如照孩子、对家属情绪和生理困扰的干预;(4)接送被害人前往医院附属强暴危机中心或受虐妇女庇护中心;(5)将个案转介至当地检察官办公室与社会工作机构。

在危机介入中,心理干预是核心环节。首先运用聆听、同理、支持等技巧稳定服务对象情绪并与之建立相互信任的合作关系;其次,在舒缓服务对象情绪的同时,对被害人的认知、情绪与情感、社会支持、应对策略等进行评估;最后,协助服务对象渡过危机事件所引发的失衡状态,恢复平衡。在整个服务过程中,鼓励被害人进行情绪表达非常重要,这可以帮助服务对象舒缓症状并理清情况,具有治疗功能;动员和运用实际存在和精神上的社会资源对化解危机有关键性作用;工作者在介入过程中要不断地为被害人注入希望,提高被害人的自信心和效能感。

(三) 调解

在西方国家,调解组织非常发达,如英国的被害者援助协会、美国的全美被害人帮助组织、德国的"白环"、法国的国家被害人援助仲裁中心等,这些组织大多以社会服务为本位,确保了调解的中立性,从事调解工作的大部分人为受过社会工作、法律和心理学方面训练,并具有调解理论和实务基础的社会工作者和志愿者。通过与被害人、犯罪人建立关系,深入了解各方需求、意图和争议的根源,在此基础上订立协议,并促使协议顺利执行,避免案件进入司法程序,并最大限度地减少对被害人及社区的伤害。

在各种被害人社会工作方案中,均需要使用调解方法。在补偿方案、审前和解、被害人与加害人调解方案中,社会工作者的主要工作就是通过调解达成解决纠纷、调和争议、冲突处理及和解的目的。在调解之前,社会工作者先要与被害人、加害人和相关人员进行多次面访,以深入了解各方需求及与案件相关的各方面情况。调解过程应以解决冲突为主要目的,既要保留公诉的积极性,也要让被害人全面参与,同时促成犯罪人与辩护律师的互动。必须强调的一点是,作为调解员的社会工作者和法官应考虑到被害人的弱势地位,在此过程中不断地给予被害人尊重与支持。在后续事宜处理阶段,调解员要监督当事人履行所达成的协议、确定当事人进行和解后会议的时间。

（四）倡导

那些遭受犯罪侵害的人因为被贴上负性标签,在忍受身心痛苦之外,还要遭到来自社会的歧视、排斥及其他不公正的对待。为使被害人的权益得到重视及保障,以平等、正义和社会融合为理念基础的倡导便成为被害人社会工作的重要方法。从字面来看,倡导具有"辩护"或者"代表他人请愿"的意思,倡导指的是"由个人或群体付出的努力,代表无权的第三方,以影响其他人或其他群体做出决定,影响第三方的福利或利益"。① 在被害人服务中,保障、敦促和保证被害人的权利、资源、服务和利益,减轻被害人及证人的压力是倡导的主要任务。

倡导者必须掌握两种最基本的技能,一是"代表",二是"影响"。代表是指倡导者能够了解并将服务对象的需求表达出来,能够代表他们去说、去写、去行动;能够详尽地解释或说明服务对象的观点和愿望;能够支持被害人及其环境系统中的其他人;能够为服务对象的特殊情况呼吁,并像经纪人或代理人那样提供相应服务。影响则主要是指通过界定问题、设定目标、获得事实、规划和运用策

---

① 转引自张宇莲、刘梦:《社会工作倡导:概念、策略与边界——以失独家庭服务为例》,《中华女子学院学报》2017年第6期。

略、了解决策者及工作人员、拓展支持基础等方法帮助服务对象获得应有权利。为了达成有效倡导，倡导者必须以改变服务对象处境所必需的权利、权威和资源去说服决策者。1999年，美国社会工作者协会马萨诸塞州分委员会和十几所大学的系主任共同筹集一万美金，以研究并报告该州儿童虐待状况及儿童福利制度中的问题，这导致立法者、社会服务委员会和媒体开始关注这一问题，并最终促成多方合作，共同商讨研究结果和修改方案。

第三节 中国的被害人社会工作实践

我国当前处于社会转型时期，急剧的社会变迁使各种结构性问题凸显，各种犯罪问题亦日渐突出，被害人在被害后会遭遇极大痛苦，并有强烈的被害恢复的愿望和维护公平正义、惩处罪犯的要求。随着我国刑事司法理念的持续转型，相关法律对被害人的诉讼当事人地位及申诉权和起诉权予以确定、对抗诉请求权予以规定，被害人越来越引起国家与社会的广泛关注，相关法律框架下的被害人服务方案已经在各地陆续出现。

一、我国被害人社会工作实践现状

（一）防性侵害社会工作服务

近年来，我国性侵害案件频发，不论是屡被曝光的幼女遭性侵案件，还是女性智力障碍者及精神障碍者等遭受性侵害，都提醒我们，性侵害犯罪特别是针对女性的性侵害犯罪已经成为公众关注的焦点和一个严峻的社会问题。女童保护基金发布的统计报告显示，2016年全年媒体公开报道的性侵儿童（14岁以下）案件433起，受害人778人，其中女童遭遇性侵人数为719人，占92.42%，男童遭遇性侵人数为59人，占7.58%。[①]

相较于国外较为完善的防性侵法律法规和服务体系，我国的防性侵社会工作服务主要集中在预防性侵害教育上。根据三级预防理论，性侵害预防属于初级预防，即在性犯罪发生前为了阻止犯罪和被害的发生而采取的行动，如《女童

[①] 《"女童保护"2016年儿童防性侵教育调查报告（全文）》，凤凰公益，https://gongyi.ifeng.com/a/20170303/44550261_0.shtml，2018年8月25日访问。

保护基金防性侵手册》的编制和相关培训课程的实施。在儿童防性侵培训中，专业工作者通常会以讲授和互动游戏的方式，为孩子普及什么是性侵害，让儿童懂得在平时如何爱护自己的身体、如何分辨和防范生活中的性侵害以及如何在遭遇性侵害后保护自己。全国各地的社会组织也大多从未成年人自我安全保护的角度，针对未成年的潜在被害人进行预防性教育。

（二）反家庭暴力社会工作服务

俗话说"清官难断家务事"，一直以来，国家和社会对于家庭暴力采取不受理或者简单劝和的方式来应对。但是，2015年颁行的《中华人民共和国反家庭暴力法》（简称《反家暴法》）终结了"家事不出门"的历史，它不但为社会工作的开展提供了法律保障，更明文规定了社会组织的职责，确定了社会工作介入家庭暴力的任务和义务。《反家暴法》的第9条明确规定："各级人民政府应当支持社会工作服务机构等社会组织开展心理健康咨询、家庭关系指导、家庭暴力预防知识教育等服务。"在《反家暴法》的纲领性指导下，全国各地的反家庭暴力社会工作服务纷纷开展起来。

家庭暴力的预防与控制是一个系统工程，需要众多机构和组织在各自职权范围内予以干预，因此，构建多机构合作机制就显得尤为必要。社会工作者可以作为个案管理者积极引导和推进由妇联、派出所、司法所、社会事务所、医院、志愿者组织等参与的多方联动反家暴工作机制。社会工作者还可以参与推广反家庭暴力的常规服务，推动反家庭暴力工作的长效化。这主要包括设立针对家庭暴力被害人或施暴者的救助热线；开设心理咨询与辅导工作室，为家庭暴力被害人及其家人提供咨询与治疗；为家庭暴力被害人链接法律服务，为他们提供法律援助服务；通过反家暴主题宣传活动、开展工作坊等方式，对社区居民进行反家庭暴力的宣传，从源头上预防家庭暴力的发生、降低家庭暴力的危害性和发生频率。

（三）司法程序中的被害人社会工作服务

作为新型利益争端解决方式的恢复性司法理念及程序，是被害人群体走上历史舞台并越来越受到司法系统与社会关注的主要原因，也是社会工作得以介入被害人保护的必要前提。虽然我国目前尚无完备的被害人保障制度，但我国刑事司法系统受到国外恢复性司法理念的影响，近年来对诉讼程序中的被害人合法权益的关注与维护日益显著。特别是在受恢复性司法理念影响最深的少年司法领域中,社会工作者已经展开专业服务以帮助加害人与被害人双方解决冲突,恢复加害人、被害人以及社区的关系。

被害人在人身权利和财产权利被侵害时会产生恐惧、愤怒、委屈等心理,也会对犯罪嫌疑人一方提出经济需求。社会工作者可以为被害人提供专业的心理调适服务,稳定他们的不良情绪,为他们提供一定的经济援助和其他服务;社会工作者还可以陪伴被害人出庭,舒缓其因为对司法程序和法律术语不熟悉而产生的紧张与压力;社会工作者更可以与被害人和犯罪人建立关系,深入了解双方需求,通过调解达成解决纠纷、调和争议、冲突处理及和解的目的。作为较早介入少年司法领域的社会工作机构,北京超越青少年社工事务所在对涉罪青少年进行帮教的同时,也为刑事案件中的未成年被害人提供一线社会工作服务,取得了很好的专业工作效果。

二、我国被害人社会工作面对的挑战

作为以被害人为主要服务对象的社会工作分支领域,由于被害人保护体系不健全、服务对象的特殊性、工作内容多样性、整个社会及司法体系对被害人的认知等原因,我国被害人社会工作在发展过程中需要着力从以下几方面入手开展工作。

第一,专业工作方法的本土化探索。西方的被害人社会工作在多元司法模式的框架下展开,有悠久的公民文化与法制基础,而我国被害人社会工作的开展既要参考借鉴西方先进工作经验,也要与我国具体国情相契合。以被害人社会工作的重要领域——受虐妇女服务方案为例,如果在美国,遭受家暴的妇女多数会勇敢地向司法部门求助,邻居和目击者也会自发报警。与此相比,中国的受虐妇女大多选择忍耐,目击者也会以事不关己的态度应对,这不利于专业人员的及时介入,可能导致严重的后果。我们需要深入思考在现有背景下,专业工作的可获得性、具体工作操作方法的有效性等问题。

第二,提高跨机构协调合作效能。被害人社会工作机构需要与法院、检察院、公安局、妇联、团委等多个部门通力配合、相互协作,这样才能达成工作目标。如果仅仅由社会福利部门倡导建立与运作,其工作效率常常会大打折扣。一些地区已开始整合资源做这种跨机构合作的尝试,如重庆九龙坡区为受虐妇女建

第九章 被害人社工方案与服务

立家庭暴力庇护所,并形成了政法机关、民政、医疗、妇联等七部门联动的维权机制,以保护遭家暴妇女及儿童的合法权益。

第三,加强被害人社会工作机构建设。并非如西方国家那样以"内生性"方式自发生成,我国的司法社会工作机构大多是以"问题导向,增量嵌入"方式由政府主导成立,这导致社会工作机构和社会工作的工作效能普遍较低。系统形成社会工作机构介入被害人保护的制度性运作模式和操作平台,通过职业制度建设改变社会工作者专业能力差、专业认同度低的局面,便成为当务之急。这样才能为被害人提供专业、稳定而持久的服务,使社会工作者成为被害人保护工作中的重要力量。

第四,健全被害人保护机制。尽管我国在新刑事诉讼法中确立了犯罪被害人诉讼当事人的地位,且成为为数不多的在法律上确定被害人刑事诉讼当事人地位的国家,但实际缺乏操作性及与相关配套法律之间的连贯与衔接。另外,在许多发达国家,其做法并非局限在关注扩大被害人刑事程序中的权利问题,而是通过完备的国家补偿制度和社会支援体系来实现被害人在经济上、精神上的及时而有效的恢复,从而确保权利保护的有效性和即时性。因此,加快被害人保护立法并加强各种法律、法规及社会政策的配套建设,从而使相关被害人保护机构发挥充分作用就显得尤为必要。

第五,加强社会教育,形成重视被害人保护的氛围。西方国家非常重视被害人权利保护,早在1982年里根总统执政时期,美国就将4月8—14日定为"被害人权益周"(Victims' Rights Week),而在杜思齐提出的被害服务方案中,明确规定了在政府和社会组织引导下的大众教育方案,如通过定期社会调查,对被害情况、公众安全感、犯罪恐惧感、居住地主要问题、犯罪原因等进行深入了解;通过社区教育课程和志愿者开展的各项宣传活动,使公众对与被害相关的问题有较为清晰的认知,提升人们避免成为被害人的自觉性,并对他人被害抱有同情之心并愿施以援手。我国社会目前仍然存在许多基于传统文化的偏见及行为方式,迫切需要通过宣传教育予以改善。

第十章

少年司法社工方案与服务

第一节 社会工作与少年司法概述

自从1899年美国伊利诺伊州颁布了世界上第一部《少年法院法》,并在芝加哥市设立了世界上第一个少年法院以来,少年司法制度和少年权利保护逐渐受到国际社会的普遍关注,很多国家相继建立了自己的少年司法体系。各国的少年司法制度虽然由于各自经济、社会、政治、文化等的不同而有所差异,但是有一点却是共同的,即倾向于在少年司法制度中注入更多的福利因素,由惩罚和控制转向康复与治疗。这正与社会工作助人自助的宗旨不谋而合。少年司法社会工作者代表福利因素,将职业化关怀渗透到少年司法程序中,通过专业化方法,帮助矫正罪错少年的行为,调适少年与其家庭和社会环境的不良关系,整合资源,激励、指导志愿者,承认并挖掘少年自身潜力,为他们寻求各种资源,帮助他们摆脱不良境遇。

一、社会工作与少年司法的亲缘性与契合性

少年司法的本质和社会工作的"助人自助"有着天然的契合性,如果将从刑事司法中分离出来的少年司法作为本位,以专业助人为宗旨的社会工作被很多研究者视为进入少年司法领域的一种嵌入(介入)的福利和社会的代表力量。事实上,在嵌入(介入)说阶段后,我们发现两者在根本上是互相需要的,少年司法需要社会工作专业力量,而社会工作扶助困弱群体的本性也呼唤少年司法成

为其服务领域。

（一）目标与理念、价值观的契合

首先，两者的目标都是实现社会的公平正义。司法是国家为履行公正的社会职能而向社会提供的公共物品，少年司法亦然。少年司法领域中的社会工作可以帮助青少年成为一个守法者，成为能做出积极决定、对社会有贡献的人。其次，少年司法是柔性司法，少年司法既包含惩罚又涵盖更生要素，具有双重功能。社会工作者与处理少年案件的警官、检察官和法官共同担负起双重责任。社会工作以增进困弱群体的福祉为己任，帮助评估并满足少年司法体系中未成年人的需要，有助于还原少年司法体系福利与司法的双重功能。最后，少年司法是人性化司法，这与社会工作注重人的全面发展以及尊重、接纳、平等的价值理念相契合。社会工作的接纳原则有利于少年司法中的未成年人去标签化；尊重、平等的原则有助于发现未成年人需求，降低少年犯罪率，保护少年健康成长，最终实现个体的全面发展。

（二）功能的契合

其一，少年司法制度的根本目标在于预防与减少青少年犯罪，帮助其恢复社会功能，促进其身心发展，少年司法中的未成年人具有康复性和更生性需求，而社会工作的恢复、发展、预防功能与之相契合。其二，少年司法具有恢复性司法的要素，追求修补受损的社会关系、化解深层次矛盾，这与社会工作以人为本、赋权增能的理念契合。其三，少年司法在功能上延展的需求，目的在于改善未成年人所处的环境，从根本上降低未成年人犯罪率，这呼唤少年司法的全方位拓展，而社会工作具有资源整合功能可以满足这一需求，并调动社会参与的动力与热情，链接机构、社区、家庭等多方资源，有助于少年司法"亲民"形象的树立，两者的合作是社会利益、公共利益的体现。

（三）方法的契合

个案工作。少年司法关注每个未成年人，需要实行有针对性的未成年人个人处遇，这刚好与社会工作个案工作方法契合。社会工作认为每个人都是独特的，适用独特的个案方法，可以将每个案件中的未成年人作为服务对象，运用个案治疗中的多种方式予以支持，如心理社会治疗法、理性情绪治疗法、危机干预治疗法等专业治疗模式。

家庭治疗。少年司法中的多数未成年人都有家庭问题,在一定程度上,不解决家庭问题,就不能解决未成年人的行为问题,家庭治疗可以有效介入并解决问题,很多国家都建立了家庭治疗中心(residential treatment centers)。

团体工作。青少年有自己的亚文化,他们共同的问题可以通过团体工作方法得到解决。同时,少年司法在预防时需要借助社区的力量,这与社区工作方法相契合。此外,运转良好的少年司法制度需要采用全系统模式(Whole System Approach),充分调动司法系统和超司法系统的各方力量,而社会工作具有资源整合功能,社会工作者作为专业队伍,能够聚合社会力量,实现司法与社会的紧密合作。

(四)需求的契合

其一,少年司法不断减少传统刑事司法的严酷性,吸收更多柔性和温情的因素。社会工作是福利体系的代表,关注困弱群体,闪烁人性光辉,这些职业特点可以满足这一需求。其二,少年司法制度尤其是少年矫正制度的基础是,少年非法行为源于潜在的心理、生理、社会需求未得到满足,故少年司法系统的重点是发现这些需求并提供社会服务以满足这些需求。社会工作有助于评估并满足少年司法体系中未成年人的需求,进行心理和行为干预。其三,根据联合国《儿童权利公约》,少年司法应进行非监禁化、非刑事化改革,分流是少年司法制度的重要功能,急需社会关护机构承接被分流少年的社会服务,而社会工作刚好可以承担起分流后的社会教育功能,满足分流制度的要求。同时,少年司法中的替代措施也需要有社会力量参与,社会工作的专业服务正好可以满足这些需求,可对少年进行感化、教育和挽救。少年司法需要的工作人员不仅要懂得人类行为与社会环境的相关知识,还要懂得未成年人服务和治疗的技巧。

总之,社会工作能够满足少年司法柔性的本质要求,而少年司法也为社会工作服务提供了广阔的施展空间,两者的结合有利于法治文明、法治创新,改变传统司法的冰冷、彰显司法的温情与温度,最终有益于实现预防和降低青少年犯罪的目标,并帮助罪错少年恢复社会功能,减少再犯率。

但是社会工作在介入少年司法服务过程中也存在诸多问题与挑战、矛盾与冲突,会遭遇伦理困境,最为突出的表现就是社会工作在理念上强调的案主自决与司法强制性之间的冲突。同时，少年司法社会工作者存在角色压力。这些角色压力源于角色不一致、训练与培训不一致和跨职业身份紧张。

其一，司法领域中的强制性与社会工作的价值理念近乎背道而驰。少年司法中的社会工作者与其他刑事司法系统领域的社会工作者一样，经常在少年司法的惩罚控制与更生治疗功能之间徘徊，并因两个功能之间的冲突而感到沮丧，甚至失望，具有强制性的司法制度妨碍了社会工作专业承诺的治疗目标的实现。

其二，少年司法社会工作者缺乏相应培训，他们所受的专业训练多为如何在非司法环境下开展工作，因而对触法少年的身心发展、司法制度、司法程序等方面的认识不足。

其三，个案治疗训练具有渐进性和连续性，但是在司法体系中，这会与强制性的司法日期的要求存在矛盾。

其四，在全系统模式下，少年司法社会工作者在与其他系统或机构沟通时，会存在跨专业的身份紧张。我国尚无明确的法律授权，少年司法社会工作者与传统司法官员之间谁具有优先职能尚不明确。另外，少年司法社会工作制度在建立之初，存在角色的社会知晓度低、队伍和机制建构非系统化等问题。

其他学者也对社会工作在少年司法制度中遇到的问题进行了概括，如扎斯特罗认为：(1)少年司法官员既要保护公共利益又要保护少年；(2)社会工作是不精准的科学；(3)治疗资源不足；(4)一些少年犯会玩游戏；(5)一些少年会在成年后继续犯罪。少年司法社会工作者也可能遇到复杂状况，例如罪错少年同时具有网瘾、毒瘾、酗酒等多重问题。少年司法的首要任务还是惩罚和控制，作为社会福利力量的社会工作往往无法施展拳脚。

二、少年司法社会工作的角色与功能

社会工作者在少年司法体系中可以扮演多种角色，承担多种功能，包括整合资源功能、社会支持体系的构建功能、社会关护功能等，以执行国家政策，有助于构建少年司法的全系统模式（见图10-1）。这一模式的重点是在原有的以审、检、侦人员为核心的少年司法力量基础上，建立以司法社会工作者为核心的社会支持体系，司法与社会在少年犯罪预防、检察审理和少年矫正等方面进行全方位互动，跨学科、跨领域合作，有效降低青少年犯罪率。

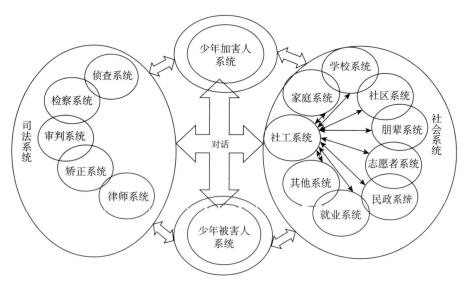

图 10-1　少年司法的全系统模式图示

（一）构建社会支持体系

在全系统模式中，社会工作是整合多学科、多机构、多部门，尤其是社会部门的核心力量。这一原则和做法体现在多数发达国家的少年司法制度中。英国的青少年犯罪对策组在犯罪预防中起重要作用，社会工作者撰写报告、介入法庭程序，并在拘留后监督少年等。在苏格兰，社会工作者会介入整个少年刑事司法程序。[①] 我们应完善以司法社会工作为核心的社会系统，加强少年司法与社会系统的互动与整合。社会工作者是社会各系统中专业的服务力量，在少年审判中吸收社会工作的理念与方法非常必要。

（二）承担司法体系中的多项功能

在很多国家的少年司法制度中，少年司法社会工作者承担了多项司法制度任务，例如社会调查职能、合适成年人（appropriate adult）职能等。在有的国家，其职能更加多样，例如在美国，虽然少年司法中的社会工作的职能因司法管辖区而异，但都包含一些共同职能，如筛选（intake screening）和预审服务（preadjudication services）、心理评估（psychological assessment）、法院强制调查（court-man-

---

① Robert Johns, *Using the Law in Social Work*, Learning matters, July 2017, pp. 97-98.

dated investigations)、提供法庭证词(courtroom testimony)、缓刑监督(probation supervision)及法院指定的社会服务(court-assigned social services)。社会工作者可以向分流或者获得释放的青少年提供社会工作专业服务,使其处于监督与管教之下以防止再犯。

(三) 社会关护

应在少年司法体系分流渠道外,加强社会工作专业机构建设,承接分流出来的少年的监督与帮教服务,包括少年保护机构、中途之家、家庭寄养等,社会工作者则承担社会关护职能。我国在未检阶段设置了附条件不起诉等制度,适用后起到了明显的分流作用。在整个少年司法程序中,设置多个分流渠道,由少年司法社会工作者进行帮教,预防分流青少年再次犯罪。

在发挥上述功能时,社会工作者扮演了多种重要角色。社会工作者充当的角色可以分为直接角色和间接角色,前者是可以直接与青少年案主接触的,包括个案治疗师、个案管理员、多系统团队成员、翻译人员、大型系统变更专家等。其中,翻译人员负责向未成年人解释司法语言,这是少年司法中独特的角色。法律语言与社会语言有很大的差异,由于青少年所处的身心发展阶段,他对司法体系的程序、制度等方面知之甚少,需要司法社会工作者用青少年听得懂的语言进行解释。

间接的角色虽然不直接接触青少年,但是负责青少年项目,包括协调员(co-ordinator)、项目开发人员(program developer)、倡导者(advocates)和培训师(trainers)等。社会工作者作为全系统模式的协调员,需要链接多个系统,在规定的时间范围内实施个案或者团体计划。社会工作者也可以充当项目开发者,设计青少年犯罪预防项目、制订矫正方案等,将青少年发展纳入活动和生活安排、社区机构,以综合方式向青年提供服务。社会工作者还可能在社区和政府官员面前宣传青少年服务,以确保得到所需的资金和资源支持。社会工作者负责确定员工需要的额外培训或教育,他可能不直接提供培训,但负责设计培训计划。

可见,社会工作者在少年司法制度中发挥重要的功能,有独特的角色价值,因此我们需要在少年司法顶层设计中引入社会工作,以发挥社会工作者角色功能,用个案工作、团体工作、家庭治疗、全系统模式等专业方法开展治疗与帮助。

第二节 少年司法中社会工作的服务内容与方法

福利原则是很多国家处理儿童案件的第一原则,少年司法中渗透福利思想。在福利化处遇过程中,应设计特殊的处置程序,注重刑罚的非监禁性,多采取替代措施。在这一原则下,少年司法制度中的社会工作服务特色显著:这一方面表现在司法场域的特殊性,需要社会工作者"戴着镣铐跳舞";另一方面,社会工作的服务对象是身心发育尚未成熟的未成年人。在场域与服务对象的交叠作用下,少年司法社会工作有很多特殊的服务内容。

一、少年司法社工服务的分类

目前,无论是国际还是国内的社会工作界,对少年司法社工的服务内容尚未明确界定。各国由于文化、国情等诸多不同,少年司法社工的服务范围、内容和方法存在差异。但无论如何,不能否认的是,实践中少年司法社工的服务空间非常广阔,按照不同角度分类不同。

第一,按照少年司法的程序分类,分为传统司法体系内服务和超司法体系服务,或者说司法狭义服务和广义服务。狭义服务包括侦查、检察、审判、监所服务;广义服务包括犯罪预防和社会关护、社区矫正服务、调解(刑事调解、家庭调解、社区调解)等服务。

第二,按照未成年人的诉讼地位分类,分为加害少年服务和被害少年服务。少年司法社工服务最初是为罪错少年提供服务,但是随着少年司法实务的发展,少年被害人也被纳入少年司法制度,如性侵案中的被害未成年少女、被忽视的儿童受害者、家庭暴力或者被性侵的儿童等。

第三,按照刑事诉讼制度分类,分为附条件不起诉制度服务、社会调查制度服务、合适成年人制度服务等。这些少年司法中的特殊制度需要专业人员提供服务,社会工作者就作为专业人员满足这些需求。

第四,按照社会工作所承担的功能分类,分为评估、分类处遇、家庭治疗、社区治疗等。进入少年司法程序的青少年,往往需要心理、家庭和社会环境调查与评估,同时在分流的关键时点也需要专业人员对少年、行为、环境等多方面进行综合评估和分类处遇。

第五，按照案件的类型分类，分为刑事、民事、行政案件服务。少年司法社会工作服务不仅适用于刑事案件，也适用于民事或行政案件，而且民事案件的数量通常多于刑事案件的。

第六，按照服务对象的触法和处置程度分类，分为违法犯罪少年、未达到刑事责任年龄的触法少年，虞犯少年、被监禁的少年犯、被释放少年。随着犯罪低龄化，未达到刑事责任年龄的触法少年数量增加，但是现有的司法体系对这个群体并无有效的治疗和跟进措施。社会工作者可以发挥专业力量，为他们提供情绪支持、相关资源，为无家可归的少年申请住处、个人或者政策倡导等服务。虞犯少年出现于日本少年司法制度，指未达到犯法程度，但是经常逃课、逃学的问题青少年。目前我国对这类未成年人尚未有效介入，社会工作者可以将其作为重点预防对象，提供临界预防服务。

二、少年司法社工服务的方法

在传统的个案、团体和社区方法之外，社会工作还需要根据少年司法的特点，掌握少年司法的全系统模式。这一模式是在系统理论出现之后逐渐发展起来的。系统理论由美籍奥地利生物学家贝塔朗菲提出，随后人们将系统理论拓展应用到社会科学、医学（如肥胖症应对）、管理学等多领域。全系统模式采用问题视角，认为任何系统都不是问题解决的唯一路径，必须通力配合才能达成既定目标。

少年司法的全系统模式的目的在于，进行青少年犯罪治理，预防与减少青少年犯罪，帮助少年回归社会，并保护社会公共利益，在少年司法体系与超司法体系之间建立起紧密的合作关系，在儿童利益最大化的原则下打破专业、领域、角色、部门、机构等之间的壁垒，减少青少年进入司法系统的可能，且通过社会服务帮助青少年恢复其社会功能，使其健康成长。

在全系统模式中，少年司法社会工作者一方面帮助构建青少年社会支持网络，包括社会系统，如学校和教育系统、社区系统、社工系统、精神卫生系统、家庭系统、矫正服务系统、福利系统（民政、公益）、新闻媒体系统等，整合工青妇及团委系统；另一方面为司法系统中的未成年人提供合适成年人、社会调查等服务，对未成年加害人进行早期干预和再犯预防,阻却来自外界甚至是家庭的侵害。

少年司法社会工作者应该具有全系统模式的观念,对进入到少年司法体系中的少年或者青年的问题行为进行治疗,充分结合宏观背景和微观实践,既强调心理因素,又能灵活针对变化的系统进行干预,为高风险少年犯及其家人提供康复服务和指导干预。全系统模式有助于社会工作者认识现实,兼收并蓄,避免"盲人摸象",在各种观点的交换与碰撞中找出新的观点和思路,整合多方资源,实现共同目标。社会工作者在全系统模式合作和网络构建中,需要做到以下几点。

首先,社会工作者要明确系统目标,调研并评估可利用的资源,精心策划、积极主动并持之以恒。在系统方法中,重要的是构建支持网络,案主、同事和社区资源等都可以作为潜在的合作方;能够保持系统的开放性,面向未来,共享发展成果;整合各个工作领域及其方法、程序和工具,以作为专业空间和连通自治的有用手段。

其次,社会工作者需要掌握系统理论与场域理论,并根据理论构建规则和系统的约束条件,起草相关的文件以供系统成员共同遵守;将系统理论的信息传递、语言解码、系统噪音等理论知识很好地融入实践之中。

再次,建立良好的系统氛围和跨专业合作文化,建立协调统一而非对抗的工作环境,明确具体的专业技能和各自的角色、任务与职能,确保团队中的所有成员的投入与积极参与,合理利用资源。社会工作者要发挥资源整合的优势,逐步改进长期以来形成的不同机构和员工之间的交流不足的状况;建立协作的共同体,最大限度发挥各自价值。

最后,提高系统交流的有效性。在一个多专业背景的工作团队中,社会工作者要充分考虑到每个人的信息接收能力的不同,能够解读多专业的语言并促进彼此的沟通;在合作中既要保持职业身份,又要确定工作的界限,促进各方协作。

三、少年司法社工的工作内容

少年司法干预涉及两部分,即监督和治疗,社会工作者可以参与这两部分服务。监督包括监测或控制青少年的行为,例如缓刑监督、日报告、电子监控等;治疗包括组织活动或提供服务,积极促进未成年人的行为改变,例如辅导受害者——

加害者的认知行为疗法、学习指导、职业培训等。一些国家和地区在立法中明确了社会工作者的职权、职责,例如,我国澳门特别行政区的条例确定了专业社会工作者及其相关机构在社会调查、专家证人、合适成年人参与、社会关护等制度中的权责,促进社会工作专业与其他学科的跨专业合作。① 在综合多个国家和地区少年司法社工的工作内容基础上,我们对少年司法社工的服务内容概括总结如下。

第一,犯罪预防。犯罪预防非常重要,需要多部门齐心协力。预防可以分为超前预防、临界预防、再犯预防等。在一定程度上,如果少年司法预防取得成功,那么就不需要少年司法制度了。社会工作者在犯罪预防领域有广阔的作为空间,可以充分发挥专业优势,采用儿童易于接受的方式,针对不同年龄阶段和不同类型的儿童、青少年策划活动。社会工作者在策划活动和项目的时候,要充分利用少年司法全系统中的政府部门、机构、社区的资源,并充分调动学校和家庭的力量,避免儿童在充满犯罪诱因的环境中成长。社会工作者要与警察部门密切配合,同时要调动学校力量,例如在我国香港地区,赛马会援助建立了青卫谷,在校园欺凌、药物滥用等方面对辖区内中小学生进行预防干预,形象生动,儿童易于接受。

第二,参与合适成年人制度。合适成年人制度是国家为了保护未成年人合法权益而在少年司法制度中特别设立的内容,主要目的是确保弱势嫌疑人不会迫于压力而被诬告、错告,在拘留期间予以公平和适当的对待。在英国英格兰和威尔士地区,少年刑事司法系统里的合适成年人主要由社会工作者担任,但又不限于社会工作者。② 社会工作者要充分了解警察在少年案件中的侦查程序、警察权力以及警察对其行为负责的方式,在侦查询问现场对青少年进行支持。合适成年人具有独立性,不同于律师等其他的诉讼程序参与人,不仅要做观察者监督询问过程是否公平,还要促进警察与被询问人之间的沟通,尽最大努力发挥作用,避免发生司法不公正现象。在我国澳门地区,在调查证据阶段,法官须命令

---

① 胡杰容:《司法社会工作介入违法青少年教育监管研究——基于我国澳门特区的实践与经验》,《江苏大学学报(社会科学版)》2015 年第 3 期。
② Ciaran White,"Re-assessing the Social Worker's Role as an Appropriate Adult," *Journal of Social Welfare and Family Law*, 24(1), 2002, pp. 55–65.

社会工作服务范畴技术员出席调查证据的联合会议。①

第三,提供心理辅导。一部分进入少年司法体系中的未成年人是因为心理问题而引发行为偏差,也有一部分未成年人进入司法体系后感到惶恐、不知所措而导致心理问题,无论何种原因,对有需要的加害儿童或者被害儿童提供心理辅导都是非常必要的。例如我国澳门地区的《违法青少年教育监管制度》第40条规定:法官可指定一名社会工作服务范畴技术员或其他具专业资格的人陪同青少年,并在有需要时,向青少年提供心理辅导。② 社会工作者可以对有需要的未成年人进行心理测试,科学分析其心理状况,并以此作为社会调查的部分结果向法官报告。

第四,青少年的照管与交托。很多国家和地区的社会工作机构有类似中途之家的场所,为有需要的青少年提供临时性住所。例如我国澳门地区的《违法青少年教育监管制度》第48条规定:(1)如无法在第44条所规定的时间内将青少年送交法官,则须将青少年交托其父母、监护人、实际照顾青少年的实体或适当的公共或私人机构。(2)如将青少年交托上款所指的人或机构不能确保将青少年带往法官面前,或不足以达至拘留的目的,则将青少年安排在第28条所指的观察中心;在任何情况下,须向青少年提供适合其年龄、性别及个人状况的医疗、心理、社会工作方面的照顾和辅助。(3)须在最短时间内将按第一款及第二款规定获交托的青少年送交法官。③

第五,社会调查。为了对未成年人进行保护,社会工作者要全面了解未成年人的犯罪背景,为此法律规定了强制性的社会调查制度。法官依赖社会工作者调查了解未成年人的基本信息,包括犯罪历史、个人成长、家庭关系、学校表现、服兵役情况、现在经济状况、态度、动机。④ 少年司法社会工作者需要调动专业知识,全面查明青少年的人格、行为、社会和家庭背景及其经济、教育等状况,形成"社会工作调查报告"。报告应突出如下方面:哪些关键事件说明服务对象可

---

① 《违法青少年教育监管制度》(澳门特别行政区第2/2007号法律)第57条第三款。
② 参见《违法青少年教育监管制度》(澳门特别行政区第2/2007号法律)。
③ 同上。
④ Albert R. Roberts and David W. Springer, *Social Work in Juvenile and Criminal Justice Settings*, 3rd ed., Springfield, I. L., 2007, p. 44.

以进入社会工作服务系统;服务对象的核心家庭组成及其文化特征、家庭历史和家庭关系动态;案件中所有未成年人及其生活、教育、工作、心理健康等状况,并在此基础上得出结论。如果具备分流条件,可以建议采取社会关护措施。这样检察官、法官就可以就各方观点进行权衡与选择,从而做出既有利于儿童,又不破坏公共安全的有效决策。目前我国的社会工作者已在少年司法制度中普遍开展社会调查工作。

第六,参加听证。有些国家和地区专门在少年司法中设置了听证制度作为正式进入少年司法制度之前的预设制度,例如英国苏格兰的少年司法听证制度。我国澳门地区的《违法青少年教育监管制度》第61条规定:如法官认为有充分迹象显示青少年曾作出第42条所指批示、声请书或检举文件载有的事实,且基于当时教育青少年的需要,认为可能会对其采用第4条第一款(八)项所指的收容措施,则法官须指定听证日期,并通知一名社会工作服务范畴技术员参与听证。①

第七,为法官判决提供意见。社会工作者的意见是法官进行判决的重要参考依据。例如我国澳门地区的《违法青少年教育监管制度》第62条关于判决的规定:(1)听证结束后,法官及社会工作服务范畴技术员随即退席,以便作出裁判。(2)裁判由法官作出,并由其作成判决书,但必须事先听取社会工作服务范畴技术员的意见。(3)社会工作服务范畴技术员可要求将其发出的书面意见附于判决书。②

第八,进行评估。在少年司法制度程序中,社会工作评估对于未成年人的处置至关重要。评估既包括心理评估、社会支持体系评估等专项评估,也包括总体评估。社工的评估结果是制订未来处置方案的重要参考因素。例如我国澳门地区规定社会工作者的评估结果如认为青少年需要参加社区援助计划的,则社会工作局促使其参与为期不超过六个月的社区援助计划。

第九,矫正服务。矫正服务在有些国家和地区又叫作感化服务,以感化令的方式下达。矫正治疗也是社会工作者的基本职能,社会工作者可以在社区开展

---

① 《违法青少年教育监管制度》(澳门特别行政区第2/2007号法律)。

② 同上。

矫正服务，也可以以项目的形式进行矫正。矫正的形式多种多样，包括技能培训、体育锻炼、心理辅导、劳动教育等，具体采用的措施既要符合司法机关的要求，同时要对未成年人有个别化的处遇，目的是预防其再犯，并使其迅速回归社会。

第十，监所服务。由于监狱和看守所限制人身自由，这里的社会工作服务具有一定的特殊性。监所社会工作服务意义重大。因为此时未成年人脱离家人、朋友，被迫服从工作人员的指令，这一环境对他们而言是陌生而令人恐惧的（当然惯犯除外）。针对未成年人在监所的不同阶段，可以开展个别化的服务，比如对刚刚进去的未成年人，社会工作者可以通过团体活动等方式进行心理疏导，而面向即将离开监所的未成的人的社会工作服务则要强调社会融入、社会适应以及社会关系的重构等。

第十一，临时监护权。保障未成年人的最大利益，必然要依靠其法定代理人的参与，但是法定代理人有时会由于自身情绪、利益冲突、吸毒、酗酒等诸多影响因素无法保证未成年人的利益最大化，因此在司法程序中有必要引入可以代理未成年人利益的角色，赋予其临时监护权。在一些国家，法院会将临时监护权交给社会工作者及其机构。例如挪威，专业的儿童保护机构负责处理虐待儿童和忽视儿童的案件，机构委员会把未成年人的监护权交给社会工作者，他们将未成年人安置在寄养家庭或青年之家。

第十二，进行调解。少年司法社会工作吸收了恢复性司法理念，注重家庭调解、刑事调解和社区调解。社会工作者可以作为家庭调解员，对罪错少年的家庭冲突、问题、矛盾等进行调解，利用家庭治疗中的理论进行干预。刑事调解是指，在确定事实及被告负有刑事责任的基础上，如果诉讼双方都同意，为了避免原被告双方进入"诉讼"程序，调解员被赋予权利进行调解，这是一种非诉讼的解决方案。社区和社会调解侧重于解决人们生活环境中发生的冲突问题。

第十三，提供社区替代治疗。针对从司法程序中分流出来的青少年，可以进行社区替代治疗。社会工作者根据案主的情况制订个性化的治疗方案，可以让案主参加学习培训、到养老院做志愿者等，避免监禁刑的弊端。

第十四，被害未成年人服务。在少年司法中，社会工作者不仅关注对加害人的治疗，也提供被害人服务，例如在性侵未成年人、忽视和虐待儿童的案件及校园欺凌中,被害人也需要专业人士的介入和服务。被侵害的事实很可能使受害未成年人一生笼罩在黑暗中,社会工作者的介入可以帮助他们摆脱恶性事件的困扰,走出阴霾。

综上可见,少年司法社工领域的服务是多种多样的,为此必须对社会工作者进行专项培训,以确保其意识到他/她扮演的角色,并理解角色的主要功能;社会工作者不仅要了解司法程序,而且应该能够处理自己可能产生的焦虑或担忧情绪。

第三节 少年司法社会工作的全球化与本土化

一、全球视域下的社会工作与少年司法的发展

(一) 两个制度的起源与发展

少年司法制度起源于1899年,美国伊利诺伊州建立了全美第一个少年法院,社会工作首次进入刑事司法体系。新的少年司法体系不仅包括少年犯,还有被忽视和虐待的未成年人。① 首要关注的是未成年人的矫正领域。到了19世纪60年代,服务于少年司法的社会工作蓬勃发展,成为矫正和康复的核心力量。② 在英美法系中,少年司法制度以国家亲权理论③为基础。

社会工作作为一门专业和职业是以1907年玛丽·里士满出版的《社会诊断》一书为正式标志的。但是在两种制度正式诞生之前,由于天然的亲缘性和契合性,社会工作已经开始服务罪错少年。在全球范围内,社会工作很早就开始与少年司法领域进行合作。自从现代社会工作的第一个专业协会——慈善和矫治大会在美国成立,社会工作就开始涉足监狱、少年犯罪与感化院领域④,社会

---

① Albert R. Ro berts and David W. Springer, *Social Work in Juvenile and Criminal Justice Settings*, 3rd ed., Springfield, I. L., 2007, p. 44.
② Ibid.
③ 国家亲权,国家代表少年的父母行使监护权,即国家作为一国之家长,是本国内无法律能力者(如未成年人)的监护人,享有监护权利,承担监护义务,对其进行保护、教育、照管和监护。参见康均心:《我国少年司法制度的现实困境与改革出路》,《中国青年研究》2008年第3期。
④ 胡杰容:《司法社会工作介入违法青少年教育监管研究——基于我国澳门特区的实践与经验》,《江苏大学学报(社会科学版)》2015年第3期。

工作专业首次正式出现于刑事司法系统,并开始服务刑事司法制度中的未成年人。之后,世界上很多国家纷纷建立独立的少年司法制度。对社会工作的需求使得少年司法制度改革与社会工作形影相伴,罪错少年的监督、治疗和管理都离不开社会工作者。

早在20世纪20年代的少年司法制度、少年法庭和缓刑制度的改革中,社会工作就是重要的引领者。① 在美国20世纪50—80年代减少监禁罪犯的改革中,司法社会工作者是重要的专业力量,社会工作者在减少监禁罪犯、提高其受教育程度、缓解贫困、调动社区资源、发展以社区为基础的替代措施、开发监所的治疗项目等方面功不可没,同时很多社会工作者在联邦和州层面都担当了重要的司法行政角色。②

(二) 国外少年司法社会工作的发展

在许多国家,少年司法社会工作的发展与少年司法制度的导向息息相关。一国少年司法制度中福利因素越多,司法社会工作发挥的作用就越大。如在以高福利著称的北欧国家中,挪威的少年法庭完全是由社会工作者主导的。法官的职责是主持会议和维持适当的法律程序,儿童福利办公室提供证据和建议,指导案件进程。在审理案件之前,儿童福利办公室向五名非专业人士组成的委员会征求意见。在听证前,"在紧急情况下"可将未成年人安置在青年之家或精神治疗机构,此时父母的监护权将被撤销。③ 挪威检察官代表警方将未成年人案件直接移交到专门机构的社会办公室(social office)——实际上,它是一种对未成年人的保护机构。审判结束后,法官把未成年人在机构中的表现以及警方的证据都交给社会工作者,不是以起诉未成年人为目的,而是为了用治疗代替起诉。④

虽然少年司法制度最早诞生于美国,但是它在相当长时间里是鼓励非监禁的少年司法政策的。美国的矫正机构雇用了大量社会工作者开展社会调查和监

---

① Rosemary C. Sarri, "The Future for Social Work in Juvenile and Adult Criminal Justice," *Advances in Social Work*, Vol. 6, No. 1, 2005, p. 212.

② Ibid.

③ Katherine van Wormer, "The Hidden Juvenile Justice System in Norway: A Journey Back in Time," *Federal Probation*, March 1990, pp. 57-61.

④ Ibid.

管服务。社会工作者以敏锐的洞察力发掘不利于儿童发展的信息,用专业的方法判断家庭对未成年人的影响程度,挖掘家庭改变的动力,唤醒沉睡的正能量,改善可能侵害未成年人权益的情况,必要时可向司法系统进行汇报。但是20世纪80年代以来,随着青少年犯罪率不断攀升,国家转变了态度,对青少年犯罪采取了零容忍政策,社区替代疗法项目和预算缩减,少年司法社会工作者的人数不断减少,学校社会工作也不再将预防犯罪作为主要任务。尽管这样,在少年司法领域用康复代替惩罚仍是共识,这要求更多的少年司法社会工作者为未成年人提供服务。

在英国苏格兰,1908年之前没有独立的少年司法制度。1908年的《儿童法》(Children Act)规定创建少年法庭,从那时起,少年司法的基础思想就一直在福利与司法之间摇摆。关于少年犯需要治疗还是惩罚,需要关照还是控制,福利与司法之间一直没有停止争论。司法与福利的两分法是有问题的,一是它过于简单地将少年司法两极化,二是它反映了少年司法在理论上的无力。《儿童法》有助于社会工作者介入需要帮助的儿童及其父母。这部法律的原则是:儿童应该在自己的家庭中被养育;地方政府要与志愿机构一起支持家庭,提供服务以满足家庭的需求;提供服务的时候最好有父母的参与;在与理解能力相符合的情况下,儿童应该向父母或工作人员表达他们的想法和感受,参与决策。[1]

意大利在20世纪30年代建立少年司法制度,社会工作是这一制度中不可或缺的力量。少年刑事司法体系和社会工作服务体系通过多种分流渠道将少年从刑事司法体系中分离出来,交给司法社会工作者,通过项目化的方式对缓诉、缓刑和其他非监禁刑手段中的未成年人进行帮教,只针对具有严重社会危害性的,比如暴力黑社会团伙的未成年人采用监禁刑,司法社会工作者帮助其他大部分未成年人顺利回归社会。[2]

法国的少年司法制度在起源、路径等方面深度嵌入了福利主义的思想,法官、社会工作者、问题青少年和家庭要一起对这一问题进行讨论。英国的福利主义注重家庭功能,而法国要求雇用社会工作者与其他职业、机构、组织密切配

---

[1] Robert Johns, *Using the Law in Social Work*, Learning matters, July 2017, p. 47.
[2] 杨旭:《意大利〈未成年人刑事诉讼法〉评析与启示》,《青少年犯罪问题》2016年第6期。

合,改善困境青少年与其家庭教育和职业发展机会及其生活质量。① 在法国,社会工作者是少年司法的前沿,代表社会力量的创新。自从 1983 年起,社会工作者在法国少年司法中扮演核心角色,主要通过社会预防与社会介入的方式帮助被社会边缘化的青少年,主要集中在青少年的教育、就业和培训领域。②

印度在 2000 年的《少年司法法》(Juvenile Justice Act)的支持下建立了两个不同的机构——儿童福利委员会和少年司法委员会。少年司法委员会在司法机构中的地位与其他下属法院相同,而少年福利委员会则属于行政部门,受印度各州的妇女和儿童发展部管理。少年司法委员会由一名治安法官和两名社会工作者组成,其中一人必须是女性,对与青少年有关的所有案件行使权力,进行管辖,不论其犯罪的性质如何。他们根据法律授权参与司法程序。法律要求案件的最终判决要由至少两名司法委员会成员签署。社会工作者帮助司法相关人员了解涉案少年在司法框架外的社会经济状况,此外,女性社会工作者的存在得到了法定认可。③

泰国要求组成家庭社区团体会议(FCGC),参与者包括受害者、少年犯、家长和/或未成年人亲属、心理学家、社会工作者、社区代表、保护中心主任、警察调查员、检察官和会议协调员。经过会议,所有与会者讨论后得出处量建议,而署长的作用是将集体决定结果交付给检察官。④

社会工作者在很多国家得到了立法授权。英国早在 1908 年的《儿童法》中就认识到了少年与成人在责任、是否应该受到责罚上的不同;1948 年的《儿童法》建立了少年法庭的社会工作部门;1998 年英国的《犯罪与扰乱秩序法》(Crime and Disorder Act)规定,少年司法需要组成青少年犯罪对策组,纳入多学科背景的专业人士,至少包括缓刑官、地方社会服务部门的社会工作者、警官、教育者、地方政府健康部门指定者(第 39 条)。日本的未成年人分类中心(Juvenile

---

① John Pitts, *The New Politics of Youth Crime: Discipline or Solidarity?* Dorset: Russell House Publishing Ltd., 2003, p. 175.

② Ibid.

③ Anuradha Saibaba, "Juvenile Justice: Critically Juxtaposing The Models in India and Singapore," *ASLI Working Paper Series No. 028*, September 2012, www.law.nus.sg/asli/pub/wps.htm,2019 年 8 月 31 日访问。

④ Angkana Boonsit, "Restorative Justice for Adults and Juveniles in Thailand," 156th International Senior Seminar Participants' Paper, Resource Material Series No. 93.

Classification Homes)根据《少年法》(Juvenile Law)成立,功能是向法官提供有关未成年人生理和精神状况的专家建议;该中心由医生、社会工作者、心理学家和社会学家组成,经常对未成年人进行智商和人格测试;日本全国 51 所未成年人中心(Juvenile Homes)共有 179 名分类专家。

二、少年司法会工作发展的本土化

我国现代少年司法制度诞生于 1984 年,上海市长宁区建立了我国第一个少年法庭,这一制度已经运行三十余年。最初在法院系统内建立的少年法庭,由于当时社会工作在我国并不成熟,因此没有司法社会工作者的参与,未检人员和少年审判人员既办案,又帮教,工作的边界不清晰。随着社会工作专业化和职业化水平的不断提高,司法社会工作者逐渐参与到少年警务、少年检察、少年审判、社会关护、未成年人监所等机构。

政府、司法体系看到了社会工作这一专业力量对少年检察官、少年法官工作的有力支持,因此少年司法社会工作机构和队伍越来越得到重视和承认,成为我国少年司法发展的重点之一。未来构筑我国少年司法的过程中要加强少年司法与社会工作的整合。我国现行少年司法制度中,"少年审判法官吸收社会工作的理念与方式是十分必要的……我国少年司法与社会工作的整合方向应当是建立以专业性的社会工作为主体的少年关护体系,由专业的社会工作者和完善的志愿者队伍分担少年审判法官的非审判事务,为少年司法实现儿童利益最大化的价值诉求提供专业性的社会支持"[①]。

随着我国少年司法向综合保护和全面保护发展,司法社会工作的作用不断凸显。

第一,少年司法社会工作机构广泛建立。近些年,少年司法社会工作发展迅速,其中具有代表性的机构为 2004 年成立的上海市阳光社区青少年事务中心、2011 年成立的温州市黑眼睛社会工作服务中心、2012 年成立的北京超越青少年社工事务所和 2013 年成立的深圳市福田区启航公益服务中心等,法院和检察院

---

① 牛凯:《少年法庭改革的发展方向》,《人民法院报》2018 年 7 月 11 日。文中建议还包括其他的七个方面:少年司法改革要加强顶层设计,制定独立的少年法典,建立专门的少年法庭指导机构,坚持多元化发展模式,在发达地区率先建立少年法院,加强少年法官专业化建设,构架少审法官业绩评价体系。

与少年司法社会工作机构合作,有的检察院还聘请了驻检社会工作者。

第二,跨学科、跨部门协同初步形成。我国正在进行家事和少年庭改革,倡导将社会学、心理学、社会工作融入司法改革,将少年案件和离婚、家庭纠纷审理合并,在家事案件中运用社会工作的力量,以期达到儿童利益最大化的目标。

第三,社会工作服务范围不断扩大。最初少年司法社会工作的服务只针对少年加害者,承担社会调查、合适成年人、社会关护、心理疏导等职责,目前服务扩展到被害未成年人,尤其是性侵未成年人的案件。服务机构从检察院未成年人犯罪检察科、少年法庭扩大到少年司法程序中的所有机构,如未成年犯管教所和未成年人看守所等。

第四,服务模式的提炼。深圳少年司法精准帮教的福田模式,促使办案专业化和社会支持专业化有机衔接,多学科、跨部门合作,正在探索推行"一个核心、两个平台"的精准帮教模式。精准帮教包括六个环节:(1)建立关系,态度永远比技巧重要。(2)收集资料,采用的是需求视角,不是问题视角。(3)在收集资料的基础上做评估诊断,了解服务对象的服务需求是什么,评估诊断出一个能介入的问题并确定介入的目标。(4)制订帮教计划。(5)效果评估。(6)服务反思。对服务的反思是激发和储蓄社会工作者的服务能量,为以后精准服务做支撑。[1]

但是,我国现阶段少年司法社会工作中也存在诸多问题,例如司法社会工作的立法授权不足;地区发展不均衡;社会工作者的专业能力欠缺;司法社会工作与少年警务的衔接不足;转处率较低(我国未成年人犯罪只有10%左右的转处分流率[2]);少年警务中的社会工作服务有待加强;跨机构和多学科的合作不足;触法少年社会化程度不足;少年保护的资源待整合;少年司法参与司法程序的标准尚不统一等。

与一些发达国家相比,我国少年司法社会工作专业化依然有很长的路要走。未来,专业少年司法社会工作要链接多元化的社会帮教资源,形成少年警务、少年检察、少年审判、少年关护互动的服务工作格局,建立司法社会工作的全程案件跟进制度等。

---

[1] 龚江、王英:《"少年司法保护福田模式研讨会"综述》,《青少年犯罪问题》2018年第4期。

[2] 同上。

第十一章

调解领域的社工方案与服务

以调解作为多元纠纷解决的方法之一,历史悠久。与正式司法程序中的诉讼相区别,调解更具有贴近当事人的意愿与需求的特性。与此同时,随着社会的发展变迁,纠纷的种类与性质也趋于多样化与复杂化,加上诉讼案件的增加,人们逐渐发现,诉讼作为纠纷的解决方式也存在局限性,因应多元纷争的解决机制需求更为强烈,多元化调解机制的发展及其实践成为趋势。

在多元化纠纷解决机制中,多元化体现于纠纷主体多元、程序多元、方式多元,以及程序衔接与主体间的分工配合、协力合作。① 多元化纠纷解决机制的发展让社会工作在调解领域有了协作与发展的空间,并逐步发展出调解领域的社会工作服务。

第一节 调解社会工作的基本概念

一、调解的概念与类型

(一) 调解的概念

所谓调解,是指在第三方的主持下,通过斡旋、协商、劝说、教育等手段,促使纠纷的当事人达成基于自主意志的协议。与其他纠纷解决的方法相较,调解具

---

① 黄鸣鹤:《调解员培训简明教程(第5版)》,中国法制出版社2017年版,第7—8页。

有"通过第三方""非强制性方法"以及"当事人自主意志"等三个特性。① 此外，通过调解途径解决纷争具有三大优势：第一，调解有利于实践纠纷解决的公正性与合理性。调解的多维度视角在纠纷解决上既能符合法律规范，又能兼顾当事人未来的可能利益以及与当事人有社会连带关系的主体的利益。第二，调解有利于保证纠纷解决的和谐性与彻底性。调解在纠纷解决方案选择上的多样性与手段的灵活性，能够使当事人对于各方民事权利义务的分配与承担，培养公正感与认同感，并达成基于自主意志的共识，消除纠纷引发的内在矛盾与冲突，进而实现当事人之间民事法律关系的恢复与重建。纠纷的解决是实质性的解决而非表象，这可以说是纠纷解决的和谐性与彻底性。第三，调解有利于实现纠纷解决的经济性。在绝大多数的情况下，调解能够达成真正的"案结事了"，节约了国家与当事人的纠纷解决成本。②

（二）调解的类型

以不同主体为标准，调解在学理上可以分为人民调解、法院调解、行政调解与仲裁调解。事实上，同一民事纠纷，基于当事人的不同选择，四种调解方式均有其适用之处。

人民调解。人民调解是指人民调解委员会通过说服、疏导等方法，促使当事人在平等协商基础上自愿达成调解协议，解决民间纠纷的活动。人民调解作为"东方经验"，不仅具有中立性、专业性、便捷性、低成本等优势，它更是植根于我国历史传统并被长期实践证明有效的纠纷解决方式，它符合当前社会大众的价值观念和诉讼意识，也体现了中华民族追求和谐与法治的理想。③

法院调解。法院调解是重要的诉讼制度，是人民法院行使审判权的重要方式。我国的法院调解已经发展成为法院审判活动中与判决具有同等效力的一项制度。法院调解与外国的诉讼和解制度相比，分界岭在于调解的职权性和审理性质。在我国，法院调解中，审判人员身兼调解人和审判者的角色，这使得调解

---

① 黄鸣鹤：《调解员培训简明教程（第5版）》，中国法制出版社2017年版，第24页。
② 廖永安主编：《中国调解学教程》，湘潭大学出版社2016年版，第30页。
③ 郑善合：《矛盾纠纷多元化解机制下的人民调解创新与发展》，《人民调解》2017年第2期。

成为审判活动的一部分。① 法院调解书与判决书有同等效力。调解达成协议并形成和送达调解书后,当事人就要受其拘束而不得反悔,同时当事人丧失上诉权。

行政调解。行政调解是国家行政机关处理平等主体之间民事争议的一种方法。行政调解不仅涉及公民之间的纠纷,还涉及公民与法人之间和法人与法人之间的权利义务关系的争议,这是它不同于人民调解的重要特点。同时,行政调解还具有调解主体上的特定性、调解方式的非强制性、调解形式的准司法性以及调解协议效力的非拘束性等特点。行政调解处理了大量的经济纠纷和民事纠纷,对保护公民、法人和其他组织的合法利益不受侵犯,调整经济关系和社会关系,维护社会稳定,推动经济建设起了重要作用。

仲裁调解。仲裁调解是基于当事人之间的合意,由中立第三方做出有法律约束力和执行力的决定的一种争议解决方式。② 仲裁机构对受理的仲裁案件进行调解,调解不成即行裁决,这是一种诉讼外调解。由于仲裁机构本质上属于民间组织,因此此类调解也属于民间调解的范畴。与人民调解相似,仲裁调解需要遵循自愿原则,查明事实、分清是非原则,以及合法原则。

在上述几种调解方式中,除了仲裁调解之外,人民调解、行政调解、法院调解的"三调联动"或者"大调解"在解决社会问题和各种纠纷时,成为各地探索不同模式的路径。与传统的调解相比,大调解的调解观念由传统到现代,调解对象由局限到扩大,调解的主体由单一到多元,调解的方法由简单到复合。这一趋势对调解制度进行了有效整合,并追求调解制度在现代转型社会的创新,而社会工作的嵌入是现代调解制度的重要发展。

二、社会工作介入调解的契合性、可行性与重要性

(一)社会工作与我国调解制度的契合性

社会工作者(以下简称社工)参与司法系统的运作在西方社会已成体系,甚至有明确的司法社工地位;而在调解人的资格设置上,社工更是家事案件纠纷调

---

① 张晋红:《法院调解的立法价值探究——兼评法院调解的两种改良观点》,《法学研究》1998年第5期。
② 范愉:《非诉讼程序(ADR)教程(第三版)》,中国人民大学出版社2016年版,第23页。

解的第一人选。由此可见,社工可以成为调解人的重要来源,这源于社工专业与调解制度两者具有极大的契合性,两者在价值观、功能和角色方面有很多相似之处。①

(1) 价值观的契合。两者在价值取向上都是利他主义的。社会工作的宗旨是助人自助,是专业的助人职业。利他主义是社会工作在长期的实践中形成,并被社会工作领域认同。社会工作承认人的完整性,尊重人的价值,满足人的需要。调解制度同样遵循利他主义,以解决他人的纠纷为最终目标,在此过程中,调解人充当中立的第三方。

(2) 功能的契合。首先,两者都是解决社会问题、维护社会稳定的重要手段。两者都是为解决个人困难和社会问题而产生、存在的,都帮助个人和群体解决面临的问题,使其重新回到正常生活的轨道,消除社会不安定因素,从而达到维持社会秩序的效果。其次,两者都具有预防社会问题产生的"安全阀"作用。社会工作和调解都最大限度地预防社会问题的产生或间接地解决已经出现的社会问题,从根本上而言,两者都要调整或改变人与人、人与环境之间的失衡状态,在功能上都体现出对潜在问题的预防、对人际关系的恢复以及对和谐环境的建构。最后,两者都是社会柔性管理的重要体现。社会工作可以弥补政府刚性政策和刚性管理的不足,调解则可以弥补司法制度的不足。社会工作与调解都可以提高社会的柔性管理程度,降低社会治理过程中的过高成本,促进实现整个社会的和谐。

(3) 工作人员角色扮演的契合。在调解制度中,调解人具有多重角色,以中间人、咨询者、倾听者的身份提供服务,帮助双方当事人达成合意,自主解决纠纷。作为调解纠纷的第三方角色,调解人需要保持中立的立场,不能偏袒任何一方,要善于倾听、有较强的沟通和协调能力。调解人所需要的能力正是社会工作者之所长,社会工作者可以运用社会工作的专业方法与技巧,充分胜任调解人的角色。

(二) 社会工作嵌入我国调解制度的可行性

原有的调解制度发挥了稳定社会的重要作用,但是在新形势下也暴露出一

---

① 杨旭:《司法社工服务对我国调解制度的嵌入性研究》,《华东理工大学学报(社会科学版)》2012年第6期。

第十一章 调解领域的社工方案与服务

些不足。原有调解制度和调解人员专业性不足,阻碍了调解功效的发挥。因此,社会工作可以发挥专业的优势,嵌入原有的调解制度,两者结合,优势互补,从而进一步健全、完善纠纷解决机制。

"嵌入"指的是某一事物进入另一个事物之中的过程和状态。[①] 王思斌教授用嵌入性概念和理论来描述社会工作在我国的发展,我们借鉴同样的方法来描述社会工作在调解制度中的运用。综合前面论述的两者在多方面的契合性,社会工作作为专业化的社会服务手段具有健全的体系、完备的方法,可以在多方面嵌入、充实并发展完善我国原有的调解制度。

调解方法的专业化。社会工作作为专业助人的职业,其专业方法可以运用到调解服务中。社会工作的个案工作、小组工作、社区工作及其混合方法,可以直接解决大量已经存在的各种社会问题;也可以将社会工作中的情绪调节、评估等相关技巧运用到调解中,增强调解的科学性,避免调解的任意性。

调解人员的专业化。任何完善的制度最终都要依赖人力资源,人的因素是最具有活力,也是完成任何方面工作需要着重考虑的。基于专业化的调解人和社工的角色与职能扮演的一致性,两者在实际工作中承担着相似的任务和功能。传统调解中人员素质不高和专业化程度不足的问题可以通过社会工作的介入而得以改善,使工作过程更加规范化。同时在调解制度中引入司法社工的督导角色,可以为调解人员提供制度化的辅导,提高调解过程的专业化程度。

调解价值观的专业化。专业价值观的注入与强化是社工专业的特色,没有其他任何一个职业将价值观摆到比专业知识更重要的位置,其原因就在于社工助人的专业特性。而在调解制度中,更多的是自发和本能地倾向于同情弱者。因而可以用社会工作的价值观来规范调解制度,使传统意义上的调解与时俱进,具有更加专业的人文关怀。

(三) 社工服务嵌入调解制度的重要性

第一,体现当代社会治理水平的提升。作为社会管理和司法创新的重要方面,社会工作嵌入调解制度是以社会力量解决争议的重要手段。传统的社会体制和公共服务模式在今天难以有效地改善公共性社会服务和社会福利的结构及

[①] 王思斌:《中国社会工作的嵌入性发展》,《社会科学战线》2011 年第 2 期。

其水平，难以适应现代社会管理的要求。社会工作进入调解领域，引入专业的解决问题方法，有利于提升社会治理水平，为我国传统的调解制度带来新鲜活力，保证人民调解的民主性和开放性，具有前瞻性和时代感，有可能促使调解制度尤其是人民调解直接转型为现代社会的治理机制，成为连接传统社会共同体与现代社会、社区以及志愿者文化的纽带，是社会管理创新的重要内容。

第二，推动调解制度的现代化转型。社会对人民调解的一个重要期待是其规范化和现代转型。我国目前的调解制度还存在明显的局限性，这种局限性使之难以适应我国和谐社会构建的需求，难以发挥调解制度的合力和规模效应，当然也不能适应中国特色社会主义司法制度的发展和运作需要，同时制约了我国传统调解制度向现代调解制度转型的步伐。随着社会转型及社会结构的剧变，原有调解制度中的弊端需要通过与时俱进的改革予以消除，而引入社会工作的专业方法、专业过程、专业理念可以成为调解制度改革的重要内容，从而规范传统的调解制度，提高调解的社会化、专业化水平。

第三，提高解决实际纠纷的能力。社会工作者用专业方法进行调解，可以提高纠纷的解决能力。社会工作不仅有专业的方法和过程，同时也有督导和评估等，可以进一步强化调解的力度，并保障调解的公平性，保证调解的正规化、程序化、职业化。通过政府购买社会工作服务的方式来解决争议，将调解的成功率作为评价机构工作成效的重要指标，可以提高机构的积极性，制度化地确保调解的效率和公平。

三、社会工作嵌入调解服务的路径

社会工作参与司法系统，提供专业的社会服务，可以促进社会和谐，增进社会福祉，最终实现社会的共治和自治。社会工作进入人民调解领域，比较可行的方式有岗位设置和项目购买两种。所谓岗位设置，就是建议在司法所工作人员的入职考试中，加入社会工作专业方向，或者要求社区（村）居委会的人民调解组织中有社会工作专业力量的参与，确保专业人员的数量和素质，逐步提升人民调解工作力量的专业水平。所谓项目购买，就是建议在政府购买社会服务的设计序列中，将专业力量介入社会矛盾纠纷调解列入项目购买目录，在相应的社会组织承接政府职能上，加入社会组织调解基层矛盾纠纷的内容，实现社会矛盾由

第十一章　调解领域的社工方案与服务

社会力量来解决的目的。政府逐步从人民调解的直接参与中退出，真正回到"指导者"的角色上去，也让人民调解真正回归其"人民性"。下面具体介绍两种路径中社会工作嵌入调解服务的实际做法。

（一）社会工作内容嵌入原有调解制度

应定期开展专门知识培训，将社会工作的专业方法、内容、理念、技巧和法律知识等教授给在岗的调解人员，包括人民调解员、法院调解员和行政调解员。同时由有关机关具体组织调解人定期接受调解技能和法律知识的培训。

社会工作理念的嵌入。社会工作有很多重要的理念和原则需要在社会工作者执业过程中不断强化。社会工作者认为每个人都是一个整体，有生存和发展的权利，有摆脱困境与自我选择的能力，所有人都有与生俱来的价值和尊严，每个人天生有改善自己生命力的动力和能力，每个人都是独特的，都有自己的优势。这一系列的理念下还有很多具体的专业原则，比如尊重与接纳原则、案主自决原则、保密原则、个别化原则、非过度卷入原则、案主知情原则等，细致掌握每个原则使社会工作者在调解过程中更加专业。

社会工作方法的嵌入。在社会工作理念和原则的指导下，社会工作者参与司法系统的相关工作时可以运用很多专业方法和技巧，这有助于更好地完成调解任务。一方面，专业社会工作者可以在微观、中观和宏观等不同层次区分问题，根据需要适当地运用个案工作、小组工作等具体方法解决当前的问题；另一方面，专业社会工作者可以采用社会行政、社会政策等间接方法，通过对社会福利行政、社会保障政策、调解立法和调解制度等施加影响，保证工作体系的畅通性。

（二）创设全新的调解社会工作服务体系

这种思路着眼于在体制上打通社会工作介入调解服务的通道，创新性地建立与之相适应的制度，开发调解制度中的社会工作岗位，培养专门致力于调解服务的社会工作人才，进一步提高社会的柔性管理水平。

开发调解社会工作服务岗位。调解社会工作的发展是一项系统性工程，调解社会工作的岗位设置是调解社会工作职业化与专业化发展的前提和基础。要推动调解社会工作的发展，首先要在体制上建立调解社会工作体系，完善法律和政策的规定。其次要在政策上统一思想，建立发展通道，理顺各级司法部门的关系,完善调解社会工作岗位的专项设置和规范化设置。

建设调解社会工作人才队伍。调解社会工作扎实推进的核心是调解社会工作人才队伍的建设。通过人才队伍建设,推动调解社会工作的职业化与专业化,从而建设一支专业化、高素质的调解社会工作者队伍。专业的调解社会工作者能够在纠纷当事人双方自愿的基础上,以国家的法律、法规、规章和社会公德为依据,依靠自身的社会威望,通过说服教育、规劝疏导,促使双方当事人平等协商,做到互谅互让,达成调解协议。

第二节 调解社会工作的实务内涵

作为社会工作的新型实务领域,调解社会工作的基本原则、实务过程、调解技巧形塑了调解社会工作的实务内涵。本节从三个方面加以阐述。

一、调解社会工作的基本原则

调解社会工作的基本原则是指社会工作者在调解过程中始终贯彻且反映调解社会工作专业理念的基本准则,包括以下几个原则。

(一) 自愿原则

调解的自愿原则与社会工作专业中的案主自决原则,两者本质一致。我国调解制度中的几种调解形式都以当事人的自治和自愿为原则。我国《人民调解法》第3条规定,人民调解委员会调解民间纠纷,应当遵循下列原则:"在当事人自愿、平等的基础上进行调解"。我国《民事诉讼法》第96条亦规定:"调解达成协议,必须双方自愿,不得强迫。"自愿原则体现在三个方面:其一,在调解程序的启动上尊重当事人的意愿。调解必须基于当事人双方的自愿而展开,当事人中任何一方不愿意接受调解,调解社会工作者都不能强行调解。其二,在调解过程中尊重当事人意愿。调解社会工作者在整个调解过程中应当保障当事人在平等、自愿的基础上,充分表达自己的意见与意愿。其三,在调解协议的达成上尊重当事人意愿。当事人可以自主选择调解的方案,调解社会工作者不能强制当事人接受调解协议。

第十一章 调解领域的社工方案与服务

（二）诚信原则

调解中的诚信原则是指调解人、当事人以及其他调解参与人在调解中必须遵循公正、诚实和善意的原则①，与社会工作者服务案主时的真诚原则在本质上相同。具体而言，诚信原则包括以下内容：其一，禁止滥用权力或权利。调解过程中禁止当事人之间恃强凌弱、采取威逼要挟等不正当手段达成所谓的调解协议。其二，不得违反真实义务。所谓真实义务是指在调解过程中，当事人不能主张已知的不真实事情或是自己认为不真实的事情。只有双方当事人都诚实相待，才能实现根本解决纠纷的目标。总之，禁止调解社会工作者对当事人滥用调解角色赋予的权力与权利，应在真实的基础上进行调解，并对当事人保持真诚的态度，在调解过程中自身前后保持一致。

（三）保密原则

社会工作的伦理守则明确了保密原则的重要性。为了确保当事人在调解过程中真实地表达自己的意思，必须创造良好的环境以消除当事人的后顾之忧。因此，遵循保密原则成为调解正常进行的前提。这里的"保密"具体是指调解社会工作者应当依据调解的具体形势及当事人的意愿，合理保护当事人的隐私。除非当事人许可或依据法律与公共政策要求必须公开的内容，社会工作者不能暴露任何一方当事人认为是秘密的、应该保密的信息。② 通常情况下，社会工作者在调解前即应与当事人双方讨论有关保密的内容、范围等。总之，社会工作者在进行调解的过程中要特别留意调解程序以及调解信息的保密之具体操作及其重要性。

（四）公正原则

调解的公正原则是指社会工作者不应该倾向于争议的任何一方，也不应对争议任何一方有偏见，或者与争议的任何一方有任何利益关系。③ 调解社会工作者对当事人双方无论在观念上还是在具体调解行为上都应当保持"等距离"。具体而言，在调解的过程中，社会工作者对当事人双方都应该表现出公允而不徇

---

① 廖永安主编：《中国调解学教程》，湘潭大学出版社2016年版，第82页。
② 赵云：《调解实务与技能》，清华大学出版社2011年版，第27页。
③ 同上书，第29页。

私的态度;社会工作者不介入具体针对其中某一方当事人的争辩行为。在任何时刻,如果社会工作者无法保证自己在调解过程中的作为是公正的,那他有义务及时退出调解。

二、调解社会工作的实务过程

传统的调解聚焦于纠纷的解决,也就是在双方的冲突中找到平衡;而调解社会工作不仅聚焦在冲突解决本身,也关注由冲突衍生的社会心理等相关议题,并在必要时开展后续的追踪服务,这成为完善调解制度的发展方向。一般而言,调解社会工作的基本过程包含六个阶段:准备阶段、开始阶段、阐述阶段、解决问题阶段、协议阶段和后续追踪阶段。

(一)准备阶段

主持调解工作的社会工作者可能是经由某机构指定或当事人要求而参与到某项特定的争议中的。如果双方当事人均同意开始调解工作,调解就会简单一些。有时候,最大的问题可能不是调解本身,而是让当事方参与到这个过程中来。准备阶段对于调解的顺利进行至关重要,这一阶段的主要工作是邀请当事人双方进入调解,并且通过了解争议来考虑合适的工作方式和调解策略。在调解的准备阶段,社会工作者通常要确定以下事项,包括:评估某争议是否适合调解;当事人是否出于善意或其他目的参与调解;社会工作者本身是否适合调解该争议;准备好保密协议和同意参与调解协议,供双方当事人签署。除了与当事人见面,调解社会工作者还要考虑到中立的调解场所及参与布置相关的调解场所等。总之,社会工作者在准备阶段所做的工作,主要是为了与当事人建立信任关系,让当事人真正认识到社会工作者的地位与作用,熟悉调解并愿意参与其中。

(二)开始阶段

调解第一步很重要,就是消除恐惧和不信任。因此,在调解的开始阶段,社会工作者的首要任务就是提供安全的环境,让当事人双方感到舒服和受尊重,并且愿意接受调解。一旦当事人双方到达调解场地,调解社会工作者就要从头到尾负起总责。调解社会工作者应当事先安排好调解的场地、座位,并考虑如何开场;在调解的开始阶段,必须要让焦虑不安的双方看到调解人正控制着大局。

通常而言,调解社会工作者有必要准备一份开场白,具体说的内容和方式可

第十一章 调解领域的社工方案与服务

视情况而定。开场白通常包括以下五个方面。①

第一,欢迎和问候。这个环节通常占用2—3分钟。例如,调解社会工作者迎接当事人双方并引导他们入座,接着导入调解:"首先我想说,我很尊重在场的每一位,因为你们愿意坐下来努力地、开诚布公地解决分歧。我见过很多人也面临这样的情况,但他们只是转过身去,拒绝跟对方说话。我相信我们今天都面临着严峻的挑战,但是你们愿意在这见面、愿意互相交谈这一事实就让我充满希望。"调解社会工作者在一开始就传递了积极和尊重的信号,这是提供安全感以及建立信任的重要一步。

第二,自我介绍。作为调解人,社会工作者可以先说明自己的简要情况、希望被怎样称呼等。如:"我是上海延泽社会工作发展中心的社工王大明,在过去的三年里,我一直负责机构的家事调解业务,你们可以称呼我'王社工'。你希望我怎么称呼你呢?"

第三,介绍步骤。大多数人对调解的安排没有概念,因此简单的说明对他们来说很有用。这是一个调解过程的简单案例:"每个人都有时间来阐述自己对情况的了解,别人不得打断。我们一起列出分歧问题的清单,一个个地讨论这些问题。我们一起努力,争取达成各方都能接受的协议。"

第四,介绍社会工作者在调解中的角色。调解社会工作者在调解中应当保持中立和公平,为当事人双方提供适切的知识和服务。但当事人双方常常会期待社会工作者扮演仲裁人或法官的角色,判定谁是对的,并且替双方作出决定。因此,一开始就阐明社会工作者作为专业调解人的角色会很有帮助。我们不妨这样介绍自己的角色:"我不会告诉你做什么,也不会判定谁对谁错。我在这儿是为了帮助你们找出自己的解决方案,你们做决定,我只是旁观。"

第五,基本规则。事先明确调解过程中的规则将保障调解的有序开展。这些规则可能包括:(1)每一方只为自己说话,留意不用侮辱和诋毁对方的言语。(2)当事人要及时调节自己的情绪,达到当事人之间的相互尊重。(3)每个人轮流发言,专心聆听,不抢话或打岔。调解社会工作者应当向当事人双方澄清这些原则,并征询他们对基本规则的看法与承诺。稍后如果有人违反了基本规则,社

---

① 〔美〕罗纳德、爱丽丝、罗伯特:《冲突调解的技巧(上册):调解人手册》(魏可钦、何钢译),南京大学出版社2011年版,第32—33页。

会工作者可以提醒他做过的承诺。

(三) 阐述阶段

在阐述阶段,社会工作者主要是对当事人双方的争议展开专业评估,以增进当事人双方的互相理解。由于纠纷种类多样,评估的重点也会有差异。调解除了对纠纷冲突本身进行评估,当事人也是评估的重点。在阐述阶段,调解社会工作者认真倾听陈述,确定纠纷的核心问题以及双方的共同点。一般而言,调解社会工作者进行调解评估的架构如下。

(1) 纠纷事件本身,包括纠纷事件持续的时间、纠纷程度、纠纷牵涉的人员以及对当事人生活影响的层面等。

(2) 当事人对纠纷的看法与想法,包括纠纷产生的原因以及当事人对于纠纷解释的认知差距、目前彼此的信任程度、对于纠纷解决的期待等。

(3) 当事人本身,包括当事人处在纠纷中的压力程度、因应压力的能力、沟通能力等。

(4) 其他与纠纷相关的知识,例如在离婚案件的调解中,需要评估当事人的家庭动力、当事人双方的依附程度以及复原力等。

(四) 解决问题阶段

解决问题阶段标志着整个调解中最具挑战性的部分开始了。在解决问题阶段,调解社会工作者可以采取如下措施,以促成双方达成有效共识。[1]

第一,澄清问题,概括地列出解决冲突必须解决的问题。

第二,找出共同关心的问题,指出当事人的共同点,为讨论分歧营造合作的气氛。

第三,选择一个问题,让调解有侧重,依序讨论,而不是在话题间跳来跳去。

第四,关注共同利益。鼓励当事人双方继续陈述以厘清要解决的问题,表达自己潜在的利益而不局限于表面的要求。共同利益是探究解决之道的关键所在。

第五,提出可选择的方案。为了让当事人双方接受协议,帮助双方寻求解决

---

[1] 〔美〕罗纳德、爱丽丝、罗伯特:《冲突调解的技巧(上册):调解人手册》(魏可钦、何钢译),南京大学出版社2011年版,第41页。

问题的一系列办法。

第六,评估和选择方案。促使双方分析各个方案的优缺点,选择最能满足他们利益要求的行动方案。

(五)协议阶段

在协议阶段,社会工作者通过协助当事人双方制定一个彼此都能接受的、明确的、公正和互利的协议,为转化关系奠定基础。协议可以是口头协议,也可以是书面协议;依据事情本身的严重程度与当事人双方的意愿,社会工作者可以选择不同形式的协议。一般而言,调解协议应当明确人物(什么人)、时间(在什么时间)、地点(在什么场合)、行动(完成什么任务)、例外(未能履约的后果)等基本要素。

良好的调解协议应当具有以下特点:第一,清晰而具体。协议应当避免模棱两可的用语(如尽快、马上、合理、合作、经常)等,因为不同人的理解不一样。因此,尽量使用明确的语句和限定具体的日期,尽可能地减少歧义。第二,务实而可行。协议本身应当具有可操作性,如果社会工作者对当事人履行承诺的能力有所怀疑,可以请当事人双方讨论协议如何实施以及双方是否想到一些可能影响协议实施的问题等。第三,公平且合理。如果当事人的目标是转化冲突,最后的决议就应当让他们都满意。调解社会工作者如果觉得一方明显吃亏,应当询问双方对协议的看法。一个不公平的协议很少能带来持久和平。

(六)后续追踪阶段

在当事人双方达成调解共识之后,为了保障纠纷的有效解决,调解社会工作者需要对协议的执行进行监督,并评估纠纷解决的成效。此外,对当事人而言,有些类型的纠纷调解的结束可能意味着开始不同形式的生活。例如,在离婚案件的调解中,对大部分经历离婚的当事人而言,调解后回归生活往往是另一波情绪与压力的开始,必要时调解社会工作者可以将其转介到相关单位,开展后续追踪服务。

三、调解社会工作的技巧

社会工作的实务技巧,例如同理心、接纳、倾听、回应、面质等,均能在调解工作的开展中发挥积极的作用。这些社会工作的基本助人技巧在不同场合被多次提及,本节将重点阐述纠纷处理中的调解技巧。

日常生活中需要调解的纠纷,往往是由利益冲突造成的。因此,调解的重点并非当事人双方的不同立场,而是探究当事人双方需求背后的利益,从而寻找两者利益的最佳结合点,实现利益最大化,获取双赢的局面。哈佛大学法学院的调解项目(Program on Negotiation,PON)就以分橘子为例,来说明如何使用利益型调解实现双赢。当两个人都需要橘子时,如何合理分配?一种是一方得到橘子,另一方没有。这当然不能很好地解决问题。另一种方法就是每一方获得一半橘子,这似乎比较公平,但是从利益最大化的角度来说,并不是最好的解决方式。利益型的谈判就是要从"双方需要橘子"的原因出发,根据双方的实际需求"分橘子"。一方可能需要橘子榨果汁,另一方则是需要橘子皮做蛋糕,根据各方不同的需求,决定将果肉给一方,而将橘子皮给另一方,这样才能实现利益的最大化。

（一）调解的要素

纠纷因利益冲突而产生,要有效地化解纠纷,必须很好地掌握七个重要因素:利益、解决方案、后备方案、沟通、根据、承诺和关系(见表11-1)。以上七个要素紧密相连,社会工作者在调解过程中必须时刻牢记,并做好充分准备,这样才能达到所希望的效果。[①]

表11-1　调解的七个要素

利益(interests)	当事人的需求
解决方案(option)	解决争议的可能方法
后备方案(alternatives)	如果不能达成解决方案时可以采取的做法
沟通(communication)	确保当事人之间沟通流畅,不存在障碍
根据(legitimacy)	在选择合适的解决方案时所依据的标准
承诺(commitment)	确保最终的解决方案是可行的、明确的
关系(relationship)	双方当事人在解决纠纷后仍然能够保持良好的关系

---

① 赵云:《调解实务与技能》,清华大学出版社2011年版,第8—10页。

这七个要素中,利益是核心,无论哪种方案、承诺都必须服务于双方的利益。利益有别于立场。双方当事人一旦进入谈判,往往都有自己的立场。纠纷的产生通常就是因为立场的不同,因此,如果调解仅仅集中于立场,就很难顺利进行。调解社会工作者必须回到当事人双方立场背后的利益上。因为立场往往是不可调和的,但利益才是问题之所在。实现利益可以有多种方式,立场仅是其中一种。如果调解社会工作者能够协助当事人双方找到利益的共同点,那解决的方法就不会局限于立场了。

(二) 调解的策略

在以利益冲突为主要表现形式的纠纷的调解中,以下三个调解的策略至关重要。

第一,对事不对人。要将人与事区分开,将有关纠纷上升到人身攻击无助于问题的解决。要从多角度看问题,充分考虑双方的立场,这样才有助于问题的解决。不能完全被情感或感觉左右而混淆了需要解决的问题。

第二,区分利益与立场。前面已经提到两者的差别。一旦一方有某种立场,那么必须要问为什么他会形成这种立场,是哪种利益导致其采取此种立场。从而深层次探究争议的本质。其中,聆听是非常重要的,只有听到对方的话语并观察到对方的行为,才能发现立场背后的利益。

第三,打开思路,提出尽可能多的解决方案,这一点相当关键。在最初阶段,一定不要夹杂其他因素来提出方案,不要过早评价某方案的合理性。将所有可能的方案列出来,再进行可行性评估。双方当事人处于不同的立场,往往能够提出许多具有创造性的建议和想法,这些都会对之后争议的解决有很大帮助。

第三节 调解社会工作的新探索:家事调解社会工作

"我们那个年代的人,对待婚姻就像冰箱,坏了就反复地修,总想着把冰箱修好。不像你们现在的年轻人,坏了就总想换掉。"电影《失恋33天》里的这句经典台词,形象地道出了离婚的时代之变——离婚似乎越来越简单容易。每个年代的婚姻都有各自的时代烙印,而进入21世纪以后,中国的婚姻与时俱进,呈现出新变化。随着离婚率持续攀升,家事案件数量逐年增长、类型趋于复杂多样、矛盾化解难度加大,传统的审判理念与审理方式已不再完全适应家事案件的审判要求。在这样的环境背景下,2016年最高人民法院决定开展家事审判方式和工作机制改革试点工作。① 在上海的试点工作中,社会工作作为专业力量被邀请介入家事调解,家事调解社会工作的雏形逐渐显现。

一、家事调解社会工作概述

(一) 家事调解社会工作的发展背景

家事调解社会工作作为兼具本土特点与时代特征的新型社会工作实务领域,其发展既受到传统文化的影响,亦离不开司法改革的催化。

其一,传统文化是家事调解社会工作孕育的土壤。中国的调解文化历史悠久,传统调解是为了解决人们在日常生活中由于各自利益和立场不同而产生的种种矛盾与纠纷,保证社会的和谐与稳定,调解人通过斡旋、劝说等,评析当事各方之间的矛盾,促使纠纷当事人达成协议,避免将来发生类似情况。这种纠纷解决模式在中国传统社会一直都发挥着重要的作用,它既有助于实现社会的稳定和有序发展,也促进了人与人之间的和谐共处。② 中国传统的纠纷调解机制源于传统文化中的"和合"理念。司法诉讼的刚性特质与传统文化中的"和合"理念相悖逆,而调解制度的运作却让情与理在司法的大伞之下有更多陈述、理解与被理解的空间。面对家事调解,一个兼顾法、理、情并相容于中国传统文化的制度无论是对当事人还是社会工作来说都是有意义的。

其二,司法改革带来家事调解社会工作发展的契机。随着社会变迁及家庭结构的变动,法律与家庭的互动有了新的发展。2011年颁布的《中华人民共和国人民调解法》允许社会团体和其他组织为特定区域的人民提供调解服务,因此,妇联、残联等群众团体、行业组织设立新型人民调解组织就有了制度空间。③ 2016年4月中国最高人民法院发布《关于开展家事审判方式和工作机制改革试点工作的意见》,尝试通过家事审判方式和工作机制改革试点,转变家事审判理念,推进家事审判方式和工作机制创新,探索引入家事调查员、社工陪护及儿童

---

① 杜万华:《论深化家事审判方式和工作机制改革》,《中国应用法学》2018第2期。
② 刘军平:《中国传统调解文化解读》,湘潭大学出版社2016年版,第5页。
③ 郑善合:《矛盾纠纷多元化解机制下的人民调解创新与发展》,《人民调解》2017年第2期。

心理专家等多种方式,不断提高家事审判的司法服务和保障水平。该文件的出台为社会工作专业介入家事审判带来了契机,同时也为社会工作者的身份提供了合法性。特别是,上海四家进行家事审判改革试点的法院中有两家着重探讨社会工作专业力量介入家事调解工作,这对社会工作正式进入家事司法体系具有积极的探索意义。

(二)家事调解社会工作的基本内涵

2001年2月19日,美国律师协会全体代表大会通过了《家事与离婚调解工作规范标准》(Model Standards of Practice for Family and Divorce Mediation),这份文件是家事调解的重要文献。① 该文件指出:家事调解指的是,由家事调解人作为中立的第三方,通过推动当事人参与自愿性协商,来促进家庭纠纷的解决。家事调解人促进当事人双方的沟通,增进彼此的理解,并使当事人关注其个人利益及双方的共同利益。家庭调解人与当事人合作,以探索各种可能的选择,进而协助当事人做出决定并达成共同协议。家事调解并不是为了替代法律咨询、心理咨询或心理治疗,它也未必适合每一个家庭。但是进入家事调解对许多家庭而言是一项十分有意义的决定。因为家事调解可以促进当事人自我决定和提升沟通能力,增进孩子的最佳利益,减少家庭因纷争而来的金钱花费。

家事调解社会工作是社会工作实务的新领域,即由社会工作者担任调解人,引导具有家事争议的当事人在平等的基础之上澄清问题与沟通,在夫妻的情感纷争、儿童监护权益与财产等议题上达成共识,协助当事人更好地面对婚姻变动。社会工作介入家事调解,使原有的调解从处理家事过渡到协调关系,可以促进家事纠纷当事人的复原与成长。

家事调解社会工作具有身份性、情感性、个别性和利益性四大特点。身份性强调家事调解社会工作是建立在婚姻与血缘关系基础上的工作身份,这使得家事调解的纷争体系更显复杂,不仅要面对法定权利义务的议题,而且要理顺由情感与婚姻衍生的个人与家庭的社会关系脉络。情感性意指家事调解社会工作的服务过程会有很多情绪流动,这里面爱恨情仇交织,涉及复杂情绪情感的处理。

---

① A. Schepard,"An Introduction to the Model Standards of Practice for Family and Divorce Mediation," *Family Law Quarterly*, 35(1), 2001, p. 1.

个别性强调家事调解社会工作中的每个家庭或每对夫妻都不同，无法以简单刻板的标准化介入方式来处理多样的家庭纷争与情绪纠葛。利益性指的是家事调解社会工作会涉及财产、权利等，也就是调解必须考虑相关人等的利益。

二、家事调解社会工作的实务内容

家事案件是指确定身份关系的案件及基于身份关系而产生的家庭纠纷。目前我国的家事调解社会工作介入案件主要包括：（1）婚姻案件及其附带案件，包括离婚、婚姻无效、可撤销婚姻等，附带案件包括监护权、子女抚养费、离婚后财产分割等；（2）抚养、扶养及赡养纠纷案件；（3）亲子关系案件，包括确认亲子关系、否认亲子关系；（4）收养关系纠纷案件。社会工作者不仅协助纠纷的调解，也关注纠纷本身给当事人及其亲属带来的心理社会影响，以及纠纷解决后的关系修复等。按照家事调解的时间顺序来划分，我们可以将家事调解的实务内容分为庭前社会调查、庭前家事调解、庭后探望监督等。

（一）庭前社会调查

庭前社会调查主要针对家事纠纷中涉及未成年人的案件，此类案件最主要的特点是其结果会影响未成年人今后的成长与生活。因此，为保障未成年人利益最大化，应贯彻未成年人权益优先保护原则。调解社会工作者根据法院出具的委托函，对双方当事人的家庭情况开展社会调查，了解双方当事人的婚姻状况、未成年子女的照顾情况、社区情况等，出具调查报告，并向人民法院提出案件处理（主要围绕未成年人子女的抚养权）的专业性参考意见。

由于庭前社会调查旨在维护未成年人权益，故社会调查以未成年人为核心，主要内容包括：（1）了解未成年当事人的个人基本情况、性格特点、健康状况；（2）了解未成年当事人的个人成长经历、生活学习、成长环境、社会交往等情况；（3）了解未成年当事人的父母、家庭成员及主要社会关系等情况，包括工作单位和岗位、经济收入、健康状况、品行、与子女的感情状况、教育子女的方式等；（4）了解未成年当事人父母所在社区居（村）委会反映的相关情况；（5）了解未成年当事人的权益保护状况；（6）其他需要调查的内容等。

（二）庭前家事调解

庭前家事调解是指由调解社会工作者在家事案件诉讼前进行专业调解。调

第十一章 调解领域的社工方案与服务

解以有家事争议的当事人为服务对象,在不经法律判决的前提下,由受过专业训练的社会工作者协助当事人夫妻针对争议点如离婚后财产分配及儿童监护权等问题达成协议,缓解夫妻双方的怨怼与憎恨情绪,使父母正视孩子的需求、共同协调亲职合作,也使儿童及早适应父母离婚所带来的变动。[①]

(三)庭后探望监督

庭后探望监督是指在家事案件审判结束后,针对涉抚养权变更、抚养费纠纷、探视权纠纷的家事纠纷案件,根据法院委托,调解社会工作者承担陪同一方行使探视权的探望监督工作。这一阶段的工作重点回到未成年人,以保障未成年人利益为核心。调解社会工作者通过后续追踪,监督和推进判决执行情况,同时对未成年人因父母离异而产生的生活不适应等提供专业服务。

三、家事调解社会工作的实务技巧

作为社会工作实务的一个新领域,社会工作的通用技巧自然同样适用于家事调解社会工作。我们着重探讨家事调解领域较为特殊的调解技巧。陈爱武认为,家事调解首先应找寻当事人的"互让"因素,促使部分纷争及时解决;其次是分析家事案件中的"实情",促使当事人理性认识自己在家事纷争中的地位,接受调解;最后是"情""理""法"的运用,目的是在当事人难以跟自己达成和解时,由调解人从外部运用"情""理""法"进行说服,最终使其接受调解。因此,家事调解的技术分成三个部分,分别是"调解中的互让""调解中的实情"以及"调解中的情理法"。

其一,调解中的互让。家事纠纷是一种发生在亲人之间的冲突,其特殊性质决定了关系人即便发生纠纷,其中仍然隐藏着互让的契机。在家事调解中,当事人之间虽然存在距离,但社会工作者只要和当事人共同探寻互让的支点,就可能找到隐藏在当事人潜意识中的互让情结。那么,互让究竟有何表征?就互让形式而言,至少有三种:无争议或伪争议状态下的互让、一般冲突状态下的互让和严重冲突状态下的互让。每一种形态下的互让所动用的资源和推动其发展的内

[①] 赖月蜜:《香港、台湾家事调解制度比较研究——以家庭暴力事件为中心》,《人文及社会科学集刊》2009年第2期。

在动力是不一样或不完全一样的。首先,无争议或伪争议状态下的互让指的是,家事纠纷当事人各自的主张、要求或需要之间不存在显著对立,其内在因素是对应和统一的。这类案例其实不需要真正的互让,因此调解的重点在于进行心理调整和社会适应性调整,使当事人有尊严地、平静地结束过去的生活,重新营建家事关系的未来秩序。其次,一般冲突状态下的互让是指家事纠纷当事人之间虽然存在对立和冲突,但并不严重,当事人的要求和主张并非刚性、不可变更的。这类案例调解的重点在于以当事人为中心开展工作,重要的不是说服,而是帮助当事人探寻互让的各种因素("说服"实际上已经出现于这一过程),然后由当事人自己作出决定,即循着"让步"的台阶相互接近,找到解决纠纷的中间点。最后,严重冲突状态下的互让是指家事纠纷当事人之间存在严重的对立和冲突,当事人的要求和主张具有较强的刚性,当事人的行为常常处于非理性状态。这类冲突激烈的家事纠纷调解的重点在于把现实或对方的实际情况归纳成若干显而易见的要素,使一方或双方当事人不得不接受现实,"互让"在这里已经转化为"接受现实"。

其二,调解中的实情:判断、提炼与反馈。"实情"着眼于当事人的真实情况,调解人不能把自己的想法放在首位,而应"把自己当成条件紧迫下的当事人,换位思考"。当事人首先要接受调解的实情,然后才能"接受"或"同意"与此相关的调解方案。发现和归纳实情的首要因素是"倾听"。调解人要在倾听中掌握核心要素,这些要素构成了实情的框架,即实情不仅要被"发现和归纳",还要被"判断和提炼"。调解人应在初步认识、印象和判断的基础上,通过与当事人的相互沟通,找到当事人认同的、真正的"实情"。

其三,调解中的情理法:说服的技术及理由。"说服"是讲情、说理、释法,当事人在明辨"情""理""法"的基础上,自己与自己达成和解,进而与对方达成协议或者共同接受某一"实情"而形成和解。以"情"作为调解的规则,指的是"人情世故和人际关系"。以"理"作为调解的基础,指的是促使当事人向内检视自己,与自己的内心达成和解,然后从外部接受调解结果。以"法"作为调解的原则,是指"法"在家事调解中是"内在的、默默地起作用的力量"。

总之,从实务技术方面而言,家事调解的逻辑顺序大致可以归纳为:(1)归纳"实情"——注意"倾听"的技术;(2)接受或同意"实情"——注意"情""理"

"法"的说服和运用技术;(3)当事人与自己达成和解——注意让当事人自主决定,不要外部强制;(4)达成外部的和解协议——注意及时巩固成果,形成书面文书;(5)调解成功。①

四、家事调解社会工作的展望

2016年,最高人民法院家事审判方式和工作机制改革试点工作要求,探索家事纠纷的专业化、社会化和人性化解决方式,推动建立司法力量、行政力量和社会力量相结合的新型家事纠纷综合协调解决机制,完善多元化纠纷解决机制,形成有效社会合力,切实妥善化解家事纠纷。这一改革试点工作,为社会工作正式介入家事调解创造契机,也为探索社会工作在家事调解中的运作提供机会。自2017年起,上海市阳光社区青少年事务中心率先在上海静安区、普陀区开展涉青少年家事案件调解工作,逐步形成了我国家事调解社会工作的雏形。上海的实践经验,让我们看见社会工作者如何专业地进入家事调解,如何在实践过程中装备更多的知识,形成一个适合目前家事调解的模式。今后家事调解社会工作的发展中有两点值得思考。

第一,家事调解服务的延伸。现有的家事调解容易因为时间的限制成为一次性的服务,虽然社会工作者能够运用专业技巧快速地理解当事人的背景与经验,但是对于由家事案件衍生出的许多问题无着力之处。家事调解只是家事案件审理的环节之一,调解前的预估与调查、调解后的修复与执行更重要,这样不仅可以更贴近事实与需要,也可以落实当事人与儿童的权益保障。

第二,社会工作者的身份权限。目前,青少年事务社会工作者不仅参与家事调解,当家事案件牵涉未成年人的时候,社会工作者也需要参与社会调查,甚至要在调解或判决后,协助、监督矛盾冲突程度高的服务对象落实探望子女等。然而,青少年事务社会工作者在参与这部分工作的时候,经常因为身份问题产生困扰。社会调查与探望监督两部分都是立基于儿童权益的保障,因此,建议扩大社会工作者参与家事案件的身份权限,使其合法合理地作为儿童权益的保障人。

---

① 陈爱武:《情理与互让:家事调解的技术构造解读》,《社会科学辑刊》2013年第2期。

第十二章

禁毒领域的社工方案与服务

　　禁毒是一个非常重要也亟待发展的司法社会工作实务领域。在当前毒品问题全球化的背景下,禁毒的形势发生了很大变化。截至 2016 年底,全国共有 255.3 万名吸毒人员,依法强制隔离戒毒 35.7 万人次,责令社区戒毒 24.5 万人次,社区康复 5.9 万人次。① 禁毒社会工作者承担了社区戒毒和社区康复的主要服务工作,从具体的实务工作成效来看,如何全面提升禁毒社会工作者的专业化服务水平成为摆在我们面前的重要问题。因此,2017 年 1 月 20 日,国家禁毒办、中央综治办、公安部、教育部、民政部等 12 部门联合发文《关于加强禁毒社会工作者队伍建设的意见》(以下简称《意见》),明确提出到 2020 年建立较为完善的禁毒社会工作者队伍建设运行机制、工作格局及保障体系,从而不断增强禁毒社会工作者队伍的专业作用及服务成效。

第一节　怎样理解禁毒社会工作

一、毒品及禁毒政策

（一）毒品及毒品成瘾

《中华人民共和国禁毒法》(以下简称《禁毒法》)第 2 条和现行《中华人民

---

① 中国国家禁毒委员会办公室:《2017 中国禁毒报告》。

第十二章 禁毒领域的社工方案与服务

共和国刑法》第 357 条都明确提出:"毒品,是指鸦片、海洛因、甲基苯丙胺(冰毒)、吗啡、大麻、可卡因以及国家规定管制的其他能够使人形成瘾癖的麻醉药品和精神药品。"从法规中可以看出,在我国,"毒品"的概念具有法律和医学双重属性,可以这样理解,毒品是指法律明文管制的致依赖性药品。按照毒品流行的时间来看,我国习惯将其分为传统毒品和合成毒品。传统毒品一般指鸦片、海洛因、大麻、可卡因类等流行较早的毒品。合成毒品主要指冰毒、摇头丸、氯胺酮(俗称 K 粉)等化学合成为主的毒品。合成毒品又被称为"舞会药",常常是群体性吸食,滥用的人数迅速增长。截至 2016 年底,滥用合成毒品的有 153.8 万人,占总吸毒人数的 60.2%。[①] 除了滥用合成毒品的人数增加,毒品正逐渐向在校学生、公司白领及企事业单位职工等人员扩散,呈现出低龄化、人群分布广泛的特征。

吸毒是无病情需要的强迫性摄入毒品的行为,常见的方式有鼻吸(又叫"追龙")、烫吸、口吸、注射等。药物滥用是指无病情需要的长期自我用药,是一种适应不良的用药方式,会导致物质滥用者的身心健康和社会功能受损。一般地,法学、社会学、犯罪学等社会科学偏重"吸毒"这一用语,医学则倾向于使用"药物滥用"。实际上,吸毒属于物质滥用的范畴,后者除涉及国家管制的麻醉药品和精神药品外,还包括酒精、烟草以及挥发性有机溶剂等物质。

由于毒品直接作用于人的大脑中枢神经系统,多次吸食会导致毒品成瘾。[②]《中国精神障碍分类与诊断标准(第三版)》(CCMD-3)、《美国精神疾病诊断与统计手册》(DSM-V)、《国际疾病分类标准编码(第十版)》(ICD-10)等对成瘾的诊断大致可以归结为生理依赖、心理依赖和社会功能受损三个方面。

第一,生理依赖。又称躯体依赖,指长期吸毒所造成的机体病理性适应状态,具体表现为耐受性增加和戒断症状。所谓耐受性(tolerance)增加是指机体对药物敏感性降低的现象。如果吸毒者持续使用毒品,会表现出药效下降或维持时间缩短的情况,必须加大剂量、缩短吸毒间隔时间或改变吸毒方式才能获得

---

① 中国国家禁毒委员会办公室:《2017 中国禁毒报告》。
② 从精神医学的角度来看,毒品成瘾属于药物成瘾、药物依赖的范畴。20 世纪 60 年代,世界卫生组织建议使用"药物依赖"来替代"药物成瘾",不过,因为"毒品成瘾"使用时间久且形象,所以便沿用了下来。参见《心理学百科全书》编辑委员会:《心理学百科全书》,浙江教育出版社 1995 年版,第 1529 页。

与之前相同或相似的效果。若吸毒者突然停止吸食或减少毒品用量,会出现诸如打哈欠、流涕、震颤、肌肉疼痛、焦虑不安、抑郁等不同程度的躯体和精神症状,称为"戒断症状"。吸毒者接受脱毒治疗后戒断症状会消失,但仍然会有身体不适和痛苦感受,如失眠、焦虑、抑郁、精神恍惚、身体疼痛、厌食、身体消瘦等,这被称为"稽延性戒断症状"。

第二,心理依赖。又称精神依赖,俗称"心瘾",指多次使用毒品后,吸食者在心理上产生极其强烈的欣快感,驱使吸毒者对所吸食毒品产生强烈的心理渴求,并表现出强迫性获取并吸食毒品的行为。心理依赖是吸毒者的内在心理体验。在"心瘾"发作时,个体常常无法控制自己的冲动,不顾毒品对自身、家庭和社会的危害,通过各种方式,甚至是非法手段获取毒品,以满足自身的需要。

第三,社会功能受损。这是指吸食者多次吸食毒品导致出现社交功能障碍和社会责任表现紊乱,是判定严重程度的标准。如吸毒者为了吸毒减少甚至放弃必要的社交、职业或娱乐活动,无法承担起家庭和社会所赋予的责任。

可见,重复吸毒会导致严重的生活问题,包括家庭、社会、心理、工作有关的问题,甚至是法律问题[1],会给个体自身、家庭和社会造成严重的危害。因而,世界各国从未停止过禁毒的步伐。

(二)我国现行的禁毒政策

国际上有关吸毒人员的处遇模式可以概括为"道德模式""医疗模式"和"社区模式"三种。"道德模式"认为吸毒行为是吸毒者的道德低下、缺乏自律所致,因而倾向于采用严厉的惩罚措施来对待吸毒者,如20世纪初的墨西哥和美国持"入罪化"的思路打击毒品吸食者和毒品犯罪。"医疗模式"认为吸毒行为属于疾病的范畴,倡导用医疗救助的手段,促使吸毒者回归社会,如英国"处方体系"的社区戒毒模式、美国的"医疗体系毒品戒治模式"和中国香港地区的"多元化康复治疗模式",对成瘾症状严重的吸毒人员实施住院式的生理脱毒过程,为完成急性戒毒者提供门诊式持续医疗照顾,防止毒瘾复发,有些毒瘾严重者还可以在门诊接受美沙酮替代疗法。"社区模式"则注重吸毒者的心理社会康复,给毒

---

[1] 〔美〕Roberta G. Sands:《精神健康——临床社会工作实践》(何雪松、花菊香译),华东理工大学出版社2003年版,第424页。

品成瘾者提供庇护性社区,利用集体治疗、个别辅导、毒瘾治疗教育课程等方法,交互运用个体自身和环境中的戒毒力量,遵循自助原则,以让毒品成瘾者重建正常生活,最终达到完全禁戒毒品。如中国香港特别行政区的"感化令体系"要求,吸毒者需要接受1—3年社区层面的康复服务,以重新融入社会成为守法的公民。[①] 从国际社会普遍情况来看,"医疗模式""社区模式"得到了较为广泛的认可。

长期以来,我国对吸毒人员采取的是重司法惩戒的"道德模式",如实行以强制戒毒为主、自愿戒毒和劳教戒毒为辅的戒毒制度,这种戒毒模式主要采取隔绝吸毒者与外界的方式,重视早期的生理脱毒,而对吸毒群体的心理康复和后续照管关注不够。从吸毒人数年年上升、复吸率居高不下的现实可知,重司法惩戒的"道德模式"并不能解决我国毒品的防范和治理问题。在这样的形势下,上海、内蒙古包头市等地率先提出了社区戒毒的新模式,将社会工作引入禁毒戒毒领域,倡导"社区照顾""全面康复"的理念,推动吸毒人员的社区戒毒和康复。我国的吸毒处遇模式开始从"道德模式"向"医疗模式"转变。2008年6月出台的《中华人民共和国禁毒法》从法律意义上确立了吸毒人员的"病人、违法者和受害者"三重身份,取消了劳教戒毒,明确规定了社区戒毒、自愿戒毒、强制隔离戒毒三种戒毒措施及场所康复、社区康复的戒毒康复形式,这标志着我国的戒毒策略从以强制机构为主导的"司法惩戒"模式向以社区为主导的"生理—心理—社会"全面康复模式转变。该法案提出的戒毒措施和联合国提出的戒毒包括脱毒治疗、康复治疗和回归社会三个完整的过程的含义相一致。

二、禁毒社会工作的概念

在我国,有学者认为,禁毒社会工作的起源当以美国戴托普(Daytop)国际公司与云南省的合作戒毒为标志。1991年,我国卫生部和美国戴托普国际公司签署合作协议,拟在昆明成立药物依赖治疗康复中心;1998年,云南中美戴托普药物依赖治疗康复中心(戴托普治疗社区,Therapeutic Community,TC)在昆明正式成立;2000年,戴托普国际公司开始与云南大学社会工作系合作,为云南大学社会工作系的学生提供实习场地、委派专人担任实习学生的机构督导,云南大学社

---

① 战奕霖、赵建华:《香港戒毒社会工作经验与启示》,《社会工作》2011年第5期。

会工作系为 TC 提供专业知识和技能支持,并对其工作人员进行专业培训,推动了 TC 的工作开展。这被认为是我国首家采用毒品 TC 模式,从临床医学、社会学、心理学、社会工作等多学科相结合的角度对吸毒人员进行集体治疗的专业化机构。从戴托普国际公司与云南大学社会工作系的合作可以看出,尽管"禁毒社会工作"的名称在我国还没有正式出现,但社会工作已经介入我国的禁毒工作体系。①

就我国禁毒社会工作的发展而言,2003 年是非常重要的一年。这一年,上海率先从制度上将社会工作引入禁毒领域,设立了"禁毒社工"的专职岗位,并在禁毒委和综合治理办公室的统一管理下,构建了"政府购买服务、社团自主运作、社会多方参与"的社区戒毒新模式。禁毒社会工作者充实了社区禁毒的力量,并与社区公安、医疗卫生等领域的工作人员相配合,充分动员社会多方力量参与,开启了社区戒毒工作的全新局面。2004 年,国家劳动和社会保障部正式颁布了社会工作者的国家职业标准,从而使我国社会工作者(包括禁毒社会工作者)走上了专业化、职业化的发展道路。

在上海进行的试点工作中,禁毒社会工作被界定为"将社会工作的理念和方法应用于禁毒工作领域,由具有一定禁毒和社会工作的科学知识、方法和技能的社会工作者,对工作对象提供生活关心、戒毒康复帮助、就业指导、法律咨询和行为督促等服务的一种工作过程"②。也有学者从吸毒人员的需求和社会工作的专业服务目的相结合的角度,提出"禁毒社会工作是社会工作的专业理念与方法在禁毒领域的应用,是由专业的禁毒社工运用专业知识和专业技能向吸毒人员及其家庭提供帮助,旨在帮助吸毒人员戒除毒瘾,保持操守,引导吸毒人员的自我重建,并改善他们与所处环境之间的关系,最终恢复良好的社会功能,顺利回归社会"③。2017 年国家禁毒办、中央综治办、民政部等 12 部委联合发布的《意见》提出,"禁毒社会工作是禁毒工作的重要组成部分,是坚持'助人自助'价值理念,遵循专业伦理规范,运用社会工作专业知识、方法、技能预防和减轻毒品

---

① 赵敏、张锐敏:《戒毒社会工作基础》,军事医学科学出版社 2011 年版,第 204—205 页。
② 范志海、吕伟:《上海禁毒社会工作经验及其反思》,《中国药物依赖性杂志》2005 年第 5 期。
③ 许书萍:《禁毒领域的社工方案与服务》,参见何明升主编:《司法社会工作概论》,北京大学出版社 2014 年版,第 183—184 页。

危害,促进吸毒人员社会康复、保护公民身心健康的专门化社会服务活动"。这三种界定的侧重点稍有不同,第一种强调了禁毒社会工作的职业任务,第二种强调了禁毒社会工作的职业目标,第三种则是相对广义的禁毒社会工作,凸显禁毒社会工作的对象不仅包括吸毒人员,还包括社会全员。尽管侧重点有所不同,但三个定义都强调了禁毒社会工作的专业性,主要体现在以下三点。

第一,强调禁毒社会工作的专业理念。禁毒社会工作将吸毒人员当成暂时适应不良的人,承认其自身具有发展的潜能。这种优势视角的积极取向超越了过于简单化的病理取向和过于刻板化的罪错取向。禁毒社会工作者应用尊重、真诚、同感等技术与吸毒人员建立起工作同盟,以戒毒为起点,最终帮助吸毒人员过上自主、自立、自律的生活,也就是"助人自助"。不过,在贯彻专业理念的同时,工作者也要看到禁毒社会工作服务对象的特殊性——他们同时是"违法者""病人"和"受害者"。[①] 所以,在遵守"案主自决""保密"等原则时,可能会遭遇专业司法工作和社会工作之间的矛盾,这需要工作者在具体实务过程中根据实际情况灵活开展工作。

第二,强调禁毒社会工作的专业方法。在帮助服务对象进行戒治时,社会工作者需要运用专业知识、方法和技能理解他们,建立关系,激发其求助动机,提高其戒毒自我效能感,改变其固定的行为模式。

第三,强调禁毒社会工作的专业目标。禁毒社会工作作为禁毒体系中的一环,不仅要针对戒毒者的戒治提供服务,减少毒品所带来的伤害,帮助服务对象保持操守、融入社会、完成社会康复的过程;同时要关照吸毒者的家庭,缓解其家庭因毒品而受到的创伤,恢复正常的功能,使之成为吸毒者社会康复的重要力量;此外,要和社区、学校等部门加强合作,对社会成员进行毒品预防的宣传教育,从而减少或杜绝新的吸毒者产生。

三、禁毒社会工作的发展

从 2003 年禁毒社会工作被正式提出后,我国的专业禁毒社会工作者队伍不

---

① 范志海:《禁毒社会工作的理论、政策与实践——以上海为例》,《华东理工大学学报(社会科学版)》2008 年第 1 期。

断壮大。截至2016年2月,全国已建立乡镇级社区戒毒社区康复工作办事机构2.7万个,配备专职社会工作者2.7万名,兼职社会工作者5.1万名。① 2017年出台的《意见》提出,到2020年,禁毒社会工作者总量达到10万人,实现禁毒社会工作服务在城乡、区域和领域的基本覆盖。同时,在禁毒社会工作专业化的实践探索中,形成了如上海"中致社""自强社"、广东"联众"、湖南"蓝结家园"、贵州"阳光工程"、宁夏"绿荫工作室"等地方品牌,如"绿色防复吸工程""优势拓展项目""艾滋病防治项目""家庭照管服务项目""充权使能模式""综合健康医学模式"等一批社区戒毒/康复社会工作服务项目和干预模式。

自2008年《禁毒法》确立了社区戒毒的基础性地位之后,对禁毒社会工作专业人才需求不断提升。2015年12月,国家禁毒办、中央综治办等部门联合印发《全国社区戒毒社区康复工作规划(2016—2020年)》,首次明确提出建设社会工作者队伍,并强调到2020年,全国社区戒毒社区康复工作走上制度化、规范化、常态化轨道,专业队伍保持稳定,社工队伍稳步发展,各项保障机制完善,各项措施全面落实,戒毒治疗、救助服务和社会保障全面覆盖,戒毒康复效果更加巩固,社区戒毒社区康复执行率保持在97%以上。《意见》则提出,要加强禁毒队伍的服务专业性和提升服务成效。这些都为禁毒社会工作的发展提供了有利的政策保障,也向其提出了专业化的要求。

不过,当前的禁毒社会工作发展还存在较大的地区差异,除了长三角和珠三角等部分地区,其他地区基本上还得依靠社区司法所、派出所和居委会等组织以及相关志愿者开展社区戒毒(康复)工作。② 基础薄弱、保障不足、体制机制和政策制度不完善、队伍数量缺口大且工作人员能力素质不高等问题突出,这与禁毒工作总体水平不相匹配,不能满足社区戒毒社区康复工作的需要。

四、禁毒社会工作者的知识体系

毒品戒治是需要社会各方力量参与、多个部门协同配合的系统工程,禁毒社

---

① 李施霆:《我国现有禁毒戒毒社工专职2.7万名,兼职社工5.1万名》,《中国禁毒报》2016年2月6日。

② 许翠华、胡钧:《江苏省无锡市社区戒毒模式解读》,《江苏警官学院学报》2009年第6期。

会工作者在开展工作的过程中,需要与司法、医疗、精神健康、卫生、民政等部门密切合作,在实践中运用各方资源,因此形成"多位一体"的工作方法。

正因为毒品戒治是涉及多个学科、多个领域的复杂问题,所以禁毒社会工作者需要储备丰富的知识,扮演多种角色。曼彻斯特城市大学教授萨拉·切尔瓦尼(Sarah Galvani)与英国社会工作者协会和社会工作学院等组织协商制定了一个服务于吸毒人员的专业能力框架(professional capabilities framework,PCF)。[1] 该框架提出,在服务于吸毒人员的社会工作中,社会工作者应发挥三个重要作用,分别是支持戒毒人员及其家庭成员,激发戒毒康复人员的改变动机,促使其持续改变。为了发挥这些作用,禁毒社会工作者需要掌握毒品滥用、精神诊断、政策法规及专业方法和技能这四个方面的知识。

第一,毒品滥用的相关知识。禁毒社会工作者需要了解毒品作用于人体的原理、毒品吸食的规律、毒品成瘾的症状、复吸的规律等。

第二,精神诊断的相关知识。长期吸毒会导致人格的改变,甚至和边缘型人格障碍、反社会人格障碍、精神分裂等精神疾病发生共病,因此禁毒社会工作者不仅要对吸毒人员的毒品成瘾程度进行评估,必要时还需要评估其精神健康状况、人格特征等。

第三,与禁毒相关的政策法规。吸毒经历会对个体的生理、心理和社会功能造成损害,有些吸毒者患有多种疾病,居无定所,禁毒社会工作者需要了解民政、卫生等部门的相关政策,或进行经济救助、提供医疗保险,或是帮其取得住所保障等。禁毒社会工作者还必须清楚我国目前的禁毒法律法规,如《禁毒法》《戒毒条例》中的不同禁毒政策和执行,以在不同的实际情况下为戒毒康复人员提供适当的服务。

第四,干预的方法及技能。禁毒社会工作者需要运用社会工作的专业方法对吸毒者进行评估、干预。在基于循证的干预方法中,认知行为疗法、动机促进会晤、家庭疗法等方法较为有效。

---

[1] Sarah Galvani, "Alcohol and Other Drug Use: The Roles and Capabilities of Social Worker," Manchester Metropolitan University, March 2015, pp. 8-19.

第二节　禁毒社会工作的理论基础

一、生理—心理—社会模型

毒品的成瘾性是涉及生理学、心理学、社会学等多学科的一道难题，各领域专家从各种可能的视角提出了众多解释。生理学主要从强化成瘾药物作用的脑机制和成瘾的基因遗传对吸食毒品进行解释，如神经中枢的奖赏环路、学习和记忆环路、补偿性适应学说等。心理学主要从人格特质和信息加工的角度进行解释，如有研究提出毒品成瘾与等高感觉寻求、低自我效能感、反社会性等人格特质密切相关。[①] 从信息加工角度来看，毒品成瘾是一种"自动化行为"，吸毒者对与毒品有关的线索表现出注意偏向。

毒品成瘾的生理学、心理学理论侧重于研究微观层面的影响因素，而社会学对吸毒问题的解释更多集中在个体为什么会吸毒，着重从个体所处的社会环境、社会关系和社会结构来解释吸毒的原因。比较重要的理论有以下几种。

第一，社会学习理论。该理论认为包括吸毒在内的所有越轨行为都是通过观察、模仿习得的。个体通常会认同和模仿自己所认定的重要他人、权威人物，若对个体有重要影响的人有吸毒行为，该个体也很可能习得和持续该行为。所以，在禁毒的预防和矫治工作中，需要重视吸毒人员的家庭、同伴、重要他人等的积极作用，利用他们对吸毒者的影响，帮助他习得符合社会规范的行为。

第二，标签理论。该理论以贝克、戈夫曼、库利等人为代表，认为人们在社会交往过程中总是将他人的反应加以内化从而形成一种自我概念，并据此行动和认定自我。人们对于吸毒人员往往会产生"烟鬼""无药可救"等刻板印象，即使其戒除毒瘾后也会在教育、升学、就业等方面受到歧视和排斥，这种负面标签让吸毒者感到"耻辱"，自我评价下降，归属感丧失，因而对社会也持主动排斥的态度，这"双向排斥"的过程加速了吸毒者与社会之间纽带的断裂，最终加速了吸

---

① 邓芸菁、张锋、杨宏：《毒品依赖性研究：心理学和神经生物学模式的回顾与展望》，《中国药物依赖性杂志》2006 年第 1 期；赵敏、张瑞敏：《戒毒社会工作基础》，军事医学出版社 2011 年版，第 207 页。

第十二章 禁毒领域的社工方案与服务

毒者的"社会边缘化"。① 负面标签阻碍吸毒人员回归社会，可能导致吸毒人员重陷"毒渊"，甚至做出一些反社会行为来故意报复社会。所以，标签理论主张慎贴标签，避免滥用标签，注重对一些与吸毒行为有关的专业术语的普及解释，并严格为相关人员保密，使得他们能够摆脱标签效应，重新为社会所接纳。

第三，亚文化理论。亚文化理论认为，群体成员在密切交往中形成了不同于主文化的亚文化，其为群体成员互相认同、评价自身和社会事件提供了标准。而且，群体成员还会高度效忠于亚文化群，甚至故意和主文化相对抗。亚文化理论提示我们，吸毒成瘾特别是青少年的吸毒成瘾，部分原因在于个体自身所处的吸毒亚文化群。吸毒群体常采用"群体鼓动""心理诱惑""语言激将"等方式来影响群内未吸毒的个体。显然，硬性的强制戒毒模式只能在生理脱毒阶段发挥暂时的效应，而社会的软性教育和同辈氛围却可以在长期的过程中不断发挥作用，滋生新的吸毒者。所以，制定合理的禁毒决策，重构符合人性的社会规范和文化导向，应该成为中国未来禁毒系统发展的方向。②

第四，社会控制理论。美国犯罪社会学家赫希（Hirschi）认为，犯罪是每个人的本能，大多数人之所以从未犯罪，是因为个人与社会建立起的"社会纽带"强化了个人的自我控制力，阻止了犯罪行为的发生。在预防工作中，应联合家庭、社区、学校加强对青少年的教育，使他们形成健康的社会纽带，避免走上吸毒的道路。对于吸毒人员，则应该加强家庭亲情的感化、社会的关心，以加深吸毒者对家人、社会的依恋程度；帮助吸毒人员树立自己的目标，并寻找资源支持他们投身到实现目标的过程中。

第五，交互影响理论。该理论综合了社会控制理论和社会学习理论的观点，认为吸毒行为的产生需要同时具备两个条件：一是个人与常规社会的联系被削弱；二是存在学习与强化吸毒行为的环境。不接受父母的教育、反叛社会主流的价值观、脱离学校的教育体系等都会削弱个体与常规社会的联系，继而推动其与同龄群体交往。如果同龄群体中恰好有吸毒人员，该个体就可能习得吸毒行为，

---

① 钟莹：《建构主义视角下的吸毒者与社会的"双向排斥"机制及解决策略》，《福建论坛（人文社会科学版）》2010 年第 5 期。
② 夏国美、杨秀石等：《社会学视野下的新型毒品》，上海社会科学院出版社 2009 年版，第 190 页。

而同伴群体的强化则会导致吸毒行为的持续,这使得他与常规社会的联系进一步弱化,反过来又推动个体进一步与吸毒群体的交往。显然,交互影响理论是一种动态理论,它不仅将吸毒视为一种结果,还指出吸毒会成为个体深陷吸毒亚群体的重要原因。[1]

近年来,研究者认识到,单纯依靠某一领域的理论不足以从整体上解释毒品成瘾的原因。生理学的研究忽视了对人性因素的考虑,心理学的研究无法解释耐受、戒断反应的生理因素,社会学的研究视野则过于宽泛。有鉴于此,恩格尔(Engel)倡导健康与疾病的生理—心理—社会模型(Bio-Psycho-Social Model,BPS),认为健康和疾病取决于生理、心理、社会三个因素的共同作用。[2] 这和生态系统理论的观点非常接近,重视个体及其所处情境的相互作用。对吸毒者而言,毒品、人、环境共同作用,促使其走上吸毒、毒品成瘾的道路。所以,在实务中,针对生理脱毒、心理康复和回归社会这三方面开展全方位的戒毒工作,方能取得较好的效果。

二、社区照顾理念

"社区照顾"指的是,为那些因年老、精神疾病、身心障碍、越轨行为、家庭暴力、药物滥用等而陷入困境的个体提供服务和支持,使其尽可能在自己的家中或在社区的似家环境中正常生活。禁毒社会工作吸收了社区照顾的理念,以社区为本开展禁毒工作,尽量避免强制隔离戒毒给吸毒者带来社会耻辱感,也减轻了政府部门的负担。禁毒社会工作将吸毒人员视为"高危"困弱群体的特例(他们既是违法者,同时也是毒品的受害者),提出"社区照顾和社区管理"模式,简称"社区照管"模式。该模式的最大特点是照顾与管理的统一。一方面,禁毒社会工作者以社区为本,主动为吸毒人员提供正常的满足人类基本需要的照顾服务,如帮助解决就业、低保、子女入学等问题,并以专业化的方式协助他们调适家庭关系、提升心理和社会技能。另一方面,禁毒社会工作者还承接一部分政府社会管理职能,如公安机关委托的定期尿检工作以及其他维护稳定工作等,这些管理

---

[1] 夏国美、杨秀石等:《社会学视野下的新型毒品》,上海社会科学院出版社2009年版,第190页。
[2] 杨波、秦启文:《成瘾的生物心理社会模型》,《心理科学》2005年第1期。

第十二章　禁毒领域的社工方案与服务

职能在今后较长一段时间内还将继续存在。①

此外,禁毒社会工作还将"全程照顾"的理念融入社区照顾,主要包括两层含义:一是对吸毒人员从戒毒到康复再到回归社会的全程照顾;二是从预防教育、戒毒治疗到康复服务的全程禁毒工作。这就使禁毒社会工作成为禁毒体系中非常重要的一环。

三、需要理论

需要是社会工作者理解服务对象及其环境的重要切入点。服务对象之所以出现问题或陷入困境,常常是由于其需要没有得到满足或者需要内容或满足途径不当。② 所以,在实务工作中,界定服务对象的需要类型和内容就显得十分重要。彭华民提出,以人的需要为本是本土社会工作模式建立的核心,满足服务对象的需要是制订社会工作实务方案的目标。③

"需要"是"在一个既定的情境中,一个人或一个社会系统于合理期望内发挥功能所必需的"。④ 虽然个体有其独特性,但是作为群体的成员,不同个体又有着许多共同的需要。赫普沃恩将人类的基本需要分为四个方面:正向的自我概念、情绪、个人实现和生理需要。具体内容见表12-1。⑤心理社会流派的代表人物之一托尔的观点和赫普沃恩的观点大致相同,也考虑了人类的物质、情感和社会需要。⑥ 人本主义的领军人物马斯洛提出了需要层次理论,由下至上分别是生理需要、安全需要、归属与爱的需要、自尊的需要、认知需要、审美需要和自我实现的需要。需要理论有助于我们了解服务对象的需要内容,理解服务对象问题的成因及找到解决问题的线索。

---

① 范志海:《禁毒社会工作的理论、政策与实践》,《华东理工大学学报(社会科学版)》2008年第1期。
② 杜景珍:《个案社会工作——理论·实务》,知识产权出版社2007年版,第48页。
③ 彭华民:《需要为本的中国本土社会工作模式》,《社会科学研究》2010年第3期。
④ Louise C. Johnson, Robert W. McClelland and Carold D. Austin, *Social Work Practice—A Generalist Approach*, Canadian: Allyn and Canada, 2000,转引自杜景珍:《个案社会工作——理论·实务》,知识产权出版社2007年版,第48页。
⑤ Dean H. Hepworth, Ronald H. Rooney and JoAnn Larsen, *Direct Social Work Practice: Theory and Skills*, 6th ed., Pacific Grove, 2002,转引自杜景珍:《个案社会工作——理论·实务》,知识产权出版社2007年版,第49页。
⑥ 同上。

表 12-1 赫普沃恩对人类基本需要的观点

需要的类别	需要的内容	资源所在
正向的自我概念	自我认同 自尊 自信心	重要他人(父母、亲戚、教师、同辈群体等)所提供的安抚、接纳、爱和正向回馈
情绪	感觉被他人需要和重视 同伴 归属感	父母、配偶、朋友、手足、文化上认同的团体、社会网络等
个人实现	教育 娱乐 自我实现 审美的满足 信仰	负责教育、娱乐、信仰、就业的部门和其他社会机构
生理需要	食物和衣物 住所 健康照顾 安全 保护	经济、法律、医疗单位、政府提供的社会福利体系、社会救助团体、法律协助单位等

资料来源：Dean H. Hepworth, Ronald H. Rooney and JoAnn Larsen, *Direct Social Work Practice: Theory and Skills*, 6th ed., Pacific Grove, 2002, 转引自杜景珍：《个案社会工作——理论·实务》，知识产权出版社 2007 年版，第 49 页。

有研究者通过调查发现吸毒人员的需求主要集中在以下三个方面：

(1) 生存与生活保障。如无固定住所、无法获得必要的社会福利和社会救助、无法保证一日三餐、难以负担医疗费用。

(2) 职业保障。如失业、没有职业技术和特长、受到用人单位的歧视。

(3) 家庭关系和社会交往。如家人的不接纳、与家人的冲突、缺乏正常的娱乐和社交活动、其他吸毒者的骚扰。[①]

[①] 钟莹：《男、女两性戒毒人员面临的主要困难与社会福利服务需求的比较分析》，《河南社会科学》2010 年第 6 期。

第十二章 禁毒领域的社工方案与服务

吸毒人员的需求也提示我们,在开展实务工作时,应该根据他们的具体情况,以他们的需要为导向,帮助他们解决面临的困难,这其实也是在为建立起信任的专业关系奠定基础。

第三节 禁毒社会工作的方案与服务

一、禁毒人员的实务方案与服务

(一)实务框架

开展禁毒社会工作实务既要了解吸毒者成瘾的原因,也要看到吸毒者的需要及其生存环境。英国学者据此提出了成瘾救助的六边形模型(The Six Corner Addiction Rescue System, SCARS),六边形的六个角分别代表吸毒成瘾者服务过程中重要的保护性因素,除了毒品成瘾的专业治疗因素以外,还包括五个重要的因素,即安全的住所、满意的工作、心理健康、生理健康和重要的人际关系,见图12-1。[①]

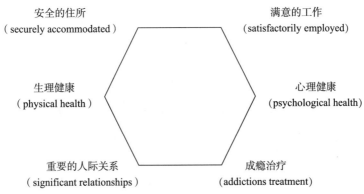

图12-1 成瘾救助系统的六边形模型(SCARS)

安全的住所对个体的重要性不言而喻,这也是人的最基本的需要之一。如果能够提供一个稳定的、安全的住所,就可以帮助服务对象安定下来,对他们的康复发挥重要的支持作用。

---

① Trevor McCarthy and Sarah Galvani, "SCARS: A New Model for Social Work with Substance Users," *Practice*, 2(16), 2004, pp. 85-97.

满意的工作可以为服务对象提供一个社会角色,使其获得生活费的来源,建立新的社交网络从而远离之前的朋友圈。研究发现,就业能够有效地推进吸毒者的康复过程,减少其复吸行为,而且增强了他们对未来的信心,使其对未来有具体的期望。[①] 美国一些犯罪学学者也提倡"以就业为基础"的戒毒治疗,帮助那些从戒毒场所出来的人获取工作,从而改变他们以往的生活方式。[②]

心理健康主要体现为客观现实有着较为正确的认知,情绪具有一定的稳定性,并能在行为上有合理的应对。不良的心理健康水平既是长期吸毒的后果,也是吸毒的原因之一。吸毒者常常会抑郁、焦虑,并产生饮食障碍、人格障碍,甚至会有精神分裂症状,此时社会工作者需要链接精神健康部门的资源,确保服务对象得到及时专业的治疗。

生理健康和心理健康一样,和吸毒也是互为因果的关系。长期吸毒会引发贫血、败血症、肝炎、支气管哮喘、静脉炎等疾病,静脉注射毒品还易感染和传播多种传染性疾病,尤其是性病与艾滋病;有些个体染上毒品是源于要缓解生理上的病痛。因此,禁毒社会工作者需要帮助服务对象联系医生进行医治,同时还得借助民政部门针对困难人群的补助政策,积极帮助他们申领救助金,使他们的病痛得到妥善的医治。

重要的人际关系主要指服务对象与配偶、父母、子女或是朋友、工作伙伴等的关系,若他们能够为吸毒者提供安全的、紧密的人际联结,也是为整个系统提供了重要的支持。

这六个角为戒毒者的戒治和康复构建了安全网络,若是每个角都能对戒毒者发挥支持性的作用,则可以预测戒毒效果会比较好;若是安全网络中的多个角都无法起到支持性的作用,则可以预测戒毒效果较差。在禁毒社会工作的实务过程中,禁毒社会工作者可以根据服务对象的客观情况,评估健康、社会环境和功能方面的保护性因素,然后选择某一个因素作为切入点,推动支持网络的构建。

---

① B. Barbieri, et al., "Small Opportunities Are Often the Beginning of Great Enterprises: The Role of Work Engagement in Support of People Through the Recovery Process and in Preventing Relapse in Drug and Alcohol Abuse," *Work*, 55, 2016.

② A. DeFulio, et al., "Employment-Based Abstinence Reinforcement as a Maintenance Intervention for the Treatment of Cocaine Dependence: A Randomized Controlled Trial," *Addiction*, 9, 2009.

第十二章 禁毒领域的社工方案与服务

SCARS 充分考虑了个人的特质、专业关系、居住环境、生态及社会结构等不同层面因素对个体戒毒的影响,此模型便于社会工作者对服务对象的复杂生活背景进行简化,并有效评估服务对象可以获得的支持和资源。

(二) 实务内容

根据成瘾救助系统的六边形模型,禁毒社会工作者主要应该做好三方面的服务。

第一,评估。吸毒人员在回归社会的过程中会遇到一系列的障碍和困难,每一个服务对象遭遇的问题以及具体需求又是各不相同的,所以禁毒社会工作者要在 SCARS 框架下,收集戒毒康复人员生活、就业、生理健康、心理健康、重要的人际关系和毒品成瘾严重程度这六个方面的资料,并对这六个方面进行系统评估,找出保护性因素和危机因素。

第二,链接资源。这主要是指回应戒毒康复人员的生活、就学、就业、医疗和戒毒药物维持治疗等方面的需求,为他们提供可能的政府资源和社会资源。比如,几乎大多数的社区戒毒康复人员都有就业的需求,禁毒社会工作者可以组织专业力量为他们提供职业技能培训,联系就业资源。再如,对于一些毒瘾较为严重的服务对象,帮助他们链接医疗部门的资源,进行美沙酮治疗。所以,社会工作者需要对专业机构或政府部门的政策、职能有着较为清晰的了解,这样才能进行有效的合作,为戒毒康复人员提供有效的服务。

第三,提供戒毒康复服务。一方面,督促戒毒康复人员积极参与尿检;另一方面,提供心理咨询和心理疏导,保持其操守,防止复吸。还可以根据现实情况,组织其他专业力量和志愿者为戒毒康复人员及其家庭提供服务,帮助戒毒康复人员提升生计发展能力,改善社会支持网络,促进社会融入,最终形成一个全面的戒毒支持系统网络。

值得一提的是,在整个禁毒工作中,社会工作者所秉持的专业价值、理念以及与服务对象建立起来的关系贯穿整个服务过程,而且影响服务的效果。因为对于戒毒康复人员来说,禁毒社会工作者自身就是重要的支持力量。在禁毒实务工作中,除了为戒毒康复人员提供个案服务外,有时候也可以运用其他的力量提供戒毒康复服务,目前运用比较多的是同伴教育(peer education)。

同伴教育又称朋辈辅导或同辈辅导,是指具有相同背景、相似经历或由于某些原因而具有共同语言的人在一起分享信息、观念或行为技能,以实现教育目标的一种教育形式。这里的同伴教育者一般是从"过来人"中选择,即曾经吸毒但已经成功戒断并保持操守的人,进行一段时期的培训,使之成为同伴教育者。可以邀请那些心智成熟、在群体内部较有影响力的人担任同伴教育者[1],他们可以更准确地传递信息,对其他成员的影响力也更大。美国匿名戒毒会(NA)应用了同伴教育的方式帮助吸毒者战胜自我、戒除毒瘾。NA康复程序的核心是按照所谓的"十二步戒毒法"进行活动,这些活动包括承认问题的存在,产生求助的要求和愿望,对自己给予公正、客观的评价,自我开放,对已经给他人造成的伤害给予补救,帮助其他吸毒者,通过助人达到自助的目的等[2]。在中国贵州三江农场开设的"戒毒爱心屋"、浙江温岭市石塘镇的"海上戒毒法"都是结合了场所康复和同伴教育来帮助戒毒人员。上海自强服务总社开展了一系列的小组活动,对同伴教育在禁毒领域的应用进行了探索,如"女子戒毒沙龙""涅槃重生同伴教育辅导小组"和"同伴自助小组"等。

二、毒品预防教育

我国的禁毒工作应用三级预防体系:一级预防体系针对青少年和其他易感人群,通过宣传教育来普及毒品知识,以提高广大群体的禁毒意识,遏制新吸毒人员的产生;二级预防针对吸毒高危人群,早发现,早治疗,降低患病率;三级预防针对毒品成瘾者,提供脱毒治疗、心理康复和社会帮教导服务,减少或延缓对个体、社会的伤害。一级预防是禁毒工作中非常重要的基础环节,因为宣传工作针对的是广大人民群众,有利于提升全民的禁毒意识,同时也让全民参与到禁毒工作中来,共同抵制毒品。

毒品预防教育的开展可以用"五进"来概括:进社区、进学校、进家庭、进企业、进人群。社会工作者可以组织丰富多彩、形式多样的活动进行禁毒宣传教育,充分利用公共媒体、传播媒介,做到电视有画面、报刊有文章、广播有声音、网络有报道,充分利用橱窗、墙报、文艺演出、手机短信、公益广告等载体开展禁毒宣传工作。

---

[1] 闫保华、王作振、王克利:《同伴教育者的选择和培训》,《中国健康教育》2004年第10期。
[2] 王瑞鸿:《戒毒社会工作:理念、原则及其方法》,《华东理工大学学报(社会科学版)》2006年第4期。

在毒品预防教育中,尤其应该加强对青少年的毒品预防教育。对强制隔离戒毒所的1200名吸毒人员的调查发现,首次吸食年龄的众数为19岁,多数吸毒人员是初中学历,有抽烟、逃学、赌博等行为,常伴有学业不良。截至2016年底,我国35岁以下青少年吸毒人数为143.3万人,为吸毒总人数的56.2%。① 以国际通行的方法计算,即实际吸毒人数为显性吸毒人数的5倍,则我国35岁以下青少年吸食毒品人数为716.5万人。以青少年为主体的滥用合成毒品问题日益突出,这正成为危害个体健康、家庭稳定及社会安全的重大危险因素。在2015年,国家禁毒委员会办公室、中共中央宣传部、教育部等14个部门联合制定《全国青少年毒品预防教育规划(2016—2018)》,青少年毒品预防教育"6·27"工程以10—25岁的青少年为重点,以学校为主要阵地,力争在三年内构建完善的青少年毒品预防教育工作体系;重点关注涉毒家庭子女、失学失业青少年、初次染毒学生等高危群体,及时将其纳入网格化管理,做好跟踪帮教。此外,所有学生都需接受以禁毒教育为主题的课程、班会、团会以及校外拓展教育。可见,毒品预防教育覆盖面的扩大充分运用了新媒体新技术,如创办禁毒网络平台、微信平台、手机报等宣传载体,举办"百万禁毒志愿者进千万家庭""全国禁毒科普教育展览""全国青少年禁毒知识竞赛"等品牌活动。

不过目前我国的毒品预防教育相对比较狭隘,主要还是围绕毒品本身来开展。而事实上,吸毒行为受到社会规范、家庭环境、法律规范、朋辈群体、家庭环境、个性特征等多方面因素的影响。美国的学校毒品预防项目则根据儿童及青少年不同成长阶段的危机因素和保护性因素(见表12-2),提出有针对性的毒品预防教育方案,增强保护性因素,减少危机因素。

表12-2 儿童及青少年涉毒的危机因素和保护性因素

	危机因素	保护性因素
学前	冲动行为 不良社交技能 学业困难	行为控制 社交技能 学习支持

---

① 中国国家禁毒委员会办公室:《2017中国毒品报告》。

（续表）

	危机因素	保护性因素
小学	冲动行为 学业失败 辍学	自我控制 情绪觉察 沟通技能 社会问题解决 学业尤其是阅读能力的提升
初中/高中	学业不良 不良同伴压力	良好的学习习惯和学业支持 人际沟通技能 同伴关系 自我效能感 拒毒能力 加强不涉毒的承诺

青少年走上吸毒道路不是突然发生的，而是在早期的冲动行为及学业失败等因素的影响下，伴随逃学、抽烟等不良行为一步步发展而来的。因此，我国的毒品预防教育一定要打破当前相对狭隘的格局，从青少年发展和积极适应的视角提出对毒品更具有免疫能力的教育方案。

禁毒工作是社会的一项系统工程，禁毒社会工作者自身的角色要求其熟悉与禁毒相关的医学、法律、政策知识以及社会工作的方法和技巧等，目前从事禁毒工作的社会工作者的能力与之仍存在一定差距。因此，亟须制定禁毒社会工作的行业标准，确定禁毒社会工作者的准入门槛、服务内容等。美国社会工作者协会（National Association of Social Workers，NASW）在2013年制定了《物质使用障碍者的社会工作服务标准》，强调了为物质滥用人员提供社会工作服务是社会工作专业的一个独特的专业实践，因此社会工作者应该秉持专业的价值理念，在专业服务中体现社会正义、尊重人的尊严和价值、强调人际关系的重要性，并能遵守保密、诚信等原则。该标准还确立了社会工作者为吸毒者及其家庭提供专业服务的范围，社会组织应该为社会工作者提供的支持，以及社会工作者在专业知识、技能、价值观、方法、敏感性、倡导、合作等十二个方面的标准。① 我国的禁毒社会工作者中有相当大的比例并非专业出身,因而更需要从标准上予以规范,同时提供禁毒服务的社会组织应该为社会工作者提供专业、持续的系统培训和实务督导,提升其专业服务水平。此外,在目前政社合作体制下,禁毒社会工作者的专业身份在"助人者"与"管控者"间变得十分矛盾。如何协调这样一种紧张关系,对社会工作专业伦理与社会工作管理都提出了严峻挑战。② 进一步健全完善服务协同合作机制,理顺不同部门之间的职责与界限,才能推进我国禁毒社会工作的专业化发展。

---

① M. S. Fisher, et al., *NASW Standards for Ssocial Work Practice with Clients with Substance Use Disorders*, Washington: National Association of Social Workers, pp. 1-24.
② 范志海:《"过渡性社会工作模式"的建构与上海禁毒经验》,《社会科学》2005 年第 6 期。

第十三章

信访领域的社工方案与服务

在司法社会工作领域中,信访社会工作(或称为信访领域的社会工作)是较为独特的一部分。原因在于信访是一种具有中国特色的,党和政府密切联系群众、倾听群众呼声、解决群众困难、化解内部矛盾的重要途径。伴随我国社会转型和进入"矛盾凸显期",人民群众对自身权益维护之心愈胜,信访活动趋增,加之"越访""重访""积访""闹访"事件的发生,信访工作亟须整体升级和延展。正因如此,在中国场域和语境下,创新信访工作,开辟和开拓信访社会工作领域就成为一个重要问题和一项迫切任务。

第一节 信访与信访社会工作

一、信访

(一)信访的概念

如上所述,信访是一种具有中国特色的,党和政府密切联系群众、倾听群众呼声、解决群众困难、化解内部矛盾的重要途径,那么,在概念上,什么是信访?如何界定信访?

关于信访,2005年公布的《中华人民共和国信访条例》(以下简称《信访条例》)的第2条对此明确规定:是指公民、法人或者其他组织采用书信、电子邮件、传真、电话、走访等形式,向各级人民政府、县级以上人民政府工作部门反映情况,提出建议、意见或者投诉请求,依法由有关行政机关处理的活动。采用前款规定的形式,反映情况,提出建议、意见或者投诉请求的公民、法人或者其他组织,称信访人。①

(二) 信访的要点

一是作为信访主体的信访人。根据《信访条例》上述界定,我们可以看到,作为信访主体的信访人是多元的,既可以是个体公民,也可以是法人,还可以是其他组织形式,如非法人组织。这就是说,信访活动既可以是公民个人信访——作为一种个人行为,也可以是法人信访——作为一种组织行为。那种认为信访主要就是公民个人信访,把信访人限定在公民个人,将公民个人的信访与公民所在组织进行的信访不加以区别的观点和做法都是不正确的。②

二是信访的形式和渠道。从《信访条例》的界定看,信访形式和渠道是多种多样的,包括所列举的书信、电子邮件、传真、电话、走访等形式。应当说,既有传统形式,又有新型形式;既有直接形式,又有相对间接的形式。这些形式都具有同等重要的地位。除此之外,《信访条例》还以"等"的表述方式给予未来其他新兴信访形式(如微博、微信)作为信访渠道的发展空间,表明以后随着信息化的推进,信访的渠道还可能扩大化。事实上,2016年9月1日,国家信访局已专门开通了微信信访渠道,国家信访局微信公众号设置有"网上信访"栏目,用户可以通过"网上信访"提交投诉请求、查询信访事项办理情况并进行满意度评价,这体现了信访渠道扩大化的趋势。

三是信访要依法进行。《信访条例》规定:当信访人"向各级人民政府、县级以上人民政府工作部门反映情况,提出建议、意见或者投诉请求"后,应"依法由有关行政机关处理"。这里专门强调了"依法"两字。这就是说,信访活动及其处理是在法律框架内进行的,而不是绕开法律,更不是蔑视法律甚至推翻法律。在这种背景下,一些学者认为,信访制度是一种权大于法的呈现,应当说这种观点与我们国家设立信访的初衷并不完全相符。

(三) 信访的历史

在我国,作为一项制度设计,信访经历了一个发展的过程。

---

① 在本书中,我们也称信访人为上访人。
② 有的信访活动是组织信访,个人信访并不代表个人,而是代表组织,这种情况需要区分和注意。

作为一种老百姓与官员联系的渠道,信访在我国古已有之。据一些学者考证:在我国尧舜时期设立进善旌、诽谤木、敢谏之鼓;周王朝设立了路鼓和肺石;秦汉时期出现了公车司马、周鼓上言变事和诣阙上书制度;魏晋时设置登闻鼓和华表木制度,南朝设有谏鼓和谤木,北齐时期正式出现了"邀车驾"的上访形式;隋代设置了谒者台,并继续保留谏鼓制度;唐代继续设有肺石和登闻鼓,武则天时还创设匦使院;宋代先继承了唐代的登闻鼓和匦使院两个系统,后来演变为登闻鼓院、登闻检和理检司等信访机构;元明两代继续保留登闻鼓与邀车驾等信访制度;清代出现了叩阍与上控等信访制度等。① 由此可见,我国古代社会就有"击鼓鸣冤"之传统,上至皇帝下至一些性情官员也常常能"为民作主",借由信访的渠道为民排忧解难。甚至,一些人还因此成就了自身的机遇。②

我国古代的信访取得了一些成绩。但是,由于王朝认识和历史的局限性,我国古代没有也不可能形成一套规范性的、具有法治精神的信访制度。真正意义上的规范性信访及信访的规范性提法,则是在中华人民共和国成立以后出现的。

一些学者专门梳理了中华人民共和国成立以后,我国信访工作从无到有的发展历程。③ 中华人民共和国成立之初,历史遗留下诸多问题,包括失业问题,人民群众来信来访活动十分活跃。在这样的背景下,1951年4月底,中共中央书记处政治秘书室的工作人员在调研之后,以综合报告的形式向党中央和毛泽东汇报,提出要正确对待人民来信来访,积极建议各级领导机关根据信访数量,指定专人兼管或设置专门机构负责处理这项工作。毛泽东主席阅后非常重视,充分肯定了该报告的基本观点和意见,随即作出了重要批示,并连同报告一起下发到各中央局及各地方党委和人民政府。在报告批语中,毛泽东特别说明这是专为他处理人民来信的秘书室写的报告,指出该报告的观点是正确的。这样,信访就为人民提供了一条反映情况的途径,特别是提供了一条解决难题的途径。毛泽东的批语连同秘书室的报告印发全国后,各地都逐步建立起信访机构,许多

---

① 吴秋林:《我国古代信访及其启示》,《江淮法治》2010年第7期。
② 例如,唐朝开元十三年(725)年唐玄宗李隆基率朝臣泰山祭天,当时8岁的刘晏虽为一介平民之子,但居然进入警卫森严的皇家驻地,献上《东封书》,直接要求见皇帝,最后受皇帝赏识,最终到49岁时成为宰相。马立诚:《历史的拐点》,浙江人民出版社2008年版,第60—61页。
③ 王茜:《建国初期中央秘书室对信访工作的开拓与建设》,《湖南科技大学学报(社会科学版)》2012年第7期。

第十三章　信访领域的社工方案与服务

县建立了县长、书记接见群众来访日制度,定期接见来访群众。同时,党政机关、企事业单位也逐步设置和健全信访机构,增加专职、兼职信访干部。从1951年7月到1954年6月,中央人民政府各部委和中直机关有12个部门设立了接待室、人民信件组等专门机构。许多大行政区、省、自治区和市先后设置了处理人民来信来访的专门机构,配备了专职干部。1952年以后,县级机关普遍建立信访机构,配备专、兼职信访干部。1957年发布的《国务院关于加强处理人民来信和接待人民来访工作的指示》规定,县以上人民委员会"一定要有专职人员""专职机构"处理信访工作。到1963年,《中共中央、国务院关于加强人民来信来访工作的通知》重申,专人做信访工作的规定"应当仍然有效"。这表明信访部门已从临时性的应急机制转变为常设机构。① 应当说,这种针对人民群众致函或走访的有关部门——信访机构,在我国正式确立,信访活动取得了重要成果。

党和国家高度重视人民群众来信来访工作。毛泽东、邓小平、江泽民、胡锦涛、习近平等领导人都对信访工作发表过重要讲话。中华人民共和国成立以来,我国先后召开了八次全国信访工作会议。1995年10月28日,国务院发布了《信访条例》(国务院令第185号);2005年1月,国务院发布了修订的《信访条例》(国务院令第431号),自2005年5月1日起施行,1995年《信访条例》同时废止;2007年3月,中共中央、国务院颁布《关于进一步加强新时期信访工作的意见》;2008年6月,监察部、人社部、国家信访局联合发布《关于违反信访工作纪律处分暂行规定》;2008年7月,中央纪委下发《关于违反信访工作纪律适用〈中国共产党纪律处分条例〉若干问题的解释》;2009年1月,中共中央办公厅、国务院办公厅转发《关于领导干部定期接待群众来访的意见》《关于中央和国家机关定期组织干部下访的意见》《关于把矛盾纠纷排查化解工作制度化的意见》,国家信访局设立"国家投诉受理办公室"并发布受理网址。2009年,国家还出台了信访代理制度,并大力推行信访听证制度。特别是,2011年1月24日,国务院总理温家宝同志首次来到国家信访局,接待到京上访群众。这是中华人民共和国成立以来,国务院总理第一次面对面地倾听上访群众的呼声和困难,海内外舆论对此给予了极高的评价。

---

① 王茜:《建国初期中央秘书室对信访工作的开拓与建设》,《湖南科技大学学报(社会科学版)》2012年第7期。

2013年7月1日，国家信访局正式全面放开网上投诉受理内容，这标志着我国的信访人可以通过各级信访部门的网站反映诉求。2014年2月25日，中共中央办公厅、国务院办公厅印发了《关于创新群众工作方法解决信访突出问题的意见》，对着力从源头上预防和减少信访问题发生、进一步畅通和规范群众诉求表达渠道、健全解决信访突出问题工作机制、全面夯实基层基础、切实加强组织领导等方面提出了要求。2014年3月，中共中央办公厅、国务院办公厅印发《关于依法处理涉法涉诉信访问题的意见》，要求各地区各部门切实加强协调配合，健全涉法涉诉信访工作机制，努力形成依法解决涉法涉诉信访问题的合力。这开启了诉法分离，把涉法涉诉信访事项从普通信访体制中分离出来，涉及民商事、行政、刑事等的信访事项统一由政法机关受理，信访部门不再受理。同年，中央政法委制定下发《关于建立涉法涉诉信访事项导入法律程序工作机制的意见》《关于建立涉法涉诉信访执法错误纠正和瑕疵补正机制的指导意见》《关于健全涉法涉诉信访依法终结制度的实施意见》三个文件，力求推动政法机关建立健全导入、纠错、退出机制，着力解决涉法涉诉信访案件入口不顺、程序空转、出口不畅等突出问题。2016年9月1日，国家信访局进一步开通了微信信访渠道，适应了信访工作的新趋势。2017年7月，第八次全国信访工作会议顺利召开。

由此，我国逐渐完善原有的信访工作体系，信访工作取得了突出成绩，涌现出了如吴天祥、张云泉、陈淳、潘作良、李海景等一大批先进的工作典型，他们在维护人民群众权益等方面起到了重大作用，受到党委、政府、人大、政协和广大人民群众的好评。

二、从信访到信访社会工作

（一）当前我国信访的难点

虽然我国当前的信访工作取得了一定的成绩，但是仍然存在问题，具体来看，主要集中在下述四个方面。

一是耗费精力大，工作成本高。当前我国正处于发展的重要战略机遇期，又处于社会矛盾凸显期。在这样的背景之下，一些深层次的体制性矛盾和问题逐渐显现出来，从而在面上形成了大量信访难题。因此，当前信访标的已从原来的

第十三章 信访领域的社工方案与服务

以提出政策建议、解决个人具体问题为主,发展到包括房屋征收、拆迁、土地管理征收、劳动合同、社会保险、住房改革、离休退休、退伍安置、优抚救济、水库移民、医患纠纷、计划生育、历史遗留等多项内容。虽然目前信访总量在各方努力下有所下降,呈现出总量减少、结构向好、秩序平稳的态势①,但转型期大量社会问题产生,信访作为体制内矛盾解决的一个出口面临着极大的工作压力。对于信访部门而言,一方面,信访部门本身只是一个协调部门,并没有直接事权,信访问题最终仍然要靠实际工作部门解决;另一方面,信访部门的人员编制相对固定,这样,少量编制且无事权的信访部门面对日益增加的信访工作必然要耗费大量的工作精力和工作成本,信访部门解决相关问题的能力和效率就成了一个突出的问题。

二是"越访""重访""积访""闹访"事件频发。在信访部门解决问题的能力和效率成为问题的背景下,"越访""重访""积访""闹访"事件不断发生。所谓越访就是越级信访,我国信访工作遵循属地管理、分级负责、谁主管、谁负责的原则②,但是由于基层群众有时不明真相,对基层政府不信任,动辄上访、给有关部门写信,给基层信访带来了极大的困扰。所谓重访是对同一信访事件进行一次又一次上访(再访),不仅包括那种在信访结论出具以后的再访,还包括在信访处理时间内的再访。所谓积访是指经信访程序处理尚未化解,且已有相当时间跨度的信访矛盾,这种矛盾往往由于体制、政策、延续性等影响因素,长期得不到解决。除此之外,还有闹访,就是信访人对信访及信访事项不满,采用谩骂、暴力等手段污辱信访接案人员、破坏信访工作秩序等活动。当前信访工作还存在着这样或者那样的问题,信访机构本身的职责和权限有限,这就使得上述问题不断凸显,类似情况激增。

三是与法治有一定的矛盾。正如我们在前文提到的,信访本身需要依法进行。但是实际的信访实践却与依法治国之间有一定的张力。一方面,从理论上看,诉讼渠道应当成为法治社会权利救济的最后一道防线,但是在实际运行过程中,信访渠道往往承担着最后一道防线的重任,这使得许多事件的最后裁决和解

---

① 张洋:《为党分忧为民解难——第六次全国信访工作会议以来信访工作成就综述》,http://politics.people.com.cn/GB/n/2012/0713/c70731-18513872.html,2018年12月23日访问。

② 从2014年5月1日起,各级信访部门已明确,为规范信访秩序,不再受理"越访"。

决仍然不是依靠法律法治，而是依靠"领导人治"。特别是，部分领导干部法治观念淡薄，面对人民群众来信来访，没有处置经验，毫无原则作出批示，要求推翻法院已经做出的正确判决结论，对司法的独立性、法治社会的发展形成严峻挑战，导致尊重法律和尊重领导意见间的矛盾。①另一方面，信访救济在许多方面又类同于调解，虽然公平性应当成为追求的目标，但作为一项工作更注重其社会稳定结果，因此，它不同于判决，部分问题确实需要当事人的理解和妥协。

四是信访行业化。近年来，我国信访量激增。大量上访已成为各地政府极为关注的问题，由此，从中央到地方都将上访人数作为一项工作考核指标，形成一票否决制，对各地政府施加了很大的压力。而社会舆论也多把上访归结于基层干部工作能力及工作水平不行。众多压力之下，基层政府倾向于以"花钱买平安""人民群众矛盾人民币解决"作为工作原则，在这种思路的影响之下，"会哭的孩子有奶吃"，致使一些信访者的无理要求被不断满足，胃口越来越大，这从客观上刺激了信访的增多。信访已演变成了一项"产业"。由此，社会上出现了部分不再从事本职工作，专事上访，以获取各项补助为信访目标的"专职上访者"；出现了部分非国家体系范围内，以帮助信访者上访获取利益并借此分享利益为目标的信访"顾问"。

(二) 信访社会工作介入信访的可能性

针对上述信访存在的问题，也有不同的学者提出了相关工作思路，主要有两种：一种是取消信访；另一种则是进行信访创新。

第一种思路认为，考虑到当前的信访压力、信访与法治的矛盾，应当取消信访。于建嵘从2004年前后开始思考信访问题，他在总体上对当前信访作为一种救济形式的存在持反对态度，他认为："信访制度作为一项具有中国特色的政治参与和权利救济制度，虽然在计划经济时代起到过一定作用，但由于这一制度存在诸多缺陷，已不适应目前的市场经济环境，在客观上成为国家政治认同流失的重要渠道，并引发了多起群体性事件，如果不进行彻底改革，将会产生十分严重的政治后果。"他指出："信访活动出现困境的最集中表现，就是建立在压力体制

---

① 中共中央办公厅、国务院办公厅2013年印发《关于依法处理涉法涉诉信访问题的意见》已明确提出实行诉讼与信访分离制度。

之上的信访责任追究制。这种以上访量特别是进京上访量为最基本考虑指标的追究制,虽然能解决一些信访问题,但地方政府为了息访,对信访公民要么收买或欺骗,要么打击迫害,反而诱发更多的信访案件。因此,我们需要从现代国家制度建设特别是国家的宪政建设和长治久安的角度重新定位信访的改革方向。"根据当前的情况,他建议从行政、法律、政治三个层面对信访制度进行稳妥而有步骤的改革。"从行政层面来看,给各级党政部门减压和给信访公民松绑,以减小信访的规模和冲击性,维护社会稳定;从法律层面来看,强化各级司法机关接受公民告诉、申诉及处理案件的责任和能力,由司法机关承办目前积压在信访部门的案件;从政治层面来看,撤销各级政府职能部门的信访机构,把信访集中到各级人民代表大会,通过人民代表来监督一府两院的工作,并系统地建立民众的利益表达组织。"①

第二种思路以肯定信访功能为主,从当前信访工作的实际出发,认为信访工作当有所转型和创新。应星认为,与诉讼救济相比,信访救济可以节省经济成本或至少让行政相对人感觉成本较低;信访救济更有利于冲破关系网的束缚,增强裁定的相对独立性;信访救济在救济效力上略胜诉讼救济。因此,在他看来:鉴于现行行政诉讼制度本身的诸多缺陷,审判独立尚待实现、司法腐败依然严重,地方关系网的无所不在、神通广大,现行的行政诉讼体系在程序正义中很可能包含有实体不正义的一面。信访救济尽管缺乏规范的程序,尽管有很强的人治色彩和恣意成分,但它反而可能包含了实体正义的一面。尽管要实现这种实体正义不仅仍然是非常艰难的,而且还是非常偶然的,但是,在健全行政诉讼制度、树立法律至上权威的漫长过程中,信访救济无论对于仍对行政诉讼持怀疑态度的行政相对人来说,还是对于在行政诉讼中走投无路的行政相对人来说,都具有重要的意义。正是这样,他认为:"经过制度的创新,信访这种'陈旧的'救济方式可以重新焕发出青春,在法治建设的过程中发挥一个重要的,甚至是不可替代的作用。"②

相对来看,我们赞成第二种思路。这是因为,一方面,在我国现有客观条件

---

① 于建嵘:《取消信访责任追究,给地方政府减压》,《南方日报》2009年6月17日;刘爽:《于建嵘:力主终结信访》,《法律与生活》2005年9月(下)。

② 应星:《作为特殊行政救济的信访救济》,《法学研究》2004年第3期。

下,贸然取消信访,等于减少了体制内部的一个民意出口,这在事实上也减少了社会本身所需的一个"安全阀",在当前还没有进行制度整体性创新的情况下,这或许是不妥当,至少是不合时宜的。另一方面,信访与法治固然有一定的矛盾,但是从法治角度来看,贸然取消信访,事实上并不会带来法治建设的飞跃,当前的法治建设还应当主要依靠内涵建设、提高干部和公民的法治意识、完善法律和法律的执行来实现。

这并不是说信访工作不需要有所进步,我们同样认为,信访工作应当优化和提升。在当前背景下,应当做一些加法,例如信访工作可以与党代会常任制、人民代表大会制度等联系起来,做好各项制度间的衔接;可以与社会工作联系起来,拓展信访的工作面,创新其工作载体。信访社会工作呼之欲出。

因此,信访与社会工作结合,在信访活动中注入社会工作的精神、因素、技巧,形成新型的信访社会工作,意义重大。这可以从三个方面加以认识。

一是信访工作体制创新及承载形式需要信访社会工作。笔者认为,当前信访工作正面临着重要转型。一方面,可以按照一些学者提出的"扩权"思路,进一步赋予信访部门相关事权,或将信访与现有的党代表常任制、人大政协委员议案提案制等连接起来;另一方面,应当开拓信访的工作渠道,在信访领域大力推进社会工作的方案与服务。我们要把个案工作方法运用到信访工作中,通过个案工作强化信访人与信访机构、处置机构间的沟通。我们要把小组工作方法运用到信访工作中,通过在一定范围内开展相应的小组工作,将有同样诉求的个体组织起来,通过举办学习班,教会他们法律知识,帮助他们维权,让他们相信党、相信政府,减少重访、闹访、积访,最终调节和控制好信访节奏。我们还要把社区工作方法运用到信访工作中,在基层社区的"面"上普及信访知识,宣传普及法治,将矛盾和不稳定因素消除在第一状态。这样,通过注入社会工作精神、因素、技巧,信访工作的体制和承载形式得到了创新,面向上访者的信访处理手段、处理工具丰富多样,自然就有可能取得更好的效果,使党政和人民群众都满意。

二是社会工作能为信访提供大量的理论与技巧支撑。除了接受意见建议以外,作为救济方式,信访工作是一种处理人际关系的工作,它要帮助利益受损者讨回公道。当然,这并不是一蹴而就的,需要一定的时间、一定的过程、一定的博弈,可能引起上访者的不满。这为专门"助人自助"的社会工作提供了施展才华的舞台。正如一些学者所指出的那样:"在传统信访工作处理过程中,经验和习惯的积累已经成为信访工作方法和技巧获取的主要渠道之一。但是,经验和习惯只有形成一定的理论体系和结合专业的技术手段才能适应信访工作的需要,目前专业的理论体系对信访工作实践的探讨尚不多见。随着社会工作学科研究与发展的成熟,职业化的推广,社会工作实务已有的理论基础和实务模式能为信访工作实践中理论和技术方法的拓展服务。信访工作看起来是事务性的工作,实际上这些事务性的工作中蕴藏着很多工作的技巧,用什么样的方法处理信访问题,直接影响着信访效能的发挥。"[1]因此,社会工作介入信访或者说在信访领域提供社会工作方案和服务正成为一种需要。

三是新时期的信访工作需要一支规模可观的社会工作者队伍。笔者曾经在多篇文章中指出:一方面,随着社会建设任务的加重,需要大量的人员和人才;另一方面,则存在着编制紧张、大部制合并等人员减缩的趋势。[2]这样,社会建设就必然面临人才缺、人员少的困难。由此,形成社会化工作机制,通过政府购买服务发动社会力量参与就是一个必然的选择。对于信访工作而言,同样面临着这样的困境:一方面,信访量大,标的复杂;另一方面,人员少,专业人才更少,不可能在短期内大幅度增加编制。如何解决人员的稀缺同样成为一个必须面对的问题。而信访社会工作有可能为信访接案活动提供一支规模可观的社会工作者队伍,以解决这样的问题。

三、信访社会工作的含义

所谓信访社会工作,主要是指社会工作者在信访领域,以利他主义为指导,运用社会工作特有的方法技巧,安抚信访人员,优化信访实践,助力信访正义,维护信访秩序的职业化的服务活动。

具体来看,信访社会工作分为广义和狭义两个层面:广义层面指的是行政性信访工作。狭义层面则指专业社会工作,即受过训练的社会工作者运用社会工作方法,在微观领域与信访者进行交流、沟通,帮助其排忧解难,而在宏观领域对信访活动进行优化设计,改进其服务专业性和实效性的一项服务工作。

---

[1] 木薇:《社会工作介入信访实践的拓展性探讨》,《社会工作》2010年第16期。
[2] 童潇:《关于社会建设若干理论问题的辨析》,《教学与研究》2012年第5期。

下文所指的信访社会工作更多指专业性的信访社会工作，但是也包含一般意义上的行政性信访社会工作内容。

第二节 信访社会工作的目标与内容

一、信访社会工作的基本目标

(一)维护公民(人民)及组织的基本权益

信访社会工作的第一个基本目标就是维护公民(人民)及组织的基本权益。绝大部分公民及组织之所以要进行信访，往往是认为自身的权利和利益受损，并且这种损失超出了自身忍受的边界，因此他们才愿意去进行信访。我们并不排除确实有少部分是无理闹访的个体，但是，闹访往往也有其利益受损的诱发因素。因此，我们需要以维护公民权益作为信访社会工作的重要目标。要"权为民所用、情为民所系、利为民所谋"，一切以人民为中心，切实围绕人民群众(案主)最现实、最关心、最直接的利益问题而展开工作。只有这样的信访社会工作才是得民心的社会工作。

不仅公民有自身的基本权益，组织也有基本权益。中国共产党没有自身的私利，政府组织也不应有自身利益，党和政府代表最广大人民群众的根本利益。但社会组织、商业组织有自身利益，它们都会遇到自身利益受损的情况，这种情况下，它们可能以信访作为权利救济的渠道。这时，维护组织的基本权益也是信访社会工作的重要内容和重要目标。

(二)解决群众的信访困难

群众有信访的需求。与诉讼相比，信访是一种相对廉价的权利救济渠道。但是这并不是说群众信访就是"一帆风顺"、没有成本的，事实上他们也会遇到各方面的困难。(1)信息不对称。例如，从空间角度来看，群众有可能根本就不知道信访的地点在哪里，前往信访地点应当准备哪些材料。这需要信访社会工作者的帮助。(2)信访成本。对于一些群众，特别是贫困地区的群众，或者是城市里的生活困难群众，信访前的资料复印、取证、交通、咨询都会产生费用，筹措经费，或是用其他方式减轻这一负担(如后文我们将要提到的信访代理)，这也需要信访社会工作者的帮助。(3)知识储备缺陷。信访内部标的很多，需要掌

第十三章　信访领域的社工方案与服务

握相应的法律知识，但是，上访人往往欠缺专业性，这就需要增强知识储备。信访社会工作者应当提供专业知识方面的帮助。（4）情绪调整。信访救济是由于利益受损（至少是自认为利益受损，或要建构起利益受损情况）引发的，其过程必然牵涉到信访人情绪的不稳定。信访社会工作也要以安抚信访者情绪为重要的工作目标。

（三）为党政和人民沟通架起桥梁

我们的党是密切联系人民群众的政党，是全心全意为人民服务的政党，也是代表最广大人民群众利益的政党。虽然党和人民群众间的联系不存在障碍，但是需要各种渠道和途径去丰富它、完善它，而信访社会工作是党政和人民群众联系和沟通的重要渠道和桥梁。可以从两个方面理解这种渠道和桥梁的目标指向。一方面，在我国，党委、政府在社会管理和社会建设的过程中负主要领导责任，这就要求党委和政府深入群众一线，直接倾听群众呼声，帮助群众解决困难。同时，我们需要指出，党和政府不可能永远在一线处理所有的事情，不可能做到大包大揽。这不仅不利于党和政府本身发挥作用，也不利于群众福祉的提升。信访社会工作的出现为我们党政解决一线问题提供了助力和载体。另一方面，人民群众要有序参与社会公共生活，也需要有一定的桥梁和渠道。我们要面向一些共性的问题，以一种渠道去合法反映共同的问题。信访社会工作，特别是如信访代理、信访监察就为此提供了桥梁，由此党政和人民群众更近了，人民群众也更满意了。

（四）维护社会秩序与稳定

信访社会工作的第四个目标是要维护社会秩序和稳定。当前我国正处于矛盾凸显期，同时也处于战略机遇期。在这样一个各种矛盾不断产生、"成长中烦恼"的时代，要平衡机遇和矛盾间的关系，抓住当前对中国发展最为有利的形势，聚精会神搞建设，一心一意谋发展，就必须旗帜鲜明地维护社会的秩序和稳定。信访是公民的一项基本权利。所谓权利，指的是在一定的法律关系中，法律关系的一方对另一方所享有的可以要求对方作出一定的作为或者不作为，并为法律规范所认可的一种资格。① 公民信访的权利必须被尊重，不容剥夺，信访社

---

① 林来梵：《宪法学讲义》，法律出版社 2011 年版，第 193 页。

会工作者应当尽己所能,尽心尽力给以重要帮助。但这并不意味着信访社会工作要去激化社会矛盾,而是要求信访社会工作者既维护公民的权利,又要有能力缓和、消解那种尖锐的矛盾。这是由我国当前的形势所决定的,它考验着信访社会工作者的智慧和能力。

二、信访社会工作的主要内容

下述七个方面既包括一般行政性信访工作的内容,也包括专业性信访社会工作的具体指向。

一是信访基本工作。这主要是指信访的接案、处理等基本工作。《信访条例》对于信访基本工作作了相关规定。第 21 条规定:县级以上人民政府信访工作机构收到信访事项,应当予以登记,并区分情况,在 15 日内分别按下列方式处理:(1)对本条例第 15 条规定①的信访事项,应当告知信访人分别向有关的人民代表大会及其常务委员会、人民法院、人民检察院提出。对已经或者依法应当通过诉讼、仲裁、行政复议等法定途径解决的,不予受理,但应当告知信访人依照有关法律、行政法规规定程序向有关机关提出。(2)对依照法定职责属于本级人民政府或者其工作部门处理决定的信访事项,应当转送有权处理的行政机关;情况重大、紧急,应当及时提出建议,报请本级人民政府决定。(3)信访事项涉及下级行政机关或者其工作人员的,按照"属地管理、分级负责,谁主管、谁负责"的原则,直接转送有权处理的行政机关,并抄送下一级人民政府信访工作机构。县级以上人民政府信访工作机构要定期向下一级人民政府信访工作机构通报转送情况,下级人民政府信访工作机构要定期向上一级人民政府信访工作机构报告转送信访事项的办理情况。(4)对转送信访事项中的重要情况需要反馈办理结果的,可以直接交由有权处理的行政机关办理,要求其在指定办理期限内反馈结果,提交办结报告。按照前款第(2)项至第(4)项规定,有关行政机关应当自收到转送、交办的信访事项之日起 15 日内决定是否受理并书面告知信访人,并按要求通报信访工作机构。第 22 条规定:信访人按照本条例规定直接向

---

① 《信访条例》第 15 条规定:信访人对各级人民代表大会以及县级以上各级人民代表大会常务委员会、人民法院、人民检察院职权范围内的信访事项,应当分别向有关的人民代表大会及其常务委员会、人民法院、人民检察院提出。

第十三章 信访领域的社工方案与服务

各级人民政府信访工作机构以外的行政机关提出的信访事项,有关行政机关应当予以登记;对符合本条例第14条第一款规定①,并属于本机关法定职权范围的信访事项,应当受理,不得推诿、敷衍、拖延;对不属于本机关职权范围的信访事项,应当告知信访人向有权的机关提出。有关行政机关收到信访事项后,能够当场答复是否受理的,应当当场书面答复;不能当场答复的,应当自收到信访事项之日起15日内书面告知信访人。但是,信访人的姓名(名称)、住址不清的除外。这些工作是信访社会工作者的基本功,特别是从事行政性信访社会工作人员,应当不折不扣把这些基本工作完成好。

二是信访代理。信访代理就是,信访社会工作者倾听并记录群众意见、建议、投诉,代理群众以正常渠道进行上访的社会工作形式。目前,信访代理工作已经在北京、福建、新疆等地推行,取得了极好的效果,并得到了群众的肯定。信访代理是信访社会工作的重要创新。以往的信访往往是由当事人直接完成,虽然当事人行动执着,但正如前文所说,一方面成本较高,另一方面由于成本较高,部分当事人可能放弃反映意见,造成相应的利益损失。而信访代理活动,将群众的直接上访转变为信访工作者的代理上访。虽然信访社会工作者可能对于内容的熟悉度不及当事人,但是信访社会工作者更熟悉信访流程,这有助于降低信访成本,解决群众"不会访""无序访"和"走弯路"的问题。

三是信访培训。信访培训是信访社会工作的重要内容。这个培训应当包含两个方面。一个方面是对信访社会工作者的培训。包括信访的基本规则、督查督办,信访社会工作的具体技巧、对待信访者的礼仪态度及风险规避等内容,只有把信访社会工作者培训好,让他们具有良好的职业素养,礼仪素质,富有同情心、爱心和热心,他们才有可能真正做好信访工作,让绝大部分利益受到损害的信访者满意而归。另一个方面则是对信访者本人的培训。许多信访者对信访程序等事宜不熟悉,对涉访法律的适用不熟悉,因而产生了许多"越访""重访""闹

---

① 《信访条例》第14条规定:信访人对下列组织、人员的职务行为反映情况,提出建议、意见,或者不服下列组织、人员的职务行为,可以向有关行政机关提出信访事项:(1)行政机关及其工作人员;(2)法律、法规授权的具有管理公共事务职能的组织及其工作人员;(3)提供公共服务的企业、事业单位及其工作人员;(4)社会团体或者其他企业、事业单位中由国家行政机关任命、派出的人员;(5)村民委员会、居民委员会及其成员。对依法应当通过诉讼、仲裁、行政复议等法定途径解决的投诉请求,信访人应当依照有关法律、行政法规规定的程序向有关机关提出。

访"现象,加强对信访者的培训有利于帮助他们分析问题、知晓规则。与此同时,当前还有一些上访者由于不熟悉相关的规范、流程,听信一些声称能帮助解决问题的诈骗者的蛊惑而被"骗访",未获得权利救济,反倒损失钱财。加强对信访者的培训也有助于从源头上避免这些现象发生。信访社会工作者同时应当承担相应培训责任。

四是下访、回访。下访、回访也是信访社会工作的重要组成。下访是指信访社会工作者扎根基层,认真倾听群众及上访者呼声,将他们的意见向上传递的社会服务工作。回访则是在上访者反映事项尚未完全结案期间,重新访问上访者,听取他们的进一步意见建议及补充材料的社会服务工作。近年来,我国安徽、湖北、海南等地在下访方面做了一些探索。据国家信访局2012年12月"全国干部大下访"专题介绍,安徽省于2011年9月中旬开展"五级书记带头大走访"活动,省、市、县、乡、村五级党组书记带头进农村、进企业、进社区、进学校,问需问计问民生。活动开展半年间,安徽各级党员干部纷纷深入基层,与群众同吃同住同劳动;在走访中倾听百姓所思、所想、所盼,共商"兴皖富民"大业,在"零距离"接触、面对面交流中,党和群众的血肉联系更加密切。安徽下访"访民不扰民,走访不走秀","联系群众见真情,为民谋利出实招","干部思想受触动,服务群众长本领",取得了很大成绩。① 2015年6月,国家信访局印发《关于进一步加强和规范联合接访工作的意见》,要求通过分级分类接访、领导干部定期接访、领导干部带案下访、视频接访等方式,将信访事项特别是初次来访解决在初始、化解在属地。

五是信访监督。信访监督有几层含义。第一层广义概念指,信访本身是一种监督渠道,人民群众通过信访渠道向党和政府揭发、检举、控告各级党政机关工作人员违法、失职行为,本身就是一种监督方式。第二层概念则是指,信访社会工作者(包括专业信访社会工作者和部分行政性信访社会工作者)接受信访人的上述揭发、检举、控告,本身是监督工作组成部分。第三层狭义概念,特指信访社会工作者具体监督信访受理是否按照程序办理。这里的信访监督主要是指第二、第三层含义。关于狭义的信访监督,即信访受理是否按照程序办理,《信

---

① 刘杰、何聪:《脚步量出民心——安徽开展五级书记带头大走访活动综述》,国家信访局网站,http://www.gjxfj.gov.cn/gzyw/2012-02/14/c_131409269.htm,2018年12月23日访问。

访条例》有明确规定。《信访条例》第 3 条规定:各级人民政府、县级以上人民政府工作部门应当做好信访工作,认真处理来信、接待来访,倾听人民群众的意见、建议和要求,接受人民群众的监督,努力为人民群众服务。第 36 条规定:县级以上人民政府信访工作机构发现有关行政机关有下列情形之一的,应当及时督办,并提出改进建议:(1)无正当理由未按规定的办理期限办结信访事项的;(2)未按规定反馈信访事项办理结果的;(3)未按规定程序办理信访事项的;(4)办理信访事项推诿、敷衍、拖延的;(5)不执行信访处理意见的;(6)其他需要督办的情形。收到改进建议的行政机关应当在 30 日内书面反馈情况;未采纳改进建议的,应当说明理由。关于第二层含义的信访监督,即对党政机关工作人员的信访监督正逐渐加强。专业性社会工作者主要并不承担信访监督工作,可以协助进行信访监督;行政性社会工作者如果在信访监督岗位则实施好这项工作。中共中央办公厅、国务院办公厅已于 2016 年印发实施《信访工作责任制实施办法》,首次对信访工作各责任主体的责任内容进行了明确规定,要求各级党政机关每年至少就信访工作开展情况组织一次专项督查,并通报督查情况;完善了考核评价制度,考核结果作为对领导班子和领导干部综合考评的重要参考,各级组织人事部门在干部考察中,应掌握领导干部履行信访工作职责情况;强化信访工作问责力度,提出了六种应当追究责任的情形。[①] 这进一步为信访监督提供了依据。

六是社会支持。从社会学角度来看,社会支持包含两个方面:一是工具支持,二是情感支持。前者主要是一种直接的物质上的支持形式,着眼于解决具体的问题。如某人找不到工作,朋友帮他介绍工作,就是对他的工具性支持。后者则是一种精神上的支持形式,主要提供精神安慰、价值观的共鸣。如某人找不到工作,十分郁闷沮丧,朋友前来给予安慰,使其心情逐渐转好,对未来有了更多信心,这就是情感支持。信访社会工作者对信访者既要提供工具支持,也要提供情感支持。具体来说,工具支持就是为信访者提供诸如信息、渠道、法律知识等方面的帮助;情感支持则是给予信访者以同情、安慰等。只有这样,信访社会工作才是全面的社会工作,不是片面的社会工作;信访社会工作中的个体面对的才是一个能给予全面帮助的社会工作者。

---

① 《国家信访局负责人详解〈信访工作责任制实施办法〉:问责 既对事也对人》,《人民日报》2016 年 10 月 26 日。

七是调查研究。信访社会工作者要树立研究意识,不仅把自己当作操作者,而且视为研究者,对信访的发生、过程、当前信访的热点,信访案例所反映出的一些趋势,信访难点问题等进行调查研判,形成相应的研究报告,并提出对策建议。这些对策建议既可以是针对信访工作本身的,也可以是信访案例涉及的相应经济社会政策的,还可以是有关法律法规的。通过调查研究,我们必将对信访社会工作、信访和信访内容本身有更为深刻的认识,最终使信访社会工作获得理论支撑,走上新的台阶。

未来会有越来越多的社会工作专业学生进入信访领域,因此我们把传统的行政性信访工作的内容也纳入信访社会工作。我们相信,随着中国社会工作大发展,按中央部署建立起一支规模可观的社会工作者队伍,行政性信访工作将与社会工作深度融合。

第三节 信访社会工作原则与服务技巧

一、信访社会工作的原则

(一) 信访工作的原则

信访社会工作作为信访工作的主要组成部分,首先必须遵循信访工作的原则,当下最重要的一条就是"属地管理、分级负责"。

《信访条例》第4条规定:信访工作应当在各级人民政府领导下,坚持属地管理、分级负责,谁主管、谁负责,依法、及时、就地解决问题与疏导教育相结合的原则。第5条规定:各级人民政府、县级以上人民政府工作部门应当科学、民主决策,依法履行职责,从源头上预防导致信访事项的矛盾和纠纷。县级以上人民政府应当建立统一领导、部门协调,统筹兼顾、标本兼治,各负其责、齐抓共管的信访工作格局,通过联席会议、建立排查调处机制、建立信访督查工作制度等方式,及时化解矛盾和纠纷。各级人民政府、县级以上人民政府各工作部门的负责人应当阅批重要来信、接待重要来访、听取信访工作汇报,研究解决信访工作中的突出问题。第6条规定:县级以上人民政府应当设立信访工作机构;县级以上人民政府工作部门及乡、镇人民政府应当按照有利工作、方便信访人的原则,确定负责信访工作的机构(以下简称信访工作机构)或者人员,具体负责信访工作。

第十三章　信访领域的社工方案与服务

"属地管理、分级负责",这是2005版《信访条例》的重大调整。它修改了实行多年的"分级负责、归口办理"的信访工作原则,强调了信访事项属地管理的优先原则,明确了地方各级政府在处理跨地信访和越级信访时的主导作用。在信访工作实践中,"归口"一般是指对办理信访事项的责任归属部门或单位的认定,遇到"条""块"交叉情况时,归口办理容易产生认定困难和矛盾,为一些地方政府部门间相互推诿责任提供了客观借口,损害了信访人的合法权益。属地管理并不排斥"归口办理"信访事项,就信访工作而言,属地管理的内涵应当更加丰富,即无论是属"条"还是属"块"的信访事项,其所在地的政府都应承担起管理职责,尽快明确办理部门并督促解决。至于属地管理原则究竟是指信访事项的属地管理,还是信访人的属地管理,有可能在实践中被误读。因此,综观《信访条例》全文内容,应当理解为对信访事项的属地管理,这样才有利于及时、有效地化解跨地或越级信访产生的矛盾。①

（二）信访社会工作的价值观

信访社会工作者应遵守如下原则,视之为判断工作方向的出发点和立足点。

一是群众至上。马克思主义认为,人民群众是历史的创造者。广大人民群众蕴含无穷的力量,我们党和政府做的各项工作,归根到底都是为了人民群众的根本利益。因此,信访社会工作要贯彻"群众至上",始终把维护好人民群众的根本利益作为工作的出发点和落脚点,多做为群众服务之事,不行损害群众利益之为。如《信访条例》第3条规定:各级人民政府、县级以上人民政府工作部门应当做好信访工作,认真处理来信、接待来访,倾听人民群众的意见、建议和要求,接受人民群众的监督,努力为人民群众服务。各级人民政府、县级以上人民政府工作部门应当畅通信访渠道,为信访人采用本条例规定的形式反映情况,提出建议、意见或者投诉请求提供便利条件。任何组织和个人不得打击报复信访人。这是根本要求。

二是宽容原则。正如前文所述,信访活动中的信访者之所以上访,一般而言,他们都是自认为受到了利益损害。我们且不管上访人在事实认定层面是否

---

① 包塞:《信访走向法治化——新的〈信访条例〉解析》,人民网,http://politics.people.com.cn/GB/30178/3182048.html,2018年12月23日访问。

真正利益受损,他们普遍认为自身受到利益损害而不满意。信访社会工作者一定要妥善处理,应当对他们的行为多抱以宽容、理解;要换位思考,不计较他们的态度。要做到宽容是有难度的,信访社会工作者往往并不只是接触一两位上访者,而是长期和上访者打交道,因此,在职业生涯中难免有被上访者诘难、委屈之事,更需要把宽容内化为自身的心智品质。

三是助人自助与尽力助人相结合。助人自助是社会工作的基本理念,指的是社会工作者不仅要去帮助人,更要帮助人学会自己帮助自己。正所谓"授人以鱼,不如授人以渔",关键是要让受助者学会在社会上生存发展的方法,掌握自我调节的本领。只有这样,受助者才能在离开社会工作者以后,真正融入社会,而不是形成对社会工作者的依赖。因此,通常情况下,社会工作者在工作中应注意将"助人自助"摆在突出位置。信访社会工作是社会工作的重要组成部分,当然也应当以"助人自助"作为重要原则。但是值得一提的是,信访社会工作有一定的特殊性,应做到"尽力助人"。这里"尽力助人"指社会工作者除了要帮助信访者掌握自我调节和生存的本领以外,在信访活动期间应当尽力地帮助他们。

四是本土化原则。从总体来看,专业性的社会工作是西方舶来品,在中国社会工作研究及实务领域往往有一种自觉或不自觉的倾向,以西方为师,以引西方文献为荣。尤其是在信访社会工作领域,这种观点是值得警惕的。且不说,社会工作是做人的工作,中国人和外国人在许多方面有这样那样的区别;单就信访社会工作这一极具中国特色的制度安排和实践领域而言,信访社会工作实践千万不能陷入西方理论的窠臼,片面相信"西方那一套"。我们应当对西方意识形态的渗透有清醒的认识。虽然说大多数西方国家对我们是友好的,有许多还是"中国人民的老朋友",但是也有一些西方势力并不友好,甚至把上访群众当作推销西方价值观的突破口。这时,信访办的大门更须向信访者敞开,信访社会工作者更须给信访人以正确引导。

五是积极参与原则。信访社会工作者要克服畏难情绪,如认为"我不是国家公务人员,我的说法没有权威性","我人微言轻,难以发挥相应作用"等。我们要看到,2005版《信访条例》专门将政府主导之下的社会团体参与信访机制写入第二章,提出要重视发挥社会团体、法律援助机构、相关专业人员、社会志愿者等在解决信访事项中的参与作用。信访社会工作者面对信访人员不应退缩。事实上,正是因为信访社会工作者的广泛参与,信访者的上访渠道才有可能拓宽。信访社会工作者应当以积极参与为原则,以饱满热情投入信访社会工作的实践。

二、信访社会工作的假设

作为司法社会工作的组成部分,信访社会工作有一些基本假设,这是开展信访社会工作的基础,主要有这样几个方面。

一是弱势者总体的弱势性。虽然广大人民群众的眼睛是雪亮的,但是这里的人民群众是一个"类"的概念,而不是一个个的人。因此,我们并不排斥,少部分人在一定的时间、空间和事件中有可能"不明真相",成了长期上眼睛雪亮、短期内不明真相的人民群众。马克思主义者应当从内心尊重人民群众"类",把人民群众看作历史发展的决定力量。当然,人民群众在"类"的概念上虽然是历史发展的决定力量,但是在实践过程中,很多上访者却是弱势者。他们所抗斥的往往是公权力,又没有其他渠道,甚至生存不易。因此,信访社会工作者对于这些人员应当给予同情和理解,而不是将之推到对立面。值得注意的是,有些信访者挖空心思去信访,破坏了信访的秩序,我们应当重视。

二是维权需要外力支持。信访者在维护权利的过程中,往往需要借助外力。正如前文所言,信访者在信访的过程中困难重重,包括信息不对称、信访成本高、知识储备不足、情绪调整困难等。怎么化解这些困难呢?单靠信访者自身的能力是不够的,这时就要借助外力实现愿望,重新达到平衡。因此,信访社会工作十分重要。事实上,对于信访者而言,信访社会工作就是帮助信访者重新取得自身平衡的外力。信访社会工作如果能"给力",就可以协助信访人获得必要的信息、降低成本,为其提供专业知识,帮助其调整情绪。这样,维权工作就形成了相应的支撑体系。

三是信访社会工作者不是政府的对立面,而是政府的伙伴。这也是一个重要的假设。看待信访社会工作有两种角度。一种是视之与政府对立,认为信访社会工作是"给政府添乱",尤其是信访社会工作的介入、社会工作者为信访者"出主意,想办法"。这样看来,政府当然不应当鼓励其发展,起码要予以限制。另一种认为,大量信访、"越访"之所以出现,原因就在于当前体制出口不能完全解决这些问题,政府人手不够,而社会工作者的出现恰恰是在合适的时间给了政府相应的助力。政府应当把信访工作者当作一起解决问题的"伙伴"。

三、宏观信访社会工作

宏观信访社会工作主要是在面上解决问题,着眼于信访社会工作的顶层设计、战略决策,主要包括以下方面。

优化信访实践。这主要是不断优化作为一个工作领域的信访,包括提升信访工作在社会管理中的重要地位,完善信访工作的理论支撑体系,给予信访工作相应的法律法规保障,科学设计信访工作流程,完善信访事业人员、资金、保障供应链,构筑解决信访诉求流程图,规范信访工作的经办方法和规制程序。优化信访实践需要社会工作者以社会学、政治学、法学等相关学科的理论为指导,在宏观层面为信访工作提出具体的设计方案和实施方案。

普及信访知识。普及信访知识是使信访知识不局限于专家、信访工作人员,成为普通公民的常识。一直以来,我国都十分重视普法工作。1985年11月,中共中央、国务院批转了中宣部、司法部《关于向全体公民基本普及法律常识的五年规划》,从那时起,我国以五年为一周期,全面推开普法工作,现今已进入"七五"普法阶段(2016—2020)。通过全面普法工作,公民的知法、守法意识有了明显提升,为我国建成法治国家奠定了重要基础,但是,普法工作仍然任重而道远,从社会整体来看,法治观念远未深入人心。具体到信访领域,就要求信访社会工作者普及信访知识,协助服务对象维护自身权益。

维护信访秩序。维护信访秩序是指,在宏观上将信访作为一项程序维护好,让它能够给社会管理"帮忙而不添乱"。信访活动作为一种救济渠道,其有效实施必须讲究程序,维护好相应的秩序。这种程序和秩序的维护,要求信访社会工作者一方面能说服"越访""闹访"的人放弃以"闹"博得注意和同情,另一方面督促、监督行政信访公务人员处理好信访工作。这两方面缺一不可,特别要注意的是,不应将维护信访秩序误解为对信访者的压制。没有程序的正义,就不可能有实质的正义,没有好的信访秩序可能什么事情都办不好。维护信访秩序是助力信访正义的重要体现。

第十三章　信访领域的社工方案与服务

四、微观服务技巧

信访社会工作不仅有宏观层面，落实到微观领域就要求信访社会工作者在本职岗位做好各件事情，这就需要各种技巧。

（1）倾听。这是指要认真听取信访者的呼声。在信访社会工作中，一个信访社会工作者要对应、接待多个信访人，易产生工作焦虑，无法花大量时间倾听信访人员的诉说。这时信访社会工作者更须沉着而富有耐心，倾听信访人呼声，进而才能厘清各项问题。

（2）冷静。所谓冷静，是指信访人员在倾听信访人诉求过程中，既不能完全被信访人牵着走，也不应基于自身的价值判断拒斥信访人员反映的问题。一方面，一些年轻或经验不丰富的信访社会工作者遇到极具表达能力的信访人，自身往往容易陷入对方描绘的情境，这是需要避免的。信访人反映的可能是实情，也可能不是。上访者可能会尽力说对自己有利的话；也有可能仅仅从自己的角度出发提出相应的问题。如果信访社会工作者仅听信信访者的一面之词，就有可能先入为主地对尚未明晰的事件做出错误判断。另一方面，每个人都会有自己的价值判断和偏好，完全意义上的价值中立很难实现。信访社会工作者应避免将自己的价值偏好、思维方式直接套用于对信访人员的评价。因此，信访社会工作者须时时提醒自己冷静。

（3）同理心。我们在冷静技巧中提到，信访社会工作者不能将自己的价值偏好、思维方式直接套用于对信访人员的评价，那么应当如何专业地处理信访人员的诉求呢？这时就要用到同理心。通俗地说，同理心是指信访社会工作者能够设身处地地为信访人员着想，体验信访人的内心感受，全面理解信访人。

（4）耐心。这是指信访工作者应当对信访者动之以情、晓之以理。正如我们前文提到的，信访者往往自认为受到不公平待遇，难免会有焦虑等心情，难以受劝。因此，社会工作者在信访劝导的过程中，一定要有充分的攻坚准备。特别是对于"闹访""越访"及疑难信访事件，不可能通过一次谈话就完全说服信访者，而要帮助他们分析各种决策的利与弊，这样才有可能说服信访人信任社会工作者，相信党、相信政府，相信公平正义会到来。

（5）爱心。这是指信访社会工作者要充满仁爱之心。和许多其他职业相似,长期从事信访社会工作之后,信访社会工作者易产生职业倦怠,影响工作效果。克服这种倦怠感,信访社会工作者要有善良之心、仁爱之心,以爱心去平衡职业过程,把精力和能量投入到工作中去。

(6) 允许适度反复。这是指要适度允许上访者有所反复。信访社会工作者应尽力理解信访者的感受,体会他们做出相关决定的犹豫和不易。通过信访救济渠道解决问题会包含妥协、让步甚至是部分利益牺牲,信访者就有可能反复决定——今天这样,明天又反悔了。因此,信访社会工作者在协调处理矛盾时,要给上访者考虑的时间,并允许适度反复,避免局面的激化。当然,这种反复是适度的,不是无原则地变来变去,否则会降低信访的公信力甚至破坏信访秩序。比较可行的办法是,划定一个时间范围给信访者思考和反复决定,在这之后就正式决定。这样既维持了秩序,又留出了适当空间。

(7) 多种方法。这是指信访社会工作者要综合运用社会工作的一些基本方法——个案社会工作、小组社会工作、社区社会工作等。以往的认识要么是将信访社会工作等同于个案工作,认为信访社会工作就是一对一的"劝告""帮助"和提供咨询,要么认为信访社会工作就是按信访工作程序办事,这些都不全面。信访社会工作者要用不同的方法处理不同的信访问题。针对个案要用个案方法,以一对一的同理、说服解决问题。面向群体性的信访要用小组方法,共同分析事件原因,寻找解决对策。对于信访预防、信访代理,就要用社区方法,通过社区策划、社区照顾等工具将事情办好。总之,信访社会工作者面对不同的情况要广开思路,随机应变。

(8) 主动。这是指信访社会工作者不是被动地等上访者前来求助。信访社会工作者面对的信访者多,要解决的问题也多,易产生职业倦怠,往往容易被动地等待上访者。这种情况要尽量避免。信访社会工作者应以主动的关爱抚慰上访者的悲凉之心、无名之火。这就要求社会工作者主动出击。当然,这种主动性要落实,关键在于动力机制和体制保障。事实上,我们前面提到的变"上访"为"下访",就是如此。

值得一提的是,我们并不赞同唯技巧。只是说,社会工作是做人的工作,要面对各种疑难杂症,因此在工作过程中要"用巧劲儿"。信访社会工作者要避免唯技巧论,否则技巧就可能变成一种"巫术",影响社会工作者发挥作用。

第十三章　信访领域的社工方案与服务

第四节　信访社会工作中的风险规避

一、信访风险源

当前信访的风险主要有两方面源头。一方面是理念风险，这是由信访工作理念不当所引发的风险；另一方面则是信访工作本身涉及的风险。

（一）理念风险

理念风险主要是指由信访工作理念不当而引发的风险。这里使用了一个价值判断，就是认为在实践工作过程中，信访社会工作者的一些观念不一定正确，是需要纠正的，否则极易引发信访人与信访社会工作者间的矛盾，具体主要有这几项。

（1）刚性维稳。这是指信访社会工作者片面理解信访社会工作的含义，把自己单一化定位为维护稳定的前锋。其假设信访者是不稳定因素，信访社会工作则是负责压制这种不稳定。这种理念指导下的信访社会工作会形成一套以解决"标"问题为核心的运作机制，导致信访社会工作者对信访人的诉求置若罔闻。而"标"问题多次被解决后，这种刚性维稳理念就可能被强化（一旦有信访事件，首先想到的就是由信访社会工作者去"强力"介入），能量的大量积累将给稳定带来极大的隐患。

（2）对新生事物简单否定。信访工作是一项规范性的工作，讲究秩序。一般而言，讲究秩序的工作通常都会把规则、程序标准化以实现程序上的正义。这时，工作人员就易把法律看作完全刚性的内容，不理解"合法不一定合理，不合法不一定不合理"这样的实践逻辑。法律是刚性的，但是法律在实践过程中有滞后性，规则的变动往往带来一些内容的变化。信访的许多事情往往处于这种"中间地带"，面对新生事物的出现，信访工作人员如果不懂得变通管理，"公事公办"，那么貌似举着公平正义的大旗，其实不可能解决问题。[①] 信访社会工

---

① 例如，事业单位转制过程中的退休问题，有部分人员原本 5 月退休，但由于种种原因，退休时间推后 2 个月，但突然间在当年 6 月，事业单位转制成企业，退休年龄和退休金发放就变成一个问题。但这种骑跨现象，并没有章程有明确规定如何办理。往往转企文件上可以写"按规定办理"，但事实上根本没有规定。

者要努力研究新情况、新问题,对新生事物要保持开放心态。

(3) 唯上。这是指信访社会工作者以领导的偏好作为工作的出发点。领导一般具有全局性和前瞻性,在科层制体制中,信访社会工作者应服从和尊重领导的意见,同时不能一味唯上。信访社会工作牵涉利益,甚至攸关生命,如果领导决策失误,信访社会工作者作为"专业人员"仍照搬执行,那么不仅将给当事人带来极大损害,还会损害这份职业。如果信访部门形成唯上氛围,造成信息不对称,就容易误导领导。

(4) 重形式。信访社会工作是一项实践工作,注重绩效,因而一些部门非常喜欢诸如案例、计划、记录等台账内容。这是正确的,但是不能过头,应避免为了台账而台账,把台账而非实务作为工作中心。最后,台账写得密密麻麻,但是,实质工作却没有推进,社会工作者讲得头头是道,实际工作却没有进展。

(5) 推诿。推诿也是重要的理念风险,信访社会工作往往要面对疑难杂症,牵涉面广,内容敏感,感觉像是"烫山芋",无论是行政性信访社会工作者,还是专业性信访社会工作者,他们的坚守是非常必要的。

(二) 工作风险

政治风险。这是重大的工作风险源。信访社会工作涉及的事项十分复杂,往往牵涉到对规则章程的解释,对原有行政部门权威的质疑,其他人的利益赔偿或补偿。在理论上我们可以讲,事情"该怎么办就怎么办",但是很多时候,事实上没有"该怎么办就怎么办"的章程可循。① 而信访社会工作者受知识、经验等各方面的局限,难免经验不足,"智者千虑,必有一失",不可避免地在某一件或几件事上可能会处理不当、操作失败。例如,信访可能引发冲突事件,使政府被动;信访社会工作者也有可能由于强烈的助人意识,失去冷静,甚至破坏信访秩序。与此同时,虽然绝大部分信访者主要是利益诉求,但也有部分人有一定政治诉求,这时信访社会工作者极易"两边不讨好",在当事人和政府两边都遭遇否定。

过程风险。所谓过程风险主要是指信访人在信访过程中,由于对信访社会

---

① 例如,某市引进一大型工业项目,当年进行征地,并承诺给予农民进厂工作待遇,工作期限为20年,但是,由于工业项目亏本,企业5年后倒闭,致使发不出工资,要求遣散员工。但当年的领导有人调离,有人甚至被留置、判刑,这种情况下引发的信访怎么办?

第十三章　信访领域的社工方案与服务

工作者不认同,甚至将其作为出气对象,从而引发风险。当前有大量的"闹访""积访""重访"现象,信访社会工作者往往易成为上访人的发泄对象,遭受谩骂、挖苦,甚至是人身威胁。这就易引发冲突,不仅使上访人、信访社会工作者身心受到损害,而且有损信访社会工作的形象。目前,由于信访社会工作才刚刚开始,这种情况还不多,只是在行政性信访工作中有相关报道,但是,随着信访社会工作的不断铺开,此类风险仍须关注。除此之外,过程风险有可能引发群体性事件。

二、风险应对的方式与方法

综上所述,信访社会工作风险领域与一般社会工作有所不同,需要有应对风险的方式与方法。

一是宏观部门层面。主要做好两项工作:其一要充分重视风险,通俗言之,就是"别不把风险当回事儿"。由于工作的特殊性,信访部门一般而言是有一定风险意识的,但是,风险意识的大与小、强与弱则往往并不相同,常常和领导人员有很大的关联。因此宏观部门层面要深入理解"蝴蝶效应",绷紧风险这根弦,尽量把各种风险遏止于萌芽状态。其二要有良好的机制、体制设计。一方面要形成一套应对风险的化解机制,例如群体性事件快速反应机制,在更高层次进行应急管理能够降低信访社会工作者本身的风险,化解由风险引致的相关问题。另一方面则须形成一套针对社会工作者的风险保障机制,例如当社会工作者出现意外时有相应的资金支持,社会工作者在工作中要有相应的心理辅导和机制保障。

二是微观个人层面。主要是要做好安全防范工作,这是指信访社会工作者:其一要转变思想,克服我们前述的几种错误思想;其二是在具体操作过程中有一定的风险意识。具体来看,就是不该说的话不要说——如伤害上访人的话不要说,不该说时不要说,应当说时婉转说;不该做的事不要做——伤害上访人的事不要做,破坏信访秩序的事不要做;不该承诺的内容不要承诺——不要因一时的维护稳定需要,就向上访人开空头支票,造成上访人空欢喜一场,甚至引发其仇恨心理。

第十四章

儿童司法社工服务

不同法律体系中的未成年人福利条款存在一定差异,不同国家的未成年人保护政策与家庭政策也因社会文化的不同而表现出显著差异。本章讨论的是儿童问题与儿童保护涉及的司法社会工作,主要依据我国法律体系下的法规政策,倡导在儿童保护过程中遵循儿童发展理论与儿童利益最大化原则,为有需求的个人和家庭提供社会工作评估和相应服务方案。

第一节 司法领域的儿童保护与儿童问题

一、司法领域的儿童权益与保护

国际社会对儿童权利的关注始于1924年救助儿童国际联盟大会通过的《儿童权利宣言》(《日内瓦儿童权利宣言》),随后,联合国大会先后公布了《世界人权宣言》(1948)、《儿童权利宣言》(1959)和《儿童权利公约》(1989)等一系列国际人权文件,倡导保护儿童权利。作为特殊的人权主体,儿童享有的基本权利被世界各国通过宪法予以明确规定。各国有关儿童权利的宪法表达模式不同,有的不含儿童权利的特别条款,有的则明确了儿童权利的特别条款。各国宪法不仅从权利的主体范围、内容及拘束对象等方面来规范儿童权利,而且通过规定儿童津贴、儿童补助金等形式和专门组织机构、特殊司法程序等措施,为儿童权利的实现提供保障。

儿童除享有与成人相同的基本权利外,基于其特殊身心需求还享有专属特殊权利。对于儿童特殊权利究竟包括哪些内容,学界存在较大分歧。有学者认为,儿童的特殊权利包括两方面:生存的权利和发展的权利。生存的权利主要包括生命权、高标准的健康权、适当生活水准权及安全的生存环境权、获得合法身份权。发展的权利则包括受教育权、参与权及基本自由的保障等。① 也有学者认为,儿童的特殊权利由受保护权和自主权两部分组成,理由主要有两点:第一,儿童不具有充分成熟性及理解力,在儿童期的大部分阶段欠缺自我保护能力,因而,赋予其受保护权,由国家、社会、父母或其他监护人及社会团体承担保护义务,确保儿童不受伤害地成长,充分享有人性尊严。第二,儿童期是一个动态过程。儿童在迈向成年的过程中,其法律上的能力逐渐增强,因而,必须赋予其一定程度的自主权,让他们参与各种国家和社会事务的管理,对各种可能影响其自身利益的决策发表自己的意见,以使儿童能真正成长为社会的成熟公民。受保护权和自主权相互依存,换言之,儿童享有的受保护权越多,其自主权越受到限制。反之,儿童的自主权越多,其获得的受保护权就越少(见表14-1)。②

表14-1 儿童的一般权利与特殊权利一览表

种类	儿童的一般权利(我国宪法)	儿童的特殊权利(儿童权利公约)
权利内容	(1) 平等权 (2) 政治权利 (3) 精神与文化活动的自由 (4) 人身自由与人格尊严 (5) 社会经济权利 (6) 获得救济的权利	(1) 身份权(出生登记权、姓名权、国籍权) (2) 家庭成长权(不与双亲分离权、与家人团聚权、被收养权) (3) 受抚养权 (4) 受监护权 (5) 福利权(最大限度地存活与发展权、健康权、受教育权、适当生活水准权、残疾儿童特别照顾权) (6) 刑责减免权 (7) 免受虐待和忽视权 (8) 工作权 (9) 参与权 (10) 游戏权

---

① 刘金霞主编:《未成年人法律制度研究》,群众出版社2007年版,第135—142页。
② 参见吴鹏飞:《嗷嗷待哺:儿童权利的一般理论与中国实践》,苏州大学博士学位论文,2013年。

二、司法领域的儿童问题

(一) 家庭内部的儿童虐待

为了预防未成年人,特别是无民事行为能力和限制民事行为能力儿童在家庭内遭受侵害,我国的《宪法》《民法通则》《刑法》《婚姻法》《反家庭暴力法》《未成年人保护法》《预防未成年人犯罪法》《义务教育法》等法律就虐待儿童做了相应规定。除此之外,各地就家暴受虐儿童保护也出台了一些办法和条例,如《浙江省预防和制止家庭暴力条例》《陕西省实施〈中华人民共和国未成年人保护法〉办法》《北京市未成年人保护条例》等。

遗憾的是,这些法律都没有给予遭受家庭暴力侵害的儿童以优先和特殊保护,家庭内部的儿童侵害存在举报难、取证难、责任认定难的特点。家庭内的监护责任履行不当,监护人品行不端,监护人溺爱、管教过严或者过于忽视,均是造成未成年人权益受损的重要原因。家庭内部未成年人权益受侵害问题主要有以下一些表现形式:意外伤害、心理忽视、遗弃、家庭暴力、性侵害、侵占财产等。

(二) 儿童监护的缺失

1. 离婚后的监护问题

双方共同监护的前提是父母双方存在协力关系。但在中国,现实生活中父母双方离婚后仍能维持良好关系的比较少。当法院确定一方享有对子女的监护权后,不与子女共同生活的父或母,除承担抚养费的给付义务和按期探视子女外,对子女日常生活的照顾基本上都处于停止状态。共同监护的出发点是为了将父母离婚带给子女的痛苦降至最低,但这一美好的法律理念往往不能得到预期的结果。同样,在现实生活中,离婚后探视权的主体纠纷问题和执行困难问题也成为矛盾焦点。这些矛盾主要表现在"部分与子女共同生活的父或母一方认为法院把子女判给自己,则另一方无探望子女的权利,而相对方也认为自己不直接抚养子女,则对方应承担全部责任,而主动断绝与子女的往来;与子女共同生活的一方,出于对对方的报复,刁难心理,以种种理由设置障碍;抚养费给付不到位,与子女共同生活的一方常以'不给抚养费别看孩子'为由要挟,故意阻断子女与对方的亲情;一方对子女的错误教育,使子女对另一方产生感情上的排斥;部分未与子女共同生活的一方借频繁与子女见面之机干扰对方生活,导致探望权的滥用"①。

2. 留守儿童的监护问题

理论界关于我国农村留守儿童的具体数量仍是众说纷纭,有 1000 万、1980 万、2000 多万、6755 万、7000 万甚至 1.3 亿人等多种口径,学术界关于"留守儿童"的定义还存有争议。一般认为,留守儿童有三个特点:居住在农村;父母一方或双方外出;长时间的亲子分离。② 可以肯定的是,现今我国农村留守儿童的规模不小,而且呈现出不断扩大之势,这不仅对留守儿童的健康成长造成了影响,同时也带来了一些值得关注的社会问题。首先,农村留守儿童容易在行为规范和道德品质方面出现问题,比如道德品行差、纪律涣散、自私冷漠、自我中心。其次,留守儿童的学习成绩普遍不佳,在学业适应、学习重要性认知、按时上学和及时完成作业等方面普遍存在问题。再次,由于其在成长的关键时期缺乏亲情照顾,留守儿童普遍存在心理问题。"问题儿童"更多地表现出任性自私、孤僻冷漠、交往困难、坚持性差、不能积极参加集体活动等行为特点。最后,最为严重的问题就是留守儿童受到伤害和犯罪的数量不断上升。公安部的一项调查表明,全国未成年人受伤害及未成年人犯罪案件大多数发生在农村,其中大多数是留守儿童。③

(三) 孤儿、流浪儿的国家照管

1. 孤儿救助问题

根据 2005 年发布的《我国孤儿的现状与面临的困境》调查报告的统计,全国现有失去父母和事实上无人抚养的未成年人(以下简称孤儿)57.3 万名。在这些孤儿中,大约有 6.9 万人生活在国有儿童福利机构中,由政府负责监护;29.4 万人得到国家制度性的救助,其中 5.3 万人得到城市低保救助,11.6 万人得到农村特困户救助。

在民政部统计公报中,截至 2017 年底,全国共有孤儿 41.0 万人,其中集中供养孤儿 8.6 万人,社会散居孤儿 32.4 万人。全国共有儿童收养救助服务机构 663 个,床位 10.3 万张,2017 年全年收留抚养各类人员 5.9 万人。其中儿童福利

---

① 周珊:《论探视权》,《法制与社会》2007 年第 11 期。
② 罗国芬:《农村留守儿童的规模问题评述》,《青年研究》2006 年第 3 期。
③ 黄忠:《从留守儿童问题看我国监护制度之改进》,《西北人口》2009 年第 2 期。

机构 469 个,床位 9.5 万张;未成年人救助保护中心 194 个,床位 0.8 万张,全年共救助流浪乞讨未成年人 3.5 万人次。① 除此之外,全国尚有 20 万孤儿没有得到经常性的制度性救助。② 对于这些脱离家庭的儿童,国家在救助过程中普遍存在一些问题,例如"救助机构收容量过小;救助机构人力与物力资源不足;集体养护过程造成儿童身心健康和社会适应性问题;法律法规不健全"③。

2. 孤儿的收养问题

按照《中华人民共和国收养法》第 4 条的规定:只有未满 14 周岁的人才能被收养,但是在任何灾难过后,在已满 14 周岁的未成年人中,极有可能会出现父母双亡、父母或者仅父(母)尚存但却已无抚养能力的情况,甚至还很有可能存在这些未成年人本身业已残疾的事实。尽管有大量民间力量愿意收养,但对于这些已满 14 周岁的未成年人,尚未有法律制度来保障这些未成年人的健康成长。④ 从灾后孤儿的实际情况来看,对于那些父母或者仅父(母)尚存却已无抚养能力的未成年人来说,由于他们并非属于《中华人民共和国收养法》第 8 条规定的孤儿等情形,这意味着收养存在一定的法律限制。此外,孤儿被收养后,对养父母的监督、对收养人与被收养人之间存在隔阂与不适应现象的补救机制也成为灾后孤儿收养的难题。

(四)违法收养儿童

民政部门在办理有关收养登记业务过程中发现,社会上存在大量违法的事实收养现象——收养人在未办理任何收养手续,没有抚养教育能力,或不符合收养条件的情况下,私下抱养弃婴,直到小孩要上学的时候才到民政部门进行登记。这些事实收养大部分属于违法行为,不能办理收养登记,无法办理入户手续,从而给弃婴(童)的学习、生活和成长造成很大影响,给社会管理带来一定困难。违法收养现象出现的主要原因包括:社会存在遗弃婴儿、拐卖儿童等违法行为;公民依法收养的法律意识淡薄;妇女科学生育知识不足,医疗救助不到位;社

---

① 《2017 年社会服务发展统计公报》,民政部网站,http://www.mca.gov.cn/article/sj/tjgb/2017/201708021607.pdf,2018 年 8 月 30 日访问。

② 聂阳阳:《我国孤儿监护问题现状及法律问题分析》,《北京青年政治学院学报》2010 年第 1 期。

③ 郗杰英、鞠青:《家庭抚养和监护未成年人责任履行的社会干预研究报告》,中国人民公安大学出版社 2004 年版,第 126—127 页。

④ 张惠芳、雷姣姣、王陈平:《灾后孤儿收养相关法律制度研究》,《法制与社会》2010 年第 10 期。

会弃婴管理工作薄弱等。

第二节 儿童司法社会工作概论

一、儿童司法社会工作的含义

（一）定义

儿童司法社会工作是指在相关法律规定下，针对儿童受侵害、儿童监护缺失、违法收养等问题中涉及儿童保护的服务对象，社会工作者开展有关儿童权益保护的专业社会工作服务，明确服务对象应享有的权利，为他们提供服务供给框架，以便保障与促进他们的身心健康发展。

儿童司法社会工作的核心责任在于：利用法律维护家庭利益与儿童权利；有效实践社会工作服务；不仅认识到法律的表层含义，还要认识到法律潜在的原则；勇于挑战不平等和歧视。

在政策制定阶段，社会工作者主要扮演政策倡导者和需求建议者角色，从宏观层面搜集信息，从而提出相关立法的修订意见，以解决现有的儿童侵害、儿童监护与收养问题；在政策实施阶段，社会工作者则扮演行政传递者和服务提供者角色，从微观层面进行家庭与个人的评估，从而提供满足服务对象需求的专业社会工作服务，改善其处境，最终实现人的发展。

在社会工作与相关机构的关系方面，社会工作者保持与卫生健康、教育、治安、住房等相关机构的紧密联系，并且通过自身实务工作积累的经验，有效协同其他相关机构开展工作。

总之，儿童涉司法社会工作以回应儿童青少年的福利需求为根本，具有兼顾司法与社会工作的跨学科的合作性，以一种整体方法满足儿童青少年在照管、健康、教育、社区等诸多方面的需求，促进从事社会工作服务的工作者与父母、孩子、家庭其他成员、志愿者、机构以及专家学者之间紧密交流合作。

（二）优势

司法社会工作以国家司法模式与技术专家相结合为工作形态，在儿童福利的法律实践中具有以下一些独特的专业优势。

1. 契合的价值理念

以离婚为例,"婚姻制度的基本原则有四:婚姻自由、一夫一妻、男女平等、保护妇女儿童和老人合法权益"[①],离婚制度作为婚姻制度的组成部分,也要遵循这四项原则。离婚不仅涉及夫妻关系,随着离婚而产生的监护、探视与收养还涉及其他利害关系人特别是未成年子女的利益,离婚制度也以维护婚姻自由、男女平等、保护未成年群体利益为目的。

价值与伦理是社会工作的灵魂,界定了社会工作的目标与意义及具体方法,并贯穿社会工作实践始终。儿童司法社会工作至少要在离婚过程中发挥三项功能:解决家庭问题、增进家庭和谐、维护未成年人权益。解决家庭问题意味着某种危机干预,这些危机可能是夫妻关系的,也可能是代际关系的,既涉及情感危机,又涉及财产权利。司法社会工作者对待有需求的家庭和服务对象时,以"助人自助"为根本理念,以个体权利和相互平等为价值标准,把人当成目的而不是工具;以情境主义为原则,强调在特定情境下解决问题;以保护未成年人利益为出发点,在监护、探视与收养过程中最大限度满足未成年人的需求。因此,司法社会工作与婚姻制度、未成年人保护制度在根本价值理念上是完全契合的,这也成为开展司法社工服务的价值前提。

2. 完善的需求评估

对于青少年社会工作者来说,丰富的儿童发展理论知识与技能储备使工作者能够更好地理解未成年人在不同年龄段的生活技能和能力、特殊需求及其所面临的矛盾。凭借理论的指导,社会工作者能够在父母离婚这一特殊背景下根据儿童发展的理论与知识,制订能够促进儿童成长的计划,并为监护人和照顾者提供建议。相对于法院判决的简单,社会工作显得更加人性化,也更有利于亲权纠纷的解决。社会工作者兼具理论知识与实务经验,能够在法律机构、离婚父母、未成年人三方之间确立"专家型的建设性对话地位"[②],最终建议法院对儿童福利做出"最大利益"的决定。

---

① 雷明贵:《制度嫁接——社会工作介入离婚诉讼分析》,《长沙大学学报》2012 年第 1 期。
② 〔英〕奈杰尔·托马斯:《儿童青少年社会工作——照管社会工作理论与实践》(田国秀等译),中国人民大学出版社 2010 年版,第 13 页。

3. 灵活的介入方法

司法社会工作专业有多种介入儿童保护的手段，如个案方法、小组方法、社会行政等方法，并注重各种专业方法的整合。这些方法有助于社会工作者从微观、中观和宏观等多个层面介入儿童保护的各种问题，帮助父母双方及其家庭成员更好地照顾未成年子女的感受，有利于儿童福利的实现。就儿童福利的法律制度而言，司法机构比较关注"法律的逻辑"，关注证据和法律程序，当事人及其家庭因为司法纠纷而产生的一系列问题并非其关注的重点；律师只能够提供法律上的支持，案主需求分析、心理疏导、家庭关系状况评估等并非其强项。司法社会工作者则兼备二者，能够为案主提供更多满足其需求的必要帮助。

4. 持续的服务过程

对于家庭来说，未成年子女是"被强迫进入"儿童保护的司法过程当中的。未成年人利益的保护不仅涉及未成年人本人，而且涉及社会公共利益。"各国离婚法在扩大离婚自由的同时，也都一致性地将未成年子女福利作为首要问题看待。"① 当前，有关儿童监护、照管与收养的司法纠纷，主要是由妇联干部、民政干部作为"人民陪审员"参与诉讼，然而此类诉讼大多应用简易程序，由法官独任审理，妇联、民政干部实际参与的可能性较小。在国外和中国港台地区，社会工作者在介入儿童侵权法律纠纷方面已有很多成功的经验，不仅全程参与法律调解和判决过程，而且因为其较易获得家庭成员的支持，往往会取得比较好的调解效果。社会工作者在诉讼结束后依然会帮助当事人进行调适，为服务对象实施后续跟踪服务，这有助于未成年子女及其家庭更加理性地看待暴力、伤害、忽视、家庭变故等事件带来的儿童侵权问题，有助于当事人及其家庭的心理重建，以将负面影响降到最低。

总之，在国家亲权的制度框架下，司法社会工作介入儿童保护过程有其独特的专业优势。这要求社会工作者既具备社会工作的知识，又具备一定的法律、财务、心理咨询等方面的知识。司法社会工作者可以来自司法机构、高校法学类专业，还可以来自独立的社会组织。目前我国各地的实践状况不一，需要结合本土实际进一步探讨。

---

① 雷明贵：《制度嫁接——社会工作介入离婚诉讼分析》，《长沙大学学报》2012 年第 1 期。

二、儿童司法社会工作的理论

(一) 儿童发展理论

1. 需要理论

20世纪20年代,心理学家开始用"需要"来表达人类的动机和欲望,而发展心理学家将这一概念应用于儿童;同时,法学家主张将"最大利益"的概念用于处理未成年人事务,即在法律上考虑什么对未成年人是最好的。

普林格尔(Pringle)在《儿童的需要》(*The Needs of Children*)一书中,把儿童成长的需要归结为如下几个方面:

(1) 爱和安全的需要:儿童需要体验爱的关系、连贯性和亲密情感;

(2) 新体验的需要:儿童必须有机会接触并掌握一系列的生活技能;

(3) 赞扬和承认的需要:鼓励对儿童来讲是至关重要的;

(4) 责任的需要:儿童应当在一个安全的环境里不断增强独立性。

普林格尔的理论认为,未成年人的生理需要是容易实现、普遍得到满足的需要,父母、老师和社会工作者应更多关注未成年人的高层次需要——社会心理需要。①

玛格丽特·布莱恩(Margaret Bryer)在《儿童照管计划》一书中则采用了更加广泛的视角,把儿童的全部需求内容归结为生理的、社会的、情感的、教育或智力的,以及伦理的需求,包括87个不同的需求范畴,这些需求在儿童时期和整个生命过程中都需要满足。② 同时,布莱恩还区分了所有孩子共同具有的一般性需求和处于困境中的个体儿童的"优先需求"或"未满足的需求"。该书具有很强的理论与实践指导色彩,英国在1989年出台的《儿童照管法案》就大量采纳了该书提出的一些指导原则。

2. 离婚研究

许多实证研究发现,父母离婚与再婚对子女的影响和子女对事件的反应,会

---

① 〔英〕奈杰尔·托马斯:《儿童青少年社会工作——照管社会工作理论与实践》(田国秀等译),中国人民大学出版社2010年版,第11页。

② M. Bryer, *Planning in Child Care: A Guide for Team Leaders and Their Teams*, London: British Agencies for Adoption and Fostering, 1988, p. 32.

因子女的年龄而有显著差异，其影响并非一时的，而是长远的。布雷(Bray)则研究了不同年龄段的子女面对父母离婚时的情感、行为表现、因应方式、学业成就、对父母离婚的归因和认知，以及未获监护权的一方对子女的探望频率等的影响（见表14-2）。

表14-2 父母离婚对子女之影响

子女年龄	子女的反应	可能出现的问题
幼儿期 （0—3岁）	能觉察到失去双亲的其中之一	退化及发展迟缓，产生喂食、睡眠及排泄习惯上的问题，易怒、过度的哭泣、冷漠、退缩
学龄前 （3—5岁）	害怕被抛弃，害怕会失去有监护权的父母，困惑	哀伤、黏人，表现出恐惧的行为；退化及发展延滞的现象；噩梦、惊慌、困惑、攻击行为；悲伤、感到困乏、低自尊；自抑、追求完美的行为
学龄早期 （6—8岁）	对于父母离婚产生罪恶感、自责、失落感，感觉被背叛、被拒绝，困惑	悲伤、哭泣、沮丧，对于已失去或无法同住的父母的渴望，对外表现出生气、愤怒，要求父母和好，行为问题增加
学龄后期 （9—11岁）	能够把离婚看成父母的问题，但仍需要可归责的对象或理由；感觉到羞耻、被拒绝、怨恨、孤独	感到自己对于父母有忠诚上的冲突，对于谁会失去监护权感到忧虑，对父母之一或对两人皆抱敌意，强烈依赖感，有学习或人际方面的问题，行为问题增加
青春期 （12—18岁）	对于可能失去完整家庭生活感到担心，关心自己的未来；意识到自己身为家庭成员之一的责任；愤怒、有敌意	不成熟的行为，过早或过晚的自我独立发展，与同性别的父母过度亲密或与之比较竞争，会为自己将来扮演性伴侣或婚姻伴侣的角色感到忧虑

资料来源：James H. Bray, "Psychosocial Factors Affecting Custodial and Visitation Arrangements," *Behavioral Sciences and the Law*, Vol. 9, Iss. 4, 1991, pp. 419-437。

3. 依恋与抗逆力理论

依恋理论在社会工作有关家庭关系与儿童发展的讨论中日益占有重要地位。依恋，一般被定义为婴儿和他的照顾者（通常为母亲）之间存在的一种特殊的感情关系。它产生于婴儿与其父母的相互作用过程中,是一种感情上的联结和纽带。① 依恋关系是婴幼儿生命早期最重要的关系,直接或间接影响儿童的社会和认知心理发展。形成安全依恋的婴儿能够更好学会恰当地调节情绪,对于探索外界事物更加好奇,能获得更好的身心发展。② 因此,"社会工作者在应用依恋理论时重点考虑的应是儿童在现有关系中是否与监护人或者收养人建立了富有情感的、持久的、可选择的依恋关系,以及维持、加强或更换依恋关系与情感联结的过程"③。同时,依恋理论也表明了社会工作者在处理亲权法律社会工作事务时的取向,即鼓励并支持现有的依恋关系而不是简单地打破依恋关系。这是以往法律纠纷援助中所缺乏考虑的。而另一些孩子则需要社会工作者帮助他们与监护人或养父母建立新的依恋关系,作为既存依恋关系的发展或补充。在一些监护缺失或监护不当的问题家庭中,社会工作者需要及时发现依恋关系是否正在损害孩子的情感,或者关系是否已经破裂,并且对失败的联结做出指导或者调整,最终在儿童司法社会工作服务过程中满足儿童的需求。

另一个在青少年与家庭社会工作中颇具影响力的概念是"抗逆力"。对于抗逆力,我国台湾地区学者称之为"复原力",我国香港地区学者称之为"抗逆力""压弹",大陆(内地)也有学者称之为"心理弹性""韧性",是指个人面对逆境时,能够理性地做出正向的、建设性的选择并采用合适的应对策略的能力。④ 克里斯蒂·麦克莱恩(Kristie Maclean)指出,儿童的抗逆力突出表现在能够接受非父母亲成年人对他们的照顾和关怀,抗逆力的形成和儿童能力的增强不仅需要稳定的依恋关系,还需要更广泛意义上的持续稳定的住所、持续广泛的亲缘关系、有意义的社会角色、自主、认同和洞察力。因此,对于社会工作者而言,要想增强儿童青少年的能力,不应局限于解决他们出现的问题,还需要为他们提供社会和情感支持、教育支持、活动和兴趣爱好的支持,促进他们与朋友及成年亲属的联结。

---

① 胡平、孟昭兰:《依恋研究的新进展》,《心理学动态》2000 年第 2 期。
② 安蕾:《早期依恋干预研究新进展》,《中国儿童保健杂志》2016 年第 3 期。
③ 〔英〕奈杰尔·托马斯:《儿童青少年社会工作——照管社会工作理论与实践》(田国秀等译),中国人民大学出版社 2010 年版,第 16 页。
④ 王君健:《受艾滋病影响儿童抗逆力养成的社会工作介入》,《中国青年研究》2009 年第 11 期。

（二）儿童最大利益原则

儿童是世界的未来和希望，关爱儿童是人类普遍的价值取向。1924年日内瓦《儿童权利宣言》提出：儿童因身心尚未成熟，在其出生以前和以后均需要特殊的保护和照料，包括法律上的适当保护。1959年联合国《儿童权利宣言》指出：儿童的最大利益应成为对儿童的教育和指导负有责任的人的指导原则。此后，1989年联合国《儿童权利公约》规定：关于儿童的一切行动，不论是由公私社会福利机构、法院、行政当局或立法机构执行，均应以儿童的最大利益为一种首要考虑。至此，儿童最大利益原则被确立为国际公约中处理涉及儿童事项的基本原则。

目前英美法系主要国家的立法均规定了以儿童最大利益原则作为处理子女事项的基本原则，并规定了认定子女最大利益时应考虑的因素，在判决离婚后子女随哪方生活时也应考虑这些因素。具体而言，这些因素包括：根据子女的年龄和成熟程度听取其意愿；子女生活的持续性和稳定性，主要是子女随一方生活的时间、子女与兄弟姐妹及其他对其最大利益有重要影响的人之间的相互关系、环境改变可能给子女带来的影响等；避免子女受到情感和身体等方面的伤害；父母满足子女需求的能力以及其他有利于子女身心健康发展的因素，包括经济能力、情感、教育等方面的能力；其他与子女的年龄、性别、背景及法院认为与子女利益相关的因素。[①] 儿童最大利益原则的可操作性得到增强。

儿童最大利益原则为解决儿童权益保护与其他权益保护的冲突提供了最重要的标准，将儿童作为独立的个体及权利主体看待，为儿童权利保护相关立法及司法实践明确了价值取向，也为实践机构解决儿童权益问题提供了法律准则。虽然该原则因其外延和内涵的不确定性而招致一些批评，"但在我们这样一个成人主宰的世界里，因其关注儿童的利益而被认为是历史的进步和人权的胜利"[②]。在婚姻家庭领域，在涉及子女利益的所有事项中实现子女的最大利益也成为许多国家立法及司法追求的目标。英美法系国家对父母离婚后如何实现子女的最大利益进行了积极有益的探索，为我们的司法社会工作发展提供了借鉴。

[①] 冉启玉：《英美法"儿童最大利益原则"及其启示——以离婚后子女监护为视角》，《河北法学》2009年第9期。

[②] 王雪梅：《儿童权利保护的"最大利益原则研究"》，《环球法律评论》2002年第495期。

目前我国相关立法尚未确立儿童最大利益原则。联合国《儿童权利公约》公布后不久，我国政府于1990年签署了该公约，成为较早加入该公约的缔约国之一。但至今，我国未成年子女相关立法中尚未确立该原则，在父母离婚后子女监护方面也如此。未来，我国婚姻法规应明确以儿童最大利益原则作为处理涉及子女事项的一个基本原则，同时借鉴英美法系国家的相关规定，将离婚后子女监护的其他原则(父权原则除外)作为认定子女最大利益的重要考虑因素。对此，法律界专家建议，对于2周岁以下的子女的监护，在与"儿童最大利益原则"不相冲突时适用"幼年原则"；对于2周岁以上的子女的监护，在确定"儿童最大利益原则"前提下，考虑适用"主要照顾者原则"，并坚持离婚父母对子女法律上的"共同监护"；还应摒弃子女监护中的"父母本位"思想，完善听取子女意愿的相关规定；增设离婚诉讼中保障子女最大利益的监督、保障机制；增设登记离婚时子女最大利益的保障措施；完善父母对未成年子女人身共同监护的相关规定。

第三节 儿童司法社会工作服务

一、有关儿童伤害的司法社工服务

(一)预防阶段的立法完善

随着世界上各发达国家和地区对儿童虐待问题日益重视，专门针对儿童虐待的立法逐渐出台。例如，日本2019年新修订的《儿童虐待防止法》和《儿童福祉法》、美国2003年修订的《儿童虐待防治与处理法案》，这些专门立法对于预防虐童行为和救济受虐儿童具有重要作用。

作为未成年人保护方面的专门法律，《中华人民共和国未成年人保护法》发布于1991年，并历经2006年和2012年两次修订，其中包含禁止虐待儿童的相关规定。如第6条规定：对侵犯未成年人合法权益的行为，任何组织和个人都有权予以劝阻、制止或者向有关部门提出检举或者控告。第10条规定有"禁止对未成年人实施家庭暴力，禁止虐待、遗弃未成年人，禁止溺婴和其他残害婴儿的行为"。第21条规定：学校、幼儿园、托儿所的教职员工应当尊重未成年人的人格尊严，不得对未成年人实施体罚、变相体罚或者其他侮辱人格尊严的行为。第41条规定：禁止拐卖、绑架、虐待未成年人，禁止对未成年人实施性侵害。第43

条规定有"未成年人救助机构、儿童福利机构及其工作人员应当依法履行职责，不得虐待、歧视未成年人"。

有学者建议，针对儿童身心健康和自我保护能力的特点，有必要在《未成年人保护法》中完善保护受虐儿童的相关规定，例如，应充分考量受虐儿童法律保护实践运作的可行性，同时力避修法后全文仍然充斥着"不得""禁止""劝阻""止"等缺乏强制性制裁力度的法律规定，从而改变之前立法对受虐儿童保护采取的消极立场，使得儿童虐待防治在修法后呈现出"预防—救济—善后"的动态保护链条。①

2016年3月开始实施的《中华人民共和国反家庭暴力法》已对家暴受虐儿童的预防救济作了较为全面的规定，如人身安全保护令、强制报告、紧急安置、公安告诫、监护权的撤销与改定等制度，未来应当在充分考虑未成年人身心健康发育不成熟、自我保护能力不足等特点的基础上，细化到《未成年人保护法》中，以更好地起到保护受虐儿童的作用。

（二）伤害发生时的强制报告制度

我国台湾地区现行的家庭暴力防治法规体系在亚洲地区具有典型意义，不仅突破了以事后惩罚为主、分散在各部门的传统法规制度，形成了家暴防治的专门性单行法条，而且移植了美国的保护令制度，把社会工作、心理辅导、社会救助等引入对家庭暴力的防治中。② 以强制报告制度为例，其从通报主体和通报时限、通报基准、保密义务三个角度，对从事儿童福利保护的密切行业从业人员做出了明确规定。

通报主体和通报时限。根据台湾地区相关规定，儿童虐待的通报主体为自然人，在类型上分为一般通报主体和特殊通报主体。一般通报主体的要求是：任何人知悉儿童及少年有前项各款之情形者，得通报直辖市、县（市）主管机关。这是一种授权性规范，而不是强制性、义务性规范，没有通报时间的限制。而特殊通报主体的要求是：医事人员、社会工作人员、教育人员、保育人员、教保服务人员、警察、司法人员、移民业务人员、户政人员、村（里）干事及其他执行儿童及

---

① 李文军：《当前家暴受虐儿童法律保护的局限与完善》，《学前教育研究》2016年第8期。
② 王启梁：《法律新范式：通过法制建设社会——台湾家庭暴力防治"立法"的文本与体系分析》，《思想战线》2015年第3期。

少年福利业务人员,于执行业务时知悉儿童及少年有下列情形之一者,应立即向直辖市、县(市)主管机关通报,至迟不得超过二十四小时。特殊通报主体一般从事与受虐儿童福祉密切相关的职业,所以法规明确其具有通报义务,并且有通报时间方面的限制。

通报基准。通报主体只要"知悉"儿童有遭受伤害的情形,就应该(特殊通报主体)或者可以(一般通报主体)履行通报义务。为尽早发现、尽早救援以及出于保护儿童身心健康发育的考虑,同时为鼓励民众积极通报,解释上只要是"疑似儿童虐待事件"即有通报责任,至于是否属实、是否成案,则是社会工作人员的调查责任。

保密义务。中国大陆和台湾地区有关儿童虐待强制报告制度的保密义务,皆规定对通报主体的身份资料予以保密,旨在鼓励社会公众和密切接触儿童的从业人员报告虐待儿童的行为。对于误报行为,目前有关儿童虐待强制报告的制度中,都没有对误报免责问题作出明确规定,今后需要进一步明确。

(三)被害后的社工介入服务

有证据表明,儿童被害人所受的创伤比成年人更严重,时间更长,因此,有必要在儿童被害后提供即时的援助,以阻断儿童被害创伤的形成。司法社会工作者除了预防与通报,还应当给予被害儿童及时的援助,并在必要时和律师、医生、心理咨询师等专家合作,为儿童提供最佳帮助。援助的具体建议包括:

(1)鼓励父母和其他儿童照看者重建与儿童之间的感情。对于儿童来说,爱和关心是首位需要。如果父母被害死亡或父母本身是加害人,就应重新找一个可以信赖的人来照看儿童,并与儿童之间建立新的关系。

(2)应懂得并使用儿童的语言进行沟通。跟儿童谈被害相关情况是很重要的,但儿童往往不能很好地叙述整个被害过程。他们有时会颠倒时间顺序,有时会故意避免谈及某些被害情节(因为这些情节很可怕)。这时,应允许儿童自由地表达其感受,按照其意愿讲述被害过程。

对于年幼的孩子来说,可以提供纸和笔,让他们把想说的通过图画表达出来,这种方法往往很有效,我们可以从儿童所画的图画中寻找其所遭受的伤害及被害创伤。而对于大一点的孩子来说,尤其是少年,可以提供一些玩具或表示悲伤、愤怒的诗等等。如果能找到先前有同样被害经历的被害人,则可以帮助儿童理解其被害后反应的正常性。

（3）正视儿童被害后的退化行为。尿床、依恋、像婴孩那样说话、玩过去玩过的游戏以及其他一些退化行为，都是儿童被害后的正常反应。但如果长期有此表现，则有可能是儿童精神健康受到严重损害的症状。

（4）正视儿童被害后的一些攻击性反应。这些反应是儿童试图反击被害或制止伤害的一些防御性行为。对其暴力行为应予以理解，但应澄清禁止，且应将其攻击性控制在一定范围内。

（5）应允许儿童讨论自己的被害情况。这种讨论可以帮助社工或者其他援助者了解已发生的真实情况，并帮助儿童消除幻想和误解。由于儿童经常不愿主动谈及被害情节，援助人员可以从其他儿童对此被害事件的看法入手。

（6）帮助儿童重建对未来的信心。父母的失望往往会降低被害儿童的恢复能力，所以应特别鼓励父母对自己的小孩抱有希望，确信事情会变得更好，对未来抱有信心。

（7）对于那些介入刑事司法系统的儿童被害人，应予以特别的关注和保护。和儿童打交道的所有司法人员，特别是针对受虐待和受性侵害的儿童的，应接受有关访谈儿童和保护儿童的特殊训练。另外，应制定有关儿童被害人在急诊室、医院及在刑事侦查和审判中适当处置的程序和议定书。法律及其实施细则应确保儿童被害人的权利（这一点在前文已有论述）。

（8）当儿童在犯罪事件里幸存而其亲属却死亡时，应向儿童作出有关死亡问题的具体合理的解释，使其明白他人的死并不是他的错，以减轻自责。应告诉儿童死亡的真实意义，避免"死亡只是'睡着了'或'上天堂了'"的误导。[①]

总之，目前对儿童被害人的司法社会工作援助才刚开始，这要求社会工作者熟悉儿童的发展阶段和被害心理，以更好地援助儿童被害人。

二、儿童监护与探视的司法社工服务

（一）基于"儿童最大利益"的监护与探视评估标准

在社会工作实务领域，有许多对未成年人及其家庭进行评估和制订计划的

---

① 麻国安、余菲：《对儿童被害人的援助》，《青少年犯罪问题》2002年第2期。

系统方法,它们为社会工作者提供了良好的实践支撑,帮助社会工作者致力于提高儿童及其家庭生活质量。例如,英国卫生部门于 2000 年提出了"儿童与家庭评估框架"(见图 14-1),旨在为所有"有需要的"儿童进行结构化评估,从保护儿童的狭隘视角转向对儿童福利的广泛关注。

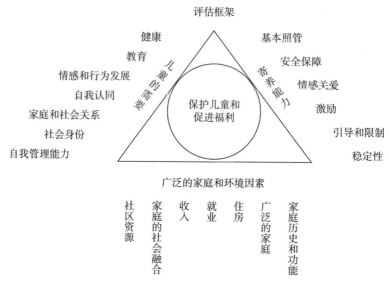

图 14-1 有需要的儿童及其家庭评估框架

资料来源:Department of Education and Employment and Home Office,"Department of Health,"2000,转引自〔英〕奈杰尔·托马斯:《儿童青少年社会工作——照管社会工作理论与实践》(田国秀等译),中国人民大学出版社 2010 年版,第 84 页。

遵循儿童少年利益最大化原则,在父母离婚后的监护与探视中,司法社会工作服务更加关注亲子关系、父母的照顾能力与特点以及未成年人的意愿。在制订服务方案时,首先要考虑少年儿童的需求和生长环境,其次考虑父母或者其他监护人在满足儿童需求方面具备的能力,最后是需求与满足的契合程度,以找到最合适的监护者。多数实务工作者在考察儿童监护权的归属时,考虑的是离婚后父或母一方及其未来家庭与儿童相处的情况,资源是否充足、需求能否满足是基本出发点。美国儿童和青少年精神病学会(AACAP)曾对少年儿童监护评估

第十四章　儿童司法社工服务

提出过相关指标[①]，可以作为我国司法社会工作服务的参考标准。

（1）稳定性（continuity）——降低家庭崩解的程度，为儿童提供稳定的、持久的安排。

（2）依附关系（attachments）——辨识并保护亲子之间亲密的关系。

（3）孩子的意愿（preference）——当孩子大于12岁，法官要尊重其意愿的表达；对较小的孩子，则要注意其自由表达意愿的空间，并了解其是否受到成人的指示或影响。

（4）对父或母的疏离（parental alienation）——因离婚事件所引发的孩子对父母单方的疏远，应了解其原因。

（5）孩子的特殊需求（child's special needs）——当孩子具有身心障碍的情况时，确认父母的能力是否足以照顾孩子。

（6）教育规划（education）——评估父母的教育规划、为子女提供教育的状况及适合度。

（7）性别议题（gender issues）——孩子对性别角色学习的需求及想法。

（8）手足关系（sibling relationships）——孩子的手足关系以及与新组建家庭中其他未成年兄弟姐妹的关系。

（9）父母生理、心理的健康（parents' physical and psychiatric health）——父母是否患有影响其履行监护抚养职责的疾病，包括药物或酒精滥用。

（10）父母工作时间安排（parents' work schedules）——父母工作时间是否影响孩子的照顾、照管安排情况，如需带至工作场所，须评估该场所对孩子的影响。

（11）父母的经济情况（parents' finances）。

（12）亲子互动及教养（styles of parenting and discipline）——了解父母与孩子间的互动情况，了解一方如何看待另一方与孩子的关系、父母教养孩子的观念。

（13）冲突解决的方式（conflict resolution）——了解过去家庭的冲突如何被控制及解决。

（14）社会支持系统（social support systems）——考量支持系统存在与否及

[①] AACAP（The American Academy of Child and Adolescent Psychiatry），*Summarry of the Practice Parameters for Child Custody Evaluation*，1997，http：//www.aacap.org，2012年8月29日访问。

其对孩子的影响,评估在父母的能力不足时,是否有其他的支持系统能够协助维持与孩子间的关系。

(15) 文化议题(cultural issues)——了解监护决定是否受文化与族群的影响。

(16) 伦理与价值观(ethics and values)——评估者必须避免将自身价值观强加到被评估者身上,即使父母有反社会的人格或是倾向,依然应使法院知悉父母可能对孩子造成的影响。

(17) 宗教因素(religion)——有时父母的宗教信仰会成为冲突的主要原因,因此评估者应就这样的冲突对孩子的伤害作出评估。

(二) 监护与探视的具体司法社工服务方案

1. 离婚监护状况评估

在离婚监护的家庭纠纷中,由于父母仍处于婚姻关系中,往往较为对抗或者冲突。因此,社会工作者在按照上述评估标准理清父母对子女的监护状况时,要从父母的角度和子女的角度分别做分析。首先,了解影响父母照顾子女的个人因素如健康、职业、收入,外部环境因素如居住空间、生活设施和支持系统,父母对子女的教育规划和生活安排。其次,了解孩子与父母的关系、依恋状况、互动和监护意愿。如果一些孩子无法表达自己的监护意愿,社会工作者则需要通过家庭访视做出考察判断,以便找到适合孩子的照顾环境。除此之外,社会工作者还须考察离婚之前和离婚诉讼阶段,原婚家庭里的互动关系与冲突处理方式,通过过去判断未来,为前面的父母角度评估结果和子女角度评估结果作参照。

2. 监护权变更评估

在父母离婚之后,如果原先协议的子女监护人放弃监护权利,或者非监护人提出申请变更监护权,社会工作者需要对监护权的改定重新进行评估。这也意味着孩子的生活将面临变动,因此,评估变动可能带来的深层影响以及选择合适的监护者同样具有重要意义。社会工作者需了解父母照顾孩子的个人能力、外在资源、教育计划,还要了解提出变更的初衷,掌握申请的具体情境;着重了解孩子对监护人变更的意愿;了解夫妻双方离婚以后的生活状况。监护权变更发生在父母离婚之后,因此社会工作者要谨慎考察孩子的生活状况、变更的需求及变更的适应部分,以免沦为父母双方争抢孩子的工具。

3. 探视权实施服务

离婚后,非监护一方家长探望孩子的形式应当更为多样,包括定期与不定期的见面、短期居住、外出游玩、书信电邮往来、网络视频互动等等。社会工作实务层面的探视权服务,经常应用于非监护父母与子女的见面互动中,特别是探视权有争议的部分,例如对离婚协议中设定的探视地点、探视时间、探视方式有争议的情况。这些争议往往容易引起父母双方的谩骂和肢体冲突,易对子女产生十分负面的影响,因此社会工作者需要关注子女对非监护父母探望的态度,以及探望的实施情况。社会工作者还应考虑到,完全拒绝一方的探视极易造成亲子关系的疏远甚至敌视和仇恨,不利于儿童的成长发展。如果父母一方完全不适合探视子女,如存在暴力或是性侵害风险,则须立即终止探望。总之,"探视权的实施主要在于维系未监护者与子女的亲子关系,增加双方的互动机会,因此未监护方在探视过程中批评监护方,或是仅将子女带走而不与子女互动,都与原探视的目的相违背,对此社会工作者应及时指出探视不当并提出改善意见"[①]。

4. 子女更名评估

还存在父母离婚后为孩子更名的现象。作为监护人的母亲更换子女姓名主要出于以下一些考虑:证明自己拥有监护权;为再婚或申请救助做准备;断绝与父亲一方的联系;"形式上的切割"[②],以告别过去婚姻带来的伤害。社会工作者在考虑姓氏变更问题时,须先了解变更姓氏对于儿童和家庭的意义、家长关于子女变更姓名的沟通过程。通常来说,年龄较小的孩子不容易受更名影响,对于年龄较大的孩子则需要评估更名对其社会心理层面的实际影响。总之,变更姓名不是一种简单的断绝亲子关系的方式,不能忽略孩子在这一过程中的想法和感受。

三、儿童照管与收养的司法社工服务

(一) 再安置体系与收养趋势

1. 儿童再安置体系

普卢姆(Plumer)使用了"照管的连续统"概念,根据儿童、青少年受到的社

[①] 曾嫚瑾、高致真、蔡明芳:《从"儿童少年最佳利益"探讨社会工作者在监护访视的多样性评估指标与困境》,《台湾社会工作学刊》2009年第7期。

[②] 同上。

会监管限制多少来划分不同类型的未成年人再安置。这一模式并不包括确定类型的再安置形式,例如亲属的照顾、短期寄养等,并不是明确的归类,而是从社会控制角度为理解儿童的再安置提供了新思路。显然,由于收养是经过法律程序而将未成年人从原生家庭中带离出来,安置在新家庭中,由别人来担当父母,从某种意义上来说,收养是最具社会限制的激进的未成年人照管方式。

此外,也有学者将有需要的儿童的再安置划分为休养和救助照管、短期寄养照管、长期寄养照管、专业寄养照管、机构照管、安全安置和收养几种类型①,收养是再安置类型中能够为孩子提供安全和稳定环境的最有效的方式。

2. 儿童收养趋势

法律层面的收养并非自古有之,在有些国家和文化中,收养至今仍不被承认,没有明确立法。第一次世界大战后,西方国家实施法律收养,一部分原因是在战争中死亡或失踪人员的孩子需要照顾,另一部分原因是非婚生儿童数量增加。发展至今,法律收养主要指为那些父母没有能力继续抚养的孩子提供一个新的家庭,也为那些不育夫妻提供可以抚育的孩子。随着离婚率的不断上升,继父母收养日益成为收养的重要形式,这也是重组家庭中亲属关系再造的主要特点。

收养是否应匿名的争论在变化。"以前大多数的看法是,被收养的孩子应当被看作亲生孩子一样抚养,避免让外界和孩子自己知道他们是被收养的。如今,人们认识到这种欺骗对于收养者和家庭都会造成严重的问题,于是社会工作者鼓励养父母向孩子坦诚地解释真相。"②例如,英国 1975 年修订的《儿童法》中就给予被收养者成年后查阅其亲生父母档案记录的权利。

收养者的诉求也在变化。许多传统的收养者如不育夫妻都希望收养一个年幼的、健康的孩子,而现实情况是福利机构暂时照管的孩子数量虽不断上升,但年龄大的孩子和残疾的孩子居多,因此收养者转向跨国收养、试管婴儿等新途径。

上海市在儿童国家照管方面进行了有益的探索,上海市儿童临时看护中心

---

① 〔英〕奈杰尔·托马斯:《儿童青少年社会工作——照管社会工作理论与实践》(田国秀等译),中国人民大学出版社 2010 年版,第 75 页。

② 同上书,第 115 页。

于 2005 年 6 月 1 日正式揭牌运行,是上海市民政局所属的事业单位,也是全国首家接收弃儿(疑似)临时照料的儿童福利机构。该中心主要负责接收上海市区域内经体检或救治后各项身体指标符合验收标准的弃儿(疑似),为其提供生活照料和特殊教育并协助公安部门查找和确认其身份,通过整合社会资源,建立部门合作、优势互补、资源共享的项目运作机制,完善服务手段,提高服务能力,竭尽所能做具体各项工作。① 它的成立对于推动上海市乃至全国的儿童福利事业发展具有积极意义。

(二) 收养的具体司法社工服务方案

"收养三角形"。收养社会工作实务始于对"收养三角形"的评估。"收养三角形"指的是原生家庭及亲生父母、收养家庭及养父母和孩子。在前文有关监护和探视的讨论中,我们对孩子的需求、原生家庭与父母状况做出了详尽的评估描述,这些评估具体指标同样适用于对收养家庭及养父母的考量。同样,社会工作者在开展收养工作过程中,也要与三角形的各方进行信息交流和互动,以使其明确收养的具体进程。

收养协议达成之后,社会工作者需要继续跟进,以便给收养家庭更多支持和帮助。虽然养父母已经拥有了孩子的完全监护权,但是这并不意味着他们就此和福利安置机构无关了。收养之后的支持工作包括提供信息、建议和行动支持等。有的社会工作机构专门致力于收养后的服务领域,提供大量的面向收养家庭的支持服务,以其拥有的丰富信息资源提供指导意见。

保密与公开。《中华人民共和国收养法》第 22 条明确规定:收养人、送养人要求保守收养秘密的,其他人应当尊重其意愿,不得泄露。依据此规定,"保护收养秘密是当事人及其他社会成员或组织应尽的义务。保密原则的目的在于维护家庭稳定和睦,保护收养当事人的隐私权,稳定收养关系与收养程序。如有关当事人违背收养的义务,应视其情节与后果,追究相应的民事责任"②。同样,美国、英国、德国等均明确规定,禁止泄露养子女生身父母的姓名和身份,有关养子女出生的原始登记及其一切文件都是保密的,非经特殊批准不许查阅(但后来

---

① 上海市社会福利中心网站,http://flzx.shmzj.gov.cn/index.aspx?cat_code=xsjg&article_id=1501,2018 年 8 月 31 日访问。
② 王歌雅:《抚养与监护纠纷的法律救济》,法律出版社 2001 年版,第 125 页。

的英国的相关法律对此进行了部分修改)。

尽管当今世界各国的收养仍然以秘密收养为主,但秘密收养并不是没有弊端的。"秘密收养容易对被收养儿童的健康成长造成负面影响;被收养儿童发生意外需要亲生父母的救援时秘密收养将成为拯救被收养儿童的障碍;不利于禁止养子女与生父母以及生父母近亲属之间的结婚行为。"[1]

"公开"一词在收养中通常指原生家庭和收养家庭联系的密切程度。鉴于秘密收养的弊端,很多国家不再机械地采取秘密收养的方式,而是发展出一种更为灵活、宽松的收养方式——"公开收养",即收养人与被收养人的生父母可以共享各种信息或保持联络,甚至后者仍然参与被收养儿童的生活。对于那些从很小就被收养的孩子,如何告诉他们真实的出身是公开收养的一个重要难题。随着孩子逐渐长大,他们常常会提出疑问——我为什么会被亲生父母遗弃?对此,养父母必须提前准备一个诚实的、有帮助的答案。养父母应该在恰适的时机给予孩子足够的有关收养的信息,包括口头信息、来自福利机构的书面证明和书信,以及孩子幼年的照片、影音资料、生活用品等能够复原其早期生活的材料。

---

[1] 石玉:《试析收养中的保密问题》,《广州大学学报》2007年第12期。

第十五章

精神障碍者的司法社工服务

近年来,精神障碍问题相关事件屡屡升级为社会热点,成为社会管理的新难点之一。如何在坚持社会工作价值理念的基础上发挥社会工作独特的服务特点,满足精神障碍者多方面的需求,成为社会工作面临的无可回避的挑战。相对于其他实践领域,我国面向精神障碍者展开的司法社会工作服务还处于探索与发展阶段。本章主要介绍国外在此领域内的理论、方法及具体服务内容,以期对我国针对精神障碍者的司法社会工作开展提供经验与借鉴。

第一节 精神障碍者司法社会工作概述

一、精神障碍及精神障碍者的界定

简单地说,精神障碍(mental disorder)就是精神异常,包括精神活动异常和人格异常。精神障碍的概念并不统一,就统计学而言,任何偏离于平均分的都可称为异常。对于那些处于"黄金平均数"范围的人——他们做大多数人做的事情——我们称之为"正常",那些行为有别于大多数人的则被认为异常。根据统计学的标准来界定精神障碍比较客观、简单,但这个定义完全是描述性的,缺少评价,而且某一资质低于多数人或超过多数人的人都被判为异常,缺少区分度。整合前人的研究,我们认为,所谓精神障碍就是个体的行为、情绪以及认知功能与他/她所处的文化背景不相符,个体体验到极大的痛苦并伴随明显的功能缺损。这个定义特别强调以下几点。

(1) 社会文化标准。那些不能适应所处社会、行为不符合社会准则(主要是习惯、习俗和惯例)的人都是异常的。根据这种标准界定精神障碍容易被多数人接受,但多数人的一贯看法和做法不一定是正确的,而且社会规范的标准是不断变化的,文化不同致使标准存在差异。

(2) 个体痛苦感。这一标准主要强调主观的感受,这种标准更为民主,由人们自己来判断,而非服从于社会或诊断医生的判断。精神障碍者特别强调自身的痛苦感受。

(3) 心理功能失调。所谓心理功能失调是指人在认知、情绪或行为功能上出现障碍。这一标准主要是指一个人是否能运用他的方式来适应他的生活——生活中应付自如、与家人朋友和睦相处等,否则可能是异常。这个标准包含社会规范的内容。

本章在使用这个概念时,实践者必须清楚区分特定文化下什么是"正常"、什么是"紊乱"(失控)。学者们认为,医学界从未真正区分出"精神疾病"和"精神障碍"的差异。精神障碍复杂多样,由于具体情况不同,各国的精神疾病分类也不完全相同。[①] 从严格的医学角度来看,精神障碍并不等同于精神疾病,因为一些精神障碍如人格障碍并不具备构成疾病的要件。同时,法律上也使用"精神疾病"(mental illness)这一概念,通常是指对个人健康以及安全造成负面影响的严重的情绪或思维紊乱。[②] 也就是说,法律上的"精神疾病"概念与"精神障碍"是不同的,因而对个体精神状况的评估非常重要,关于法律上的具体评估,我们在后面再详述。为了避免误会,本章主要使用"精神障碍"一词,对存在精神障碍的人称为"精神障碍者",为叙述方便,有时也称之为"精神疾病患者"。

[①] 刘继同、孔灵芝、严俊:《中国精神心理健康服务范围与佛教慈善政策框架研究》,《福建论坛(人文社会科学版)》2009年第5期。

[②] 〔美〕马克·杜兰德、戴维·巴洛等:《变态心理学纲要(第四版)》(王建平、张宁等译),中国人民大学出版社2009年版,第683页。

二、精神障碍者司法社会工作的界定与角色定位

（一）精神障碍者司法社会工作的界定

简单地说，所谓精神障碍者的司法社会工作是指，社会工作者运用已有的专业理念和知识技能在司法领域为精神障碍者提供各种专业服务，旨在保护其合法权益，促进其生理、心理及社会功能的恢复。

首先，就服务对象来说，精神障碍者的司法社会工作主要针对两大群体。一是针对普通的精神障碍患者，以促进其人格尊严、人身和财产安全，教育、劳动、医疗以及权利救济等方面的权益倡导与保护，提升经济与社会的正义；二是针对精神障碍罪犯，为他们提供相关服务比如刑事庭审前、中、后整个过程的专业介入。

其次，就服务场所而言，司法领域从广义上来说包括法庭、诉讼当事人、矫正部门、司法精神卫生机构，以及具有司法职能的行政管理部门、司法部门和立法机构等。其中监狱、精神病院等精神卫生机构、法庭乃至社区是司法社会工作的主要场所。

最后，就服务的目的来说，精神障碍者的司法社工把案主看作有能力改变的个体，所导求的不仅仅是对案主施予照顾与治疗，还在于提升其社会功能，实现社会工作所追求的经济与社会的公平与正义这一长远的、可持续的目标。

（二）精神障碍者司法社会工作的角色定位

在精神障碍领域，司法社会工作者与心理学工作者、精神科医生、律师、法官、社区精神健康护士、职业治疗师等工作人员组成一个多学科的小组，共同为案主服务。在多学科小组中，各类成员贡献知识和力量、技能与视角，对案主的状况形成整体性的理解，提供多层面的治疗或康复服务。面对精神障碍者这一特殊群体，司法社会工作者基于行动研究，除了以治疗、预防、赋权及倡导者的角色出现以外，他的反思、判断将成为社会建构中一种极为重要的资料，对案主产生直接影响，促进实现照顾、治疗与改变社会的专业使命。

三、司法社会工作介入精神障碍领域的必要性与可能性

(一) 司法社会工作介入精神障碍领域的必要性

1. 专业使命的呼唤

莫拉莱斯与谢弗认为,为人提供照顾(caring)、治疗(curing)与改变社会(changing the society)是社会工作者的三个主要使命或宗旨(3C's)。① 而在实际工作的开展中,社会工作者更强调照顾和治疗使命,很多情况下缺乏改变社会的实际机制。然而,随着社会问题的不断凸显,社会工作者在社区发展、社区服务以及关怀老弱病残等群体的过程中不断地遇到各种各样的与法律有关的问题。精神障碍者的无家可归、民事权利保护、犯罪等问题,一方面暴露了现有法律运行的具体缺陷,另一方面反映出立法的漏洞。对于一个单纯的社会工作者来说,这可能是难以解答和需要进行更深层次讨论的,对于一个单纯的法律人来说,这又是在书本中很难发现的,两者的有效结合则为问题的解决提供了广阔的空间。社会工作的专业发展不仅是帮助人们解决实际困难,而且要在政策层面特别是司法领域承担更大的社会责任。因此,社会工作的专业使命呼唤有着法学和社会工作双重背景的司法社会工作者介入精神障碍领域,以便为这一群体提供更全面系统的服务。

2. 现实迫切的需求

司法社会工作的迅速发展是回应社会需求的结果。就美国来说,当前精神疾病和情感紊乱被视为主要的健康问题。1995年开展的一次大规模的住户调查表明,20%的美国人至少患有一种精神疾病。特别是对于严重的精神障碍患者,不仅要求提高治疗、康复和防治水平,而且要强调加大救助力度,不歧视精神障碍,不因疏于管理而使其伤害自身及危害社会他人,切实保护他们的合法权益和人格尊严。现实的需求使司法社会工作迎来机遇与挑战。

2009年中国疾病预防控制中心精神卫生中心的数据表明,我国各类精神疾病患者人数在1亿以上,但公众对精神疾病的知晓率不足50%,就诊率更低。我国精神健康问题严重,不同程度的精神疾病至少在年轻人、农民工及其家庭以及

---

① 陈钥:《社会工作》,台湾志光教育文化出版社1996年版,第1—9页。

老年人三类人群中有扩大蔓延之势。① 2019年2月18日,《柳叶刀》在线发表了北京大学第六医院精神卫生研究所黄悦勤教授团队的文章《中国精神障碍患病率：流行病学现况研究》(Prevalence of Mental Disorders in China：A Epidemiological Study)，这成为精神卫生领域一项具有里程碑意义的研究成果。此项调查来自全国31个省、自治区、直辖市,共157个具有代表性的国家CDC疾病监测点(县/区)的32552人参与。调查表明,我国成人的精神障碍(不含老年期痴呆)终生患病率为16.57%(12月患病率为9.32%)；从病种来看,精神障碍的五类主要疾病中占比最高的为焦虑障碍(4.98%),其余依次为心境障碍(4.06%)、酒精药物使用障碍(1.94%)、精神分裂症和其他精神病性障碍(合计0.61%)；65岁老年期痴呆终生患病率为5.56%。

"差钱"导致不少家庭放弃治疗,患者或被家人长期禁锢,或流落街头成为散落在社会中的"不定时炸弹",威胁公共安全,甚至走上犯罪道路,同时这些患者本身的自由乃至生命安全也易被侵害。另一方面,近年来时有所闻的"被精神病"事件暴露出一种制度漏洞,在这些个案中,精神病院、精神病鉴定以及精神病人强行收治制度俨然已被某些组织操弄为一种"另类管理手段",精神障碍者的救治、受教育、劳动、隐私等合法权利得不到保障。与此同时,我国精神障碍服务严重滞后,难以满足社会的需求。据统计,国外精神卫生投入占卫生总投入的比例约为20%,而我国仅有1%；我国注册精神科医师16383名,平均每10万人拥有1.26名,而全球平均数字是3.96名。我国专业社会工作起步比较晚,2009年首批服务于精神健康领域的临床社会工作者的培训才在上海启动。总之,随着精神障碍人群的康复及合法权益保护工作的开展,无论从精神障碍者自身还是就整个社会的服务需求来说,司法社会工作介入精神障碍领域具有一定的必要性和迫切性,或将成为社会管理与民生服务的一种创新。

3. 立法的现实回应

在美国,1963年肯尼迪总统签署《精神迟滞设施和社区精神健康中心建设法案》,1965—1980年通过了一系列强化社区精神健康体系的联邦精神卫生法案,这些法律法规的颁布一方面成为美国社会工作创新和制度化的基础,另一方

---

① 周勇:《美国精神健康领域社会工作及其对中国的启示》,《四川大学学报(哲学社会科学版)》2010年第3期。

面也是社会工作专业发展的契机。自1938年法国制定世界上第一部《精神卫生法》以来，已有100余个国家相继颁布了各自的精神卫生方面的法律。在1985年，我国卫生部便牵头起草《精神卫生法（草稿）》，历时26年十余次修改，终于2011年由国务院法制办公室就草案向社会征集意见，并于2012年10月26日正式出台，2018年修正。这一法案从总则到精神病的预防、诊断、治疗和康复，再到保障措施和法律责任，无不体现出对精神病人以及可能"被精神病"人的合法权益的保护。与此同时，精神卫生的立法还传递出一个积极信号：精神病问题不仅得到了政府的高度重视，而且立法和管理部门正在探索新的社会管理理念，让社会管理与民生服务齐头并进。因此，司法社会工作作为一种新型的服务模式介入精神障碍领域或许是对立法的现实回应。作为一种"建构性"的工作模式，一方面，司法社会工作者根据法规来寻求问题的公正解决，满足案主多方的需求；另一方面，司法社会工作者在实际工作中检视法条的漏洞和不足，帮助完善相关的法律法规，从而为案主的合法权益提供最大限度的保障。

（二）司法社会工作介入精神障碍领域的可能性

司法社会工作有其存在的必要性，而其专业优势使其介入精神障碍领域成为可能。

第一，契合的价值理念。一般来说，社会工作最基本的价值理念有两方面：一方面，从社会使命看，强调"扶弱济贫"，以解决社会问题、满足社会需求为己任，维护社会稳定，促进社会公平正义。在实际的工作中，处于弱势地位（包括但不限于经济上的弱势）的人们，在自身法律知识缺乏和外部司法成本高昂的现实之下，极有可能在自身权益受到侵害的时候放弃维权。而司法社会工作带有助益性和公益性的介入将重燃人们对法律的信心。或许这样一种实践可以超越单个诉讼活动本身，成为一种可持续的、良性发展的社会建构工程。① 另一方面，从专业使命看，社会工作强调"助人自助"，相信案主拥有能力借助社会工作的专业服务，整合社会资源，挖掘潜能，走向自救、自立、自助和自强。因此，司法

---

① 张剑源：《社会工作在司法领域的影响——兼论社会工作者作为专家证人的可能》，《云南大学学报（法学版）》2008年第3期。

社会工作所秉承的价值理念与精神障碍服务所蕴含的"增权、能力和康复"的宗旨极为契合,这为司法社会工作介入精神障碍领域提供了的空间。

第二,灵活多元的服务。就服务模式而言,司法社会工作普遍采用生态系统模式,注重个人与其外部环境的交流与平衡,关注各系统之间的联结。因此,在介入的切入点上,司法社会工作不仅关注个人认知、行为等方面,而且注重亲属、朋友、单位/社区等各个社会支持网络和资源的建立与整合,以便提供更为有效的服务。就服务方法而言,司法社会工作者不仅仅关注精神障碍的医药模式治疗,而且将生理、心理、社会不同方面的服务整合起来,特别强调案主社会功能的恢复。另外,司法社会工作注重临床证据的服务方式和技巧,可以弥补精神病康复服务忽视证据的不足,成为其专业优势。

第三,全面持续的评估。对精神障碍案主,司法社会工作强调从医学评估、心理测评、功能评价、心理社会史以及精神病态的评估、检查与诊断入手,以实现生理、心理与社会的全面评估,且这一过程贯穿司法社会工作服务始终。这一方面可为工作状态提供描述和信息,另一方面为干预成效与下一步的介入策略制定提供依据,使司法社会工作介入更为科学、准确、有效。

第二节　精神障碍者司法社会工作的理论基础

一、整合的生理—心理—社会模式

关于人类行为的生理、心理和社会整合模式同样适用于精神健康领域,它不仅强调这些要素的相互影响,而且强调它们的相互包容。这一视角认为精神障碍产生的原因是复杂多维的,并非传统的生物的单一因素,而是生理、心理和社会因素综合作用、相互影响的结果。其中,生物因素是最基本的因素,是整个模式的核心部分,是心理因素赖以产生的物质基础,也是心理和社会因素所作用的物质载体或承受者。心理因素是在生物因素的基础上产生的,而它一旦产生便会给生物因素以深刻影响。社会因素也是客观存在的,它在个体生物和心理因素的基础上发挥作用,反过来又直接影响和制约着心理因素,因此是心理因素赖以形成的根源;社会因素对生物因素的影响和制约是间接的,一般来说要通过心理因素的折射才能实现。因此,生物学、心理学和社会学各个学科分析精神障碍的不同视角都将成为这一模式知识建构的一部分,对其产生重要的影响。以下我们简单介绍生物学、心理学以及社会学对于精神障碍的主要观点。

(一) 生物学

生物学将大多精神障碍看作大脑的疾病,遗传学(主要包括家族风险、双生子研究、寄养研究以及分子遗传学等方面的研究)、大脑的功能和结构以及精神药理学的知识成为生物学观点的基础。生物学观点强调了精神病学家和医药的地位,服务对象主要接受药物形式的照顾,社会工作者的作用被低估,这成为为服务对象赋权的障碍。

(二) 心理学

心理学关注驱使人类行为的内在动机,精神分析学派、认知学派、行为主义以及人本主义都为理解精神障碍提供了理论框架。以弗洛伊德为代表的精神分析学派认为,被压抑在潜意识中的原始冲动、欲望和本能是心理障碍的病因,尤其强调性本能潜力(力比多)和性创伤经历在产生心理障碍中起到的重要作用。以艾里斯(Albert Ellis)和贝克(Aaron Beck)为代表的认知学派认为,人类行为主要决定于认识活动,包括感性认识和理性认识,特别强调主观心理意识活动的作用,而精神障碍产生的关键是不恰当的、机能失调的认知,可以采取纠正错误认知的方法治疗"疾病行为"。以华生为代表的行为主义认为,人的任何行为都由环境决定,都由学习得来。同样,"疾病行为"也是由环境决定和学习得来,因此可以用行为矫正的方法加以治疗。以马斯洛为代表的人本主义则认为精神障碍是自我实现动机发生偏离的结果。

(三) 社会文化观

社会文化观考虑家庭(比如家庭结构和沟通等)、社会(如社会支持与网络、社会条件、社会标签及角色等)以及社会问题对个体心理的影响。如标签理论认为,给心理障碍患者贴标签和分配角色,会极大地影响患者的功能,患者一旦被贴上某种标签,周围人便会采取相应的方式对待他,这不利于患者的恢复。社会学观点能够揭示某些社会文化因素与某种特殊心理障碍有关系,却难以确定它们有因果关系,而且这些解释不能预测特定个体的心理异常,因而社会文化观带有一定局限性。

第十五章 精神障碍者的司法社工服务

社会工作者必须了解上述因素对于精神障碍者的综合的、多元的作用,以便更好地提供服务。表15-1①总结了整合的生理—心理—社会模式的特征。这一整合模式所主张的社会工作理念和方法与优势视角②具有极大的一致性。社会工作者必须了解这一模式的特点,并将这一理念贯穿实践始终。首先,社会工作者应将精神障碍者看作有尊严的个体,他虽然有一定的脆弱性,但仍然有许多未开发的精神、生理、情绪和社会灵性的能力。其次,社会工作者必须意识到服务对象有根据自己意识到的内在需要实现成长或自我转变的能力③,能够积极参与意义建构过程。最后,服务对象应被看作积极的参与者而非消极的服务接受者。精神障碍案主有受到法律和伦理保护的权利以及享受专业、透明和有效的服务的权利。社会工作者一方面要积极鼓励并保证服务对象参与服务计划的制订和目标设定过程,最大限度地实现案主自决;另一方面也要帮助受到不公正待遇的服务对象积极斗争,提升其潜能。④

表15-1 整合的生理—心理—社会模式的特点

健康、疾病与患病的区分	作为正面发展的健康和成长
影响和结果的多样性	力量和脆弱性
复杂的表现形式	个人化
治愈的倾向	案主赋权
异质性/多样性	多维情境
非线性因果关系	意义的建构

二、精神障碍复原哲学

"复原"(recovery)是一种照顾残障人士的哲学,它不同于传统的"康复"

---

① 〔美〕Roberta G. Sands:《精神健康——临床社会工作实践》(何雪松、花菊香译),华东理工大学出版社2003年版,第62页。

② A. Weick, C. Rapp, W. P. Sullivan and W. Kisthardt, "A Strengths Perspective for Social Work Practice," *Social Work*, 34(4), 1989, pp. 350-354.

③ A. Weick, "Reconceptualizing the Philosophical Perspective of Social Work," *Social Service Review*, 61(2), 1987, pp. 218-230.

④ 〔美〕Roberta G. Sands:《精神健康——临床社会工作实践》(何雪松、花菊香译),华东理工大学出版社2003年版,第63页。

(rehabilitation)概念。复原概念是指在日常生活场景中为精神疾病患者提供各种精神健康服务,要求以精神疾病患者为主导,让精神疾病患者自己确定改变的目标、方向和途径,服务提供者只作为精神疾病患者实现自己梦想的协助者,帮助精神疾病患者满足健康发展的要求以及提供必要的技能训练。① 复原概念出现于 20 世纪 80 年代,90 年代以后出现了新的发展趋向,目前已成为西方社会占主导地位的精神健康服务模式。

复原模式依据希望、赋权和支持性的社会关系等哲学理念,这与社会工作的专业理念有很大的契合性。即使是对严重的精神疾病患者,复原模式也认为服务对象能像一般社会成员那样重新寻回或者创造一种有意义的生活。因此,服务对象自己确定改变目标、制订并参与复原计划是干预成功的基石。仅仅减轻服务对象的症状是不够的,改善精神疾病患者的能力是重要的复原目标。安托尼希提出复原模式包含了八个方面的不同的精神健康服务原则②:(1)专业人士不是精神疾病患者复原的关键,在没有专业人士的干预下,精神疾病患者也能复原;(2)复原过程的共同特征是精神疾病患者身边有复原的坚信者,这些复原的坚信者始终与精神疾病患者站在一起;(3)复原的视角不是探索精神疾病病因的有关理论,它是对待精神疾病患者的态度;(4)即使精神疾病存在,精神疾病患者仍可能复原有意义的生活;(5)复原过程能够改善精神疾病病症出现的频率和时间的长短;(6)复原过程不是直线改善的方式,其间可能出现倒退的现象;(7)从精神疾病的各种不良影响中复原,通常要比直接从精神疾病病症中复原更为困难;(8)从精神疾病中复原并不意味着不再是"真正的精神疾病患者",只是拥有了复原的知识和经验。

精神健康服务的复原模式不同于传统的医学模式,虽然现已成为西方精神健康的主导服务模式,但学者们认为复原概念本身及其服务理念和过程仍充满争议;而在国内,这一模式少有人问津。不管怎样,西方精神健康服务发展的这一新趋向或许能为国内精神健康服务的发展提供有益的借鉴。

---

① 转引自童敏:《当今西方精神健康服务发展的新趋向——复原模式的演变和争论》,《北京科技大学学报(社会科学版)》2008 年第 3 期。

② 同上。

第十五章　精神障碍者的司法社工服务

三、最少限制性选择原则

最少限制性选择是一项法律原则,即能够在更少干预性环境中生活的精神病当事人应该出院或不住院。最少限制性选择适用于为服务对象选择治疗环境和治疗模式。就治疗环境来说,相对于禁闭的、最具干预的治疗环境,比如将服务对象锁在房间里的机构等,最少限制性的治疗环境可以是社区场所以及精神障碍服务对象熟悉的日常生活场所,在这些环境中,服务对象受到较少的监控和干扰,处于人性化的治疗环境。在甄选服务对象入院时,就应该考虑这一环境的最少限制性,如果服务对象从更少限制性的单位或治疗场所转介到更多限制性的单位或治疗场所,需要经过听证。① 另外,为服务对象采用的治疗方式也要体现最少限制性原则。在选择对服务对象躯体功能产生影响的治疗(如药物治疗、电击疗法等)、反感治疗以及系统脱敏治疗时都要谨慎,应充分体现案主的利益最大化以及最少限制性原则。

四、愈疗法理学

法律体制与精神卫生体制有着与生俱来的矛盾。特别是传统的刑事司法是以刑法与刑事诉讼法为规范依据的法律适用过程,旨在确定涉嫌犯罪的行为主体的刑事责任,被告和原告、胜诉和败诉是矛盾的双方,法律体制具有一定的张力。而精神卫生体制是在不归罪任何一方的前提下找到解决严重精神疾病问题的方法,目的是获得双赢的结果。值得庆幸的是,自20世纪80年代以来,学者们越来越多地认识到,法律体制以严格对抗的方式对待精神病患者对谁都没有好处,愈疗法理学(Therapeutic Jurisprudence)理念(法疗性司法)由此发展起来。治疗性司法特别关注精神障碍者、吸毒者等特殊被告的"心理密码",这些具有高度预测性的心理状态与道德观念能够切实地反映出行为主体的心理弱点;持续性地依靠心理专家、社会工作者、刑事司法工作人员的联合作用,努力弱化正规刑事诉讼的同时,适当教导、引领、治疗深陷于社会困境中的犯罪人摆脱病理现象的控制。愈疗法理学的实际运用在刑事领域开辟了全新的司法文化理念,

---

① J. Parry Brakel and B. Weiner, *The Mentally Disabled and the Law*, 3rd ed., Chicago: American Bar Foundation, 1985.

使"犯罪人痊愈""犯罪问题解决"等概念成为刑事司法的固有内涵,而非外部强加且遥不可及的价值目标。心理状态、心理疗法、心理分析等心理学解释模型使刑事司法不断融入对犯罪人的个体性考察,除了去除犯罪人行为恶习之外,还承担起心理辅导的重任。[①]

近年来,愈疗法理学渐渐越出纯粹的理论研究层面,已经构成各国刑事法庭的重要实践操作模式。当诉讼涉及精神病患者的犯罪行为的时候,会有各种类型的基于"愈疗法理学"理论的"问题解决法庭"来处理他们的问题。[②] 比如,一个有精神障碍的被告可以在社区及家庭成员的帮助下接受一些治疗,相对于决定被告是监禁还是释放,这类法庭更多的是在履行对罪犯进行社会改造的职能。这一概念演变是对刑事犯罪法律制度的有效补充。目前在美国的许多州都可以找到毒品治疗法庭、家庭暴力法庭、精神健康法庭等。愈疗法理学更为依赖有力的财政保障与高端的犯罪科学理论支撑,实施中会消耗大量的人力和物力,因此,此类成本投入模式的刑事司法程序是否适于司法资源稀缺的国家,有待进一步验证。

第三节 精神障碍者司法社会工作的方案与服务

精神障碍者的司法社会工作主要为精神障碍罪犯和未犯罪的精神障碍者提供服务,司法社会工作者不仅仅需要诊断和治疗患者,同时也需要考虑患者个人与社会的权利与义务。而保障患者权利与义务的法律法规以及伦理原则对有关精神障碍的研究和实践都有影响。一方面,这些法律法规成为司法社工服务的保障和基础;另一方面,司法社会工作者在提供有形服务的同时,检视法律的健全与完善,并参与立法过程。因此,两者相互依赖、相辅相成。以下我们具体介绍两者是如何相互作用,从而帮助精神障碍群体的。

一、精神障碍者强制医疗与司法社工服务

由于我国现有的精神障碍医疗康复体系不够健全,"被精神病"和"武疯子"

---

① 谢杰:《非传统刑事司法的模式化定位》,《北京政法职业学院学报》2007 年第 3 期。
② B. J. Winick and D. B. Wexler, eds., *Judging in a Therapeutic Key: Therapeutic Jurisprudence and the Courts Durham*, N.C.: Carolina Academic Press, 2003.

第十五章　精神障碍者的司法社工服务

现象时有发生,这给社会带来了极大隐患。无论怎样,法律对精神卫生系统有着明显的影响。法律既要保护那些精神异常者的个人权利,同时又要保护整个社会的权利,避免无辜者处于危险之中,这样的平衡很难把握,因此精神障碍者的收治和医疗问题应该引起我们的关注。

(一) 精神障碍者强制医疗

精神障碍患者的处遇经历了这样的过程:从最初的"驱逐""禁闭""隔离",到"接纳""包容",以至于现代社会的"积极保护"。精神障碍者的民事收容制度和精神病人的住院权问题,由于强烈冲击了个人自由及选择权利而成为精神卫生领域中颇具争议性的话题。目前,全世界已有140多个国家颁布了精神卫生法,由于各国的法律与审查视角的不同,学界对强制医疗的界定各不相同。我国的精神卫生事业自中华人民共和国成立初期起,逐渐形成了卫生、民政、公安三家共同管理的格局,精神障碍者强制医疗也从广义上划分为不负刑事责任精神障碍者强制医疗、治安违法精神障碍者强制医疗、民政救助性精神障碍者强制医疗、家庭保护性精神障碍者强制医疗等四种类型[①]。本节内容更多涉及非刑强制医疗的相关问题。

各国的精神障碍者强制医疗,首先关注的一定是强制医疗的入院标准和条件。例如,根据世界卫生组织(WHO)精神卫生立法建议,强制医疗必须在同时满足以下四个条件,并且患者拒绝自愿治疗的情况下才适用:(1)存在严重性达到一定程度的精神障碍之证据;(2)存在自伤或伤人的极大可能性,和(或)如果未经治疗患者的状况会恶化;(3)住院包含治疗性目的;(4)只有在精神卫生机构内才能实施治疗。而根据上述规定,显然最高强制标准是第二条。但是,如果未经治疗患者的状况会恶化,即所谓"治疗需要",与危险性、安全性标准一样,因为过于"主观色彩",常常饱受争议,而各国的实施标准也有差别。"在整个欧盟范围内,强制收容基本上是一种仅适用于严重危机或者紧急状态下的最后的干预措施。"[②]在意大利、西班牙和瑞典,"治疗需要"足以确保病人不配合时强制其入院的合法性。英国既适用"治疗需要",也采用"危险原则",住院启动主要

---

① 参见王岳:《精神障碍者强制医疗与权力保护研究》,武汉大学博士学位论文,2014年。
② 魏晓娜:《非刑精神病强制医疗的欧洲视野——兼评我国〈精神卫生法〉中的强制医疗制》,《东南法学》2013年第00期。

由专科医生及监护人决定。而美国模式强调入院标准上的"危险性"评价、住院启动的警察权、住院决定的"正当程序"。① 政府如何证明这个违背个人意愿的权利是正当的,这一点很重要。政府需要两种权利——治安权利以及代行父母权利——在个人不同意的情况下,将其强制送入精神卫生机构。特别是政府通过代行父母权利扮演代理父母的角色,为那些需要帮助的个人争取更大的权益。

(二)精神障碍者强制医疗程序及司法社工服务

纵观各国精神卫生立法中关于强制医疗程序之设计,大体可以概括为三大类:第一类可以称为司法审查模式,以美国、德国等为代表,法院深度介入强制医疗的决定,由法院最终作出是否强制医疗的指令。第二类可以称为准司法审查模式,以英国、爱尔兰等为代表,法院并不主动介入强制医疗的决定,负责审查的立法机构为授权的特别法庭或审查委员会。第三类为行政审查模式,以日本和我国台湾地区为代表,法院不介入强制医疗的决定,而是由政府部门或其设立的审查委员会进行事前审查和评定。② 在上述一些国家或地区,司法社会工作者从最初的专业评估开始,参与整个强制收留过程,成为精神卫生专业团队中的一员,这或许可以为我们提供一些借鉴。

1. 申请

虽然每个国家或地区的具体细节规定不同,但通常是由亲属或精神卫生人员向法庭提出申请。例如,在英国,当发现疑似精神障碍者精神异常,并认为有留置其在医院进行观察评估的必要时,患者的"最近亲属"或"认可社工"(指依法任命,具备处理精神异常能力的社会工作者)可以申请送诊。申请人为"认可社工"时,应于申请前或申请后尽快通知患者"最近亲属"相关申请事宜,同时告知"最近家属"有权提出患者出院申请。

2012年修正的《中华人民共和国精神卫生法》中,删除了草案中争议较大的条款,如以"不住院不利于其治疗"作为非自愿住院的实体条件条款,即医院不得以此为理由强制"患者"住院,有效限制了医生权力。但仍然规定了"除个人自行到医疗机构进行精神障碍诊断外,疑似精神障碍患者的近亲属、所在单位、

---

① 谢斌:《患者权益与公共安全:"去机构化"与"搏机构化"的迷思》,《上海精神医学》2011年第1期。

② 参见王岳:《精神障碍者强制医疗与权力保护研究》,武汉大学博士学位论文,2014年。

第十五章 精神障碍者的司法社工服务

当地公安机关可以将其送往医疗机构进行精神障碍诊断",这意味着近亲属等仍有权限制精神疾病患者和疑似患者的人身自由,可能存在滥用亲属送治权的风险。

因此,在整个过程中,如果司法社会工作主体作为完全独立于医疗机构之外的第三方考察精神障碍患者的状况并提出必要的申请,可以限制"被精神病"的发生,避免患者被强制入院。

2. 可能性评估

在接受申请之后,法庭会要求对案主的精神状态、自我照料能力、是否需要服务以及潜在的危害性进行评估。法官会结合这些信息,决定是否强制收留。其中评估一个人对自己或他人是否带有危险性是实施强制医疗与否的关键。"危险性"是一个极具争议的概念,危险性的判定相当主观,在美国,由于每个州的法律条文不同,每个州的判定条件也不一样。不同的法院和立法机关对此立场不同,大多数只要求考虑对自己或他人的身体伤害;但一些州也考虑了对财产有威胁性的关禁入院。① 被大众广泛接受的一种观点是,有精神疾病的人比没有精神疾病的人更具危险性,已有的研究表明这一观点仍存在极大的争议,但这一观点会对强制医疗的程序产生重要影响。

随着"去机构化运动"的展开,英国在 1959 年通过了《精神卫生法案》,并对"紧急强制留置"做出了相关规定,任何"认证社工"如有充分理由认为某人因精神异常而遭虐待、遗弃或不当的限制,或是独居且无法自行照顾起居时,可向法院申请状令,由授权警察会同认证社工及医师进入该住宅(必要时可强行进入),将患者带至安全处所留置 72 小时,并做相关保护安排。而日本的精神卫生法在如何住院(是否需要保护人同意)、如何出院、住院治疗期间精神障碍者的待遇等问题上都有明确规定。这足以体现,精神障碍者的住院治疗是一个政府、社会人士、家庭成员等多方主体全面参与、协调合作的过程。

作为评估团队中的一员,司法社会工作者将参与服务对象生理—心理—社会的全方位评估,特别是在危险性评估中须对案主对其他人具有的危险性、案主

---

① J. Q. La Fond and M. L. Durham, *Back to the Asylum: The Future of Mental Health Law and Policy in the United States*, New York: Oxford U. Press, 1992,转引自〔美〕劳伦·B. 阿洛伊等:《变态心理学(第 9 版)》(汤震宇等译),上海社会科学出版社 2005 年版,第 790 页。

将来发生暴力行为的可能性等作出准确预测,社会工作者的评估为是否启动强制医疗程序的关键一环。

3. 审讯

与其他法律程序一样,服务对象在其中也享受法律提供的应有权利与保护。在所有的案件中,服务对象必须被告知强制收留过程正在进行,在审讯中必须到场,必须请律师作为代表并可调查取证及进行相关的独立评估。这些保护措施是强制医疗程序的组成部分,以确保没有人被以非法的理由强制送入精神病医院。

在审讯过程中,作为最了解服务对象情况的人,司法社会工作者可以辅助和指引整个过程,清晰记录下服务对象的状况以作为法律判定的文献依据。另外,无论非自愿关禁入院的标准是什么,法庭总是需要专家证人。司法社会工作者可能作为专家证人,不仅在关禁入院的听证会上回答患者有怎样的危险,而且要回答他们是否确实危险到不能被释放等关键性问题。

另外,强制门诊移送(involuntary outpatient commitment,IOC)是强制性入院移送的一个替代方式,服务对象被移送到社区治疗中心而非医院。强制门诊移送可以在患者住院期间或从精神科出院后实行。在社区治疗中心,服务对象要遵从治疗计划,例如按时服用药物、接受部分住院计划等。IOC 的一个变通做法是预防移送(preventive commitment),美国的有些州已将其视为一个保护那些病情可能恶化的人的制度。① 在强制性移送精神病院或机构的过程中,司法社会工作者要对服务对象是否应入院作出初步判定。虽然精神科医生是决定紧急移送的实务工作者,司法社会工作者仍可以影响其决策,并促进该过程。虽然社会工作者会秉承保护案主和他人免受伤害的人道主义精神,但强制入院归根结底是一个违背案主意愿的强迫过程。特别是院外治疗失败导致的转院治疗,无家可归者的增多以及严重精神疾病患者的刑事犯罪,对严厉的民事强制收留条件产生了冲击。在这种情况下,司法社会工作者是在执行"父爱式"的行动——"为了案主自己的利益而干预他们"。参与移送程序的社会工作者要明白自己和政府是被视为"国之父"的,也就是说他们在执行父母的角色,这个角色与那

---

① 〔美〕Roberta G. Sands:《精神健康——临床社会工作实践》(何雪松、花菊香译),华东理工大学出版社 2003 年版,第 131 页。

第十五章 精神障碍者的司法社工服务

些也许强烈反对其行为的成年人联系在一起。①

二、精神障碍者的刑事庭审与司法社工服务

有心理障碍的人违法该被判有罪吗？对这些人能否给予一个公正的审判呢？如果他们因为精神失常而不受审或被认为无罪，那么国家该如何处理他们呢？这些问题一直是学界争论的焦点。在对精神障碍者实施刑事监管的过程中，司法社会工作者可能扮演的角色以及所提供的服务值得探讨。

（一）刑事庭审中精神障碍者的处遇

1. 精神失常的抗辩

精神失常的抗辩（insanity defense）是指被告虽然承认犯罪，但他陈述说是由于自己有精神障碍，而无须在道义上对犯罪承担责任，因此恳请判为无罪。② 精神失常抗辩意图保护某些有精神障碍的人免受应施加给正常人的惩罚，这样做也保护了法律的道义威望。

（1）精神病的法律检验标准。当被告辩护说自己有精神病，事实的发现者（陪审团或法官）根据何种标准判定这一抗辩是否合理呢？这个问题一直困扰着法学界，答案也多种多样，体现在一系列相关法律法规的变迁中。③ 对于精神障碍犯罪人的刑事责任能力的认定，世界各国刑法中目前有两种分级的方法，即两分法和三分法。两分法出现在针对精神疾病患者刑事责任能力问题的法律规定和司法精神认定结论中，分为有刑事责任能力和无刑事责任能力两种。三分法则对刑事责任能力分为"完全""部分"（或限定）和"无"三种。与世界上大多数国家一样，我国现行的《中华人民共和国刑法》第18条对精神病刑事责任的认定也体现出三分法：精神病人在不能辨认或不能控制自己行为的时候造成危害后果，经法定程序认定确认的，不负刑事责任，但是应当责令他的家属或者监护人严加看管和医疗，在必要的时候由政府强制医疗；间歇性精神病人在精神正

---

① 〔美〕Roberta G. Sands：《精神健康——临床社会工作实践》（何雪松、花菊香译），华东理工大学出版社2003年版，第130页。
② 〔美〕劳伦·B.阿洛伊等：《变态心理学（第9版）》（汤震宇等译），第775—776页。
③ 〔美〕马克·杜兰德、戴维·巴洛等：《变态心理学纲要（第四版）》（王建平、张宁等译），第690页；宋远升：《精神病辩护：历史、社会与现实》，《证据科学》2014年第5期。

常的时候犯罪,应当负刑事责任;尚未完全丧失辨认或者控制自己行为能力的精神病人犯罪的,应当负刑事责任,但是可以从轻或者减轻处罚。

(2)精神失常抗辩的程序。精神失常抗辩的过程主要涉及两方面内容,一是司法精神鉴定,也就是由谁来负责证明被告精神失常(或神志清醒)以及具体的程序;二是被告被判无罪后的处遇问题,是把他们交托给精神病院还是让他们回归社区生活。

司法精神鉴定流程通常包括接受委托,见面约谈与签订鉴定合同,阅卷,精神检查,体格、神经系统及心理学测试等辅助检查,讨论与出具鉴定意见等六个方面。由于法律文化和法律传统等方面的差异,各个国家和地区对于精神鉴定的规定也不尽相同。首先,关于精神鉴定的提起问题存在争议,也就是哪些主体在什么条件下可以申请对被告人进行精神鉴定。对此问题,英美法系和大陆法系的规定差别很大。在英美法系中,刑事诉讼中查清案件事实的责任完全由控辩双方承担;鉴定结论属于证人证言,控辩双方都可以提出鉴定申请并选定鉴定人。而在大陆法系中,一般由法官依职权决定。法官承担着查清案件真相以有效惩罚犯罪的责任,鉴定人被看作法官的辅助者,其作用是弥补法官专业知识和经验的不足;精神鉴定带有行使国家权力的性质,鉴定人承担着近乎法官的准司法职能。其次,对于鉴定结论评价的范围,中外法学者与医学者之间争议甚大。各国在立法中关于鉴定人的职权主要有三种规定:第一种是鉴定人只能就医学上的问题提出报告,例如奥地利、德国、日本;第二种是明文规定由鉴定人确认行为人的刑事责任能力,例如法国、巴西、挪威;第三种是规定鉴定人除了要确认被鉴定人的责任能力外,也要对行为人的处遇问题提出意见,如丹麦、瑞士、瑞典。① 最后,被判无罪的精神病人的处遇问题也引人关注,那些以自己精神失常抗辩成功的人会被关禁在精神病院里,从本质上说,这是一种不确定的、没有限定的定罪,有一半或更多的被告的收容入院时间会超过其监禁的最长时限,因此,这一群体的安置问题成为人们抨击精神失常抗辩的理由。

我国传统的刑事诉讼模式属于强职权主义,因此,司法精神病学鉴定是否提起、指定或聘请哪个鉴定机构进行鉴定都由司法机关决定,这主要是由我国鉴定

---

① 黄丽勤:《鉴定司法精神病鉴定若干问题研究》,《法学评论》2010年第5期。

本身的公权性决定的。一般认为,鉴定结论只能就案件中需要运用专门知识解决的问题做出判断,不能就法律性问题作出评价,评定精神障碍者的刑事责任能力,只能是司法人员尤其是法官的职权。但是,精神鉴定的结论应当对被鉴定人的责任能力结合医学与心理学、法学提出评定意见。①

2. 受审作证能力

要对被告进行审判,前提是被告具有受审作证能力。所谓受审作证能力是指,他们要能理解针对他们的诉讼程序的性质,要能协助被告方的律师。被告如果不能满足这些要求,可能会被移送精神健康机构,并在那里接受治疗,直到法院认为他们有接受审判的能力为止。无能力受审不能与上述法律上的精神失常抗辩相混淆,精神失常的抗辩涉及的是被告在犯罪当时的精神状态,而受审能力是指被告在审判当时的精神状态。在实践中,关于这一能力的操作也引发了许多争议:其一,没有受审作证能力的被告是否应该拘留在监狱里;其二,被告是否是那些只有在抗精神病药物影响下才符合受审作证能力要求的人。

(二) 刑事庭审中的司法社工服务

司法社会工作者有着跨学科的知识背景,可以为精神障碍患者提供全面而持续的服务,满足其在刑事庭审中多方面的需求,弥补仅从法学和精神医学角度出发在解决相关问题中的局限性。

(1) 参与司法精神鉴定。精神病鉴定的特征——对象的复杂性、过程的回溯性、知识背景的跨学科性、手段的有限性与结论的主观性,影响其客观性与可信度。② 司法社会工作者的专业知识背景及价值理念③可以辅助甚至指引精神障碍司法鉴定的进行。司法机关工作人员在收集犯罪嫌疑人或被告人的有关情况时是从办案需要的角度出发,所收集到的信息往往是零散的和片段性的。而司法社会工作者对法庭诉讼的贡献不仅在于提供有关被告人精神状态的证言,而且可以提供被鉴定人的家庭生活状况、案件的有关材料、工作单位的有关材料、知情人对被鉴定人精神状态的有关证言以及医疗记录和其他有关检查结果等方方面面的信息。在整个司法精神鉴定过程中,司法社会工作者应明晰精神

---

① 林准主编:《精神疾病患者刑事责任能力和医疗监护措施》,人民法院出版社1996年版,第84页。
② 陈卫东、程雷:《司法精神病鉴定基本问题研究》,《法学研究》2012年第1期。
③ 张阳:《社会工作视角下的司法鉴定救助制度》,《知识经济》2016年第7期。

障碍者的权利与义务,为被鉴定人提供可利用的资源,并倡导维护其权益。

(2)患者受审能力的评估。在人们因为犯罪而接受审判之前,必须了解自己被起诉的罪名以及如何寻求辩护。因此,专家们除了要评估个人在犯罪过程中的精神状态外,还要对其随后在法律程序中的精神状态进行评估,司法社会工作者可能参与其中,成为受审能力评估者之一。

(3)危机评估与警告责任。对于精神障碍者,司法社会工作者不仅要评估服务对象的危险性,而且要估计服务对象的行为是否会危及他人。司法社会工作者对其实施行为的严重程度、是否有明确的受害人以及预期的受害人是否处于危险当中做出判断。同时要警告预期的受害人、警察或其他相关人,提出服务对象强制入院申请等。在危机时刻,司法社会工作者可以就相关问题咨询精神病医生、机构律师等,从而做出合理决策。危机预估与警告潜在受害人成为司法社会工作者的义务和责任,为其工作带来相当大的压力。

(4)作为专家证人的司法社会工作者。法官和陪审团经常需要依赖具有专业知识的专家证人做出判决。专家证人不提供"事实",而是从事相关研究和具有相关经验、被认为合格的人就某一特殊知识领域得出结论,形成具有合理可能性的意见。司法社会工作者具有专业的知识背景和职业伦理,可以提供科学而可靠的证据,能够帮助法官与陪审团,特别是就被告的能力以及是否装病等问题做出判决,可以胜任专家证人的角色。但是法院有权审查社会工作者的资格,包括知识、技能、经验、培训或受教育程度,以确定其是否可以帮助法官或陪审团,胜任这一职责。

三、庭审结束后的司法社工服务

精神病人接受民事或刑事审判后的处遇问题也引起人们的关注,那些以自己精神失常抗辩成功的人会被关禁在精神病院、收容院或者进入社区;抗辩不成功者也许会被拘留在监狱里,但他们的精神状况依然受到关注;被判定无受审能力的被告可能会被移送精神健康机构,并在那里接受治疗,直到法院认为他们有接受审判的能力为止。因此,在庭审结束后,司法社会工作服务要继续,精神病院或收容院、监狱、社区是主要的工作场所。

(一)精神健康法庭

精神健康法庭(mental health court, MHC)是一种问题解决型法庭,试图对精神障碍患者进行治疗而不是监禁。① 这一法庭在20世纪80年代的美国出现，主要解决羁押机构中精神病人的治疗和重新犯罪率的问题。截止到2011年，美国已有300多家精神健康法庭，还有许多正在发展中。② 有学者认为，精神健康法庭是一种专业性的、转移处理的干涉性刑事法庭，它寻求对精神病被告人进行长期的治疗而不是关押。③ 相关研究表明，以罪犯的再犯率以及心理社会功能的康复为指标，尽管存在方法上的一些不足，进入MHC治疗的被试与接受传统监禁者相比，上述指标均表现出不同程度的改善。④ 精神健康法庭是以法官为主导，集合控方、辩护人、精神科医生、羁押机构人员、社会工作者等多方力量，在保证社区安全的同时，为患有精神病的刑事被告人或罪犯提供拘留所、监狱或其他羁押机构以外的治疗的刑事法庭。⑤ MHC将对服务对象的相关干预与社区心理健康服务联系起来，而这方面的服务至少部分是由司法社会工作者提供的。⑥ 司法社会工作者成为MHC发展计划的强有力推动者，并成为带有MHC跨学科特点的特别工作团队的一员。⑦ 无论在精神健康法庭当事人的筛选、审查（是否患有精神病、所犯的罪行、是否有前科、是否有适合的精神治疗机构接收等）、评估（以确定其心理状态是否适于精神健康法庭处理并能配合治疗）还是直接服务中都发挥着越来越重要的作用。我国现在没有这方面的专门法庭，但精神病犯人的相关处理却存在着同样的问题，因此，美国精神健康法庭的成功经验值得我们借鉴。

---

① N. Wolff, "Courting the Court: Courts as Agents for Treatment and Justice," in W. H. Fisher, ed., *Community-Based Interventions for Criminal Offenders of Severe Mental Illness*, Oxford, UK: Elsevier Science, 2003, pp. 143-197.

② Council of State Governments Justice Center, Mental Health Courts, 2011, Retrieved from consensus-project.org/issue_areas/mental-health-courts.

③ Shauhin Talesh, "Mental Health Court Judges as Dynamic Risk Managers: A New Conceptualization of the Role of Judges," *Depaul Law Review*, 57, 2007.

④ Christine M. Sarteschi and Michael G. Vaughn, "Recent Developments In Mental Health Courts: What Have We Learned?" *Journal of Forensic Social Work*, 3 (1), 2013, pp. 34-55.

⑤ 董丽君：《美国精神健康法庭及其借鉴》，《湘潭大学学报(哲学社会科学版)》2013年第1期。

⑥ C. E. Newhill and W. S. Korr, "Practice with People with Severe Mental Illness: Rewards, Challenges, Burdens," *Health and Social Work*, 29, 2004, pp. 297-305.

⑦ S. W. Tyuse and D. M. Linhorst, "Drug Courts and Mental Health Courts: Implications for Social Work," *Health and Social Work*, 30, 2005, pp. 233-241.

(二) 监狱系统司法社工服务

根据美国治疗倡导中心的最新消息,精神病人在州立监狱内的人数跟医院内接受治疗的人数比例是 10∶1。监狱囚犯精神障碍的发病率和精神健康服务的需求相当广泛。根据对监狱的大规模调查,精神科医生最有可能是提供监狱精神卫生服务的核心心理健康从业者。此外,约有三分之一的监狱使用心理学家、三分之一使用社会工作者为囚犯提供心理健康服务。[①] 在日均在押人数 250 人以上的监狱中,社会工作者在提供服务方面仅次于精神科医生。监狱环境的特殊性以及精神障碍罪犯的病因复杂性对监狱系统精神健康服务提出了极大挑战。美国心理学会(APA)建议,监狱中的精神卫生服务包括入狱时的心理健康检查、囚犯转介时的心理健康评估、危机干预、精神药物的适当使用、简要治疗、患者教育及接受持续服务的书面治疗计划等措施以及免除或转介计划等。有关研究总结了司法社会工作者所提供的监狱精神健康服务类型及其服务所占比例,比如居住环境变更的评估(74.7%)、释放计划(31.5%)、个案工作(28.7%)、团体工作(26.7%)、精神病专家介绍(22.3%)、评估(17.5%)、与其他社工成员或服务提供者磋商(11.7%)、与法律系统人员联系(8.1%)、与外界的精神科专家联系(7.0%)、与犯人的支持系统联系(5.0%)、危机干预(4.5%)等等。[②] 但是监狱所报告的现有服务与服务的质量和服务水平是否能够满足囚犯的需求是不能混淆的,而且并非所有的囚犯都会接受这些服务。

罪犯进入监狱时,司法社会工作者首先对其进行全面持续的心理、社会评估;罪犯处于精神危机状态时,司法社会工作者提出转送精神病院的申请(一些国家规定,可以根据法典告知他们有权举行听证会,也有权放弃这样的机会);此外,司法社会工作者参与制订和实施罪犯的心理矫治方案,对罪犯进行社会生活指导与咨询,负责罪犯与社会的联系与沟通工作(例如释放前的就业培训与工作安排、罪犯与家属的会面与沟通、工作与教育等)等。司法社会工作者持续在监狱系统开展相关服务,并接受巨大挑战。

[①] I. Goldstrom, M. Henderson, A. Male and R.W. Manderscheid, *Jail Mental Health Services: A National Survey*, In center for Mental Health Services, Mental health, United States, 1998, pp. 176-187.

[②] D. S. Young, "Non-Psychiatric Services Provided in A Mental Health Unit in A Country Jail," *Journal of Offender Rehabilitation*, 35(2), 2002, pp. 63-82.

(三) 精神病院司法社工服务

对于需要进入精神病院接受治疗的患者,司法社会工作者要充分了解患者的权利,有责任做出最少限制性选择,在一系列可供选择的治疗场所和服务中,选取对案主最适合的、最大收益的以及最少限制性的服务方式。在精神病院的患者并非被剥夺了大部分公民权利,患者的某些基本权利,特别是治疗的权利、拒绝某些治疗类型(比如服用抗精神病药物、电痉挛疗法等)的权利以及拥有人性治疗环境的权利等仍须被关注。司法社会工作者要明确并促进实现患者的这些权利。在我国,这部分患者主要借助安康医院来医治,但随着患者人数增多和机构承载能力有限,政府需要进一步加大投入。除了吸收社会性质的各类精神病院、医疗康复机构加入承担部分强制医疗的工作以外,如何发挥司法社会工作者的作用及角色职能,对患者的康复治疗和权益保障提供专业服务值得探讨,或许普通精神病院的相关社工服务可以提供有益的借鉴。①

(四) 个案管理/社区照顾实践

社区支持的理念与严重精神病患者在最少限制性的可供选择场所生活和接受治疗的法律原则相一致。社区照顾是工作者与案主生活的原生支持体系(家人、朋友、邻居、其他社区人士等)接触,本着"无确定期限"的持续服务原则对案主的赋权运动。精神障碍患者可以从广泛的社区服务中受益,住院治疗服务、住房、危机服务、职业康复和辅助就业计划、家庭支持网络、健康照顾等都是社区照顾中司法社工可以提供的相关服务。美国针对精神障碍的"家庭干预"将精神障碍置于由个体、家庭、机构、社区和社会构成的系统环境中,以家庭为主要载体形成立体支持网络,对我国精神障碍者的社区康复具有宝贵的借鉴与参考价值。② 例如,针对精神障碍犯罪青少年这一特殊群体,司法社会工作者的参与可能发挥重要作用,基于家庭和社区的多系统疗法(MST),以家庭的优势与弹性为目标,将青少年个体、家庭、社区、同辈群体以及儿童福利、少年司法等相关机

---

① 王丽萍:《社会工作介入精神病患者后期康复研究——以云南 A 精神病院为例》,云南民族大学硕士学位论文,2018 年;丁振前:《社会工作介入精神病院康复模式的探索》,《福建医科大学学报(社会科学版)》2011 年第 2 期。

② 井世洁:《理念与实践:美国针对精神障碍者的"家庭干预"》,《华东理工大学学报(社会科学版)》2014 年第 5 期。

构各个系统连接起来,可以有效减少青少年重新犯罪。① 相关研究基于患者视角,比较了中国台湾地区社区型与院舍型两类精神障碍康复机构的服务理念与内容,提炼了其对大陆地区机构的启示。② 目前我国对一般精神障碍患者无论是在家庭还是社区层面都进行了社工服务方面的探讨及尝试③,但如何在当前的司法体系之下,借助经验的积淀及不断更新的专业知识,发挥司法社会工作的专业力量更好地服务于一个被忽视的群体——精神障碍罪犯,尚须不断努力。

---

① C. M. Borduin, et al., "Ultisystemic Treatment of Serious Juvenile Offenders: Long-term Prevention of Criminality and Violence," *Journal of Consulting and Clinical Psychology*, 63, 1995, pp. 569-578.
② 吴际、万心蕊:《台湾地区两类精神障碍康复机构服务理念和内容的介绍》,《中国心理卫生杂志》2016年第12期。
③ 参见刘梦丽:《精神障碍患者的家庭照料与个案介入》,南京理工大学硕士学位论文,2017年;刘继同:《中国精神健康社会工作实务体系框架与实务性研究议题》,《浙江工商大学学报》2017年第4期。

第一版后记

中国的司法体制改革给社会工作介入司法领域提供了一个良好的契机。近年来,司法社会工作实务在我国得到了出乎意料的发展,但如果要问"司法社会工作是什么?边界在哪里?"这样一些最原初的问题,还是得不到一个确切的回答。本书是国内第一本关于司法社会工作的总论性教材,它可以满足我国政法院校中社会工作、法学、监狱学等专业的教学之需。

本书的出版得益于多学科交叉和集体合作。由何明升担任主编并拟定整体框架,各章节的具体分工是:

何明升:第一章,司法社会工作是什么;
　　　　第二章,司法、司法模式与司法社会工作;
　　　　第三章,司法社会工作的理论基础。
许书萍:第五章,犯罪预防社工方案与服务;
　　　　第九章,禁毒领域的社工方案与服务。
井世洁:第六章,被害人社工方案与服务;
　　　　第四章,司法社会工作方法与伦理(第一节)。
马　姝:第七章,犯罪矫正社工方案与服务。
杨　旭:第八章,调解与仲裁的司法社工服务;
　　　　第十三章,域外司法社会工作的历史与经验。
童　潇:第十章,信访领域的社工方案与服务;
　　　　第十四章,中国司法社会工作的现状与未来。

杨雪晶：第十一章，监护、探视、收养的司法社工服务；
　　　　第四章，司法社会工作方法与伦理（第三节）。
张　坤：第十二章，精神障碍司法社会工作服务与方案；
　　　　第四章，司法社会工作方法与伦理（第二节）。

何明升

2013 年 4 月 11 日

于上海松江大学城

第二版后记

《司法社会工作概论》出版之后，受到了学界的广泛关注，被许多高校用作教材或教学参考书，其中的一些观点也曾引起争议和讨论。近几年来，司法体制改革已成为法治中国进程中的核心议题，司法社会工作实务也出现了一些新气象。但是，关于"司法社会工作是什么""边界在哪里"的问题，答案还处于边走边想、边干边议的混沌状态。第二版在第一版的基础上进行了修订和补充，增加了一些新议题，以反映司法社会工作领域的新观点、新进展，可作为我国高校社会工作、社会学、法学、公共管理、监狱学等专业的适用教材。

本书基本延续了第一版的作者团队和撰写分工，是多学科交叉与集体合作的新成果。全书由何明升担任主编、井世洁担任副主编，各章节的具体分工如下。

何明升：第一章，司法社会工作是什么；

第二章，司法、司法模式与司法社会工作；

第三章，司法社会工作的理论基础。

井世洁：第四章，司法社会工作者的工作场域与专业技能；

第九章，被害人社工方案与服务。

杨雪晶：第五章，司法社会工作的专业伦理；

第十四章，儿童司法社工服务。

杨　旭：第六章，域外司法社会工作的历史与经验；

第十章，少年司法社工方案与服务。

许书萍：第七章，犯罪预防社工方案与服务；

第十二章，禁毒领域的社工方案与服务。

马　姝:第八章,犯罪矫正社工方案与服务。

吕静淑:第十一章,调解领域的社工方案与服务。

童　潇:第十三章,信访领域的社工方案与服务。

张　坤:第十五章,精神障碍者的司法社工服务。

何明升

2019 年 9 月 1 日

于上海

教师反馈及教辅申请表

北京大学出版社本着"教材优先、学术为本"的出版宗旨,竭诚为广大高等院校师生服务。

本书配有教学课件,获取方法:

第一步,扫描右侧二维码,或直接微信搜索公众号"北大出版社社科图书",进行关注;

第二步,点击菜单栏"教辅资源"—"在线申请",填写相关信息后点击提交。

如果您不使用微信,请填写完整以下表格后拍照发到 ss@pup.cn。我们会在1—2个工作日内将相关资料发送到您的邮箱。

书名		书号	978-7-301-	作者	
您的姓名				职称、职务	
学校及院系					
您所讲授的课程名称					
授课学生类型(可多选)	□ 本科一、二年级 □ 高职、高专 □ 其他_____			□ 本科三、四年级 □ 研究生	
每学期学生人数	_____人			学时	
手机号码(必填)				QQ	
电子信箱(必填)					
您对本书的建议:					

我们的联系方式:

北京大学出版社社会科学编辑室

通信地址:北京市海淀区成府路205号,100871

电子信箱:ss@pup.cn

电话:010-62753121 / 62765016

微信公众号:北大出版社社科图书(ss_book)

新浪微博:@未名社科-北大图书

网址:http://www.pup.cn